Stressbewältigungstraining 1: Entwicklung

VERHALTENSEFFEKTIVITÄT UND STRESS

ARBEITEN DER PSYCHOLOGISCHEN ABTEILUNG MAX-PLANCK-INSTITUT FÜR PSYCHIATRIE

Herausgeber: Johannes C. Brengelmann

BAND 10

Verlag Peter Lang
Frankfurt am Main · Bern · New York · Paris

JOHANNES C. BRENGELMANN
(Hrsg.)

STRESSBEWÄLTIGUNGSTRAINING 1: ENTWICKLUNG

Verlag Peter Lang
Frankfurt am Main · Bern · New York · Paris

CIP-Titelaufnahme der Deutschen Bibliothek

Stressbewältigungstraining / Johannes C. Brengelmann (Hrsg.)
- Frankfurt am Main ; Bern ; New York ; Paris : Lang
NE- Brengelmann, Johannes C. (Hrsg.)

1. Entwicklung. - 1988
(Verhaltenseffektivität und Stress ; Bd. 10)
ISBN 3-8204-1244-1

NE: GT

ISSN 0931-3249
ISBN 3-8204-1244-1

Printed in Germany

Inhalt

III. KAPITEL

PLAN FÜR EIN STRESSBEWÄLTIGUNGSTRAINING
(Training der Mediatoren)
von Johannes C. Brengelmann

IV. KAPITEL

STRESS IM POLIZEIDIENST
von Johannes C. Brengelmann, Gerhard Bruns, Gerhard Henrich und Horst Olszewski

V. KAPITEL

MESSUNG UND THEORIE INDIVIDUELLER STRESS- UND BEWÄLTIGUNGSREAKTIONEN
von Johannes C. Brengelmann

VI. KAPITEL

DEMONSTRATION EINES STRESSBEWÄLTIGUNGSTRAININGS UND MEDIATOREN-SELEKTION
von Johannes C. Brengelmann, Günther Krauthan, Angelika Wagner-Link, Eva Wengle und Anton Kessler

VIII. KAPITEL

STRESSBEWÄLTIGUNGSMANUAL 1983
von Günter Krauthan und Angelika Wagner-Link, in Zusammenarbeit mit Johannes C. Brengelmann und Horst Olszewski

IX. KAPITEL

VIDEO-FILM "ACHTUNG STRESS"
von Johannes C. Brengelmann, Günther Krauthan, Angelika Wagner-Link, Horst Olszewski, zusammen mit Gerd Begemann, Manfred Kibbas, Olaf Lux, Hans-Wilhelm Roderburg, Lothar Röhrig, Erich Traphan, Hubert Zantis

X. KAPITEL

AUSBILDUNG DER MEDIATOREN DURCH LEHRTRAINER
von Johannes C. Brengelmann, Franz Peterander und Ludwig Schindler

Vorwort

Das herausragende Erlebnis für den Herausgeber war, daß ein derart umfangreiches und mit vielen Unwägbarkeiten besetztes Experiment überhaupt durchgeführt werden konnte. Es besteht kein Zweifel daran, daß dies ohne das unerschöpfliche Interesse von Horst Olszewski nicht möglich gewesen wäre.

Ebenfalls herausstellen muß ich die Befriedigung, daß trotz mancher Wagnisse und Unkontrolliertheiten des Vorgehens eine beachtliche Anzahl vertraubarer Ergebnisse erzielt wurden, die eine wissenschaftliche Weiterführung verlangen, anstatt davon abzuraten. Es bewahrheitet sich wieder einmal, daß Felduntersuchungen Erkenntnisse ermöglichen, die unter streng kontrollierten Bedingungen nicht erstellt werden können.

Für den eiligen Leser bietet Kapitel I einen Gesamtüberblick und Kapitel X das Wichtigste an Ergebnissen. Wer sich die Mühe macht alles zu lesen sollte den Aufbau des Buches als eine Reihe getrennter Berichte verstehen, die sich im Ablauf der Experimentierzeit so ergeben haben. Er braucht sich dann nicht darüber zu ärgern, daß es an Flüssigkeit mangelt und daß bestimmte Elemente, zum Beispiel des Trainingsverfahrens, wiederholt auftauchen.

Der Vorteil dieser Berichtsform sind allerdings eine plastische Vorstellung vom Ablauf und ein ein unbekümmertes Nebeneinander von praktischem Detail und errechneten Verallgemeinerungen. Praxis und Forschung rücken eng aneinander und erlauben so einen besseren Einblick in ursächliche Vermutungen, warum man bestimmte Dinge im Training tun muß und warum man Folgerungen zieht, die nicht immer der täglichen Erwartung entsprechen. Dies spricht den Praktiker an, der die Verfahrenskonsequenzen aus dem Bericht herauslesen kann. Ein anderer Hauptpunkt für den Praktiker dürfte sein, daß das Stressbewältigungstraining sowohl vom Trainer als auch vom Trainee her beschrieben wird und überhaupt unter verschiedenen Gesichtspunkten angegangen wird.

Von den Ergebnissen her gesehen möchte ich die Aufmerksamkeit am liebsten auf die folgenden Punkte lenken:

1. Das Mediatorentraining ist effektiv, solange man die Kontrolle durch Fachtrainer sicherstellt.

2. Die Verfahrensweisen sollten noch stärker operationalisiert werden, zum Beispiel durch Entwicklung eigener Manuale für Trainer und Trainee.

3. Die individuellen Differenzen von Trainer und Trainee hinsichtlich ihres Coping- und Stressverhaltens erlauben intimere Einblicke in den Trainingsprozess. Dies erfordert eine intensivere Forschungsanstrengung.

4. Eine methodische Verbesserung der Effektivitätsmessung hängt hiermit zusammen und die Bewältigung dieses permanenten Problems ist etwas näher gerückt.

5. Das Verständnis der Stressbewältigung erfordert eine gleichzeitige Berücksichtigung von Coping- und Stressreaktionen, weil beide Aspekte Besonderheiten zeigen, die interaktiv und auch unabhängig voneinander zu sein scheinen. Es wäre von Vorteil zu wissen, wann das eine oder das andere auftritt, um Trainingseinflüsse besser zu verstehen und mit grösserer Wirksamkeitserwartung präziser anzusetzen.

Eines hat dieses Experiment mit Sicherheit bewirkt, nämlich zur wissenschaftlichen Fundierung des Trainings beigetragen zu haben, an der es bisher fehlte. Das verhaltensorientierte Stressbewältigungstraining hat damit eine Vorreiterrolle übernommen, dessen Ursprünge vor allem meinen Mitstreitern Günter Krauthan und Angelika Wagner-Link zu danken sind.

München
Dezember 1987

Johannes C. Brengelmann

Kapitel I

Stress und Stressbewältigung im Überblick

von

Johannes C. Brengelmann

INHALT

2. Es ist notwendig die Stressreaktionen zu reduzieren und kompetentes Verhalten zu entwickeln

Unser Bericht befaßt sich mit praktischen Folgerungen aus dieser Situation, indem ein bereits bewährtes verhaltenstheoretisches Modell für die Bewältigung der Stressprobleme empfohlen wird, das parteipolitisch neutral und gesellschaftspolitisch von erstrangiger Bedeutung ist. Es liegt in unserem Interesse, die Stressreaktionen des Individuums und die Entwicklung kompetenten Verhaltens zum Nutzen aller zu erfahren, auch für unsere Beamte im Polizeidienst. Dies erfordert eine empirische Bestimmung der individuell erlebten Stressoren im Dienst und die Entwicklung von Maßnahmen zu ihrer Kontrolle. Beides kann in zweifacher Weise geschehen. Der eine Weg besteht in der Feststellung der negativen Stressreaktionen mit darauf folgendem Abbau (Dekonditionierung), sowie in der Bestimmung und Kontrolle schädlicher Ärgerreaktionen. Der zweite Weg sieht eine Gegengewichtung gegen Stress und Ärger durch Verstärkung geeigneter positiver Verhaltensweisen (Gegenkonditionierung) vor. Wie effektiv diese beiden Verfahren der Konditionierung im einzelnen wirken war bei der Planung der hier beschriebenen Experimente noch nicht bekannt, wohl aber daß sie in einem entscheidenen Maße helfen können, Stress- und Ärgerreaktionen durch Training zu beseitigen, d.h. durch Erlernen der Bewältigung seitens des Individuums. Das in diesem Buch beschriebene Training gewichtet die Stressreduktion stärker als den Aufbau der Selbstkompetenz, woran noch weiter gearbeitet wird.

Die von uns benutzten Verfahren des Stressmanagements gehen teilweise auf Meichenbaum zurück und unsere Erfahrungen mit Ärgerkontrolle auf Novaco. Mit beiden Kollegen, deren Arbeiten allgemein bekannt sind, wurde in München persönlicher Kontakt gepflegt. Alle Verfahrensweisen wurden jedoch von eigenen Mitarbeitern neu aufgesetzt und adaptiert, wofür dann der Ausdruck Stressbewältigungstraining benutzt wurde. Eingeblendet wurden schliesslich einige Elemente des positiven Verhaltenstrainings, das ebenfalls in der Psychologischen Abteilung des Max-Planck-Instituts für Psychiatrie entwickelt wurde (Brengelmann, 1983).

3. Persönliches Verhalten und Organisationsverhalten müssen aufeinander abgestimmt werden

Dieses Buch ist eine Zusammenfassung von Planungs- und Durchführungsberichten ausschließlich für das Streßbewältigungstraining. Wir enthalten uns deshalb einer generellen Diskussion des Themas Verhaltensentwicklung oder -förderung, das bei uns in grösserem Umfang behandelt wird. Man kann aber nicht umhin, sich ein wenig mit dem weiteren praktischen Hintergrund der Verhaltensförderung zu befassen. Nach unserer Meinung ist es offensichtlich, daß die Verwirklichung des menschlichen Verhaltenspotentials, einschließlich der Personalentwicklung, eine Angelegenheit des Verhaltens im konkreten Sinne ist und ohne Berücksichtigung der Verhaltensgesetzlichkeiten nicht bewältigt werden kann. Dies ist der entscheidende Gesichtspunkt, denn der Verwirklichung des Menschen haben sich Theologen, Philosophen, Soziologen, Naturwissenschaftler, Mediziner, Pädagogen, Juristen und Betriebswirte angenommen, bevor sich die Verhaltenspsychologen darum gekümmert haben. Keiner von den Genannten war Verhaltensspezialist, was auch auf die meisten Psychologen zutrifft. Alle aber haben die Wichtigkeit des menschlichen "Potentials" in Regierung, Öffentlichkeit und Wirtschaft, kurzum in jeder gesellschaftlichen Organisation erkannt und bemühen sich, die Probleme der Veränderung gesellschaftlicher Organisationen und Wertvorstellungen sowie die damit verbundenen Unsicherheiten, Machtverschiebungen, "ethischen" Streitereien und anderen Turbulenzen zu verstehen und zu bewältigen, wohlgemerkt ohne das Verhalten, welches diese Turbulenzen bestimmt, wissenschaftlich zu analysieren. Mir ist keine Regierung, Industrie, Gewerkschaft oder Forschungsgemeinschaft in dieser Bundesrepublik bekannt, die gefordert hätte, daß man als erstes das menschliche Verhalten für solche Zwecke untersuchen müsse. Die Verantwortung hierfür liegt natürlich nicht primär bei den gesellschaftlichen Institutionen, auch nicht bei ihren Forschungsinstitutionen. Diese können wohl die Notwendigkeiten erkennen, nicht aber die benötigten Theorien und Forschungsmethoden, um die zwischen den verschiedenen Fachvertretern heftig gestritten wird. Sicher ist, daß neue Wege nötig sind und auch daß die Verhaltensspezialisten, welche sie beschreiten, von den entsprechenden Forderungen noch nicht erkannt wurden. Verantwortlich für eine Veränderung ist letztlich der Innovator selbst, der solange

Belege für seine Innovation sammeln und diese an geeigneter Stelle anbringen muß, bis daß die benötigte Unterstützung erfolgt.

Zurück zum Thema Personalentwicklung und zum individuellen Beamten, der zwischen seiner Organisation und den konkreten Erfahrungen seiner Umgebung handelt. Jede Stabilität und Labilität der Gesellschaft hängt letztlich vom Individuum ab. Man muß deshalb versuchen, alle relevante Effektivität und Ineffektivität des Verhaltens im Umgang mit den tagtäglichen beruflichen und privaten Aufgaben zu erkennen, und wenn nötig im Hinblick auf eine bessere Selbstverwirklichung zu beeinflussen. Jede Person funktioniert in der konkreten Auseinandersetzung oder Leistung zunächst persönlich aus sich heraus und nicht als unpersönliches "Personal" und auch nicht als unpersönliche "Organisation" (auch wenn das Individuum von anderen oder von der Organisation beeinflusst wird). Die Qualität der individuellen Leistung bestimmt so auch die Qualität der Organisation, ohne deren Eigengesetzlichkeit schmälern zu wollen. Es müßte demnach die erste Aufgabe einer Organisation sein, nicht sich selbst zu verwirklichen, sondern zuerst jene Individuen, von denen die Erfüllung des organisatiorischen Auftrags abhängt. Der Mensch in der Organisation ist komplex. Er ist nicht nur rational und er ist mehr als ein ökonomischer Faktor in der Gesamtgleichung. Auch kann er seine Aufgabe nicht allein auf Basis fachgerechter und rechtlicher Sachkenntnisse erfüllen. Alle seine Handlungen und Entscheidungen sind zugleich auch verhaltensbestimmt. Die Organisation muß im eigenen Interesse dafür sorgen, daß die benötigten Verhaltensfertigkeiten seiner Angestellten entwickelt werden. Effektives Verhalten des Individuums ist die Kernsubstanz überdauernder persönlicher, organisatorischer und gesellschaftlicher Stabilität und Garant der effektiven Bewältigung persönlicher und gesellschaftlicher Turbulenzen. Das Individuum hat aber nicht die Macht, sich gegen seine Organisation zu entwickeln, so daß die Organisation von sich aus auf das Indivduum zukommt und sich darum kümmern muß. Letzlich - und dies ist nicht eigentlicher Gegenstand des vorliegenden Buches - sollte sich auch die Organisation mit gleichen Methoden wie das Individuum analysieren und beeinflussen lassen. Ein Individuum, dessen Verhaltenseffektivität sich optimal entwickelt hat, kann sich nicht gut in einer verhaltensmäßig ineffektiven Organisation entfalten. Individuum und Organisation müssen zueinander passen.

4. Risikoverhalten und Stress können vom Individuum her kontrolliert werden.

In der jüngeren Zeit ist sehr viel unternommen worden, um das Gesundheitsbewußtsein der Bevölkerung auf die Prävention gesundheitsgefährdender Risikofaktoren und Stressoren auszurichten. Zu den Risikofaktoren zählen übermäßiges Rauchen, unmäßiger Alkoholkonsum, unzureichende Ernährung, unvorsichtiges Verhalten (etwa im Verkehr) und unzureichendes Körpertraining. Es herrscht unter Fachleuten die Überzeugung vor, daß ein hoher Anteil der Morbiditäts- und Mortalitätsraten in den entwickelten Industriegesellschaften durch solche gesundheitsschädigende Verhaltensweisen bzw. Belastungen verursacht werden (v. Troschke und Stössel, 1981).

Das Risikoverhalten ist deswegen so schwer zu kontrollieren, weil es zunächst lustbetont und entspannend wirkt und die gesundheitsschädigenden Konsequenzen erst viel später auftreten, bei manchen sogar nie. Die populäre Meinung ist, daß das Individuum seine Gesundheit selbst in der Hand habe und daß es nur eines festen Vorsatzes bedürfe, um das richtige Verhalten zu ändern. Auf dieser Annahme fußen auch die meisten Gegenmaßnahmen der Gesundheitserziehung in Schule und Elternhaus, Gesundheitsaufklärung durch öffentliche Institutionen und Gesundheitsberatung im medizinischen Bereich.

Die von diesen Institutionen benutzten Methoden bestehen meist in der Darstellung der Schädlichkeit bestimmter Verhaltensweisen, gepaart mit der Überredung, ein gesundes Leben zu führen. Diese Methoden des Erkennens und Zuredens sind rein verbaler Art und korrigieren nicht das Verhalten. Ihre Effektivität ist begrenzt, solange nicht verhaltensverändernde Methoden benutzt werden. Dies sind speziell entwickelte Übungen, die immer ein Verhaltenstraining nach psychologischen Gesichtspunkten einschließen, wobei natürlich auch Wahrnehmung, Erkennen und die soziale Beziehung eine Rolle spielen. Das wichtigste im Training sind aber die Lernvorgänge. Ein fest geprägtes Verhalten, etwa starkes Rauchen oder übermäße Eßlust, läßt sich nicht allein durch guten Vorsatz oder Hinweis auf Gefährlichkeit kontrollieren. Es ist in den meisten Fällen leichter und auf Dauer erfolgreicher, ein derartiges Risikoverhalten schrittweise umzuformen als es plötzlich einzustellen. Viele Menschen haben dies erfahren müssen, denn die Mehrzahl der erfolgreichen Sofortaufhörer haben ihr Verhalten nach Rückfall wiederholt neu kontrollieren müssen. Die Fähigkeit zur Selbstkontrolle des Risikoverhaltens ist nicht durch einfachen Beschluß zu erreichen, sondern muß und kann erlernt werden. Wenn man die Verhaltensgesetzlichkeiten kennt und die Regeln der Verhaltensänderung im Training konsequent befolgt, ist die Fähigkeit zur Selbstkontrolle unvergleichlich größer, als man es von asketischen Erklärungen oder guten Ratschlägen erwarten kann.

Diese These gilt nicht nur für das Risikoverhalten, sondern auch für die eingangs erwähnten Stressoren bzw. daraus entstehenden Verhaltensweisen, die gesundheitsgefährlich sein können. Diese Stressreaktionen, die aus der Lebensbelastung und persönlichen Stressneigung erwachsen, tragen Konsequenzen anderer Art. Sie greifen von vornherein und ständig in das persönliche und soziale Leben ein, abgesehen von der negativen Beeinflussung körperlicher Funktionen, die noch hinzukommt. Erschwerend wirkt sich der Irrglaube aus, daß Stressreaktionen ausschließlich oder größtenteils eine Angelegenheit der Belastung "von außen" seien, die dem Individuum widerfährt, anstatt daß es sie selbst produziert.

Die These der Belastung von außen wird möglicherweise gerne deswegen angenommen, weil sie das Individuum von der Selbstverantwortlichkeit enthebt. Was kann man schon dafür, wenn der Lärmpegel am Arbeitsplatz zu hoch ist, wenn der Arbeitskollege einem ständig auf den Wecker fällt oder wenn der persönliche Förderer im Betrieb stirbt und man sich plötzlich alleingelassen fühlt? Die Antwort ist, daß man sehr viel dafür kann, solange man die Probleme voraussieht und in angemessener Weise aktiv konfrontiert. Den Lärmpegel kann man durch Beeinflussung des Betriebs ändern. Das Verhalten der Nachbarn kann man freundlich so diskutieren, daß eine friedliche Koexistenz resultiert. Der Wegfall der Unterstützung kann zu neuen Verhaltensweisen führen, mit denen man aus eigener Kraft oder mit neuen Hilfen das angestrebte Ziel erreicht.

Stress resultiert aus drei Quellen: individuellem Verhalten, Umweltbedingungen und Wechselwirkung zwischen beiden. Viele Stressoren sind unabänderlich vorgegeben oder lassen sich vom Individuum her allein nicht bewältigen. Eine große Anzahl wenn nicht die Mehrzahl der alltäglichen Belastungen hängt aber von der persönlichen Disposition ab, wie man persönlich auf Stress reagiert und wie man das Problem bewältigt. Dies bestimmt auch die Möglichkeit, den Stress über eine Einwirkung auf das Individuum zu reduzieren, etwa durch ein Stressbewältigungstraining. Die Neigung, eskalierend oder bewältigend auf Stress einzuwirken, variiert stark mit dem Individuum. Doch auch das Individuum, welches Stress produziert, anstatt ihn zu reduzieren, kann durch ein geeignetes Verhaltenstraining lernen, seine Stressreaktionen und die seiner Umgebung effektiver zu kontrollieren. Ob Risikoverhalten oder Stress, beides kann vom Individuum kontrolliert werden.

5. Die Bedingungen für eine inadäquate Stressreaktion sind primär im Individuum zu suchen und nicht in negativen Lebensereignissen

Wenn man ein Verhalten erfolgreich kontrollieren will, muß man Verständnis dafür aufbringen, welchen positiven oder negativen Sinn das Verhalten hat und in welchem Zustand der Effektivität es sich befindet. Es ist praktisch unmöglich, diese beiden Dinge mit dem einfühlsamen Blick allein verläßlich zu erfassen. Der erfahrene klinische Blick kann unsere Aufmerksamkeit auf wesentliche Punkte lenken, aber letzlich lassen sich die tragenden Bestandteile des Verhaltens und deren Sinn für den Menschen nur mit vertraubaren Meßdaten in das Licht der klaren und Übereinstimmung fähigen Erkenntnis heben.

Jemand hat mal gesagt, daß ein Leben ohne Stress wie eine geruhsame Wochenendparty sei, die man in der Garderobe abgehängt verbringt. Nimmt man aber am Leben teil, ist man auch im Stress. Stress ist eine angeborene und erworbene Reaktion, die einen instandsetzen soll, sich auf die wechselnden Lebensumstände einzustellen. Ein Stressor ist eine Situation oder eine Anforderung, welche das Gleichgewicht stört und eine Stressreaktion auslöst. Stressreaktionen machen sich in der Auslösung und Verarbeitung endokriner Abläufe bemerkbar, wobei unter anderem das Blutvolumen und der Blutdruck ansteigen. Das autonome Nervensystem ist ein anderer wichtiger Apparat zur Verarbeitung von

Stressreaktionen. Die Erregung des ANS führt zur Stimulierung motorischer Funktionen, zum Beispiel des Herz-Kreislaufs und der quergestreiften Muskulatur. Hemmung (Entspannung) kann gleichzeitig in anderen Bereichen beobachtet werden, zum Beispiel im Bereich des Magens, der Blase oder der Bronchiolen.

Diese somatischen Abläufe muß man kennen, will man den Stress ganz verstehen. Trotzdem kann dies die Kenntnis der psychosozialen Stressoren und Stressabläufe nicht ersetzen. Der primäre Stressor löst zuerst die Reaktion aus. Daraus können sich interne psychologische Sekundärstressoren entwickeln, welche die Stressreaktionen aktiviert halten. Die Kenntnis dieser Vorgänge ist maßgeblich für die Gestaltung eines Stressbewältigungstrainings, so daß wir uns näher mit ihnen befassen müssen. Uns interessieren dabei die Stressreaktionen und deren Interaktion mit der sozialen Umgebung, weil hier der Ansatz für ein Training liegt. Das Training hat primär die Kontrolle der persönlichen Stressreaktionen des Individuums zum Ziel, was sich jedoch auch auf die soziale Umgebung positiv auswirkt, auch wenn diese nicht beeinflußt wird. Die wichtigsten zu trainierenden Stressreaktionen ergeben sich aus Abbildung 1 (vgl. Reig, Guerra und Brengelmann, 1982).

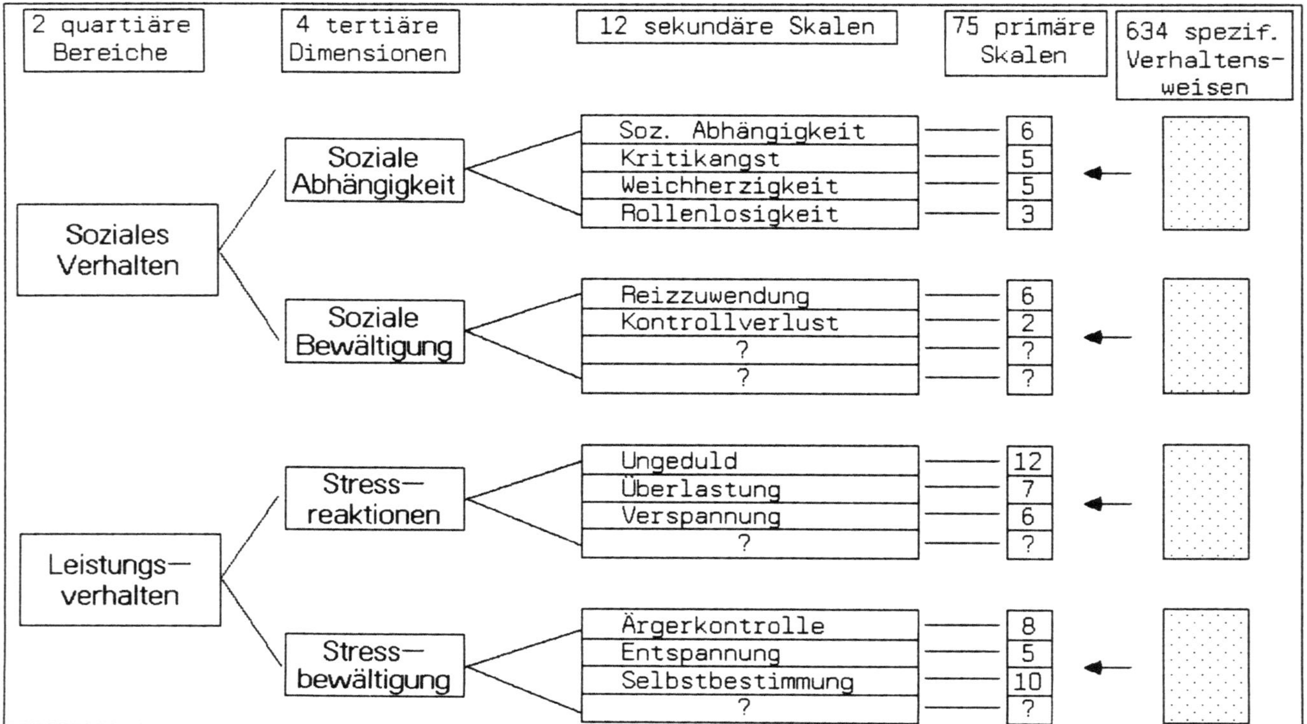

Abbildung 1. Hierarchisches System gemessener Stressfaktoren. Die wichtigsten Stressreaktionen und deren Bewältigung treten im Sozial- und Leistungsbereich auf.

Diese Abbildung beschreibt, wie man durch korrelative Analysen der 634 Items unseres Fragebogens 75 Subskalen bildet, die sich weiter in 12 Primärfaktioren und 4 Sekundärfaktoren gliedern lassen. Sie zeigen an, daß die von 357 Versuchspersonen erhaltenen zahlreichen Antworten durch mathematische Analyse eine sinnvolle Struktur bilden, die sich hierarchisch gliedert, wie folgt:

Persönlicher Bereich

Teilbereich: Stressreaktionen

- Ungeduld in fordernden Situationen

- Sich selbst überlasten und belastet reagieren

- Psychische und muskuläre Verspannung

Teilbereich: Selbstbestimmung

- Fähigkeit seinen Ärger zu kontrollieren

- Fähigkeit, auf fordernde Situationen entspannt zu reagieren

- Fähigkeit, Probleme selbst zu entscheiden und seinen Lebensweg zu bestimmen

Sozialer Bereich

Teilbereich: Soziale Inkompetenz

- Sich von anderen Menschen abhängig fühlen
- Angst vor der Kritik anderer Menschen haben
- Weichherzig handeln, sich nicht durchsetzen
- Gefühl der Rollenlosigkeit, keine Identifikation besitzen

Teilbereich: soziale Kompetenz

- Reizzuwendung, sich aktiv nach außen wenden
- Seine soziale Rolle kontrollieren (Kontrollverlust ladet negativ an diesem Faktor)

Dies ist ein Versuch, möglichst viele Varianten von Stress und seiner Bewältigung zu erfassen und die ihnen innewohnende Ordnung zu erkennen. Die Fragezeichen sollen andeuten, daß noch nicht alle Faktoren entdeckt sind, die von Bedeutung sein könnten. Die Analysen zeigen aber, daß Stress und seine Bewältigung, sprich Lebensbewältigung allgemein, aus vielen positiven und negativen Komponenten besteht, die ziemlich unabhängig voneinander variieren. Dies bedeutet, daß wir entsprechend unterschiedliche Trainingsmethoden der Selbstkontrolle entwickeln müssen, wenn das Individuum lernen soll, alle Stressaspekte zu beherrschen. Meist wird es aber reichen einige Kernprobleme zu kontrollieren.

Die beschriebene Vielfalt an Reaktionen bedeutet auch, daß Stress in allen Verhaltensmodalitäten stattfindet. Wir haben die biologische Aktivierung im kardiovaskulären und endokrinen System erwähnt, die Spannungszustände in der quergestreiften Muskulatur sowie emotionelle Reaktionen wie Ärger/Ungeduld und die soziale Kompetenz und Inkompetenz. Etwas zu kurz gekommen sind dabei die kognitiven Faktoren, die von einigen Autoren als von entscheidender Wichtigkeit in der Beeinflussung von Stress angesehen werden. Eine solche Beeinflussung soll sich "dynamisch" abwickeln, d.h. in einer charakteristischen Zeitfolge. Beim Auftreten eines Stressors wird dieser zunächst beobachtet, dann bewertet und weiter interpretiert. Alle Individuen entwickeln so ihre persönliche Erwartungs- und Beurteilungshaltungen, auf deren Basis neue Stressoren interpretiert werden. Positivität und Negativität sowie die kalkulierte Wahrscheinlichkeit des Auftretens bestimmter Ereignisse sind Hauptbestandteile dieser Bewertung.

Lazarus (1966) wird als der Forscher beschrieben, welcher ein theoretisches Modell konstruierte, in dem die Begriffe Bedrohung, Bewertung und Bewältigung in einem Zweistufenmodell integriert werden. Die primäre Bewertung schätzt die Ernsthaftigkeit der Bedrohung ab und die sekundäre die Effektivität der zur Verfügung stehenden Bewältigungsstrategien. Wer sich intensiver mit diesen Dingen befassen will, findet in der Literatur genügend Stoff über Erwartung (Tolman, 1932, 1959), Kontrolle (Rotter, 1972), Motivation (Atkinson, 1964), Selbstverwirklichung (Bandura, 1977) oder erlernte Hilflosigkeit (Seligman, 1975). Den Zusammenhang dieser Begriffe untereinander kennen wir nicht, aber sie bestätigen, daß die Disposition zur Belastung entscheidend ist. Dies wurde auch vom leider zu früh verstorbenen Stressforscher Hans Selye betont, der sich etwa wie folgt ausdrückte: "Nicht der Stressor ist wichtig, sonder die Art und Weise, wie man ihn nimmt". Jede Person scheint einen für sie spezifischen Betrag von Stresstoleranz zu besitzen, der über lange Zeitperioden konstant bleibt und nur unter besonders ungünstigen Bedingungen zur Krankheit führt, d.h. wenn die Stressdisposition stark ist und die Belastung als besonders negativ wahrgenommen wird.

Die Stressauslöserforschung hat sich auf besondere Lebensereignisse (life events) wie Unfälle, Tod nahestehender Personen, Scheidung und ähnliche Dinge konzentriert und hat diese in LCUs (Life Change Units) gemessen (Holmes und Rahe, 1967). Die hierdurch ausgelöste intensive Forschung zeigt keine schlüssigen Ergebnisse, wenn man die individuell variierende Disposition zur Stressreaktion außer Betracht läßt. Anders ausgedrückt, die Wirkung der Stressauslöser muß vom Individuum her verstanden werden. Nicht die Lebensereignisse bestimmen primär die Stressreaktion, sondern die Fertigkeit des Individuums damit fertig zu werden. Deshalb muß die Bewältigungsfähigkeit im Training gestärkt werden.

Trotzdem können die Stressoren nicht außeracht gelassen werden, weil sie individuell unterschiedlich erlebt und bewertet werden und das Training dort ansetzen muß wo die Gefahr vom Individuum gesehen wird oder wo es inadäquat reagiert. Aus diesem Grunde wurde eine detaillierte Untersuchung zur Identifikation der Stressoren und persönlichen Reaktionen auf Stress durchgeführt (Kapitel IV).

6. Wirksame Stressbewältigung erfordert eine detaillierte Verhaltensanalyse und Verfahrensplanung

Wer in irgendeinem Betrieb ein Streßbewältigungstraining einführen will, kann auf viele zur Verfügung stehenden Verhaltenstechniken zurückgreifen, ohne gleich neue entwickeln zu müssen. Das Angebot an solchen Techniken oder Verfahrensweisen ist so groß, daß man eine Auswahl treffen muß und hierin erweist sich die Kunst des Verhaltenstechnikers. In aller Regel ist ein Verfahren schon in einem andersartigen Kontext benutzt worden, so daß es einer Umformulierung auf die neuen betrieblichen Verhältnisse bedarf. Der Rahmen, in dem ein Training stattfindet, verdient also besondere Beachtung. Wir befassen uns deshalb mit solchen Rahmenbedingungen, bevor wir die Bewältigungstechniken selbst besprechen. Dabei werden wir uns kurz fassen, weil diese Punkte noch ausgiebig zur Sprache kommen werden, besonders im Manual (Kapitel VIII).

6.1. Allgemeines Trainingsziel und seine Komponenten

Das allgemeinste Ziel des Trainings war, daß erfahrene Verhaltenspsychologen Polizeibeamte zu Verhaltenstrainern ausbilden, damit diese wiederum ihre Kollegen unter Kontrolle durch Spezialisten in der Bewältigung von Stress und Konflikten einüben. Ein solches Training in der Bewältigung von Stress und Konflikten enthält die folgenden Komponenten:

- Voruntersuchung: Identifikation der polizeispezifischen Stressoren und persönlichen Reaktionen auf Stress

- Theorie: Schulung in Verhaltensanalyse und Verhaltenstheorie, lernen sich selbst zu erkennen und die Streßabläufe zu verstehen

- Praktische Ausbildung: Trainieren der Stresskontrolle in Gruppen durch außerpolizeiliche Verhaltensspezialisten = Ausbildung von Polizeiverhaltenstrainer

- Kontrollierte Anwendungsphase: Ausgebildete Polizeiverhaltenstrainer lernen unter Aufsicht andere Polizeibeamte in der Bewältigung ihrer Stressprobleme zu trainieren

- Routinemäßige Anwendung in der Polizeipraxis: Transfer von der Ausbildung in die reale Praxis. Polizeiverhaltenstrainer wenden die Streßbewältigung ohne direkte Aufsicht durch Spezialisten auf Polizeibeamte an, wobei die Effektivitätskontrolle bestehen bleibt.

- Auffrischungsbedingungen: Festigung des Erlernten durch kurze Wiederholungen und Beseitigung entstandener Probleme

- Effektivität: Kontrolle der Effektivität auf allen Trainingsstufen

Wir gehen im folgenden auf ein paar ausgewählte Aspekte ein und zwar auf die Identifikation der Stressoren, Stressreaktionen und Stressbewältigungsstrategien, gefolgt von einer Gliederung der Übungsaufgaben und didaktischen Hilfen.

6.2. Identifikation der Stressoren

In einer getrennten Untersuchung wurde versucht, die folgenden zwei Fragen systematisch zu beantworten:

- Welches sind die Situationen, die die stärkste Belastung und meisten Konflikte bringen (Stressoren)?

- Wie reagiert der Polizeibeamte auf solche Belastungen (persönliche Reaktionen)?

Wegen der besonderen Wichtigkeit dieses Punktes wollen wir ihn etwas detaillierter behandeln. Es geht hierbei zunächst darum, das nötige Wissen bezüglich Stress durch unmittelbare Selbstbeobachtung zu erwerben. In bezug auf die erste Frage werden Stressoren gesammelt, die den Beamten belasten, z.B. Nachtschicht, Schlichten einer Schlägerei oder Überbringen einer Todesmeldung an Angehörige. Außerdem wird festgestellt, welche Elemente oder Merkmale einer Situation diese erst belastend machen, z.B. nicht das Überbringen irgendeiner Todesnachricht, sondern speziell die Meldung vom Tod eines Kindes; das Schlichten einer Schlägerei, wenn die Zuschauer sich negativ zur Polizei verhalten, oder gerade dann Nachtdienst machen müssen, wenn man bei Freunden eingeladen ist. Je genauer und konkreter es gelingt, solche Belastungen herauszuarbeiten, desto effektiver kann man dagegen angehen. Die systematische Erarbeitung solcher Wissensinhalte erfolgt im Training durch ein Brainstorming, auf jeden Fall aber auch durch eine vorhergehende experimentelle Verhaltensanalyse.

6.3. Identifikation der Stressreaktionen

Die ersten Kennzeichen dafür, daß man unter Stress steht, beweisen sich in körperlichen Reaktionen, zum Beispiel Spannungsanstieg, Schwitzen, Magenschmerzen und Herzklopfen. Diese körperlichen Erscheinungen stellen biologische Reaktionen auf Stressreize unterschiedlicher Art dar. Sie dienten beim Urmenschen dazu, die Reaktions- und Widerstandfähigkeit des Organismus zu erhöhen. Solche Signale treten infolge klassischer Konditionierung bereits auf, wenn eine Situation noch gar nicht bewußt als belastend oder streßhaft wahrgenommen wird. Sie können als Frühwarnung dienen und den Betroffenen veranlassen, die Situation so zu verändern, daß Stress reduziert wird. Außerdem kann man die Anzeichen, etwa das Erröten oder Stottern, an anderen Personen erkennen und feststellen, ob sich diese im Stress befinden. Diese Information hilft, sich so zu verhalten, daß der andere nicht zusätzlich gereizt wird oder daß er mit der belastenden Situation besser zurechtkommt. Zu den im Brainstorming oder in der Verhaltensanalyse erworbenen Wissensinhalten über Stressreaktionen gehören Dinge wie Unruhe im Bewegungsablauf, Herzklopfen, Erschöpfung, Wut oder Leistungseinbuße.

6.4. Identifikation der Stressbewältigungsstrategien

Hierbei soll sich jeder Kursteilnehmer überlegen, wie er bislang versuchte, mit seinem Stress fertig zu werden. Es wird nach allen solchen Versuchen gefragt, gleichfültig ob erfolgreich oder erfolglos, angemessen oder unangemessen. Auch die Bewältigungsstrategien anderer Leute werden miterfaßt. Sinn und Effektivität der einzelnen Strategien werden anhand von Beispielen wie die folgenden diskutiert: Pausen einlegen, Arbeit abgeben, Probleme besprechen oder an schöne Dinge denken.

6.5. Spezielle Übungsaufgaben

In diesem Absatz wird nur auf ein paar besonders wichtige Aspekte der Übungen eingegangen. Die Teilnehmer am Trainingskurs müssen anhand praktischer Beispiele lernen,

- wie Stress entsteht und welche Funktionen er hat

- wie Stressereignisse normalerweise ablaufen

- welche Einflüsse den Stress verstärken und abschwächen (wie z.B. Konflikt eskaliert und de-eskaliert wird)

- wie Stressreaktionen an sich selbst beobachtet werden (z.B. Feststellung der Pulsveränderung durch einen Biofeeedbackapparat), welche Gefühle Stress auslösen, wie man Stress und seine Bedrohlichkeit erkennt und wie man schließlich darauf in seinem Verhalten reagiert.

Der Polizeibeamte lernt mittels solcher Analysen und im Training am eigenen Verhalten zu verstehen, wie Gefühle und Reaktionen der Belastung, Angst, Aggression und des Ärgers ablaufen und sich verändern. Er lernt ebenfalls, wie man die Intensität und Richtung der Stressreaktionen erfolgreich steuert. Er lernt das Phänomen der Verkettung vieler einzelner Verhaltensweisen kennen, die eine ganze Sequenz negativer Reaktionen provozieren (Problemeskalation) und solche, die positive Sequenzen (De-Eskalation) zur Folge haben. Man muß also die jeweiligen Schlüssel des Verhaltens kennen, welche die Eskalation und De-Eskalation ganzer Verhaltensketten zur Folge haben. Hier ist die Notwendigkeit der theoretischen Vorbereitung besonders offensichtlich. Sie dient nicht nur dem Verständnis der komplizierten Stress-Situation, sondern der festen Verknüpfung dieser Kenntnisse mit dem korrespondierenden Verhalten, das man in solchen Situationen praktizieren muß, um schwierige Situationen durch punktuell gesetzte Interventionen zu beherrschen.

6.6. Didaktik

Der Verhaltensspezialist muß im Training kontinuierliche Supervision ausüben. Der Teilnehmer lernt unter Supervision

- wie man Rollenspiele in Gruppen ansetzt und durchführt

- wie man sich den Teilnehmern gegenüber äußert, Äußerungen auslöst und sich rückäußert

- wie man Videoaufnahmen macht und analysiert

- wie man das Biofeedbackverfahren bedient und

- wie man den positiven Fortschritt des Trainings am Lernerfolg der Gruppe bestimmt und damit die Effektivität seines Vorgehens kontrolliert.

Zur Unterstützung dieser Aufgaben erhält der Teilnehmer

- ein Skriptum über die psychologischen Grundlagen von Stress und über die Theorie des Stressmanagements

- Anweisungen über den Umgang mit Personen und Gruppen im Training

- spezielle Kursunterlagen für das Training.

Die wichtigsten Schulungsmethoden sind:

- Seminare mit Demonstrationen

- Rollenspiele, Micro-teaching, Video-Feeback und Modell-Lernen (Darstellung von Situationen und deren Nachahmung)

- Lehrfilme, die auf relevante Situationen bezogen sind

- Planung realitätsnaher Gruppensituationen, in denen die Teilnehmer so nahe an der realen Situation wie möglich üben können.

7. Das Stressbewältigungstraining umfaßt verschiedenartige körperliche und psychologische Kontrollmöglichkeiten

Man kann Belastungssituationen auf zwei Arten bewältigen: einmal, indem man sich in der Belastungssituation eine kurzfristige Erleichterung verschafft, zum anderen, indem man die Belastungssituation grundlegend und langfristig verändert. Bewältigungsmöglichkeiten, die zu einer Situationserleichterung führen, vermindern die augenblicklichen negativen Auswirkungen einer Belastungssituation, ohne jedoch das Problem oder die Ursache, die die Belastung hervorgerufen hat, zu lösen. Die in unserem Training benutzten Techniken der Stressbewältigung sind wie folgt:

Kurzfristige Erleichterung	Langfristige Veränderung
- Spontane Entspannung	- Systematische Entspannung
- innere Ablenkung	- Systematische Desensibilisierung
- Äußere Ablenkung	- Problemlösung
- Selbstgespräche	- Einstellungsänderung
- Abreaktion	- Gesprächsführung
- Verringerung der Stressdosis	

Sie werden im Manual (Kapitel VIII) genau beschrieben.

7.1. Möglichkeiten der kurzfristigen Erleichterung

Die eben genannten sechs Bewältigungsmöglichkeiten haben gemeinsam, daß sie eine kurzfristige Veränderung unseres Befindens bewirken. Zur sofortigen Verringerung der Belastung können mehrere dieser Techniken zusammen oder nacheinander eingesetzt werden. Dies erhöht meistens den Effekt. Wird man z.B. von seinem Vorgesetzten kritisiert, kann man sich zunächst entspannen und sich dann durch selbstermutigende Äußerungen wieder aufbauen. Diese Techniken der kurzfristigen Situationserleichterung sind immer anwendbar, wenn die eigentlichen Ursachen für die Belastung nicht zu beheben sind. Zum Beispiel ist ein Unfall mit dem Streifenwagen oder eine berechtigte Kritik durch den Vorgesetzten nicht aus der Welt zu schaffen. Außerdem ist dieses Vorgehen angebracht, wenn andere Bewältigungsstrategien im Moment nicht angewandt werden können. Zum Beispiel, wenn man sich gegenüber ungerechtfertigter Kritik nicht sofort wehren kann, weil man die Kritik von dritter Seite erfährt oder weil der Vorgesetzte so erregt ist, daß er Gegenargumente nicht anhört. Die einzelnen Techniken werden hier sehr kurz skizziert:

1. Spontane Entspannung: Es handelt sich um eine Entkrampfung und Lockerung der Muskulatur. Dieser Zustand ist mit Angst, Ärger, Nervosität, Wut usw. unvereinbar. Wir können die Entspannung erreichen, indem wir z.B. tief durchatmen oder einzelne Muskelpartien kurz anspannnen, wieder lockern und auf den Gegensatz von An- und Entspannung achten.

2. Innere Ablenkung: Sich innerlich ablenken heißt, bewußt zu versuchen, belastende Gedanken zu unterbrechen und durch andere, neutrale oder angenehme Gedanken zu ersetzen. Man unterbricht quälende Gedanken und denkt an etwas anderes z.B. an die Freizeit.

3. Äußere Ablenkung: hierunter versteht man die Pflege von Aktivitäten, die von einer Belastung ablenken und vorübergehende Erholung verschaffen, z.B. Besuch bei Freunden oder Beschäftigung mit anderen Arbeiten.

4. Selbstgespräche: Dies sind positive Gedanken oder Gespräche mit sich selbst wie: "Das pack'ich jetzt", "auf geht's", "es gibt Schlimmeres", "das geht auch vorbei", "das ist auch nur ein armer Hund", "sie meint es vielleicht nicht so" usw.

5. Abreaktion: Mit Hilfe dieser Reaktionsart kann man die im Stress unwillkürlich entstehenden Energien abführen und dadurch einen physiologisch adäquaten Zustand erzeugen. Mögliche Beispiele sind ein kurzer Sprint, Holzhacken, sportliche Betätigung, Treppensteigen.

6. Verringern der Stressdosis: Auch kurzfristig kann manchmal die Stressdosis reduziert werden, ohne daß das Problem langfristig gelöst wird. Mögliche Beispiele sind das lärmende Radio ausschalten, nicht auf das klingelnde Telefon reagieren oder den Kontakt zu einer Person, über die man sich sehr ärgert, vorübergehend meiden.

7.2. <u>Möglichkeiten der langfristigen Veränderung</u>

Langfristige Bewältigungstechniken dienen dazu, die Ursachen der Stress-Situation zu beseitigen und häufig auftretende oder voraussehbare Belastungen zu verhindern oder in ihrer Wirkung abzuschwächen. Die fünf oben angegebenen Techniken können wie folgt charakterisiert werden.

1. Entspannung: Entspannung bewirkt, daß Angst, Nervosität, Wut und die damit verbundene Beeinträchtigung des ruhigen Überlegens und Planens nicht auftreten oder wenigstens eingeschränkt werden; daß die allgemeine Belastbarkeit erhöht wird und daß psychosomatische Stressschäden abgebaut werden.

2. Systematische Desensibilisierung: Die Stressreaktion wird in der Vorstellung wiederholt mit einer Entspannungsreaktion konfrontiert und dadurch systematisch geschwächt.

3. Problemlösung: Durch systematisches Überlegen und Planen kann man effektiver als durch planloses Vorgehen Lösungen für bestehende Probleme erarbeiten. Außerdem kann man sich auf zukünftige Belastungen vorbereiten und so deren unangenehme Wirkungen abschwächen oder gar verhindern.

4. Einstellungsänderung: Vorurteile, unbegründete Schuldgefühle, falsche Ansichten über die eigene Person u.ä., die wir selbst haben, behindern uns in unserem Tun und Handeln. Um Stress zu verhindern, müssen diese falschen Einstellungen durch angemessenere ersetzt werden.

5. Gespräche: Häufig bestehen Belastungen im Kontakt mit anderen Personen. Durch eine Aussprache mit der Person, die die Belastungssituation verursacht hat, ergeben sich viele wirksame Bewältigungsmöglichkeiten.

7.3. Klassifikation der Trainingsverfahren

Soweit die wichtigsten, hier benutzten Verfahrensweisen, die beschreiben, wie sie am Symptom ansetzen. Man kann sie auch so klassifizieren, daß man den Aufbau der Intervention besser erkennt, wie folgt.

1. Verhaltensanalyse: Wie man Stressursachen, Reaktionen und Konsequenzen seines Verhaltens richtig erkennt oder einschätzt.

2. Entspannungstraining: Kontrolle der physiologischen und emotionellen Reaktionen.

3. Selbstinstruktionstraining: Einübung von Verhaltensfertigkeiten oder Strategien, mit deren Hilfe man Belastung, Angst, Ärger oder Aggression reduzieren kann, um die psychischen Kosten der Aufregung zu reduzieren, die Gefahr der Situation herabzusetzen und sich selbst unter Kontrolle zu bringen.

4. Training in "persönlicher Effektivität": effektive Darstellung im Verhalten hinsichtlich Ausdruck (Mimik, Gestik, Sprache), verbale Äußerungen und Körpersprache (z.B. bedrohliche oder beunruhigende Körperhaltungen).

5. Training in effektiver Zielerreichung, d.h. ohne durch Konfrontation negative Konsequenzen auszulösen. Dies geschieht auf zweifache Art: einmal durch ein Vorstellungstraining, indem der Erfolgsweg wiederholt vorgestellt wird, bis er im Gedächtnis "sitzt" (Vorstellung der Problemmeisterung nach dem Mentalen Training verwandten Verfahren) und das andere Mal durch Stressimmunisierung. Hierbei werden neutralisierende Verhaltensweisen, mit deren Hilfe man die gefährliche Situation meistert, vorher intensiv eingeübt, damit sie im Falle des Auftretens der Gefahr automatisch und wirksam eingesetzt werden können.

8. Messung und Bewertung der Effektivität sind Voraussetzung für die Akzeptanz eines Trainings

Ein besonders kritischer Punkt unserer Betrachtungen ist erreicht, wenn wir die Frage beantwortet haben wollen, ob Beamte so trainiert werden können, daß sie als effektive Verhaltenstrainer für andere Beamte eingesetzt werden können. Für diesen Zweck wurde der Trainingsablauf mit Hilfe quantitativer Methoden erfaßt, analysiert und bewertet.

Für die Stressbewältigung gilt, was auch sonst im Leben zutrifft: Man kann in der praktischen Verwendung von Fertigkeiten nur so gut sein, wie man diese gelernt hat. Das weitgehend ungelöste Problem ist die Meßbarmachung einer so vielschichtigen Fertigkeit wie das Erlernen der Stressbewältigung und seine erfolgreiche Anwendung auf andere Personen. Es wird noch einige Jahrzehnte dauern, bevor diese Frage befriedigend gelöst sein wird.

In den vorliegenden Untersuchungen wurden vier Methoden benutzt, um in dieser Hinsicht einen Schritt weiterzukommen, nämlich

- Prüfung von Kenntnissen in bezug auf das Training (Lernen und Wissen)
- subjektive Selbst- und Fremdbewertung des Trainerverhaltens (Dimensionalisierung des Trainerverhaltens)
- Videobewertung der Effektivität des Trainerverhaltens und
- Veränderung des Stress- bzw. Bewältigungsverhaltens infolge des Trainings (Stress/Coping-Fragebogen).

8.1. Lernen und Wissen

Das Stressbewältigungsverfahren enthält eine Reihe von genau definierten Verhaltensfertigkeiten, die gelernt sein wollen, will man die Kunst des Trainierens erfolgreich anwenden. Erste Analysen zeigen, daß diese Fertigkeiten in einer gesetzmäßigen, sinnvollen Zeitabfolge gelernt werden. Zuerst entwickelt sich das Gefühl zu verstehen, worauf es ankommt, gefolgt von dem Verständnis der Wirksamkeit von Verhaltensgesetzlichkeiten, dem Begreifen der Praktikabilität manipulativer Handlungen bis hin zur Sicherheit, solche Handlungen selbst durchführen zu können. Dieser schrittweise Erwerb von Kenntnissen und Fertigkeiten ist prüfbar und das Prüfungsergebnis erlaubt Aussagen über den jeweiligen Stand des Lernens innerhalb eines Trainingsprogramms zu machen. Die Vermittlung und Prüfung solcher Kenntnisse sollten umfassender und genauer durchgeführt werden als bisher.

8.2. Dimensionalisierung des Trainerverhaltens

Eine der ersten Fragen richtet sich in diesem Zusammenhang auf die Struktur des Trainerverhaltens und dessen Wirkung beim Kursteilnehmer, exemplifiziert durch die folgende Frage: Wie verhält sich eigentlich ein Trainer, und wie kommt dies beim Trainee an? Die Humanisten und nicht-direktiven Beeinflusser sprechen sich in der Regel für Einfühlung, Verstehen und unbeeinflußte Selbstöffnung des Kursteilnehmers aus. Die Kontingenzmanager und direktiven Beeinflusser wollen präzise Anweisungen vorgeben, die gelernt und kontrolliert erfüllt werden müssen. Dies ist in einem gewissen Sinne die Fortsetzung der alten Diskussion um den Führungsstil.

Die befriedigende Beantwortung solcher Fragen erfordert noch einige Jahre Forschung in der Praxis. Als erstes müßten die wirksamsten Trainerverhaltensweisen gefunden und meßbar gemacht werden. Dies erfordert die Skalierung und Dimensionalisierung solchen Verhaltens, gefolgt von der Bestimmung seiner Effektivität. Der Stand unserer gegenwärtigen Forschung läßt vermuten, daß besonders Merkmale der folgenden Art an Interesse gewinnen: Kompetenz, Direktivität, Fähigkeit zur positiven Verstärkung und vielleicht auch eine Einfühlung bestimmter Art. Die ersten beiden Merkmale scheinen eine Art unerläßlicher Verfahrensintelligenz zu bedeuten; Verstärkung dient der Motivation, und Einfühlung wird eher als Klimavariable gelten. Interessant wird die Beantwortung der Frage nach der Beziehung zwischen Direktivität und Einfühlung sein, ob Direktivität als Antagonist zur Einfühlung gilt - wie häufig dargestellt wird, ob die beiden Merkmale unabhängig voneinander variieren oder ob sie entgegen der Vorstellung vieler gar zusammengehen. Die Lösung dieser Frage dürfte für die Theorie und Gestaltung des Verhaltenstrainings wichtig sein.

8.3. Videobewertung und Verhaltensproben

Bei dieser Prüfung müssen die Kursteilnehmer fünf Minuten lang einen Vortrag über Stresstraining halten bzw. nach Instruktion ein Rollenspiel durchführen. Diese Verhaltensproben werden auf Videoband aufgenommen und später den Bewertern rückgespielt. Dies ist ein zeitraubendes Verfahren, hat aber Vorteile in bezug auf Objektivität, wiederholte Darstellbarkeit und auch eine akzeptable Zuverlässigkeit. Die vier Rollenspieltestwerte Direktivität, Sicherheit, Flexibilität und Einfühlungsvermögen verbessern sich sehr signifikant mit dem Training (Kapitel X). Die übereinstimmende Meinung der Experimentatoren räumt dieser Bewertungstechnik wegen der genannten Vorteile gute Entwicklungschancen ein.

8.4. Veränderung von Stress- und Bewältigungswerten (Stress/Coping-Skalen)

In Abbildung 1 hatten wir die Struktur von Stress und Bewältigung im persönlichen und sozialen Bereich beschrieben. Diese Struktur wurde später wiederholt und differenzierter bestätigt, so daß heute eine entsprechend präzisere Beschreibung der Veränderungen, die infolge des Stresstrainings statthaben, möglich ist. 24 der insgesamt 44 Subskalen wiesen in der hier beschriebenen Untersuchung signifikante und positiv zu interpretierende Veränderungen infolge des Trainings auf (Kapitel X). Dies belegt eine hohe Effektivität des Trainings, doch fragt man sich auch, welche die 20 sich nicht verändernden Subskalen sind. Diese Analyse ergibt Aufschluß über die spezifische Wirkweise des Trainings, wie folgt:

- Alle Subskalen, die sich mit Stressreaktionen befassen, zeigen ganz erhebliche Reduktionen in ihren Werten.

- Die Veränderungen in bezug auf Selbstbestimmung sind positiv, aber nur in wenigen Fällen signifikant. Entspannungsfähigkeit, Optimismus und Selbstvertrauen nehmen zu, nicht aber andere Werte.

- Alle Skalen der Sozialen Inkompetenz verbessern ihre Werte und in der überwiegenden Mehrzahl der Fälle sogar signifikant, ohne jedoch das hohe Signifikanzniveau für Stressreaktionen zu erreichen.

- Die Mehrheit der Subskalen für Soziale Kompetenz weisen nichtsignifikante positive Tendenzen auf, andere verbessern ihre Werte in mäßig signifikanter Weise.

Dies läßt den Schluß zu, daß das Training in der Tat die Stressprobleme massiv reduziert und die Selbstbestimmung in gewisser Weise verbessert. Die Bezeichnung "Stressbewältigung" ist somit verdient. Dasselbe trifft in einem abgeschwächten Sinne auf die verschiedenen Aspekte der Sozialen Kontrolle zu. Inkompetenz wird deutlich reduziert und Kompetenz in einem gewissen Maße verbessert. Der Vorteil einer solchen Analyse ist offensichtlich. Sie weist nach, was ein Training in welcher Hinsicht leistet und an welchen Punkten man Verbesserungen anbringen muß, wenn solche gewünscht werden. Damit entwickelt sich die Bewertung zu einem differenzierten Entscheidungsinstrument. Es wird nicht mehr darüber befunden, daß ein Stelbstbewältigungstraining durchzuführen ist, sondern welche Aspekte der Person am meisten gefördert werden sollen: die Selbstbestimmung, die Soziale Kontrolle, das Leistungsverhalten, das Familienverhalten usw.

Ganz andere Gesichtspunkte, für die schon bei der Planung, Um- oder Weiterplanung Rechnung getragen werden muß, sind die folgenden: man kann erstens der Meinung sein, daß ausreichende berufliche Kompetenz aller Beamten aufgrund ihrer Eignung und Ausbildung vorhanden ist und daß lediglich spezifische Belastungen diese Kompetenz für die Dauer der Belastung beeinträchtigen. In diesem Falle würde es genügen, die Meisterung von Stressoren und Stressreaktionen zu erlernen. Man kann zweitens davon ausgehen, daß die Beamten - abgesehen von ihrer fachlichen Ausbildung - kein oder kein ausreichendes Training positiver Verhaltenskompetenzen erhalten, die sie im beruflichen Einsatz gut brauchen könnten. Der Aufbau beruflicher Kenntnisse steht im Mittelpunkt jeder Ausbildung, nicht aber die Entwicklung positiven Verhaltens. Das ist beim Arzt so, beim Lehrer, beim Priester und auch beim Polizeibeamten. Positives und situationsangepaßtes Verhalten bewirkt im Verein mit fachlicher Kompetenz häufig erst das überlegene Verhalten, welches dem Mitmenschen mehr Hilfe und weniger Belastung bietet.

Drittens muß man damit rechnen, daß in jeder Bevölkerungsgruppe grob geschätzt 10 bis 25% der Mitglieder irgendwann in eine Krise geraten, die mehr als ein Stressbewältigungstraining zur Lösung ihrer Probleme brauchen. Es wird einen gewissen, noch nicht bestimmten Prozentsatz an Beamten geben, deren Dienstverhalten auch nach einem erfolgreich absolvierten Stressbewältigungstraining noch nicht genügend stabilisiert ist. Hier muß man nach weiteren Lösungsmöglichkeiten suchen. In jedem Falle spielen die Messung und Bewertung der Effektivität von Maßnahmen eine umso größere Rolle, je präziser die Fragestellung ist.

9. Selyes General Adaption Syndrom ist Geschichte und nicht Grundlage eines Streßbewältigungstrainings.

Am meisten bekannt wegen seiner Stresstheorie wurde der 1984 verstorbene Hans Selye (1974). Die drei Stufen seines General Adaption Syndrome (GAS) sind bekanntlich: 1.) die Alarmreaktion, 2.) der Widerstand und 3.) die Erschöpfung. zur Verdeutlichung dieser Theorie wird die häufig reproduzierte Abbildung 2 herangezogen.

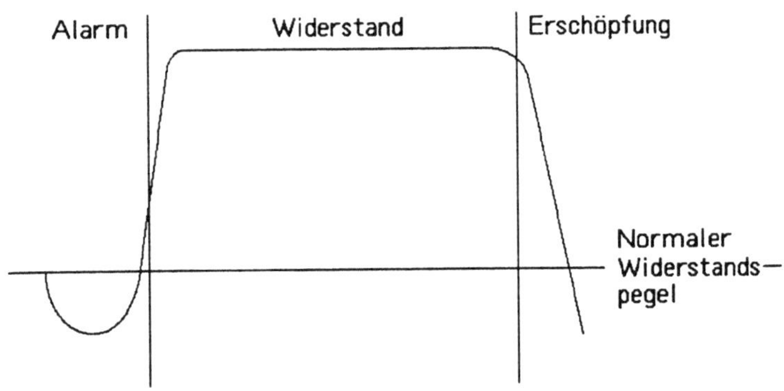

Abbildung 2: Das Generelle Adaptationssyndrome (GAS) nach Seyle, (1974)

Die horizontale Gerade stellt den normalen Widerstandspegel der Körperfunktion gegen Belastung dar. Die Funktion befindet sich im Gleichgewicht. Der Stressor aktiviert das endokrin-physiologische System. Der geringe Abfall im Widerstandspegel signalisiert die Alarmreaktion. Der Körper reagiert auf die Belastung und bereitet ihre Bewältigung vor. Nach dieser Intitialreaktion bauen das nervöse und endokrine System den Widerstand so auf, daß die Belastung ohne gesundheitlichen Schaden bewältigt wird. So etwa wird der normale Ablauf beschrieben.

Erschöpfung tritt ein, wenn der Stressor nicht beseitigt wird oder nicht als ein Nicht-Stressor interpretiert wird. Dies ist der Beginn der Krankheit.
Dies und ähnliche Beschreibungen findet man in fast allen Lehrbüchern. Sie sind leicht zu verstehen, bieten aber keinen brauchbaren Anhaltspunkt für ein praktisches Vorgehen. Die Verinnerlichung solcher Theorien kann sogar dogmatisierend wirken, indem der Weg zu neuen Entwicklungen verschlossen wird.

Die größte Schwäche der Theorie von Selye besteht in der Annahme einer "Adaptationsenergie", die im Adaptationsprozeß aufgebraucht wird. Selye brauchte diesen Begriff, um Adaptation zu erklären. Er glaubte sogar, daß jeder bei seiner Geburt einen bestimmten Betrag an dieser Energie erbt, der im Laufe seines Lebens aufgebraucht wird, d.h. mit dem Altern. Diese Theorie ist schwach, weil auch Selye schon hätte wissen können, daß derartige Energien nicht meßbar sind und stets einen mythischen Charakter behalten werden. Außerdem spielt das Altern in bezug auf die Reaktion auf Belastung nicht die umfassende Rolle, die ihm zu gedacht wurde. Man könnte in vieler Hinsicht auch behaupten, daß man es mit den Älterwerden lernt, den Stress besser zu bewältigen.

Die Funktion einer Theorie besteht darin, Hilfestellung beim Denken zu liefern, und zwar nur solange, wie eine solche Hilfe ableitbar ist. Wie lange Selyes Theorie eine theoretische Hilfe geben kann oder hat geben können ist eine Sache, aber bei der Konstruktion eines Stressbewältigungstrainings hilft sie nicht. Seitdem sind eine Reihe von Ergebnissen und neuen Gesichtspunkten aufgetreten, von denen ich hier nur drei nennen will.

<u>Erstens</u> ist es aufgrund unserer faktoriellen Untersuchungen über das Stressverhalten und aufgrund der Tatsache, daß Stress- und Bewältigungsreaktionen differentiell vom Training betroffen werden, nicht mehr möglich, generell vom Stress und seiner Veränderung zu reden, ohne auf die Spezifika Rücksicht zu nehmen. Der Nachweis einer gemessenen Stresstypologie wurde erbracht, und ihre Interaktion mit dem Training ist erwiesen. Diese Ausdifferenzierung ist nicht von Selyes

oder anderen Stresstheorien ableitbar, spricht aber auch nicht dagegen.

Zweitens sollten wir über das Gefundene hinaus weiterdenken und die gesamte Lebenseinbettung des Individuums betrachten, wenn wir über Stress reden und ihn behandeln. Wir wissen mit Sicherheit, daß der Stress des Individuums auch mit seinem Stress am Arbeitsplatz, in seiner eigenen Familie und selbst in seiner elterlichen Familie, d.h. in der Kindheit, bedeutsam zusammenhängt. Dies deutet darauf hin, daß die Stressreaktion nicht nur eine generelle Disposition darstellt, sondern auch konstitutionell bedingt ist. Unter diesem Gesichtspunkt wäre das Trainingsverhalten auch für die Selektion wichtig, welche die weniger veränderlichen Aspekte der Person zum Gegenstand hat. Darüber hinaus stellt sich die Frage, wo man mit der Stresskontrolle beginnt: bei den Eltern, bei der eigenen Familie, im Betrieb oder bei sich selbst. Es ist offensichtlich, daß man in der Regel beim Individuum beginnen muß, aus ökonomischen und aus sachlichen Gründen. Die Ökonomie verbietet es häufiger denn nicht, in der Umwelt anzusetzen, anstatt am Individuum. Von der Sache her muß man erwarten, daß ein stresstrainiertes, gelassenes Individuum gelernt hat, dem persönlichen und sozialen Stress so zu begegnen, daß auf jeden Fall eine De-Eskalierung der hoch gespannten Emotion eintritt und die persönlichen Chancen der Selbstverwirklichung erhöht werden, gleichgültig wie die Umgebung darauf reagiert.

Drittens sollten wir beginnen, unsere persönlichen und beruflichen Wertziele genauer zu bestimmen. Die Lebensziele des Individuums sind letztendlich entscheidend für den Inhalt eines jeden Trainings. Es ist zwar nicht möglich, in einem Training direkt auf ein übergeordnetes Werteziel hinzuarbeiten, weil in jedem Einzelfall Tag für Tag zu bestimmen ist, welche unangenehmen Dinge beseitigt und welche positiven Dinge aufgebaut werden sollen. Der große Sprung vorwärts ins Glück ist im Diesseits noch niemand gelungen. Trotzdem oder gerade deswegen müssen die übergeordneten Werte erstrebenswert sein und mit den Naturgesetzlichkeiten des Verhaltens in Einklang stehen, denn die endgültigen Ziele des Verhaltens lassen sich noch nicht aus seinen bisher untersuchten Gliedern erkennen. Für die Gesamtheit aller könnte das übergeordnete Ziel so etwas wie Gesundheit, Wohlbefinden, Identifikation mit etwas, Erfolg usw. bedeuten. Im Einzelfall wird es jedoch unterschiedliche Berufs- und Lebensziele von entscheidender Wichtigkeit geben, deren Kenntnis auch die Richtung unseres Trainings bestimmen würden - würde man sie kennen. Diese Wertziele bezüglich Beruf und Leben empirisch, d.h. durch experimentelle Forschung, kennenzulernen, sollte eine Hauptaufgabe der näheren Zukunft sein. Damit würde der Weg von Selyes General Adaptation Syndrom über die Analyse der verschiedenartigen Stressfaktoren und Lebenswerte so abgeschlossen sein, daß Sinn und Effektivität des Stressbewältigungstrainings am besten erfüllt werden.

Literatur

Atkinson, J.W. An introduction to motivation. Princeton, N.J.: Von Nostrand, 1964.

Bandura, A. Self-efficacy: Toward a unifying theory of behavior change. Psychological Review, 1977, 89, 191-215.

Brengelmann, J.C. Behandlungsmethoden in der Psychosomatik und deren Erfolge. In: Der praktische Arzt,4 + 5 (1983), 248-256, 315-329. Krüger-Verlag, Dortmund.

Holmes, T.H. & Rahe, R.H. The Social Readjustment Rating Scale. Journal of Psychosomatic Research 11 (1967), 213-218. Pergamon Press Ltd., 1967.

Lazarus, R.S. Psychological stress and the coping process. New York: McGraw-Hill, 1966.

Reig, A., Guerra, J. & Brengelmann, J.C. Die dimensionale Analyse des Stressverhaltens. In J.C. Brengelmann & G. Bühringer (Hrsg.) Therapieforschung für die Praxis 3. München: G. Röttger, 1982, 261-276.

Rotter, J.B. An introduction to social learning theory. In J.B. Rotter, J.E. Chance & E.G. Phares (Eds.) Applications of a social lerning theory of personality. New York: Holt, Rinehart & Winston, 1972.

Seligman, M. Helplessness: On depression, development and death. San Francisco: Freeman, 1975.

Selye, H. Stress without distress. New York: New American Library, 1974, 74-75.

Tolman, E.C. Purposive behavior in animals and men. New York Century, 1932.

Tolman, E.C. Principles of purposive behavior. In S. Koch (Ed.) Psychology: A study of a science (Vol. II). New York: McGraw-Hill, 1959.

Troschke, J.v. & Stößel, U. (Eds.) Möglichkeiten und Grenzen ärztlicher Gesundheitsberatung. Thesen zur Diskussion (S. 302), Freiburg: GESOMED, 1981.

Kapitel II

Entscheidungshintergrund für das Stressbewältigungstraining

von

Horst Olszewski

INHALT

1. Bisherige Schritte zur Verbesserung des Dienstverhaltens

Es ist der Polizei in Nordrhein-Westfalen und anderen Ländern nicht verborgen geblieben, daß effektives Verhalten und die Fähigkeit zur Konfliktlösung nicht nur allgemein menschlich wichtig sind, sondern auch für den speziellen Polizeidienst von eminenter Bedeutung sind. Stress hat sich im Polizeidienst zu einem beherrschenden psychologischen und medizinischen Problem entwickelt. Fast alle Polizeibeamten sind täglich einem Trommelfeuer von Streßreizen ausgesetzt. Auslösende Faktoren (Stressoren) sind dabei hauptsächlich Probleme im Bereich der Arbeitsbedingungen (überwiegend zwischenmenschliche Probleme), ständige Konfrontation mit fordernden Situationen im Dienst (z.B. Schwerverletzte oder Tote am Unfallort, Betrunkene versorgen müssen; Familienkrach und sonstige aggressive Situationen schlichten müssen, Zwang zu sofortigem Handeln mit schwerwiegenden Konsequenzen), öffentlichkeitsbezogene Merkmale (z.B. negative Stellungnahme, Unzulänglichkeiten im Strafverfahren, persönlich beleidigt zu werden, an zu hohen moralischen Maßstäben gemessen zu werden). Auf solche Stressoren reagiert der Beamte wie jeder andere Mensch. Er wirkt gereizt, unsicher, aggressiv, leidet unter Magenbeschwerden, ist erschöpft, depressiv und verspannt. Oder er lernt von sich aus und ohne fremde Anweisung, wie man durch geschicktes Verhalten die Eskalation der Emotionalität verhindern und durch beruhigende, sachliche Diskussion ersetzen kann.

Die Polizei als Institution ist stets offen für Maßnahmen oder deren Veränderung gewesen, welche geeignet sind, die Dienstleistung mit menschenfreundlichen Methoden zu verbessern. Eine solche Maßnahme bestand traditionell in der Installation und Verbesserung der Auswahl. Dieses Verfahren hat seine Stärken und Schwächen. Bei den Testmethoden handelt es sich meistens um Papier- und Bleistift-Tests, die in Gruppen angewandt werden. Meistens sind dies Intelligenz- und Interessenstests, mit deren Hilfe eine einmalige Auswahl getroffen wird, jedoch keine Beziehung zur späteren Leistungseffektivität im Dienst hergestellt wird. Warum dies nicht geschieht, mag verschiedene Gründe haben, aber ein Grund liegt sicherlich darin, daß unsere Dienstbeurteilung überaltert ist und von Grund auf neu entwickelt werden muß. Die jetzige Beurteilung hält keiner wissenschaftlichen Kritik stand.

Die Verbesserung des Auswahlverfahrens mit Hilfe zusätzlicher objektiver Tests spezifischer Art (Kreativität, Lernen, Wahrnehmung) und subjektiver Tests (Persönlichkeits-, Motivations- und Stressfragebögen) zur Kontrolle emotionaler Probleme ist versucht worden, hat aber nicht auf Anhieb zu einer merklichen Verbesserung geführt. Man kann erwarten, daß vertiefte Forschung die Selektion verhaltenseffektiver Beamter fördern wird. Für solche Untersuchungen fehlen uns jedoch die Forschungsmittel. Wir müssen uns deshalb auf die Forscher verlassen, daß sie uns informieren, wenn ihre Untersuchungsergebnisse in Anwendungsnähe rücken.

Selbst wenn das Auswahlverfahren aufgrund des einen oder anderen Kriteriums wesentlich verbessert würde, fehlt uns noch der Nachweis, daß die Auswahl tatsächlich für eine effektivere Dienstleistung verantwortlich ist. Hierfür müßte es eine adäquate Dienstbeurteilung geben, die von der verbesserten Auswahl vorhergesagt werden kann.

In jüngeren Jahren ist eine durch äußere Bedingungen ausgelöste Veränderung eingetreten, deren Effektivität wir noch nicht untersucht haben, nämlich die Verbesserung des Bildungsniveaus der Bewerber. Man kann darüber spekulieren, ob diese Entwicklung zu größerer Berufszufriedenheit, stärkerer Motivation, größerem Drang nach Selbstverwirklichung oder felxiblerem und weniger autoritärem Auftreten führt oder nicht. Beweiskräftige Daten liegen hierfür nicht vor, und es ist nicht zu erwarten, daß sich aus dieser Richtung grundsätzlich neue und maßnahmenkorrigierende Empfehlungen ergeben.

Einen anderen Aspekt betrifft die Interaktion von Individuum und Organisation. Man wird häufig mit Ansichten darüber konfrontiert, daß eine Organisation das Verhalten seiner Mitglieder ändert und umgekehrt. Zu diesem Punkt sind bereits einige Untersuchungen durchgeführt worden (Brengelmann 1987). Es zeigte sich deutlich, daß Führungs- und Organsisationsverhalten sehr differenziert und zuverlässig gemessen werden können und daß diese Ergebnisse hinsichtlich persönlicher und betrieblicher Stressbewältigung von besonderer Wichtigkeit sind. Untersuchungen dieser Art sollte man fortsetzen und zu einem Abschluß bringen. Sie sind organisationsförderlich, lösen aber noch nicht das Problem, wie der individuelle Beamte dem Stress außerhalb der Organisation effektiv begegnet.

2. Zusätzliche Wege zur Verbesserung der Verhaltenseffektivität

Wir haben deshalb aufgrund zahlreicher Diskussionen den Standpunkt entwickelt, daß man hinsichtlich der Verhaltenseffektivität im Polizeidienst und vorbehaltlich präziserer Kenntnisse eine offene und flexible Haltung einnehmen sollte. Dies bedeutet, daß wir bereit sein müssen, die positiven Erfahrungen zu respektieren, zueinander in Beziehung zu setzen und notwendige Anpassungen vorzunehmen. Erfahrungen respektieren heißt zum Beispiel, daß wir die Begrenzung der durch Selektion gegebenen Möglichkeit anerkennen und zusätzlich ein Stressbewältigungstraining einführen und daß wir etwa die fachliche Schulung der Beamten kritisch durchforsten, straffen und durch Verhaltensschulung ergänzen. Die gewonnenen Erfahrungen zueinander in Beziehung setzen heißt zum Beispiel die Effekte von Auswahl, Führung, Schulung, Dienstleistung, Fortbildung, Beförderung und Außeneinflüssen einschätzen und miteinander vergleichen, um festzustellen, wo welche Belastung oder förderlicher Einfluß welcher Art entsteht, damit Vorschläge für organisatorische Anpassungen gemacht werden können. Das Wichtigste ist zunächst einmal, daß wir offen für Veränderungen bleiben. Überlegungen dieser Art brauchen sicher Jahre zum Reifen, besonders wenn sie ein traditionsreiches Organisationsgefüge berühren. Es ist auch nicht möglich, derartige Untersuchungen und Veränderungen ohne Fachwissenschaftler durchzuführen. Aber es ist sicher möglich, punktuell jeweils dort anzusetzen und fortzufahren, wo einen das Problem wirklich drückt und die Chance besteht, Übereinstimmung für innovative Maßnahmen zu gewinnen.

3. Beschlußfassung für die Einführung des Stressbewältigungstrainings

Der Druck für eine Veränderung, d.h. für die Einrichtung eines Konfliktbewältigungstrainings stammt aus der praktischen Erfahrung des Vollzugsbeamten. Der Beschluß stammt vom Innenminister Dr. Herbert Schnoor. In seiner Rede am 2.6.1981 in der Grugahalle in Essen anläßlich der Vereidigung junger Polizeivollzugsbeamter hat der Innenminister des Landes Nordrhein-Westfalen u.a. ausgeführt:

"Bürgernähe bedeutet, polizeiliche Maßnahmen und den Umgang mit Bürgern so zu gestalten, daß das Vertrauen und die Zustimmung der rechtstreuen Bürger erhalten und bestärkt wird.

Wesentlich ist, daß der Schutzpolizeibeamte um Motivation und Ursachen menschlichen Verhaltens weiß; wichtig ist, daß er auch im Dienst nicht vergißt, daß er selbst Bürger ist, in dem anderen Bürger ein Vorbild sehen wollen. Weiß der Polizeibeamte um Motivationen und Ursachen von menschlichem Verhalten, dann hilft ihm dieses, sich davor zu bewahren, das Falsche zu tun. Es besteht dann nicht mehr die Gefahr, daß neue soziale Erscheinungen oder neue Verhaltensweisen regelmäßig erst nach Lernprozessen polizeilich bewältigt werden können, die mit schmerzlichen Erfahrungen dür die Betroffenen wie für die Polizei verbunden sind. Polizeiliche Arbeit muß Vertrauen aufbauen, erweitern und festigen. Der Dialog mit Bürgern und den sie repräsentierenden Institutionen gehört mit zur polizeilichen Aufgabe in unserem demokratischen Staat.

Ich weiß allzu gut, polizeiliche Begegnungen mit Betroffenen vollziehen sich in aller Regel nicht in einer unmittelbar erlebbaren Hilfeleistung, sondern in der Verbindung gefährlicher Verhaltensweisen oder in der Einleitung von wenig erfreulichen Verfahren nach begangenen Delikten. Das schafft eine gespannte Atmosphäre, die den beteiligten Polizeibeamten nicht unbeeindruckt läßt. Durch dienstliche Erfahrungen lernt er die auf ihn zukommenden konkliktfördernden Einwirkungen zu kontrollieren. Er lernt, kühlen Kopf zu bewahren, um auch bei erregten, aggressiven Betroffenen nur das zu tun, was gesetzlich geboten und mit dem Grundsatz der Verhältnismäßigkeit in Einklang zu bringen ist.

Der Lernprozeß für die neu in den Polizeidienst eintretenden jungen Beamten muß verkürzt werden.

<u>Ich werde prüfen lassen,</u>

ob ein besonderes Konfliktbewältigungstraining unter sachkundiger Anleitung besonders ausgebildeter Beamter machbar ist. Dieses Training muß sich auch auf Ausnahmesituationen polizeilicher Arbeit erstrecken. Auch wer im geschlossenen Einsatz Absperrungen aufrechtzuerhalten hat und gegen anbrandende Gruppen vorgehen muß oder wer

Räumungen durchzuführen und dabei unmittelbaren Zwang anzuwenden hat, der muß lernen, die jeden Menschen aus der uns eigenen Gefühlsstruktur überkommende stressbedingte Aggressivität zu kontrollieren und kühlen Kopf zu bewahren.
Nur so kann es gelingen, auf Gewalt nicht mit blinder Gegenwehr zu reagieren, wobei leicht die Verhältnismäßigkeit polizeilicher Reaktion auf der Strecke bleiben würde."

4. Vom Beschluß zur Durchführungsplanung

Jeder Praktiker, der sich unvorbereitet in eine derart komplizierte Wissenschaft begibt, um ein Stressbewältigungstraining zu "bestellen", wird sich sehr schnell wie ein Traumwandler zwischen verschiedenen Welten fühlen. Ich habe die Realisierung eines solchen Trainings mit Spezialisten unterschiedlicher Schulmeinung besprochen und mußte als erstes entdecken, daß es keine einheitliche Psychologie zu geben scheint, sondern recht verschiedenartige Psychologien mit unterschiedlicher Berufsauffassung und -erfahrung. So muß man seine eigenen Kriterien für die zu erwartende Brauchbarkeit eines Trainings für den Polizeidienst entwickeln. Ich halte es deshalb für nützlich, einige meiner Erfahrungen kurz zu skizzieren.

Sicherlich kann man keinen Psychologen gebrauchen, der nicht davon überzeugt ist, daß die Polizei dem Schutze unserer Gesellschaft und der Rechte seiner Bürger dient. Es gibt nicht wenige Psychologen, die sich das negative mit dem Ausdruck "Bullen" verbundene Image wenigstens teilweise zu eigen gemacht haben. Der Fachmann muß sich aber mit uns identifizieren.

Andere Probleme liegen in der Definition der Fachausdrücke. Man muß lernen, die Sprache des Laien in die Fachsprache des Psychologen zu übersetzen, damit dieser verfahren kann. Wenn der Auftrag der Polizei es will, daß der Beamte als "Vorbild des Bürgers" erzogen wird, dann existiert dafür keine sinnvolle psychologische oder pädagogische Theorie und kein Verfahren, mit dem "Vorbild" trainiert werden kann. Man muß zusammen diskutieren, was Vorbild im täglichen Verhalten bedeutet zum Beispiel Ruhe und Gelassenheit in drohenden Situationen zu bewahren. Solcherart Verhalten ist beobachtbar, trainierbar, quantifizierbar und deshalb auch in der Praxis überprüfbar. Dasselbe trifft auf viele andere Verhaltensweisen zu, die von uns als wichtig und vom Fachtrainer als sichtbar und übbar angesehen werden können. Eine gemeinsame Verständigungsbasis kann so erreicht werden und an dem Geschick in der Durchführung solcher Analysen erkennt man auch den Verhaltensfachmann.

Der Laie stellt sich vor, daß der Psychologe feste Definitionen für begriffliche Vorstellungen wie Stress, Bewältigung, Motivation, effektives Verhalten, soziale Interaktion vorliegen hat, die instrumentell gemessen werden können. Dies ist nicht oder nur selten der Fall. Aber die Psychologen unterscheiden sich hinsichtlich ihrer Fähigkeit und Willigkeit, solche Dinge meßbar zu machen. Man muß sich vor Psychologen hüten, die sich allein auf die Interpretation des Verhaltens ohne Messung zurückziehen.

Schwieriger ist es, den Psychologen hinsichtlich seines Gebrauchs der internationalen Literatur zu beurteilen, weil hierzu die Fachkenntnis fehlt. In diesem Falle muß man sich von einem Fachmann beraten lassen. So habe ich erfahren, daß manche anerkannte Autoren bezüglich Stressmanagementtraining häufig genannt werden wie Meichenbaum, Novaco, Mahoney oder Seligmann. Hieraus kann man jedoch keine Schlüsse für die Brauchbarkeit eines Trainings ziehen. Es muß aber gegen den Anbieter des Trainings sprechen, wenn er unverträgliche Autoren wie Verhaltenstheoretiker und Tiefenpsychologen zusammenwirft oder über Entwicklungen der letzten paar Jahre bzw. Entwicklungen im eigenen Land nicht informiert ist. Man kann auf diese Weise sicher nicht lernen, die Wissenschaftlichkeit eines Trainings zu erkennen, aber man lernt Tips und Hinweise kennen, mit denen einige Qualitätsunterschiede erkannt werden können.

Ein gut einzuschätzendes Qualtitätsmerkmal des potentiellen Trainers ist seine praktische Erfahrung in der Planung und Druchführung von Trainings. Auf verbale Berichte und Bescheinigungen seitens Ausbildungsorganisationen kann man sich nicht gut verlassen, weil die Qualität der Informationsquellen variiert und jeder Berechtigte die benötigten Unterlagen erwerben kann. Solche Unterlagen sind anscheinend nur dann von Nutzen, wenn einem die Qualität der Ausbildungsorganisation bekannt ist, ansonsten stellen sie lediglich Minmalanforderungen zufrieden. Die praktische Erfahrung beweist sich aber deutlich in den Manualen und Berichten über früher durchgeführte Aktivitäten bezüglich Training, Prävention, Diagnostik und Evaluation. Wichtig ist auch die Angemessenheit von Projektvorschlägen. Es kommt vor, daß einem ein Training von Lehrtrainern in fünf Tagen versprochen wird, wenn anerkannte Experten das Mehrfache davon in Anschlag bringen.

Am Handwerkszeug erkennt man also den versierten Trainer am besten. Wenn jemand sich als Stresstrainer empfiehlt, ohne überhaupt Verhaltenspsychologie studiert zu haben, muß etwas Wichtiges in der Ausbildung fehlen. Als Laie kann man aber auch mit dem Rat eines Psychologen wenig anfangen, der davon ausgeht, daß Konflikt rational erkannt und gesteuert werden müsse. Das hat man ja schon immer erfolglos versucht. Schom beim Schiessen weiß man, daß Kimme und Korn übereinstimmen müssen, doch macht diese Kenntnis noch keinen guten Schützen. So etwas muß man lernen, und das - so stelle ich mir vor - gilt auch für die Kontrolle von Stressoren oder Konflikten. Wie Probleme zustande kommen und wie man sie löst, wissen viele Leute. Es mangelt uns nicht an Wissen oder an rationalen Erkenntnissen der Problemlösung, sonder wir wollen lernen, wie man die Probleme so löst, daß der Lernende unabhängige Bestätigungen dafür erhält, daß er tatsächlich gelernt hat.

Von den verschiedenen Angeboten, die mir vorlagen, habe ich schließlich das akzeptiert, was mir nach den obigen Gesichtspunkten am vernünftigsten erschien. Trotzdem wird man das Risiko nicht ganz los.

Literatur

Brengelmann, J. C. Verhalten und Verhaltensmodifikation. In: J. C. Brengelmann (Hrsg), Verhaltensmanagement in Organisationen. Peter Lang Verlag, 1987, S. 5-41.

Kapitel III

Plan für ein Stressbewältigungstraining

(Training der Mediatoren)

von

Johannes C.Brengelmann

INHALT

Der folgende Plan betrifft die Ausbildung ausgelesener Polizeibeamter zu Trainern der Stressbewältigung im Polizeidienst. Er wurde im März 1982 verfasst. Zwischen Plan und Durchführung ergeben sich naturgemäss Änderungen, die nicht diskutiert werden, weil die verschiedenen Dokumente soweit wie sinnvoll in ihrer ursprünglichen Fassung erhalten bleiben sollen. Der Plan erklärt sich selbst und bedarf keiner detaillierteren Erläuterung, weil sich die Inhalte in den späteren Kapiteln wiederholen werden. Vielen Kollegen und Mitarbeitern sei für ihre Diskussionswilligkeit gedankt, besonders aber Kurt Hahlweg, Malte Maass, Franz Peterander und Ludwig Schindler.

1. Ziele und Komponenten des Trainings

Erfahrene Verhaltenspsychologen sollen Polizeibeamte zu Verhaltenstrainern ausbilden, damit diese ihre Kollegen in der Bewältigung von Stress und Konflikten einüben.
Das Training in der Bewältigung von Stress und Konflikten enthält die folgenden Komponenten:

- Voruntersuchung: Identifikation der Stressoren und persönlichen Reaktionen auf Stress

- Theorie: Schulung in Verhaltensanalyse und Verhaltenstheorie

- Praktische Übung: Trainieren der Stresskontrolle in Gruppen

- Anwendungsphase: Verhaltenstrainer lernen, Polizeibeamte zu trainieren

- Anwendung in der Polizeipraxis: Transfer von der Schulung in die reale Praxis

- Auffrischungssitzungen: Festigung des Erlernten und Kontrolle der Effektivität.

2. Voruntersuchung: Identifikation der Stressoren und persönlichen Reaktionen auf Stress

In einer Voruntersuchung werden besonders zwei Fragen analysiert:

- Welches sind die Situationen, die die stärkste Belastung und meisten Konflikte bringen ?
- Wie reagiert der Polizeibeamte auf solche Belastungen (persönliche Reaktionen)?

Das Training richtet sich gezielt auf diese situativen Stressoren und persönlichen Reaktionen. In Absprache mit der Polizeibehörde wird festgelegt, anhand welcher Stichprobe die Stress-Situationen und persönlichen Reaktionen mit Hilfe einer systematischen Befragung identifiziert werden sollen, u.a. auch in realen Polizeisituationen. Der Projektleiter bereitet diese Untersuchung vor und analysiert diese Ergebnisse. Die Erhebung der Daten kann durch Polizeibeamte in Gruppen oder anonym durch briefliche Befragung erfolgen. Wenn die Ergebnisse bekannt sind, wird zusammen mit der Polizeibehörde entschieden, welche Stressoren und Reaktionen Gegenstand des Trainings werden sollen. Es ist nicht möglich, alle Stressoren und Reaktionen zu berücksichtigen. Man weiß aber aus Experimenten, daß Personen mit Erfahrung in der Hantierung von Stress in einigen Situationen auch andere Situationen besser beherrschen.

3. Das Training der Mediatoren

3.1. Theorie: Schulung in Verhaltensanalyse und Verhaltenstheorie

Die Teilnehmer am Trainingskurs müssen lernen

- wie Stress entsteht und welche Funktion er hat
- wie Stressereignisse normalerweise ablaufen
- welche Einflüsse den Stress verstärken und abschwächen (wie zum Beispiel Konflikt eskaliert und de-eskaliert wird)
- wie Stressreaktionen an sich selbst beobachtet werden (zum Beispiel: Feststellung der Pulsveränderung durch einen Biofeedback-Apparat),

welche Gefühle Stress auslöst, wie man Stress und seine Bedrohlichkeit erkennt und wie man schließlich darauf in seinem Verhalten reagiert.

Der Polizeibeamte lernt so zu verstehen, wie Gefühle und Reaktionen der Belastung, Angst, Aggression und des Ärgers, ablaufen und sich verändern, und er kann sich selbst und seine Raktionen dazu erkennen. Er lernt ebenfalls theoretisch, wie man die Intensität und Richtung der Stressreaktionen erfolgreich steuert. Es gibt zum Beispiel bestimmte Verhaltensweisen, die eine ganze Sequenz negativer Reaktionen provozieren (Problemeskalation) und solche, die positive Sequenzen (De-Eskalation) zur Folge haben. Man muß also nur die jeweiligen Schlüssel des Verhaltens kennen, welche die Eskalation und De-Eskalation ganzer Verhaltensketten zur Folge haben. Die theoretische Vorbereitung dient nicht nur dem Verständnis der ganzen Stress-Situation, sondern der Vermittlung von Kenntnissen, wie man sich in solchen Situationen zu verhalten hat, um sie zu beherrschen.

3.2. Praktische Übung: Trainieren der Stresskontrolle in Gruppen

Der Psychologe trainiert die prospektiven Verhaltenstrainer in Gruppen von 10 Personen, damit sie die praktischen Fertigkeiten zur Bewältigung von Stress, Angst, Ärger und Aggression erlernen. Es ist wichtig, daß dies in bezug auf alle psychologischen Ebenen geschieht: Physiologische Reaktion, Gefühl, Erkennung und Bewertung, sowie das Verhalten selbst. Man lernt den Stress in seiner Vielfalt zu erleben und darauf richtig und prompt zu reagieren.
Zur Durchführung dieses Trainings benutzt der Psychologe eine Reihe von Verfahrensweisen, die in einem integrierten Ablaufprogramm bis zur Beherrschung geübt werden. Die wichtigsten Trainingsverfahren sind:

- Verhaltensanalyse: Wie man Stressursachen, Reaktionen und Konsequenzen seines Verhaltens richtig erkennt oder einschätzt

- Entspannungstraining: zur Kontrolle der physiologischen und emotionalen Reaktionen

- Selbstinstruktionstraining oder Einübung von Verhaltensfertigkeiten oder Strategien, mit deren Hilfe man Belastung, Angst, Ärger oder Aggression reduzieren kann, um die psychischen Kosten der Aufregung zu reduzieren, die Gefahr der Situation herabzusetzen und sich selbst unter Kontrolle zu bringen

- Training in "persönlicher Effektivität", d.h. sich im Verhalten effektiv darzustellen, hinsichtlich Ausdruck und Körpersprache (z.B. bedrohliche und beruhigende Körperhaltungen)

- Training in effektiver Zielerreichung, d.h. ohne durch Konfrontation negative Konsequenzen auszulösen. Dies geschieht auf zweifache Art: einmal durch ein Vorstellungstraining, indem der Erfolgsweg wiederholt vorgestellt wird, bis daß er im Gedächtnis "sitzt" (Vorstellung der Problemmeisterung nach einem dem mentalen Training verwandten Verfahren) und das andere Mal durch Stressimmunisierung. Hierbei werden neutralisierende Verhaltensweisen, mit deren Hilfe man die gefährliche Situation meistert, vorher intensiv eingeübt, damit sie im Falle des Auftretens der Gefahr automatisch und wirksam eingesetzt werden können.

3.3. Anwendungsphase: Verhaltenstrainer lernen Polizeibeamte trainieren

Nachdem die Psychologen die prospektiven Verhaltenstrainer so eingeübt haben, werden diese die erworbenen Erkenntnisse auf neue, noch untrainierte Polizeibeamte an. Der Psychologe muß während dieser Phase kontinuierlich Supervision ausüben. Der Trainer lernt jetzt unter Supervision

- wie man Rollenspiele in Gruppen ansetzt und durchführt
- wie man sich den Teilnehmern gegenüber äussert, Äusserungen auslöst und sich rückäussert
- wie man Videoaufnahmen macht und analysiert
- wie man das Biofeeedbackverfahren bedient
- und wie man den positiven Fortschritt des Trainings am Lernerfolg der Gruppe bestimmt und damit die Effektivität seines Vorgehens kontrolliert.

3.4. Anwendung in der Polizeipraxis: Transfer von der Schulung in die reale Praxis

Die Umsetzung der im Training erlernten Fertigkeiten in die reale Alltagspraxis ist ein zu kontrollierender Bestandteil des Trainings. Die Umsetzung selbst, die Kontrolle ihrer Effektivität und die Registration relevanter positiver und negativer Erfahrungen ist Angelegenheit des Verhaltenstrainers. Die Mittel und Wege hierzu werden aber vom Psychologen vorbereitet und zur Verfügung gestellt. Er betreut auch die Analyse der gemachten Erfahrungen und deren Protokollierung, damit das Verfahren ordnungsgemäß abläuft.

3.5. Auffrischungssitzungen: Festlegung des Erlernten und Kontrolle der Effektivität

Das Training findet nicht in einem einzigen Durchgang statt, weil ein derart massives Lernen die Aufnahme des Erlernten erschweren würde. Es muß ein Ablauf des Programms abgesprochen werden, das neben einem zeitlich verteilten Training Auffrischungssitzungen von je einem Tag erlaubt, um das Erlernte zu festigen, die aufgetretenen Probleme zu diskutieren und die Effektivität zu kontrollieren.

4. Organisatorische Einzelheiten

Vor der Durchführung des Programms müssen einige organisatorische Einzelheiten geregelt werden, von denen die folgenden besonders wichtig sind.

4.1. Selektion der Trainees

Nur solche Beamte sollten zum Training zugelassen werden, die erfahrungsgemäß geschickt mit Menschen umgehen können. Als Voraussetzung wurde beim Gespräch in Düsseldorf Zugehörigkeit zum gehobenen Dienst genannt. Es war die Sprache davon, prospektive Verhaltenstrainer nur für Trainingszwecke einzusetzen. Dabei sollte man beachten, daß die

Verhaltenstrainer ein Bein in der Praxis behalten, d.h. gelegentlich oder in Teilzeit praktische Aufgaben weiter betreuen.
Man könnte besonders interessierte und geeignete Beamte zu einer Verhaltenstagung zusammenrufen und dort aufgrund praktischer Beobachtung und anderer Prüfsituationen eine Selektion vornehmen. Die Teilnehmerzahl sollte 50 nicht übersteigen.

4.2. Grösse der Trainingsgruppen

Der erfahrene Psychologe kann 10 Personen in der Gruppe trainieren. Der frischgebackene Verhaltenstrainer sollte 6 Kollegen trainieren können und, mit Erfahrung, ebenfalls 10.

4.3. Dauer und Ablauf

Das Training sollte 3 Wochen betragen, wobei vor- und nachmittags je 3 Stunden lang an 5 Tagen der Woche geübt wird. Dazu kommen "Hausarbeiten" vor und während des Trainings.

Die 3 Wochen sollten aufgeteilt werden und zwar in einen Block von 2 Wochen und einem von 1 Woche, getrennt von einer mehrwöchigen Phase (etwa 4 Wochen), in der praktisch geübt wird. In Abständen von 3 Monaten erfolgen die 2 eintägigen Auffrischungssitzungen zur Festigung des Erlernten, zur Diskussion auftretender Probleme und zur Erfolgskontrolle. Dies ergibt insgesamt 17 Trainingstage pro Gruppe durch den Psychologen.

4.4. Didaktische Unterlagen

Drei Arten von Unterlagen werden für die besonderen Zwecke des Trainings vorbereitet:

- Skriptum über die psychologischen Grundlagen von Stress und über die Theorie des Stressmanagements
- Anweisungen über den Umgang mit Personen und Gruppen im Training
- spezielle Kursunterlagen für das Training.

4.5. Schulungsmethodik

Die wichtigsten Schulungsmethoden sind:

- Seminare mit Demonstrationen
- Rollenspiele, micro-teaching, Video-feedback und Modell-Lernen (Darstellung von Situationen und deren Nachahmung)
- Lehrfilme, die auf spezifische relevante Situationen bezogen sind (es gibt wenige Lehrfilme in deutscher Sprache)
- Planung realitätsnaher Gruppensituationen, in denen die Teilnehmer so nahe wie möglich an der realen Situation üben können.

4.6. Erfolgsbewertung

Der gesamte Ablauf des Trainings wird mit Hilfe subjektiver und objektiver Bewertungsmethoden erfasst und analysiert. Die Bewertung erfolgt mit Hilfe anerkannter mathematisch-statistischer Evaluationsverfahren. Es wäre gut, wenn die Trainingsgruppe, jedenfalls beim ersten Durchlauf, mit einer (nichttrainierten) Kontrollgruppe verglichen werden könnte. Dies ist die sicherste und akzeptabelste Methode der Erfolgsbewertung.

5. Schulungskapazität

1 Psychologe trainiert 10 Verhaltenstrainer. Es können mehrere Psychologen eingesetzt werden, die jeweils 10 Verhaltenstrainer ausbilden. Ein ausgebildeter Verhaltenstrainer wird in einer Gruppe zwischen 6 und 10 Polizeibeamte schulen, im Mittel also höchstens 8. Er wird in

einem Jahr maximal 10 Gruppen trainieren und evaluieren, d.h. höchstens 80 Beamte. Diese Zahl wird sich infolge Erfahrung auf 100 erhöhen, d.h. schon im zweiten Jahr.

Will man die Schulungskapazität für eine großflächige Anwendung ausdehnen, braucht man die obigen Zahlen nur entsprechend zu multiplizieren. So werden 10 gut ausgebildete und routinierte Verhaltenstrainer in einem Jahr etwa 1000 Beamte schulen.

Eine weitere Rationalisierung ist dann unter betimmten Bedingungen möglich, d.h. wenn die trainierten Beamten ungewöhnlich begabt sind, wenn die Schulungszeit für bestimmte Anwendungen reduziert werden kann, oder wenn Teile des Programms in die bestehende Schulung aufgenommen werden. Die Ersparnisse könnten bis zu 30% betragen. Eine andere Rationalisierung tritt ein, wenn einige exzellent geeignete und besonders intensiv ausgebildete Verhaltenstrainer ("Lehrtrainer") ihrerseits Verhaltenstrainer ausbilden und damit den Psychologen ersetzen, jedoch stets nur unter Kontrolle durch den psychologischen Fachtrainer.

6. <u>Kosten</u>

Die Kosten setzen sich zusammen aus allgemeinen Entwicklungskosten (einschliesslich aller Instrumente und Materialien), Kosten für Verhaltenstagung mit Selektion, Psychologenhonorare für die Schulung (auf der Basis von 17 Trainingstagen, Reise und Aufenthaltskosten), sowie Analyse des Erfolgs und Bericht.

Nicht in diese Kosten einbezogen sind bestimmte Folgekosten, wenn zum Beispiel beschlossen wird, das Trainingsverfahren auf breiter Basis in den Polizeidienst einzuführen oder in die Routineausbildung der Beamten zu integrieren. Hier ergeben sich neue Bedingungen.

Kapitel IV

Stress im Polizeidienst

von

Johannes C. Brengelmann
Gerhard Bruns
Gerhard Henrich
und
Horst Olszewski

INHALT

Zusammenfassung

Der nachfolgende Bericht beschreibt die Ergebnisse von Faktorenanalysen eines 135 Items umfassenden Fragebogens "Stress im Polizeidienst". Die Items des Fragebogens, die Situationen und Ereignisse im Polizeidienst beschreiben, sind von insgesamt 893 Polizisten im Hinblick auf die Auslösung von Stress, Angst und Ärger bewertet worden. Zusätzlich wurde die Auftretenswahrscheinlichkeit (Häufigkeit) der jeweiligen Ereignisse abgefragt. Die Bedeutsamkeit der zu bewertenden Situationen und Ereignisse für die einzelnen Bereiche (Häufigkeit, Stress, Angst und Ärger) wurde in vier Kategorien bewertet.

Angestrebt wurde eine faktorielle Lösung, die den umfangreichen Itempool in inhaltlich, d.h. emotional relevante Bereiche separiert. Dabei sollte überprüft werden, inwieweit die Bereiche Stress, Angst und Ärger voneinander unabhängig sind, und ob von einer diskreten Wahrnehmung dieser Bereiche ausgegangen werden kann. Außerdem sollte die Vollständigkeit und Relevanz der 135 (durch Interviews gewonnenen) Items überprüft werden und gegebenenfalls durch spätere, auf den gefundenen Faktoren basierende Interviews vervollständigt werden.

Eine erste Hauptkomponentenanalyse der 135 Items in den 4 Bereichen erbrachte nach Varimax-Rotation (Extraktionskriterium: Scree-Test) insgesamt 25 Faktoren, die sich zwischen den Bereichen gut replizieren ließen. Im einzelnen ließen sich für die Stress-Items fünf Faktoren finden, für die Angst- und Ärger-Items jeweils sieben Faktoren und für die Häufigkeiten sechs Faktoren. Aufgrund signifikant hoher Korrelationen zwischen den Bereichen und der daraus abzuleitenden Abhängigkeiten wurde ein additiver Score aus den Bereichen Stress, Angst und Ärger konstruiert, um zu überprüfen, inwieweit sich die Faktoren der drei Bereiche auch in dem Summenscore replizieren lassen. Eine zufriedenstellende Übereinstimmung wurde auch hier erzielt. Die Darstellung der Faktorenstrukturen läßt sich im Tabellenteil (Anhang 2) nachvollziehen. Als wichtigste, durchgehend replizierbare Faktoren kristallisierten sich folgende Inhaltsbereiche heraus:

- Arbeitsklima und Arbeitsbedingungen
- Konfrontation mit fordernden Situationen im Dienst
- Gesellschaftlicher Einfluß (Öffentlichkeit)
- Körperliche Schädigungen und bedeutsame, negative Ereignisse.

Bei den übrigen Faktoren, die nicht eindeutig in allen Bereichen repliziert werden konnten, waren Ähnlichkeiten festzustellen. Die verbleibenden Unterschiede lassen durchaus auch auf eine spezifische Eigenbedeutsamkeit der Bereiche Stress, Angst und Ärger schließen.

Die Korrelationen zwischen den Bereichen (berechnet als Median der Korrelationen zwischen den Ratings) liegt bei einer Ausnahme zwischen .42 und .46. Lediglich die Häufigkeiten korrelieren mit Angst niedriger (.20). Dieser Zusammenhang läßt sich unter Umständen dadurch erklären, daß den Vpn keine eindeutige Definition der Begriffe Stress, Angst und Ärger vorgelegt wurden, so daß eine Art Halo-Effekt entsteht.

Auf der Ebene einer Faktorenanalyse zweiter Ordnung (genauer: Faktorenanalyse der Subskalen, die aufgrund der Faktorenanalysen erster Ordnung gebildet wurden) wurde in zwei Schritten verfahren. Zunächst wurden die Subskalen erster Ordnung separat in den einzelnen Bereichen faktorisiert. Aufgrund mittelhoher bis hoher Korrelationen der Subskalen erster Ordnung ließ sich ein einfaktorielles Ergebnis innerhalb der Datenbereiche (bis auf den Bereich der Häufigkeiten) erwarten.

Es ergaben sich zwei varimax-rotierte Faktoren im Häufigkeits-Bereich:

- Alltag und Routine (häufig)
- Körperliche Schädigungen und Gewalt (selten)

In den Bereichen Stress, Angst und Ärger (und bei dem Summenscore) ließ sich jeweils nur ein Faktor extrahieren.

Da somit eine inhaltliche Kategorisierung auf dieser Stufe nicht möglich erschien, wurde in einem zweiten Analyseschritt eine Hauptkomponentenanalyse über alle Subskalen (ohne Summenscore, Grundlage:

25 Subskalen erster Ordnung) gerechnet. Nach Varimax-Rotation (Extraktionskriterium: Scree-Test) ergaben sich vier Haupt-Faktoren. Die entsprechenden Subskalen korrelieren untereinander sehr hoch (zwischen .72 und .90).

Unter den vier Faktoren zweiter Ordnung läßt sich ein Faktor mit hohen Ladungen von Angst-Items finden und ein weiterer Faktor mit korrespondierenden Stress- und Ärger-Items. Hier wird der vermutete Zusammenhang von Stress und Ärger (der auch aus einer alltagssprachlichen Überschneidung resultieren kann) und die Abgrenzung zum Angst-Bereich deutlich. Die beiden anderen Faktoren lassen sich dann eher inhaltlich beschreiben. Der dritte Faktor beschreibt die Beziehung zwischen den Systemzusammenhängen im Polizeidienst. Dies wird gekennzeichnet durch Situationen des inneren und des äußeren Dienstes (z.B. Konfrontation mit Gewalt), durch Reaktionen der Öffentlichkeit auf der einen Seite und den persönlichen Belastungen des Polizisten innerhalb dieses Systems auf der anderen Seite (z.B. Ärger über mangelnde Solidarität und über Gewaltanwendungen, Belastung durch die Erwartung bedeutender, unangenehmer Ereignisse wie Verletzungen). Der vierte Faktor läßt sich inhaltlich als Beschreibung des typisch belastenden Kreislaufs verstehen, in dem sich der Polizist bei der Bewältigung fordernder Situationen gefangen sieht. Konfrontationen mit fordernden Situationen im Dienst treten häufig auf (vgl. Tabelle der Mittelwerte im Anhang 2f) und kovariieren mit Angst vor eben diesen Situationen. Dazu kommt die Angst vor dem Versagen und besonderem persönlichen Engagement und schließlich nach Bewältigung dieser Situationen der Ärger über die Reaktionen der Öffentlichkeit.

Alles in allem zeigen die Analysen zwei Dinge: Erstens die Notwendigkeit der semantischen Definition der Begriffe Stress, Angst und Ärger, damit die hier beobachteten Trends (Zusammenhang von Stress und Ärger, diskrete Betrachtung von Angst) deutlicher repliziert werden können.

Zweitens werden durch die gefundenen Faktoren und die Inspektion der Mittelwerte relevante Items aus dem Pool der 135 Items herausgefiltert. Hier bedarf es noch einer Ergänzung in den für die gefundenen

Faktoren relevanten Itemkategorien (z.B. durch Interviews, Expertenbefragung oder Literatursichtung), so daß die entsprechenden Subskalen ausbalanciert werden können.

1. Stichprobe

Ursprünglich wurden 893 Polizisten im Alter von durchschnittlich 28.7 Jahren (Median: 25.5 Jahre, Standardabweichung: 8.2 Jahre) befragt. Die Vpn sollten nacheinander pro Item die Häufigkeit des Eintretens (der Situation, des Ereignisses) und unabhängig davon die Stärke von Stress, Angst und Ärger anhand eines Vierer-Ratings beantworten. Die Kategorien lauteten:
(0 = gar nicht) (1 = ein wenig) (2 = ziemlich stark) (3 = sehr stark)

Aufgrund mangelnder Eindeutigkeit der Instruktion beachteten ca. zwei Drittel der Versuchspersonen das Gebot der unabhängigen Beantwortung der Häufigkeit und der übrigen Ratings nicht; d.h. immer wenn eine Situation oder ein Ereignis im letzten Jahr nicht auftrat (Kategorie 0) wurden die Bereiche Stress, Angst und Ärger nicht beantwortet. Nur etwa ein Drittel der Vpn füllte den Fragebogen im Sinne der Instruktion richtig aus, d.h. sie bewerteten auch die Stress-, Angst- und Ärger-Dimensionen, wenn das Ereignis im letzten Jahr nicht aufgetreten war. Als Kriterium für das korrekte Ausfüllen des Fragebogens wurde angesetzt, daß bei einer Person wenigstens bei fünf Items in einem der Bereiche Stress, Angst oder Ärger ein Wert größer Null vorliegen muß, wenn die Häufigkeit mit Null angegeben wurde. Alle Vpn, die dieses Kriterium nicht erfüllten, wurden die weiteren Analysen nicht mehr berücksichtigt.

Die Stichprobe reduzierte sich somit auf 339 Fälle. Die Altersverteilung ist nun gekennzeichnet durch einen Mittelwert von 28.9 Jahren, einem Median von 25.6, und einer Standardabweichung von 8.2.

2. Items und Itemherkunft

Der Itempool wurde auf der Grundlage von Interviews mit Polizeibeamten zusammengestellt. Rational lassen sich die Items beschreiben durch folgende Kategorien:

- Arbeitsbedingungen
- Ungewöhnliche Situationen im Dienst
- Zusammenarbeit mit Kollegen
- Probleme mit Vorgesetzten
- Politischer bzw. gesellschaftlicher Einfluß auf die Polizei
- Ausüben von dienstlichen Pflichten
- Probleme außerhalb des Dienstes
- Dienstvorschriften
- Körperliche Schädigungen im Dienst
- Restkategorie (nicht eindeutig zuzuordnende Items).

Eine vollständige Liste des Itempools findet sich im Anhang 1.

3. Faktorenanalyse erster Ordnung

Im ersten Analyseschritt wurden die Daten separat (also jeweils 135 Items aus dem Bereich Häufigkeit, Stress, Angst und Ärger) faktorisiert und nach dem Varimax-Kriterium rotiert. Als Extraktionskriterien diente dabei der Scree-Test. Da es begründete Annahmen über die Abhängigkeit der Bereiche Stress, Ärger und Angst gab (vgl. den Abschnitt 6 "Korrelative Zusammenhänge") wurde zudem ein additiver Belastungsscore aus den Ratings für Stress, Angst und Ärger gebildet. Insgesamt wurden also fünf Faktorenanalysen berechnet.

3.1 Häufigkeit (Anhang 2a)

Insgesamt konnten nach Varimax-Rotation sechs Faktoren extrahiert werden, die insgesamt lediglich 34.1% der Varianz erklären. In diese Analyse ging die Gesamtstichprobe (abzüglich der Vpn mit missing values) mit N=793 ein.

Der erste Faktor, der mit 9.8% den größten Anteil an der Varianz erklärt, wurde "Arbeitsklima und -bedingungen" genannt. Dieser Faktor ist gekennzeichnet durch Items, die Schwierigkeiten mit Vorgesetzten und Probleme mit praxisfernen Dienstvorschriften zum Inhalt haben. Insgesamt laden auf diesem Faktor 31 Items mit Ladungen höher als .40.

Der zweite Faktor, der einen Anteil von 9.0% der Varianz erklärt, wurde "Konfrontation mit fordernden Situationen im Dienst" genannt. Typische Items sind: "Schwer Verletzte am Umfallort antreffen", "Auffinden einer Leiche", "Täter am Tatort überraschen". Dieser Faktor beinhaltet also Tätigkeiten, die im Außendienst des Polizeialltags recht häufig vorkommen (9 Items dieser Skala zeichnen sich durch hohe Mittelwerte als bedeutsam für den Bereich der Häufigkeiten aus). Insgesamt laden 23 Items höher als .40.

Der dritte Faktor erklärt einen Anteil von 6.3% der Varianz und wurde "Gesellschaftlicher Einfluß" genannt. Typische Items sind hier: "Negative Stellungnahmen gegenüber der Polizei ausgesetzt sein", "Unzulänglichkeiten des Strafverfahrens erleben", "Zeitungskritik an der Polizei lesen" oder "Zu milde Beurteilung des Kriminellen vor Gericht". Auch dieser Faktor zeichnet sich durch hohe Mittelwerte als bedeutsam für den Bereich der Häufigkeiten aus. Insgesamt laden 17 Items höher als .40.

Der vierte Faktor erklärt einen Anteil von 4.0% an der Varianz und wurde "Gewalt" benannt. Es handelt sich hier um relativ selten auftretende Ereignisse ("Tötung eines Polizeikameraden im Dienst", "Ein schwer mißhandeltes Kind antreffen" oder "Die Schußwaffe im Dienst benutzen müssen"), die den Polizisten mit Gewalt konfrontieren oder ihn selbst zur Gewalt zwingen. Insgesamt laden 6 Items höher als .40.

Der Faktor fünf erklärt nur noch 2.7% der Varianz und umschreibt eine Itemgruppe, die gekennzeichnet ist durch Items wie "Leistungsdruck bei Verwarnungen und Anzeigen", "Verfolgung von Geschwindigkeitssündern", "Statistik-Druck", "Limit nicht erfüllen" oder "Verkehrsregelung durchführen". Benannt wurde dieser Faktor mit dem Titel "Belastende Routinetätigkeiten", womit auf der einen Seite die Belastung durch Leistungsdruck (Limits, Dienstvorschriften) und auf der anderen Seite die Belastung durch lähmende Routine beschrieben werden sollte. Insgesamt laden auf diesem Faktor noch 5 Items höher als .40.

Der sechste und letzte extrahierte Faktor erklärt noch 2.4% der Varianz und wurde "Körperliche Schädigungen und bedeutsame, negative Ereignisse" genannt. Typische Items sind: "Erblindung im Dienst", "Verlust eines Körperteils im Dienst" oder "Tod eines Lebenspartners". Diese Items sind gekennzeichnet durch eine extrem niedrige Auftretenswahrscheinlichkeit (vgl. Tabelle der Mittelwerte im Anhang 2f). Insgesamt laden vier Items höher als .40.

Zusammenfassung von 3.1

Im Bereich der Häufigkeiten ließen sich 6 Faktoren finden:
- Arbeitsklima und -bedingungen
- Konfrontation mit fordernden Situationen im Dienst
- Gesellschaftlicher Einfluß
- Gewalt
- Belastende Routinetätigkeiten
- Körperliche Schädigungen und bedeutsame, negative Ereignisse.

3.2 <u>Stress</u> (Anhang 2b)

Im Bereich der Stress-Ratings konnten nach Varimax-Rotation fünf Faktoren extrahiert werden, die insgesamt 51.8% der Gesamtvarianz erklären. Grundlage der Analyse war hier die reduzierte Stichprobe (vgl. Abschnitt 1). Aufgrund von Ausfällen wegen missing data gingen noch 303 Vpn in die Analyse ein.

Der erste Faktor, der 15.8% der Varianz erklärt, entspricht im wesentlichen dem ersten Faktor der Häufigkeits-Items und wurde auch "Arbeitsklima und -bedingungen" genannt. Auch hier kommen Items zum tragen, die Probleme mit Vorgesetzten ausdrücken, aber auch "Schlechte Ausrüstung" oder "Schlechte Sozialräume" haben eine Bedeutung. Insgesamt laden 54 Items höher als .40.

Der zweite Faktor, der 12.7% der Varianz erklärt und durch "Konfrontation mit fordernden und gewalttätigen Situationen im Dienst" umrissen wurde, zeichnet sich durch hohe Mittelwerte bei 15 Items als bedeutsam für den Stress-Bereich aus. Typische Items sind: "Schwer Verletzte am Unfallort antreffen", "Körperliche Gewalt anwenden müssen", "Zwang zu sofortigem Handeln mit schwerwiegenden Konsequenzen" oder "Antreffen von Erwachsenen, die stark unter Schmerzen leiden". Dieser Faktor korrespondiert gut mit dem Faktor 2 und 4 des Häufigkeitsbereichs. Insgesamt laden 45 Items höher als .40.

Der dritte Faktor erklärt 11.6% der Varianz und wurde "Körperliche Schädigungen und bedeutsame, negative Ereignisse" genannt. Hier laden Items wie "Verlust mehrerer Gliedmaßen", "Erblindung im Dienst", "Entfernung aus dem Dienst", "Einen bestechlichen und unehrlichen Kollegen neben sich haben" oder "Tod eines Lebenspartners". Da noch 4 Items durch hohe Mittelwerte gekennzeichnet sind, zeichnet sich auch dieser Fakotor durch eine relative Bedeutsamkeit für den Stress-Bereich aus. Er entspricht im wesentlichen dem Faktor 6 der Häufigkeits-Items, ist allerdings hier weitläufiger umschrieben und beinhaltet auch Situationen, die nicht unbedingt physisch schädigend sind, sondern als extrem unangenehm empfunden werden und somit belasten. Insgesamt laden 28 Items höher als .40.

Der vierte Faktor erklärt nur noch 4.4% der Varianz und wurde "Mangelnde Solidarität" genannt. Typisch für diesen Faktor sind Items, die Schwierigkeiten in der sozialen Interaktion beschreiben, also soziale Stressoren: "Von Kollegen im Stich gelassen werden", "Vom Vorgesetzten im Stich gelassen werden", "Schlampiges Zuarbeiten eines Kollegen", "Streit mit Freunden außerhalb des Polizeidienstes" oder "Augenzeuge eines Verbrechens werden und darauf reagieren müssen". Insgesamt laden 10 Items höher als .40.

Der fünfte und letzte Faktor der Stress-Items entspricht weitestgehend dem dritten Faktor der Häufigkeit-Items und heißt entsprechend auch "Gesellschaftlicher Einfluß". Typische Items sind hier "Politischen Druck von Außen bekommen", "Zeitungskritik an der Polizei lesen" oder "Negative Presseberichte diskutieren". Insgesamt laden 8 Items höher als .40.

Zusammenfassung von 3.2

Aus dem Pool der Stress-Ratings ließen sich fünf Faktoren extrahieren:
- Arbeitsklima und -bedingungen
- Konfrontation mit fordernden und gewalttätigen Situationen im Dienst
- Körperliche Schädigungen und bedeutsame, negative Ereignisse
- Mangelnde Solidarität
- Gesellschaftlicher Einfluß.

3.3 Angst (Anhang 2 c)

Die Faktorenanalyse der Angst-Items erbrachte nach Varimax-Rotation sieben Faktoren (N=303), die insgesamt 50.8% der Gesamtvarianz erklären.

Auch hier wurde der erste Faktor "Arbeitsklima und -bedingungen" genannt (10.7% erklärte Varianz). Typische Items sind: "Negative Auslegungen von Statistiken durch Vorgesetzte", "Bevormundung durch Vorgesetzte", "Unzureichende Information über Neuerungen im Dienst" oder "Schlechte Sozialräume". Dieser Faktor hebt sich von den Faktoren gleichen Namens aus dem Bereich Häufigkeit und Stress durch den zusätzlichen Aspekt des Leistungsdruckes ab ("Leistungsdruck bei Verwarnungen und Anzeigen" oder "Statistik-Druck, Limit nicht erfüllen", "Kontrolle durch Vorgesetzte außerhalb der Arbeitszeit"). Insgesamt laden auf diesem ersten Faktor 32 Items mit Ladungen höher als .40.

Der zweite Faktor erklärt eine Varianz von 8.2% und wurde "Angst vor Versagen und Konfrontation mit belastenden und persönlich fordernden Situationen" genannt. Typische Items sind: "Von Kollegen negativ beurteilt werden", "Auseinandersetzungen mit einem Kollegen vor dem Vorgesetzten", "Ein getötetes Kind antreffen" oder "Krisensituationen in der eigenen Familie". Insgesamt laden 24 Items höher als .40 und drei Items zeichnen sich durch hohe Mittelwerte als bedeutsam für den Angst-Bereich aus.

Der dritte Faktor ist schon aus den Bereichen der Häufigkeits- und Stress-Items bekannt und heißt auch hier "Gesellschaftlicher Einfluß"

(7.2% erklärte Varianz). Typische Items sind: "Mängel des Rechtssystems erkennen", "Zeitungskritik an der Polizei lesen", "Durch einen Bürger persönlich beleidigt werden" oder "An hohen moralischen Grundsätzen gemessen werden". Insgesamt laden 14 Items über .40.

Der vierte Faktor, umschrieben mit "Gewalt und Aggression", erklärt noch 7.0% der Varianz. Die Items umschreiben weitestgehend Situationen, mit denen sich der Polizeibeamte bei der Ausübung seiner Dienstpflichten im Außendienst konfrontiert sieht, allerdings nur in extremen Situationen: "Körperliche Gewalt anwenden müssen", "Jemanden allein festnehmen", "Zwang zu sofortigem Handeln mit schwerwiegenden Konsequenzen" oder "In der Polizeikette vor einer aggressiven Menge stehen". Daß diese Situationen für den Bereich der Angst bedeutsam sind, also gefürchtet werden, zeigt sich daran, daß von den insgesamt 13 über .40 ladenden Items 7 Items hohe Mittelwerte aufweisen.

Der fünfte Faktor erklärt noch 5.6% der Varianz und wurde "Ausführen unangenehmer dienstlicher Pflichten" genannt. In diesem Faktor sind Situationen zusammengefaßt, die im Dienstalltag häufig vorkommen (vgl. Tabelle der Mittelwerte) und durch ihre routinemäßige Struktur wohl unangenehm, aber nicht unbedingt furchterregend sind. Typische Items sind: "Führerschein sicherstellen", "Blutprobeentnahme veranlassen". "Fahrten im PKW im dichten Berufsverkehr" oder "Als "Bulle" bezeichnet zu werden". Insgesamt laden auf diesem Faktor 10 Items über .40.

Der sechste Faktor erklärt 5.3% der Varianz und wurde "Körperliche Schädigungen und bedeutsame, negative Ereignisse" genannt. Entsprechungen lassen sich auch in den oben erwähnten Bereichen feststellen. Typische Items sind auch hier wieder: "Verlust mehrerer Gliedmaßen im Dienst", "Entfernung aus dem Dienst" oder "Umgehen mit einer Person, die eine ansteckende Krankheit hat". Acht von neun über .40 ladenden Items zeichnen sich durch hohe Mittelwerte als bedeutend für den Angst-Bereich aus. Außerdem zeichnen sich diese Items durch sehr geringe Auftretenswahrscheinlichkeiten aus (vgl. Tabelle der Mittelwerte).

Der siebte Faktor erklärt eine Varianz von 4.5% und wurde "Mangelnde Solidarität (und innerdienstliche Situationen)" genannt. Typische

Items sind: "Von Kollegen im Stich gelassen werden", "Wechsel von der Tages- zur Nachtschicht", "Mit einem unverträglichen Kollegen zusammenarbeiten müssen". Auf diesem Faktor laden insgesamt 11 Items über .40.

Zusammenfassung von 3.3

Aus dem Bereich der Angst-Items konnten nach Varimax-Rotation sieben Faktoren extrahiert werden:

- Arbeitsklima und -bedingungen
- Angst vor Versagen und Konfrontation mit belastenden und persönlich nahegehenden Situationen
- Gesellschaftlicher Einfluß
- Gewalt und Aggression
- Ausführen (unangenehmer) dienstlicher Pflichten
- Körperliche Schäden und bedeutsame, negative Ereignisse
- mangelnde Solidarität (und innerdienstliche Situationen).

3.4 <u>Ärger</u> (Anhang 2 d)

Durch sieben varimax-rotierte Faktoren wurde im Bereich der Ärger-Items 50.9% der Varianz erklärt. Durch missing data verringerte sich die Stichprobe auf N=295 Personen.

Der erste Faktor, der 11.4% der Varianz erklärt, wurde auch hier "Arbeitsklima und -bedingungen" genannt. Typische Items sind: "Negative Auslegung von Statistiken durch Vorgesetzte", "Unzureichende Informationen über Neuerungen im Dienst", "Bevormundung durch Vorgesetzte" oder "Schlechte Ausrüstung". Im wesentlichen entspricht dieser Faktor den gleichnamigen Faktoren in den Bereichen Häufigkeit, Stress und Angst. Auf diesem ersten Faktor laden insgesamt 36 Items höher als .40. Da 5 Items hohe Mittelwerte aufweisen, spielt dieser Faktor eine gewisse Rolle bei der Messung von ärgerlichen Situationen.

Der zweite Faktor erklärt 9.8% der Varianz und wurde mit dem Titel "Körperliche Schäden und bedeutsame, negative Ereignisse" umschrieben.

Auch dieser Faktor stellt im wesentlichen eine Replikation der bisher gewonnenen Faktoren gleichen Namens dar. Typische Items sind: "Verlust mehrerer Gliedmaßen im Dienst", "Erblindung im Dienst", "Entfernung aus dem Dienst" oder "Tötung eines Polizeikameraden im Dienst". Insgesamt laden 22 Items über .40.

Ein dritter Faktor wurde mit der Bezeichnung "Konfrontation mit fordernden Situationen im Dienst" umrissen. Dieser Faktor, der noch 9.4% der Varianz erklärt, faßt Items zusammen, die für den Bereich "äußerer Dienst" relevant sind und eine Art "erhöhte Routine" darstellen. Typische Items sind: "Täter am Tatort überraschen", "Blutprobeentnahme veranlassen", "Räumung bei Explosionsgefahr" oder "Gegen Frauen einschreiten müssen". Insgesamt laden 19 Items über .40.

Der vierte Faktor, der 5.4% der Varianz erklärt, wurde "Einwirken des Dienstes in den Privatbereich" geannt und umschreibt eine Reihe von Situationen, die den Polizisten als "Privatperson" aufgrund seiner dienstlichen Tätigkeiten belästigen oder beleidigen. Dieser Faktor tritt in den anderen Bereichen nicht auf, ist also ein für den Ärger-Bereich spezifischer Faktor (vgl. auch Tabelle der Mittelwerte: 11 von 14 Items mit Ladungen höher als .40 weisen hohe Mittelwerte auf).

Der fünfte Faktor beschreibt Situationen, die mit der Einstellung der Bevölkerung zur Polizei zu tun haben, aber auch allgemeine gesellschaftspolitische Bereiche. Dieser Faktor wurde "Gesellschaftlicher Einfluß" genannt und erklärt 4.4% der Varianz. Typische Items sind: "Mangelnde Beteiligungsmöglichkeiten an polizeipolitischen Entscheidungen", "Wettbewerb mit Kollegen um Beförderung", "Einflußlosigkeit polizeiorientierter Politiker" oder "Öffentliche Teilnahmslosigkeit gegenüber der Polizei". Insgesamt laden 8 Items mit Ladung höher als .40.

Der sechste Faktor erklärt noch 4.2% der Varianz und wurde "Mangelnde Solidariät" genannt. Dieser Faktor entspricht im wesentlichen den Faktoren gleichen Namens in den anderen Bereichen und umfaßt Situationen, die Schwierigkeiten mit Kollegen, Vorgesetzten und Freunden implizieren. Typische Items sind: "Von Kollegen im Stich gelassen werden", "Politischen Druck im Dienstbereich erleben", "Politischen

Druck von außen bekommen" oder "Vom Vorgesetzten im Stich gelassen werden". Insgesamt laden 9 Items größer als .40.

Der siebte Faktor umfaßt nur noch 3 Items mit Ladungen über .40 und erklärt 2.3% der Varianz. Die Items beinhalten Situationen der Konfrontation mit Gewalt und Tod, daher auch der Name "Gewalt und Tod".

Zusammenfassung 3.4

Aus dem Datenbereich der Ärger-Items ließen sich nach Varimax-Rotation sieben Faktoren extrahieren:
- Arbeitsklima und -bedingungen
- Körperliche Schäden und bedeutsame, negative Ereignisse
- Konfrontation mit fordernden Situationen im Dienst
- Einwirkung des Dienstes in das Privatleben
- Gesellschaftlicher Einfluß
- Mangelnde Solidarität
- Gewalt und Tod.

3.5 Summenscore SAÄ (Stress-Angst-Ärger, Anhang 2e)

Da sich bedeutende Parallelen zwischen den Faktoren der Bereiche Stress, Angst und Ärger beobachten ließen und die Korrelationen zwischen den Datenbereichen um .44 streuen (vgl. Tabelle 1) wurde ein Summenscore aus den Ratings Stress, Angst und Ärger gebildet, um einen Wert "allgemeiner Belastung" zu erhalten. Die aus diesem Bereich extrahierten Faktoren sollen mit den Faktoren der einzelnen Bereiche verglichen werden, um Entsprechungen und Unterschiede aufzudecken.

Die varimax-rotierte Faktorenanalyse erbrachte sieben Faktoren, die insgesamt 55.1% der Varianz erklären (N=295).

Der erste Faktor erklärt 12.7% der Varianz und wurde "Konfrontation mit fordernden und gewalttätigen Situationen im Dienst" genannt. Dieser Faktor entspricht gut den gleichnahmigen Faktoren der Bereiche Stress, Angst und Ärger. Durch einen hohen Anteil von Items mit hohen

Mittelwerten (13 Items) kommt diesem Faktor - ähnlich wie bei den einzelnen Ratings - eine entsprechende Bedeutung zu. Typische Situationen dieses Faktors sind: "Schwerverletzte am Unfallort antreffen", "Körperliche Gewalt anwenden müssen", "Gegen Frauen einschreiten müßen" oder "Täter am Tatort überraschen". Insgesamt laden 34 Items über .40.

Der zweite Faktor erklärt noch 12.5% der Varianz und heißt "Körperliche Schädigungen und bedeutsame, negative Ereignisse". Auch für diesen Faktor gibt es deutliche Entsprechungen in allen Datenbereichen, die aber einen unterschiedlichen Anteil an der Varianz erklären. Typische Items sind: "Verlust mehrerer Gliedmaßen", "Erblindung im Dienst", "Tod eines Lebenspartners" oder "Entfernung aus dem Dienst". Auf diesem Faktor laden insgesamt 20 Items höher als .40.

Auch bei dem Summenscore ließ sich ein Faktor extrahieren, der mit der Bezeichnung "Gesellschaftlicher Einfluß" umrissen wurde. Er erklärt 6.1% an der Varianz und läßt sich in allen Datenbereichen replizieren. Typische Items sind: "Unzulänglichkeiten des Strafverfahrens erleben", "Zeitungskritik an der Polizei lesen", "Zu milde Beurteilung des Kriminellen vor Gericht" oder "Durch einen Bürger persönlich beleidigt werden". Insgesamt laden 11 Items höher als .40, zwei Items zeichnen sich durch hohe Mittelwerte aus.

Der fünfte Faktor erklärt 5.1% der Varianz und wurde "Mangelnde Solidarität" genannt. Entsprechungen lassen sich bis auf den Bereich der Häufigkeit in allen anderen Datenbereichen feststellen. Allerdings erklärt dieser Faktor in allen Fällen keinen hohen Anteil an der Varianz. Insgesamt müßten mehr Items für diesen Bereich gefunden werden. Typische Items sind: "Von Kollegen im Stich gelassen werden", "Streit mit Freunden außerhalb des Polizeidienstes" oder "Aufbürdung von Zusatzaufgaben durch Vorgesetzte." Insgesamt laden 12 Items über .40.

Der sechste Faktor (Anteil der erklärten Varianz = 3.8%) wurde "Leistung und Kontrolle" geannnt. Insgesamt laden nur vier Items über .40. Typische Items sind: "Leistungsdruck bei Verwarnungen und Anzeigen", "Konkurrenzdruck unter Kollegen" oder "Kontrolle des Arbeitsplatzes durch Vorgesetzte". Eine direkte Entsprechung zu diesem Faktor gibt es nicht. Ähnlichkeiten treten auf mit dem Faktor 5 (Häufigkeiten) und den diversen Faktoren zum Arbeitsklima. Auch hier gibt es zu wenig spezifische Items zum Themenbereich "Leistungsdruck, Kontrolle".

Der siebte Faktor erklärt mit drei Items noch 3.5% der Varianz und wurde "Unfähigkeit und mangelnde Eignung für den Dienst" genannt. Im Angstbereich laden die Items auf dem Faktor "Angst vor Versagen ..." und scheinen in diesem Faktor eine abgrenzbare Zusammenstellung gefunden zu haben. Die Items lauten: "Unfähigkeit, bestimmte Aufträge ausführen zu können", "Von Kollegen negativ beurteilt werden" und "Wenn ein befreundeter Kollege der Bestechung überführt wird".

Zusammenfassung von 3.5

Bei einer Faktorenanalyse der Summenscores, zusammengesetzt aus den Stress-, Angst- und Ärger-Items, wurden 7 varimax-rotierte Faktoren gefunden, die insgesamt 55.1% der Varianz erklären. Faktoren, die sich übereinstimmend in den einzelnen Bereichen gezeigt haben, konnten hier repliziert werden und einzelne Aspekte der "allgemeinen Belastung" traten in diesem Faktorenset deutlicher heraus. So zeigte sich, daß der Faktor "Konfrontation mit fordernden und gewalttätigen Situationen im Dienst" als stark belastend zu begreifen ist. Dreizehn seiner über .40 ladenden Items gehören zu den 20 Items des Summenscores, die die höchsten Mittelwerte aufweisen. Außerdem erklärt dieser Faktor den größten Anteil an der Varianz.

Folgende Faktoren wurden gewonnen:
- Konfrontation mit fordernden und gewalttätigen Situationen im Dienst
- Arbeitsklima und -bedingungen
- Körperliche Schädigungen und bedeutsame, negative Ereignisse
- Gesellschaftlicher Einfluß
- Mangelnde Solidarität
- Leistung und Kontrolle
- Unfähigkeit und mangelnde Eignung für den Dienst.

Zusammenfassung von 3

Bei den Faktorenanalysen des Itempools getrennt für die Ratings Häufigkeit, Stress, Angst und Ärger ergaben sich 25 varimax-rotierte Faktoren mit teilweise guten Übereinstimmungen zwischen den Bereichen. Eine zusätzliche Analyse des neu generierten Summenscores (SAÄ) erbrachte sieben varimax-rotierte Faktoren. Die wichtigsten Faktoren aus den Bereichen Stress, Angst und Ärger konnten in diesem Analyseschritt repliziert werden.

Die genauen Zusammenstellungen der Faktorenstrukturen finden sich im Anhang. Für die Erstellung eines Fragebogens mit entsprechenden Subskalen wird angestrebt, die Itemmenge so zu vervollständigen, daß je Skala mindestens 10 Items zur Verfügung stehen.

In den Tabellen im Anhang wurde auf eine Darstellung der Items mit unbedeutenden Ladungen verzichtet. Doppelladungen wurden bei dem Faktor eliminiert, bei dem die Ladung am kleinsten war. Luden mehr als 20 Items, wurden nur die zwanzig am höchsten ladenden Items dargestellt.

4. Mittelwerte der Ratings (Anhang 2 f)

Die Mittelwerte aller Items (getrennt nach den Ratings für Stress, Angst, Ärger und Häufigkeit) wurden absteigend sortiert. Da hohe Mittelwerte eine inhaltliche Relevanz der entsprechenden Ereignisse bzw. Situationen für den jeweiligen Bereich anzeigen, wurden jeweils die ersten zwanzig und die letzten zwanzig Items der einzelnen Datenbereiche im Anhang dargestellt. Treten nun bei den Faktorenanalysen bei einem Faktor deutlich viele Items mit hohen Mittelwerten auf, so scheint dieser Faktor ein "Relevanzfaktor" für diesen Datenbereich zu sein (vgl. Abschnitt 2). So ist beispielsweise der Faktor "Einwirken des Dienstes in den Privatbereich" relevant für den Bereich der Ärger-Items, da 11 der ladenden Items sich unter den ersten 20 Items der hierarchisch sortierten Mittelwerte befinden.

4.1 Häufigkeit

Häufig vorkommende Tätigkeiten und Situationen sind auf der einen Seite "Konfrontation mit fordernden Situationen im Dienst", auch Aspekte verschärften Außendienstes, und auf der anderen Seite Situationen, die sich in dem "Gesellschaftlichen Einfluß" widerspiegeln.

Unbedeutend dagegen bezüglich der Häufigkeit des Auftretens sind "Körperliche Schädigungen und bedeutsame, negative Ereignisse".

4.2 Stress

Als besonders belastend empfunden werden unregelmäßige Dienstzeit, Schichtwechsel, Störung der Nachtruhe aber auch Entscheidungsdruck in Situationen mit schwerwiegenden Konsequenzen. Das spiegelt sich in den beiden Faktoren "Konfrontation mit fordernden und gewalttätigen Situationen im Dienst" und "Körperliche Schädigungen und bedeutsame, negative Ereignisse" wieder. In diesen beiden Faktoren sind 19 der 20 höchsten Mittelwerte wiederzufinden.

Als wenig belastend dagegen werden Beförderungen und Untätigkeit bzw. Langeweile im Dienst empfunden.

4.3 Angst

18 der 20 höchsten Mittelwerte verteilen sich im Angstbereich über drei Faktoren. Die höchsten Mittelwerte im Angst-Bereich entsprechen den niedrigsten Mittelwerten im Häufigkeitsbereich. Das gilt zumindest für den Faktor "Körperliche Schädigungen und bedeutsame, negative Ereignisse". Andere gefürchtete Situationen sind Angst vor "Versagen und Konfrontation mit fordernden Situationen" und "Gewalt und Aggression".

Für den Angst-Bereich unbedeutende Situationen sind zum Teil die in dem Faktor "Ausführen dienstlicher Pflichten" ladende Items.

4.4 Ärger

Besonders ärgerliche Situationen und Tätigkeiten werden in der Faktorenanalyse durch die Faktoren "Einwirken des Dienstes in das Privatleben" und "Arbeitsklima und -bedingungen" repräsentiert. Hier laden 16 der 20 höchsten Mittelwerte. Weiterhin ist der Ärger über "unzureichendes Gehalt" groß. (Dieses Item lädt auf dem Faktor "Gesellschaftlicher Einfluß").

Wenig ärgerlich sind Situationen, die die dienstliche Routine betreffen (z.B. wird Untätigkeit und Langeweile nicht als ärgerlich empfunden), aber auch die Konfrontation mit Gewalt und Tod (Faktor 7).

4.5 Summenscore (SAÄ)

In diesem Bereich lassen sich 13 der zwanzig höchsten Mittelwerte in dem ersten Faktor "Konfrontation mit fordernden und gewalttätigen Situationen im Dienst" wiederfinden. Den höchsten Mittelwert hat das Item 109 (Unregelmäßige Dienstzeit), es hat allerdings in keinem Faktor eine Ladung über .40. Die restlichen Items verteilen sich über das übrige Faktorenspektrum.

Unbedeutend sind "Untätigkeit und Langeweile", "häufige Dienstreisen", "Beförderungen", wahrgenommene "Unfähigkeit, bestimmte Aufträge ausführen zu können" oder "politischer Druck von außen".

Zusammenfassung von 4

Aufgrund der Verteilung der Items mit besonders hohen Mittelwerten (die zwanzig höchsten Mittelwerte) auf bestimmte Faktoren, lassen sich Aussagen machen über die Relevanz dieser Itemgruppierungen für den entsprechenden Bereich.

Häufigkeit	- Konfrontation mit fordernden Situationen im Dienst
	- Gesellschaftlicher Einfluß
Stress	- Konfrontation mit fordernden und gewalttätigen Situationen im Dienst
	- Körperliche Schädigungen und bedeutsame negative Ereignisse
Angst	- Körperliche Schädigungen und bedeutsame negative Ereignisse
	- Gewalt und Aggression
	- Versagen und Konfrontation mit fordernden Situationen
Ärger	- Einwirken des Dienstes in den Privatbereich
	- Arbeitsklima und -bedingungen
SAÄ-Score	- Konfrontation mit fordernden und gewalttätigen Situationen im Dienst

Außer den genannten Faktoren spielen die Items:

109 "Unregelmäßige Dienstzeit" und

1 "Wechsel von Tages- zur Nachtschicht"

eine bedeutende Rolle. Diese beiden Items finden sich quasi in allen Datenbereichen unter den ersten 20 Mittelwerten (siehe Tabelle 1).

Tabelle 1: Rangplätze der Mittelwerte

	H'keit	Stress	Angst	Ärger	SAÄ
Item 1	2	6	-	-	5
Item 109	3	1	-	7	1

5. Faktorenanalyse zweiter Ordnung

Auf der Grundlage der 25 Subskalen, wurde nun versucht die Faktorenstruktur hierarchisch weiter zu strukturieren. Dabei wurde in zwei Schritten vorgegangen. Zunächst wurde die Vorgehensweise der separaten

Analyse in den Bereichen beibehalten und insgesamt fünf Faktorenanalysen gerechnet. Dabei zeigte sich, daß in den Bereichen Stress, Angst, Ärger und bei dem kombinierten Summenscore die Subskalen erster Ordnung so gleichmäßig kovariierten (vgl. Abschnitt 6.2), daß jeweils nur ein unrotierter Faktor gefunden wurde. Der Anteil der erklärten Varianz liegt dabei für Stress bei 65.4%, für Angst bei 64.1%, für Ärger bei 59.6% und für den Sumenscore bei 67.1%.

Lediglich im Bereich der Häufigkeiten konnten zwei Faktoren extrahiert werden. Der erste Faktor erklärt 47.1% der Varianz und faßt folgende Skalen zusammen: "Gesellschaftlicher Einfluß", "Konfrontation mit fordernden Situationen im Dienst", "Arbeitsklima und -bedingungen" und "Belastende Routinetätigkeiten". Der zweite Faktor erklärt 17.5% der Varianz und umfaßt die beiden Skalen "Körperliche Schädigungen und bedeutsame, negative Ereignisse" und "Gewalt und Tod". Dieser Faktor zeichnet sich durch die geringe Auftretenswahrscheinlichkeit der Situationen aus und ergibt sicherlich aus diesem Grund einen eigenen Faktor. Insgesamt werden durch die beiden Faktoren 64.6% der Varianz erklärt.

In einem zweiten Schritt werden die 25 Skalen der Bereiche Häufigkeit, Stress, Angst und Ärger gemeinsam faktorisiert. (Die Skalen des Summenscores bleiben unberücksichtigt.) Nach Abbruch der Faktorenextraktion gemäß Scree-Test und Varimax-Rotation ergaben sich vier Faktoren, die zusammen 52.2% der Varianz erklären.

Der erste Faktor, der einen Anteil von 31.0% der Varianz erklärt, wurde als genereller Angst-Faktor bezeichnet. Hier laden 5 von 7 Angst-Skalen mit hohen Ladungen (.82 - .72). Außer den Angst-Skalen lädt noch eine Skala aus dem Ärger-Bereich, und zwar "Einwirkung des Dienstes in das Privatleben". Allerdings ist die Ladung hier schon deutlich geringer (.48). Insgesamt gibt es 8 Ladungen über .40. Zwei Skalen wurden wegen Doppelladungen eliminiert.

Der zweite Faktor verdeutlicht die Überlappung der Bereiche Stress und Ärger. Der Faktor erklärt nur noch 8.5% der Varianz und wurde "Belastung und Ärger" genannt. Insgesamt sind 8 Ladungen höher als .40. Wegen Doppelladungen wurden 3 Skalen eliminiert.

Faktor 3 nun erlaubt eine stärker inhaltlich formulierte Umschreibung. Es werden 6.8% der Varianz erklärt und der Faktor wurde mit dem Arbeitstitel "Emotionale Reaktionen auf mangelnde Solidarität und gewalttätige Auseinandersetzungen umrissen. Die drei am höchsten ladenden Skalen (.88, .75 und .71) stammen allesamt aus dem Bereich der Häufigkeits-Items und beschreiben bedeutende Rahmenbedingungen bzw. Situationen, die den Dienstbereich und die Arbeitsbedingungen charakterisieren: "Arbeitsklima und -bedingungen", "Gesellschaftlicher Einfluß" und "Gewalt". Die anderen Skalen laden deutlich schwächer (.55, .53 und .43) und beschreiben befürchtete und belastende bzw. ärgerliche Situationen, die bei der Dienstausführung auftreten können: Ärger über "mangelnde Solidarität", Belastung durch die Erwartung "Körperlicher Schädigungen und bedeutsamer, negativer Ereignisse" und Ärger über "Gewalt und Tod". Die emotionalen Reaktionen (Ärger und Stress) scheinen in diesem Faktor gut mit den entsprechenden Ereignisfaktoren zu korrespondieren. So läßt sich ein Inhaltsbereich mit Ärger über mangelnde Solidarität (intern: Arbeitsbedingungen; extern: Gesellschaftlicher Einfluß) beschreiben. Der andere Inhaltsbereich bezieht sich eher auf gewalttätige Situationen, und zwar auf den Ärger über das Vorhandensein von Gewalt einerseits und die Belastung durch die Konsequenzen gewalttätiger Auseinandersetzungen andererseits. Insgesamt gibt es 8 Ladungen über .40. Wegen Doppelladungen wurden 2 Skalen eliminiert.

Faktor 4 läßt sich auch nur inhaltlich interpretieren und demonstriert ein interessantes Zusammenspiel von Auftretenswahrscheinlichkeit, Angst und Ärger. Dieser Faktor erklärt noch 5.8% der Varianz und es laden 4 Skalen höher als .40. Diese Skalen lauten:

"Gesellschaftlicher Einfluß" (Ärger)
"Konfrontation mit fordernden Situationen im Dienst" (Häufigkeiten)
"Angst vor Versagen und Konfrontation mit belastenden und persönlich nahegehenden Situationen" (Angst)

Aus den Mittelwerten geht hervor, daß sich die Skala "Konfrontation mit fordernden Situationen im Dienst" durch hohe Mittelwerte auszeichnet. Da diese Situationen häufig auftreten, entstehen gewisse Erwartungsängste ("Ausführen unangenehmer dienstlicher Pflichten") und

Versagensängste ("Angst vor Versagen ..."). Sind solche Situationen einmal bewältigt, muß sich der Polizeibeamte noch mit den kritischen Reaktionen der Öffentlichkeit auseinandersetzen ("gesellschaftlicher Einfluß"). Ständige verständnislose Kritik und ständiger Rechtfertigungsdruck geht dann einher mit einem Ärgergefühl.

Eine Bezeichnung für diesen Faktor fällt nicht leicht, aus diesem Grunde wurde der Arbeitstitel "Bewältigung kritischer Dienstereignisse" gewählt.

Zusammenfassung 5

Bei der Berechnung der Faktoren zweiter Ordnung auf der Grundlage der Subskalen, die aus den auf den Faktoren erster Ordnung ladenden Items gebildet wurden, wurde in zwei Arbeitsschritten vorgegangen.

Erstens wurden die im ersten Arbeitsschritt gefundenen Faktoren erster Ordnung in jedem Datenbereich nochmals faktorisiert. Es ergaben sich keine weiteren, inhaltlichen Faktoren in den Bereichen Stress, Angst, Ärger und im Summenscore. Lediglich bei den Häufigkeiten ließen sich zwei Faktoren extrahieren.

Im zweiten Analyseschritt wurde dann versucht, allgemeine Angst-, Stress- und Ärger-Dimensionen zu finden. Die 25 Skalen aus den Faktorenanalysen erster Ordnung wurden nun zusammen faktorisiert, und es ergaben sich vier varimax-rotierte Faktoren:

- Angst
- Belastung und Ärger
- Emotionale Reaktionen auf mangelnde Solidarität und gewalttätige Auseinandersetzungen
- Bewältigung kritischer Dienstereignisse

Mit den ersten beiden Faktoren lassen sich nun zwei Dimensionen nachweisen, und zwar Angst auf der einen Seite und Stress und Ärger auf der anderen Seite. Die Korrelationen zwischen den Subskalen zweiter Ordnung sind allerdings sehr hoch (siehe Tabelle 2).

Tabelle 2: Korrelationen der Subskalen zweiter Ordnung

Subskala	1	2	3
2	.90	-	-
3	.87	.95	-
4	.81	.72	.74

$p \leq .000$
N = 311 - 315

Ob nun Stress und Ärger wirklich derart voneinander abhängig sind, oder ob es sich um ein Artefakt aufgrund semantischer Überschneidungen handelt, kann erst in weiteren Untersuchungen geklärt werden.

6. Korrelative Zusammenhänge

6.1 Korrelationen zwischen den Ratings

Die mittleren Korrelationen zwischen den Bereichen Häufigkeiten, Stress, Angst und Ärger liegen, wie bereits oben angedeutet im mittleren Bereich um .40 (vgl. Tabelle 3). Die einzige Ausnahme stellen dabei die Bereiche Häufigkeit und Angst dar. Hier findet man eine Korrelation von .20 vor. Situationen, die relativ selten sind werden mehr gefürchtet als Situationen die alltäglich sind. Die Korrelationen verstehen sich als Mediane der Korrelationskoeffizienten über alle Items.

Tabelle 3: Korrelationen zwischen den Bereichen

	H\`keiten	Stress	Angst
Stress	.45	-	-
Angst	.20	.46	-
Ärger	.44	.46	.42

$p \leq .001$

6.2 Korrelationen zwischen den Skalen

Die Zusammenhänge unter den Subskalen sind allesamt nicht unbedeutend. Eine Ausnahme hierbei stellt der Bereich der Häufigkeiten dar (vgl. Tabelle 4). Es handelt sich hierbei allerdings auch um einen objektiven Meßbereich, nämlich um eine Kategorisierung der Auftretenshäufigkeiten.

Die Subskala 6 (Körperliche Schädigungen und bedeutsame, negative Ereignisse) weist zum größten Teil Nullkorrelationen auf. Relativ niedrig korreliert auch die Subskala 4 (Gewalt) mit den übrigen Subskalen dieses Bereiches. Das hängt wohl damit zusammen, daß beide Subskalen seltene Ereignisse enthalten und damit niedrige Mittelwerte und geringe Streuungen aufweisen. In der Faktorenanalyse zweiter Ordnung bilden diese beiden Skalen einen eigenen Faktor.

Tabelle 4: Korrelationen der Subskalen erster Ordnung im Bereich "Häufigkeiten"

	H1	H2	H3	H4	H5	H6
H2	.49 ***	-	-	-	-	-
H3	.67 ***	.68 ***	-	-	-	-
H4	.19 ***	.20 ***	.33 ***	-	-	-
H5	.52 ***	.49 ***	.51 ***	.20 ***	-	-
H6	.13 .**	.03 ns.	.08 ns	.13 **	-.05 ns.	-

p < .001 (***)
p < .01 (**), p < .05 (*)

Die folgenden Tabellen (5 bis 7) geben die Zusammenhänge zwischen den Subskalen aus den Bereichen Stress, Angst und Ärger wieder. Die Korrelationen sind homogener als bei den Häufigkeit-Skalen und liegen im Schnitt zwischen 0.50 und 0.60.

Tabelle 5: Korrelationen der Subskalen erster Ordnung im Bereich Stress

	S1	S2	S3	S4
S2	.71 ***	-	-	-
S3	.55 ***	.42 ***	-	-
S4	.55 ***	.61 ***	.44 ***	-
S5	.67 ***	.64 ***	.40 ***	.65 ***

Tabelle 6: Korrelationen der Subskalen erster Ordnung im Bereich Angst

	A1	A2	A3	A4	A5	A6
A2	.72 ***	-	-	-	-	-
A3	.71 ***	.69 ***	-	-	-	-
A4	.65 ***	.75 ***	.67 ***	-	-	-
A5	.67 ***	.66 ***	.60 ***	.65 ***	-	-
A6	.43 ***	.57 ***	.38 ***	.58 ***	.37 ***	-
A7	.48 ***	.50 ***	.64 ***	.57 ***	.42 ***	.36 ***

Tabelle 7: Korrelationen der Subskalen erster Ordnung im Bereich Ärger

	Ä1	Ä2	Ä3	Ä4	Ä5	Ä6
Ä2	.59 ***	-	-	-	-	-
Ä3	.54 ***	.36 ***	-	-	-	-
Ä4	.67 ***	.46 ***	.60 ***	-	-	-
Ä5	.68 ***	.47 ***	.57 ***	.71 ***	-	-
Ä6	.55 ***	.42 ***	.41 ***	.57 ***	.55 ***	-
Ä7	.43 ***	.44 ***	.58 ***	.48 ***	.46 ***	.43 ***

6.2.2. Korrelation der Skalen mit dem Alter

Das Lebensalter ist als einziges Merkmal neben den 135 Items erfaßt worden. Korrelative Zusammenhänge zwischen den Subskalen und dem Alter konnten nicht festgestellt werden. Die Bewertung von Ereignissen als belastend, ärgerlich oder beängstigend scheint unabhängig vom Lebensalter zu sein, jedenfalls bei dieser Itemauswahl.

7. Anwendungsmöglichkeiten und Ausblick

Zunächst einmal war es sinnvoll den Bereich "Stress im Polizeidienst" intern zu strukturieren. Wir wissen nun, welche dieser dienstlichen Situationen am ehesten mit negativen Belastungsemotionen verbunden sind, und bekommen einen Hinweis auf Ansatzpunkte zur Veränderung. Wählen wir - als **einen** möglichen Weg zur Förderung organisatorischer und persönlicher Effektivität - die Verhaltensmodifikation, so haben wir die Bereiche identifiziert, die vornehmlich als belastend bzw. ärger- oder angsterzeugend wahrgenommen werden. Geplante Trainingsmaßnahmen sollten diese Bereiche berücksichtigen. Zur **Evaluierung** dieser zu entwickelnden Trainingsmaßnahmen stehen uns dann Meßmethoden zur Verfügung, die äußerst spezifisch sind und eine hohe Kriterienvalidität versprechen. Dies zu erreichen erfordert jedoch noch weitere Entwicklungsarbeiten im Bereich der Meßmethoden, vor allem der Ermittlung ihrer Validitäten und Reliabilitäten. Für Anwendungen in konkreten Evaluierungsprojekten sind Kenntnisse über Kriterienvaliditäten (z.B. bezüglich Stressreaktion und Formen der Bewältigung, Ärgerkontrolle, Angst, Soziodemographische Daten, Soziale Erwünschtheit u.ä.) unerläßlich. Genauso wichtig sind jedoch Kenntnisse anderer Gütewerte wie z.B. Reliabilitation (Homogenität, Innere Konsistenz, Wiederholungsstabilität).

Anhang 1:

STRESS
IM POLIZEIDIENST (SIP)
(INSTRUKTION ZUM FRAGEBOGEN)

Unter Stress oder Belastung verstehen wir hier die Anforderung, bestimmte drohende, unangenehme oder Leistungssituationen erfolgreich zu meistern.

"gleich null"	- wenn keine besondere Reaktion erfolgt
"schwach"	- wenn man bei geringfügiger Reaktion überwiegend gelassen und ruhig bleibt
"ziemlich stark"	- wenn eine deutliche Anspannung oder Betroffenheit erfolgt oder wenn der Ehrgeiz deutlich herausgefordert wird
"sehr stark"	- wenn man ungewöhnlich stark mit Anspannung, Betroffenheit oder Leistungswillen reagiert.

Angst und Belastung sind nicht dasselbe. Einige Personen reagieren auf ein Ereignis ängstlich, aber ohne sich belastet zu fühlen. Andere fühlen sich belastet, aber nicht ängstlich. Wieder andere reagieren ängstlich und angespannt, usw. Ärger ist wieder etwas anderes. Stress, Angst und Ärger bedeuten hier Reaktionen auf Ereignisse, die unabhängig voneinander und in jeder Kombination miteinander auftreten können.

Es ist bekannt, daß der Polizeidienst zu den besonders stress- oder belastungsreichen Berufen zählt. In der hier vorliegenden Untersuchung
- sollen alle wichtige Stress-Ereignisse im Dienst oder im unmittelbaren Zusammenhang mit dem Dienst zusammengestellt werden
- soll festgestellt werden, wie häufig diese im Verlaufe eines Jahres auftreten und
- soll der jeweilige Grad von Stress, Angst und Ärger ermittelt werden, der durch die Stress-Ereignisse entsteht.

Die folgende Liste möglicherweise belastender Ereignisse soll viermal beantwortet werden und zwar im Hinblick darauf

1. ob und wie häufig das Stress-Ereignis in Ihren letzten 12 Dienstmonaten aufgetreten ist, also von 0 anfangend,

2. wie stark Ihre Stressreaktion war (oder sein würde, im Falle daß das Stressereignis nicht stattfand),

3. wie stark Ihre Angstreaktion war (oder sein würde),

4. wie stark Ihre Ärgerreaktion war (oder sein würde).

Zu 1: Die Häufigkeit eines Stress-Ereignisses im letzten Jahr ist natürlich immer dann Null, wenn das betroffene Ereignis nicht stattgefunden hat oder man sich nicht daran erinnert. Ansonsten schätzen Sie die Anzahl der in den letzten 12 Dienstmonaten aufgetretenen Ereignisse grob ein.

Zu 2, 3 und 4: Die Stärke der Reaktion auf Stress, Angst und Ärger wird mit 0 bis 3 angegeben, wie folgt:

0 = "gleich null"
1 = "schwach"
2 = "ziemlich stark"
3 = "sehr stark"

Falls ein Stressereignis nicht eingetreten ist, stellen Sie sich bitte Ihre Reaktion vor, wenn es doch eintreten würde. Sie beurteilen dann eine potentielle, nicht wirkliche Reaktion.

ACHTUNG: Um unsere Liste von Stress-Ereignissen noch zu erweitern, führen Sie am Ende des Bogens, also nach Item 135 alle weiteren Ereignisse auf, die Sie erlebt haben oder die Sie als wichtig ansehen. Beurteilen Sie dann auch diese Ereignisse. Auch sind Verbesserungen der Formulierung sehr willkommen. Wir möchten so viele Belastungsquellen wie möglich erfassen, auch wenn sie einander ähneln. Nehmen Sie dazu gegebenenfalls ein weiteres Blatt. Berücksichtigen Sie alle Ereignisse, die mit dem Polizeidienst irgendwie in Verbindung stehen, nicht die persönlichen im engeren Sinn.

DIESE BEFRAGUNG IST ANONYM. BITTE KEINEN NAMEN ANGEBEN.

Bitte füllen Sie den Bogen vollständig aus, auch auf die Gefahr hin, daß Sie einmal grob oder unsicher schätzen müssen.

1. Wechsel von Tages- zur Nachtschicht..............................
2. Erteilung eines neuen, ungewohnten Auftrages....................
3. Schlampiges Zuarbeiten eines Kollegen............................
4. Zu milde Beurteilung des Kriminellen vor Gericht................
5. Politschen Druck im Dienstbereich erleben........................
6. Politischen Druck von außen mitbekommen..........................
7. Schwerer, im Dienst zugezogener Körperschaden....................
8. Aufbürdung von Zusatz-Aufgaben durch den Vorgesetzten...........
9. Streit mit Freunden außerhalb des Polizeidienstes...............
10. Akute Todesgefahr für einen Bürger..............................
11. Vom Vorgesetzten im Stich gelassen werden.......................
12. Von Kollegen im Stich gelassen werden...........................
13. An einem dienstfreien Tag von Gericht aussagen müßen............
14. Mit einem unverträglichen Kollegen eng zusammenarbeiten müßen....
15. Überbringen einer Todesnachricht an Angehörige..................
16. Untätigkeit und Langeweile im Dienst............................
17. Familienkrach und aggressive Situationen schlichten müßen........
18. Verfolgen von Geschwindigkeitssündern...........................
19. Ungerechtigkeiten des Vorgesetzten..............................
20. Augenzeuge eines Verbrechens werden und darauf reagieren müßen...
21. Negative Stellungnahmen gegenüber der Polizei ausgesetzt werden..
22. Unsinnige Dienstvorschriften befolgen müssen....................
23. Zeitungskritik an der Polizei lesen.............................
24. Eine betrunkene Person in Gewahrsam nehmen......................
25. In der Polizeikette vor einer aggressiven Menge stehen..........
26. Tötung eines Polizeikameraden im Dienst.........................
27. Negative Presseberichte diskutieren.............................
28. Zwang zu sofortigem Handeln mit schwerwiegenden Konsequenzen.....
29. Mängel im Rechtssystem erkennen.................................
30. Unzulänglichkeiten des Strafverfahrens erleben..................
31. Durch einen Bürger persönlich beleidigt werden..................
32. Unzureichender Personaleinsatz bei der Bewältigung eines Dienstauftrags..
33. Mangelnde Anerkennung für gute Arbeit...........................
34. Übertriebene oder unangemessene Disziplinforderungen............
35. Nach einer Nachtschicht vor Gericht aussagen müssen.............
36. Zeitforderungen seitens der Familie beantworten.................
37. Beförderung oder Belobigungen entgegennehmen....................
38. Unzureichendes oder schlechtes Gerät benützen müßen.............
39. Aufbürdung von zusätzlichen Verantwortlichkeiten................
40. Einschreiten gegen Personen fremder Rassen oder gegen Gastarbeiter..
41. Mangelnde Beteiligungsmöglichkeit an polizeipolitischen Entscheidungen..
42. Unzureichendes Gehalt im Vergleich zum Lebensstandard...........
43. Unfall im Dienstwagen mit Blechschaden..........................
44. Beim Einschreiten körperlich angegriffen zu werden..............
45. An hohen moralischen Grundsätzen gemessen zu werden.............
46. Körperliche Gewalt anwenden müßen...............................
47. Im Konflikt zwischen Rechtsvorschriften und Notwendigkeiten praktischen Handelns entscheiden müssen........................
48. Gerichtsentscheidungen, die den Polizeibeamten unnötig behindern.
49. Die Schußwaffe im Dienst benutzen müßen.........................
50. Jemanden allein festnehmen......................................
51. Öffentliche Teilnahmslosigkeit gegenüber der Polizei............
52. Wettbewerb mit Kollegen um Beförderung...........................
53. Schlechte oder unzufriedene Anleitung im Dienst.................

54. Ein schwer mißhandeltes Kind antreffen...........................
55. Einspruch gegen und Zurückweisung einer Anzeige.................
56. Häufiger Wechsel zwischen langweiligen und anspruchsvollen Dienstaufgaben...
57. Antreffen von Erwachsenen, die unter starken Schmerzen leiden....
58. Gefahr einer leichten Verletzung im Dienst......................
59. Schlechte Behandlung oder Erniedrigung von Beamten vor Gericht...
60. Übertriebene Aufbürdung von Schreibarbeiten.....................
61. Ausscheiden eines guten Kameraden aus dem Dienst................
62. Krisensituationen in der eigenen Familie........................
63. Auffinden eines schwer mißhandelten Erwachsenen.................
64. Auffinden einer Leiche..
65. Unsinnig erscheinende Vorschriften anwenden müßen...............
66. Gegen Freunde einschreiten müßen................................
67. Auseinandersetzungen mit einem Kollegen vor dem Vorgesetzten.....
68. Schlechte Arbeit oder mangelnde Kooperation sozialer Dienststellen..
69. Ungenaue Formulierung wichtiger Dienstvorschriften..............
70. Einflußlosigkeit polizeiorientierter Politiker..................
71. Umgehen mit einer Person, die eine ansteckende Krankheit hat.....
72. Schwere Verletzung im Dienst (ohne Verlust von Gliedmaßen oder Augenlicht)...
73. Verlust eines Körperteils im Dienst.............................
74. Verlust mehrerer Gliedmaßen im Dienst...........................
75. Erblindung im Dienst..
76. Tod eines Lebenspartners..
77. Entfernung aus dem Dienst.......................................
78. Verleumdung der eigenen Familie durch andere Bürger.............
79. Aufgrund einer Dienstaufsichtsbeschwerde Stellung nehmen zu müssen...
80. Starke Überbelastung im Dienst..................................
81. Wenn ein befreundeter Kollege der Bestechung überführt wird.....
82. An wirksamer Arbeit gehindert werden............................
83. Vage, unbestimmt formulierte Dienstaufträge ausführen müßen.....
84. Von Kollegen negativ beurteilt werden...........................
85. Unfähigkeit, bestimmte Aufträge ausführen zu können.............
86. Dienstgeheimnisse bei sich behalten müßen.......................
87. Wegen Raub ermitteln..
88. Wegen Mord ermitteln..
89. Einen bestechlichen, unehrlichen Beamten neben sich haben.......
90. Korruptions- und Bestechungsversuchen ausgesetzt sein...........
91. Gegen Frauen einschreiten müßen.................................
92. Schwerverletzte am Unfallort antreffen..........................
93. Ein getötetes Kind antreffen....................................
94. Vor einer großen Gruppe reden müssen............................
95. Fahrten mit PKW im dichten Berufsverkehr.........................
96. Kontrolle des Arbeitsplatzes durch Vorgesetzte..................
97. Negative Auslegungen von Statistiken durch Vorgesetzte..........
98. Leistungsdruck bei Verwarnungen und Anzeigen....................
99. Bevormundung durch Vorgesetzte..................................
100. Kontrolle durch Vorgesetzte außerhalb der Dienstzeit...........
101. Statistik-Druck, "Limit" erfüllen..............................
102. Nach der Nachtschicht im Schlaf gestört werden.................
103. Nur nach Bußgeldkatalog einschreiten müssen....................
104. Verletztes Tier nach Unfall töten müssen.......................
105. Als Scharfschütze ausgebildet und eingesetzt werden............
106. In kritischen Situationen auf weitere Unterstützung warten......

107. Als "Bulle" bezeichnet zu werden...............................
108. Unfall im Dienstwagen unverschuldet verursachen.................
109. Unregelmäßige Dienstzeit...
110. Späte Telefonanrufe..
111. Überhöhter Dienstaufwand...
112. Blutprobeentnahme veranlassen....................................
113. Führerschein sicherstellen.......................................
114. Verkehrsregelung durchführen.....................................
115. Vernehmungen wegen Ladendiebstahl................................
116. Ständiger Kritik ausgesetzt sein.................................
117. Täter am Tatort überraschen......................................
118. Räumung bei Explosionsgefahr.....................................
119. Schwerverletzte Person bergen....................................
120. Bei Konfrontation unterlegen sein................................
121. Mangelnder Informationsfluß......................................
122. Konkurrenzdruck unter Kollegen...................................
123. Nichtanerkennung durch Vorgesetzte...............................
124. Unzureichende Information über Neuerungen im Dienst..............
125. Unzureichendes Ansehen in der Öffentlichkeit.....................
126. Auch privat durch dienstbezogene Telefonate belästigt werden.....
127. Ständig im Dienst sein...
128. Häufige Dienstreisen...
129. Fehlentscheidungen anderer Dienststellen ausbaden müssen.........
130. Häufiges Ausfüllen von Fragebögen................................
131. Schlechte Unterbringung..
132. Schlechte Ausrüstung...
133. Schlechte Sozialräume..
134. Vorgesetzte ohne praktische Erfahrung............................
135. Selbstverschuldeter Unfall im Dienstwagen........................

Anhang 2a (Faktoren)

STRESS
IM POLIZEIDIENST

Häufigkeiten

ERGEBNISSE DER FAKTORENANALYSE

6 FAKTOREN (VARIMAX-ROTIERT)
ERKLÄRTE VARIANZ: 34.1%
N : 793

FAKTOREN	ERKL. VARIANZ
1. ARBEITSKLIMA UND -BEDINGUNGEN	9.8%
2. KONFRONTATION MIT FORDERNDEN SITUATIONEN IM DIENST	9.0%
3. GESELLSCHAFTLICHER EINFLUSS	6.3%
4. GEWALT	4.0%
5. BELASTENDE ROUTINETÄTIGKEITEN	2.7%
6. KÖRPERLICHE SCHÄDIGUNGEN UND BEDEUTSAME, NEGATIVE EREIGNISSE	2.4%

1. ARBEITSKLIMA UND -BEDINGUNGEN

ITEM	LADUNG
123. Nichtanerkennung durch Vorgesetzte	.65
99. Bevormundung durch Vorgesetzte	.63
134. Vorgesetzte ohne praktische Erfahrung	.63
19. Ungerechtfertigkeiten des Vorgesetzten	.61
53. Schlechte oder unzureichende Anleitung im Dienst	.62
97. Negative Auslegungen von Statistiken durch Vorgesetzte	.60
124. Unzureichende Information über Neuerungen im Dienst	.60
83. Vage, unbestimmte Dienstaufträge ausführen müssen	.60
69. Ungenaue Formulierung wichtiger Dienstvorschriften	.55
11. Vom Vorgesetzten im Stich gelassen werden	.53
121. Mangelnder Informationsfluß	.53
65. Unsinnig erscheindende Vorschriften anwenden müssen	.51
82. An wirksamer Arbeit gehindert werden	.51
111. Überhöhter Dienstaufwand	.52
33. Mangelnde Anerkennung für gute Arbeit	.50
96. Kontrolle des Arbeitsplatzes durch Vorgesetzte	.50
22. Unsinnige Dienstvorschriften befolgen müssen	.48
34. Übertriebene oder unangemessene Disziplin-Forderungen	.48
132. Schlechte Ausrüstung	.48
14. Mit einem unverträglichen Kollegen zusammenarbeiten zu müssen	.46

INSGESAMT LADEN 31 ITEMS > 400

2. KONFRONTATION MIT FORDERNDEN SITUATIONEN IM DIENST

ITEM	LADUNG
92. Schwer Verletzte am Unfallort antreffen	-.72
112. Blutprobeentnahme veranlassen	-.69
113. Führerschein sicherstellen	-.68
64. Auffinden einer Leiche	-.66
24. Eine betrunkene Person in Gewahrsam nehmen	-.65
17. Familienkrach und aggressive Situationen schlichten müssen	-.61
87. Wegen Raub ermitteln	-.60
117. Täter am Tatort überraschen	-.60
57. Antreffen von Erwachsenen, die unter starken Schmerzen leiden	-.59
40. Einschreiten gegen Personen fremder Rassen oder gegen Gastarbeiter	-.56
91. Gegen Frauen einschreiten müssen	-.55
28. Zwang zu sofortigem Handeln mit schwerwiegenden Konsequenzen	-.52

46. Körperliche Gewalt anwenden müssen	-.52
63. Auffinden eines schwer mißhandelten Erwachsenen	-.50
119. Schwer verletzte Personen bergen	-.50
10. Akute Todesgefahr für einen Bürger	-.48
15. Überbringung einer Todesnachricht an Angehörige	-.48
80. Starke Überlastung im Dienst	-.45
106. In kritischen Situationen auf weitere Unterstützung warten	-.44
1. Wechsel von Tages- zur Nachtschicht	-.43

INSGESAMT LADEN 23 ITEMS > .400
I9 ITEMS DIESER SKALA ZEICHNEN SICH DURCH HOHE MITTELWERTE ALS BEDEUTSAM FÜR DEN BEREICH DER HÄUFIGKEITEN AUS.

3. GESELLSCHAFTLICHER EINFLUSS (ÖFFENTLICHKEIT)

ITEM	LADUNG
21. Negativen Stellungnahmen gegenüber der Polizei ausgesetzt sein	.60
30. Unzulänglichkeiten des Strafverfahrens erleben	.59
23. Zeitungskritik an der Polizei lesen	.57
29. Mängel des Rechtssystems erkennen	.56
31. Durch einen Bürger persönlich beleidigt werden	.54
27. Negative Presseberichte diskutieren	.51
48. Gerichtsentscheidungen, die den Polizeibeamten behindern	.51
4. Zu milde Beurteilung des Kriminellen vor Gericht	.48
47. Im Konflikt zwischen Rechtsvorschriften und Notwendigkeit praktischen Handelns entscheiden müssen	.46
59. Schlechte Behandlung oder Erniedrigung von Beamten vor Gericht	.45
41. Mangelnde Beteiligungsmöglichkeit an polizeipolitischen Entscheidungen	.44
125. Unzureichendes Ansehen in der Öffentlichkeit	.43
44. Beim Einschreiten körperlich angegriffen werden	.43
45. An hohen moralischen Grundsätzen gemessen werden	.42
51. Öffentliche Teilnahmslosigkeit gegenüber der Polizei	.41
58. Gefahr einer leichten Verletzung im Dienst	.41
32. Unzureichender Personaleinsatz bei der Bewältigung eines Dienstauftrages	.41

7 ITEMS DIESER SKALA ZEICHNEN SICH DURCH HOHE MITTELWERTE ALS BEDEUTSAM FÜR DEN BEREICH DER HÄUFIGKEITEN AUS.

4. GEWALT

ITEM	LADUNG
26. Tötung eines Polizeikameraden im Dienst	.55
54. Ein schwer mißhandeltes Kind antreffen	.52
49. Die Schußwaffe im Dienst benutzen müssen	.52
72. Schwere Verletzung im Dienst (ohne Verlust von Gliedmaßen oder Augenlicht)	.50
66. Gegen Freunde einschreiten müssen	.46
105. Als Scharfschütze ausgebildet und eingesetzt werden	.43

5. BELASTENDE ROUTINETÄTIGKEITEN

ITEM	LADUNG
98. Leistungsdruck bei Verwarnungen und Anzeigen	.54
18. Verfolgung von Geschwindigkeitssündern	.54
103. Nur nach Bußgeldkatalog einschreiten müssen	.51
101. Statistik-Druck, "Limit" nicht erfüllen	.49
114. Verkehrsregelung durchführen	.48

7. KÖRPERLICHE SCHÄDIGUNGEN UND BEDEUTSAME, NEGATIVE EREIGNISSE

ITEM	LADUNG
75. Erblindung im Dienst	.87
73. Verlust eines Körperteils im Dienst	.85
74. Verlust mehrere Gliedmaßen im Dienst	.83
76. Tod eines Lebenspartners	.56

Anhang 2b (Faktoren)

STRESS
IM POLIZEIDIENST

STRESS

ERGEBNISSE DER FAKTORENANALYSE

5 FAKTOREN (VARIMAX-ROTIERT)
ERKLÄRTE VARIANZ: 51.8%
N : 303

FAKTOREN	ERKL. VARIANZ
1. ARBEITSKLIMA UND -BEDINGUNGEN	15.8%
2. KONFRONTATION MIT FORDERNDEN UND GEWALTTÄTIGEN SITUATIONEN IM DIENST	12.7%
3. KÖRPERLICHE SCHÄDIGUNGEN UND BEDEUTSAME NEGATIVE EREIGNISSE	11.6%
4. MANGELNDE SOLIDARITÄT	4.4%
5. GESELLSCHAFTLICHER EINFLUSS	4.8%

1. ARBEITSKLIMA UND -BEDINGUNGEN

ITEM	LADUNG
97. Negative Auslegung von Statistiken durch Vorgesetzte	.74
124. Unzureichende Information über Neuerungen im Dienst	.71
125. Unzureichendes Ansehen in der Öffentlichkeit	.68
132. Schlechte Ausrüstung	.67
69. Ungenaue Formulierung wichtiger Dienstvorschriften	.66
123. Nichtanerkennung durch Vorgesetzte	.65
96. Kontrolle des Arbeitsplatzes durch Vorgesetzte	.65
129. Fehlentscheidungen anderer Dienststellen ausbaden müssen	.64
70. Einflußlosigkeit polizeiorientierter Politiker	.64
83. Vage, unbestimmte Dienstaufträge ausführen	.64
116. Ständiger Kritik ausgesetzt sein	.62
133. Schlechte Sozialräume	.61
134. Vorgesetzte ohne praktische Erfahrung	.61
99. Bevormundung durch Vorgesetzte	.61
126. Auch privat durch dienstbezogene Telefonate belästigt zu werden	.60
131. Schlechte Unterbringung	.60
121. Mangelnder Informationsfluß	.59
84. Von Kollegen negativ beurteilt werden	.58
110. Späte Telefonanrufe	.58
65. Unsinnig erscheinende Vorschriften anwenden müssen	.56

INSGESAMT LADEN 54 ITEMS >.400

2. KONFRONTATION MIT FORDERNDEN UND GEWALTTÄTIGEN SITUATIONEN IM DIENST

ITEM	LADUNG
92. Schwer Verletzte am Unfallort antreffen	.71
46. Körperliche Gewalt anwenden müssen	.69
44. Beim Einschreiten körperlich angegriffen werden	.68
114. Verkehrsregelung durchführen	.64
28. Zwang zu sofortigem Handeln mit schwerwiegenden Konsequenzen	.60
17. Familienkrach und aggressive Situationen schlichten müssen	.60
95. Fahrten im PKW im dichten Berufsverkehr	.60
117. Täter am Tatort überraschen	.60
24. Eine betrunkene Person in Gewahrsam nehmen	.59
57. Antreffen von Erwachsenen, die unter starken Schmerzen leiden	.58
106. In kritischen Situationen auf weitere Unterstützung warten	.58
91. Gegen Frauen einschreiten müssen	.58
112. Blutprobeentnahme veranlassen	.58

40.	Einschreiten gegen Personen fremder Rassen oder gegen Gastarbeiter	.58
113.	Führerschein sicherstellen	.55
109.	Unregelmäßige Dienstzeit	.55
47.	Im Konflikt zwischen Rechtsvorschriften und Notwendigkeit praktischen Handelns entscheiden müssen	.53
13.	An einem dienstfreien Tag vor Gericht aussagen müssen	.53
32.	Unzureichender Personaleinsatz bei der Bewältigung eines Dienstauftrages	.52
35.	Nach einer Nachtschicht vor Gericht aussagen müssen	.51

INSGESAMT LADEN 45 ITEMS >.400
15 ITEMS DIESER SKALA ZEICHNEN SICH DURCH HOHE MITTELWERTE ALS BEDEUTSAM FÜR DEN STRESS-BEREICH AUS.

3. KÖRPERLICHE SCHÄDIGUNGEN UND BEDEUTSAME, NEGATIVE EREIGNISSE

ITEM		LADUNG
74.	Verlust mehrerer Gliedmaßen im Dienst	.86
75.	Erblindung im Dienst	.86
73.	Verlust eines Körperteils im Dienst	.86
72.	Schwere Verletzung im Dienst (ohne Verlust von Gliedmaßen oder Augenlicht)	.82
76.	Tod eines Lebenspartners	.81
77.	Entfernung aus dem Dienst	.77
49.	Die Schußwaffe im Dienst benutzen müssen	.73
93.	Ein getötetes Kind antreffen	.70
135.	Selbstverschuldeter Unfall im Dienstwagen	.70
78.	Verleumdung der eigenen Familie durch andere Bürger	.66
105.	Als Scharfschütze ausgebildet und eingesetzt werden	.63
26.	Tötung eines Polizeikameraden im Dienst	.63
89.	Einen bestechlichen, unehrlichen Beamten neben sich zu haben	.62
104.	Verletztes Tier nach Unfall töten müssen	.61
88.	Wegen Mord ermitteln	.57
50.	Jemanden allein festnehmen	.55
54.	Ein schwer mißhandeltes Kind antreffen	.54
118.	Räumung bei Explosionsgefahr	.54
81.	Wenn ein befreundeter Kollege der Bestechung überführt wird	.51
66.	Gegen Freunde einschreiten müssen	.51

INSGESAMT LADEN 28 ITEMS >.400

4. MANGELNDE SOLIDARITÄT

ITEM		LADUNG
12.	Von Kollegen im Stich gelassen werden	.68

11.	Vom Vorgesetzten im Stich gelassen zu werden	.59
3.	Schlampiges Zuarbeiten eines Kollegen	.53
9.	Streit mit Freunden außerhalb des Polizeidienstes	.51
20.	Augenzeuge eines Verbrechens werden und darauf reagieren müssen	.47
10.	Akute Todesgefahr für einen Bürger	.46
14.	Mit einem unverträglichen Kollegen zusammenarbeiten müssen	.45
8.	Aufbürdung von Zusatzaufgaben durch den Vorgesetzten	.43
2.	Erteilung eines neuen, ungewohnten Auftrages	.43
7.	Schwerer, im Dienst zugezogener Körperschaden	.42

5. GESELLSCHAFTLICHER EINFLUSS

ITEM		LADUNG
6.	Politischen Druck von außen mitbekommen	.60
4.	Zu milde Beurteilung des Kriminellen vor Gericht	.55
23.	Zeitungskritik an der Polizei lesen	.55
5.	Politischen Druck im Dienstbereich erleben	.54
30.	Unzulänglichkeiten des Strafverfahrens erleben	.52
29.	Mängel des Rechtssystems erkennen	.50
27.	Negative Presseberichte diskutieren	.49
21.	Negativen Stellungnahmen gegenüber der Polizei ausgesetzt sein	.49

Anhang 2c (Faktoren)

STRESS
IM POLIZEIDIENST

ANGST

ERGEBNISSE DER FAKTORENANALYSE

7 FAKTOREN (VARIANZ-ROTIERT)
ERKLÄRTE VARIANZ: 50.8%
N : 303

FAKTOREN	ERKL. VARIANZ
1. ARBEITSKLIMA UND -BEDINGUNGEN	10.7%
2. ANGST VOR VERSAGEN UND KONFRONTATION MIT BELASTENDEN UND PERSÖNLICH NAHE-GEHENDEN SITUATIONEN	8.2%
3. GESELLSCHAFLICHER EINFLUSS	7.2%
4. GEWALT UND AGGRESSION	7.0%
5. AUSFÜHREN UNANGENEHMER PFLICHTEN	5.6%
6. KÖRPERLICHE SCHÄDEN UND BEDEUTSAME, NEGATIVE EREIGNISSE	5.3%
7. MANGELNDE SOLIDARITÄT	4.5%

1. ARBEITSKLIMA UND -BEDINGUNGEN

ITEM	LADUNG
98. Leistungsdruck bei Verwarnungen und Anzeigen	-.71
101. Statistik-Druck, "Limit" nicht erfüllen	-.70
97. Negative Auslegungen von Statistiken durch Vorgesetzte	.-70
99. Bevormundung durch Vorgesetzte	.-69
96. Kontrolle des Arbeitsplatzes durch Vorgesetzte	-.64
123. Nichtanerkennung durch Vorgesetzte	-.62
124. Unzureichende Information über Neuerungen im Dienst	-.62
125. Unzureichendes Ansehen in der Öffentlichkeit	-.60
134. Vorgesetzte ohne praktische Erfahrung	-.59
122. Konkurrenzdruck unter Kollegen	-.58
116. Ständiger Kritik ausgesetzt sein	-.57
110. Späte Telefonanrufe	-.55
129. Fehlentscheidungen anderer Dienststellen ausbaden müssen	-.54
131. Schlechte Unterbringung	-.53
121. Mangelnder Informationsfluß	-.53
126. Auch privat durch dienstbezogene Telefonate belästigt werden	-.51
127. Ständig im Dienst sein	-.51
100. Kontrolle durch Vorgesetzte außerhalb der Dienstzeit	-.50
111. Überhöhter Dienstaufwand	-.48
133. Schlechte Sozialräume	-.48

INSGESAMT LADEN 32 ITEMS >.400

2. ANGST VOR VERSAGEN UND KONFRONTATION MIT BELASTENDEN UND PERSÖNLICH FORDERNDEN SITUATIONEN

ITEM	LADUNG
84. Von Kollegen negativ beurteilt werden	.61
79. Aufgrund einer Dienstaufsichtsbeschwerde Stellung nehmen müssen	.60
66. Gegen Freunde einschreiten müssen	.58
67. Auseinandersetzung mit einem Kollegen vor dem Vorgesetzten	.58
57. Antreffen von Erwachsenen, die unter starken Schmerzen leiden	.57
85. Unfähigkeit, bestimmte Aufträge ausführen zu können	.54
80. Starke Überbelastung im Dienst	.54
64. Auffinden einer Leiche	.54
81. Wenn ein befreundeter Kollege der Bestechung überführt wird	.52
61. Ausscheiden eines guten Kameraden aus dem Dienst	.50
63. Auffinden eines schwer mißhandelten Erwachsenen	.49

83.	Vage, unbestimmte Dienstaufträge ausführen müssen	.49
119.	Schwer verletzte Personen bergen	.49
93.	Ein getötetes Kind antreffen	.48
54.	Ein schwer mißhandeltes Kind antreffen	.45
104.	Verletztes Tier nach Unfall töten müssen	.45
94.	Vor einer großen Gruppe reden müssen	.43
62.	Krisensituationen in der eigenen Familie	.43
90.	Korruptions- und Bestechungsversuchen ausgesetzt sein	.41

INSGESAMT LADEN 24 ITEMS >.400
3 ITEMS DIESER SKALA ZEICHNEN SICH DURCH HOHE MITTELWERTE ALS BEDEUTSAM FÜR DEN ANGST-BEREICH AUS.

3. GESELLSCHAFTLICHER EINFLUSS

ITEM		LADUNG
30.	Unzulänglichkeiten des Strafverfahrens erleben	.70
29.	Mängel des Rechtssystems erkennen	.65
23.	Zeitungskritik an der Polizei lesen	.63
4.	Zu milde Beurteilung des Kriminellen vor Gericht	.62
27.	Negative Presseberichte diskutieren	.57
31.	Durch einen Bürger persönlich beleidigt werden	.52
51.	Öffentliche Teilnahmslosigkeit gegenüber der Polizei	.51
38.	Unzureichendes oder schlechtes Gerät benutzen müssen	.50
48.	Gerichtsentscheidungen, die den Polizeibeamten unnötig behindern	.48
132.	Schlechte Ausrüstung	.48
82.	An wirksamer Arbeit gehindert werden	.48
70.	Einflußlosigkeit polizeiorientierter Politiker	.47
21.	Negative Stellungnahmen gegenüber der Polizei ausgesetzt sein	.43
45.	An hohen moralischen Grundsätzen gemessen werden	.42

7 ITEMS ZEICHNEN SICH DURCH HOHE MITTELWERTE ALS BEDEUTSAM FÜR DEN ANGST-BEREICH AUS.

4. GEWALT UND AGGRESSION

ITEM		LADUNG
46.	Körperliche Gewalt anwenden müssen	.69
44.	Beim Einschreiten körperlich angegriffen werden	.66
28.	Zwang zum sofortigen Handeln mit schwer-	

	wiegenden Konsequenzen	.62
50.	Jemanden allein festnehmen	.60
20.	Augenzeuge eines Verbrechens werden und darauf reagieren müssen	.58
106.	In kritischen Situationen auf weitere Unterstützung warten	.54
17.	Familienkrach und aggressive Situationen schlichten müssen	.53
25.	In der Polizeikette vor einer aggressiven Menge stehen	.53
47.	Im Konflikt zwischen Rechtsvorschriften und Notwendigkeit praktischen Handelns entscheiden müssen	.51
120.	Bei Konfrontation unterlegen sein	.46
49.	Die Schußwaffe im Dienst benutzen müssen	.44
32.	Unzureichender Personaleinsatz bei der Bewältigung eines Dienstauftrages	.43
58.	Gefahr einer leichten Verletzung im Dienst	.43

5. AUSFÜHREN UNANGENEHMER DIENSTLICHER PFLICHTEN

ITEM		LADUNG
113.	Führerschein sicherstellen	.63
112.	Blutprobeentnahme veranlassen	.63
87.	Wegen Raub ermitteln	.58
88.	Wegen Mord ermitteln	.53
24.	Eine betrunkene Person in Gewahrsam nehmen	.51
117.	Täter am Tatort überraschen	.50
95.	Fahrten im PKW im dichten Berufsverkehr	.47
107.	Als "Bulle" bezeichnet zu werden	
115.	Vernehmungen wegen Ladendiebstahl	.42
128.	Häufige Dienstreisen	.42

6. KÖRPERLICHE SCHÄDIGUNGEN UND BEDEUTSAME, NEGATIVE EREIGNISSE

ITEM		LADUNG
74.	Verlust mehrerer Gliedmaßen im Dienst	.91
75.	Erblindung im Dienst	.90
73.	Verlust eines Körperteils im Dienst	.90
72.	Schwere Verletzung im Dienst (ohne Verlust von Gliedmaßen oder Augenlicht)	.82
76.	Tod eines Lebenspartners	.80
77.	Entfernung aus dem Dienst	.60
26.	Tötung eines Polizeikameraden im Dienst	.45
135.	Selbstverschuldeter Unfall im Dienstwagen	.43
71.	Umgehen mit einer Person, die eine ansteckende Krankheit hat	.42

8 ITEMS DIESER SKALA ZEICHNEN SICH DURCH HOHE MITTELWERTE ALS BEDEUTSAM FÜR DEN ANGST-BEREICH AUS.

7. MANGELNDE SOLIDARITÄT UND INNERDIENSTLICHE SITUATION

ITEM	LADUNG
1. Wechsel von Tages- zur Nachtschicht	.58
3. Schlampiges Zuarbeiten eines Kollegen	.56
9. Streit mit Freunden außerhalb des Polizeidienstes	.55
6. Politischen Druck von außen mitbekommen	.54
12. Von Kollegen im Stich gelassen werden	.53
16. Untätigkeit und Langeweile im Dienst	.52
14. Mit einem unverträglichen Kollegen zusammenarbeiten müssen	.51
15. Überbringen einer Todesnachricht an Angehörige	.50
11. Vom Vorgesetzten im Stich gelassen werden	.46
7. Schwerer, im Dienst zugezogener Körperschaden	.44
8. Aufbürdung von Zusatzaufgaben durch den Vorgesetzten	.40

Anhang 2d (Faktoren)

STRESS
IM POLIZEIDIENST

ÄRGER

ERGEBNISSE DER FAKTORENANALYSE

7 FAKTOREN (VARIMAX-ROTIERT)
ERKLÄRTE VARIANZ: 50.9%
N : 295

FAKTOREN	ERKL. VARIANZ
1. ARBEITSKLIMA UND -BEDINGUNGEN	11.4%
2. KÖRPERLICHE SCHÄDEN UND BEDEUTSAME, NEGATIVE EREIGNISSE	9.8%
3. KONFRONTATION MIT FORDERNDEN SITUATIONEN IM DIENST	9.4%
4. EINWIRKUNG DES DIENSTES IN DAS PRIVATLEBEN	5.4%
5. GESELLSCHAFTLICHER EINFLUSS	4.4%
6. MANGELNDE SOLIDARITÄT	4.2%
7. GEWALT UND TOD	2.3%

1. ARBEITSKLIMA UND -BEDINGUNGEN

ITEM		LADUNG
97.	Negative Auslegungen von Statistiken durch Vorgesetzte	.69
124.	Unzureichende Information über Neuerungen im Dienst	.69
129.	Fehlentscheidungen anderer Dienststellen ausbaden müssen	.64
126.	Auch privat durch dienstbezogene Telefonate belästigt werden	.62
83.	Vage, unbestimmte Dienstaufträge ausführen müssen	.62
123.	Nichtanerkennung durch Vorgesetzte	.61
99.	Bevormundung durch Vorgesetzte	.60
82.	An wirksamer Arbeit gehindert werden	.60
121.	Mangelnder Informationsfluß	.59
101.	Statistik-Druck, "Limit" nicht erfüllen	.58
132.	Schlechte Ausrüstung	.57
60.	Übertriebene Aufbürdung von Schreibarbeiten	.57
100.	Kontrolle durch Vorgesetzte außerhalb der Dienstzeit	.56
134.	Vorgesetzte ohne praktische Erfahrung	.55
116.	Ständiger Kritik ausgesetzt sein	.53
69.	Ungenaue Formulierung wichtiger Dienstvorschriften	.53
110.	Späte Telefonanrufe	.50
96.	Kontrolle des Arbeitsplatzes durch Vorgesetzte	.50
122.	Konkurrenzdruck unter Kollegen	.49
53.	Schlechte oder unzureichende Anleitung im Dienst	.49

INSGESAMT LADEN 36 ITEMS >.400
5 ITEMS DIESER SKALA ZEICHNEN SICH DURCH HOHE MITTELWERTE ALS BEDEUTSAM FÜR DEN ÄRGER-BEREICH AUS.

2. KÖRPERLICHE SCHÄDEN UND BEDEUTSAME NEGATIVE EREIGNISSE

ITEM		LADUNG
74.	Verlust mehrerer Gliedmaßen im Dienst	.89
75.	Erblindung im Dienst	.89
73.	Verlust eines Körperteils im Dienst	.88
72.	Schwere Verletzung im Dienst (ohne Verlust von Gliedmaßen oder Augenlicht)	.83
76.	Tod eines Lebenspartners	.80
77.	Entfernung aus dem Dienst	.77
49.	Die Schußwaffe im Dienst benutzen müssen	.67
135.	Selbstverschuldeter Unfall im Dienstwagen	.64
78.	Verleumdung der eigenen Familie durch andere Bürger	.62
89.	Einen bestechlichen, unehrlichen Beamten neben sich haben	.61
81.	Wenn ein befreundeter Kollege der Bestechung überführt wird	.59
26.	Tötung eines Polizeikameraden im Dienst	.56
93.	Ein getötetes Kind antreffen	.55
71.	Umgehen mit einer Person, die eine ansteckende Krankheit hat	.53
54.	Ein schwer mißhandeltes Kind antreffen	.52
108.	Unfall im Dienstwagen unverschuldet verursachen	.51

105. Als Scharfschütze ausgebildet und eingesetzt werden	.50
66. Gegen Freunde einschreiten müssen	.49
104. Verletztes Tier nach Unfall töten müssen	.47
79. Aufgrund einer Dienstaufsichtsbeschwerde Stellung nehmen zu müssen	.44

INSGESAMT LADEN 22 ITEMS >.400

3. KONFRONTATION MIT FORDERNDEN SITUATIONEN IM DIENST

ITEM	LADUNG
117. Täter am Tatort überraschen	.74
113. Führerschein sicherstellen	.73
92. Schwer Verletzte am Unfallort antreffen	.73
112. Blutprobeentnahme veranlassen	.71
87. Wegen Raub ermitteln	.66
119. Schwer verletzte Personen bergen	.65
118. Räumung bei Explosionsgefahr	.63
40. Einschreiten gegen Personen fremder Rassen oder gegen Gastarbeiter	.58
115. Vernehmungen wegen Ladendiebstahl	.58
18. Verfolgung von Geschwindigkeitssündern	.57
91. Gegen Frauen einschreiten müssen	.56
114. Verkehrsregelungen durchführen	.55
94. Vor einer großen Gruppe reden müssen	.53
88. Wegen Mord ermitteln	.53
57. Antreffen von Erwachsenen, die unter starken Schmerzen leiden	.52
28. Zwang zu sofortigem Handeln mit schwerwiegenden Konsequenzen	.48
95. Fahrten im PKW im dichten Berufsverkehr	.47
106. In kritischen Situationen auf weitere Unterstützung warten	.46
24. Eine betrunkene Person in Gewahrsam nehmen	.43

4. EINWIRKEN DES DIENSTES IN DEN PRIVATBEREICH

ITEM	LADUNG
13. An einem dienstfreien Tag vor Gericht aussagen müssen	.68
35. Nach einer Nachtschicht vor Gericht aussagen müssen	.58
44. Beim Einschreiten körperlich angegriffen zu werden	.51
31. Durch einen Bürger persönlich beleidigt werden	.50
102. Nach der Nachtschicht im Schlaf gestört werden	.48
32. Unzureichender Personaleinsatz bei der Bewältigung eines Dienstauftrages	.48
4. Zu milde Beurteilung des Kriminellen vor Gericht	.47
38. Unzureichendes oder schlechtes Gerät benutzen müssen	.46
30. Unzulänglichkeiten des Strafverfahrens erleben	.45
21. Negative Stellungnahmen gegenüber der Polizei ausgesetzt sein	.43
23. Zeitungskritik an der Polizei lesen	.40

27. Negative Presseberichte diskutieren	.40
46. Körperliche Gewalt anwenden müssen	.40
107. Als "Bulle" bezeichnet werden	.40

11 ITEMS DIESER SKALA ZEICHNEN SICH DURCH
HOHE MITTELWERTE ALS BEDEUTSAM FÜR DEN ÄRGER-BEREICH AUS.

5. GESELLSCHAFTLICHER EINFLUSS

ITEM	LADUNG
41. Mangelnde Beteiligungsmöglichkeit an polizeipolitischen Entscheidungen	.56
52. Wettbewerb mit Kollegen um Beförderung	.54
48. Gerichtsentscheidungen, die den Polizeibeamten unnötig behindern	.48
70. Einflußlosigkeit polizeiorientierter Politiker	.48
47. Im Konflikt zwischen Rechtsvorschriften und Notwendigkeit praktischen Handelns entscheiden müssen	.46
42. Unzureichendes Gehalt im Vergleich zum Lebensstandard	.45
51. Öffentliche Teilnahmslosigkeit gegenüber der Polizei	.45
45. An hohen moralischen Grundsätzen gemessen werden	.42

6. MANGELNDE SOLIDARITÄT

ITEM	LADUNG
6. Politischen Druck von außen mitbekommen	.70
12. Von Kollegen im Stich gelassen werden	.60
5. Politischen Druck im Dienstbereich erleben	.56
11. Vom Vorgesetzten im Stich gelassen werden	.53
7. Schwerer, im Dienst zugezogener Körperschaden	.50
3. Schlampiges Zuarbeiten eines Kollegen	.50
9. Streit mit Freunden außerhalb des Polizeidienstes	.48
14. Mit einem unverträglichen Kollegen zusammenarbeiten müssen	.42

7. GEWALT UND TOD

ITEM	LADUNG
15. Überbringen einer Todesnachricht an Angehörige	.57
63. Auffinden eines schwer mißhandelten Erwachsenen	.47
64. Auffinden einer Leiche	.46

Anhang 2e (Faktoren)

STRESS
IM POLIZEIDIENST

SAÄ-SCORE

(Kombinierter Score der Stress, Angst und Ärger Items)

ERGEBNISSE DER FAKTORENANALYSE

8 FAKTOREN (VARIMAX-ROTIERT)
ERKLÄRTE VARIANZ: 55.1%
N : 295

FAKTOREN	ERKL. VARIANZ
1. KONFRONTATION MIT FORDERNDEN UND GEWALTTÄTIGEN SITUATIONEN IM DIENST	12.7%
2. ARBEITSKLIMA UND -BEDINGUNGEN	12.5%
3. KÖRPERLICHE SCHÄDIGUNGEN UND BEDEUTSAME NEGATIVE EREIGNISSE	9.4%
4. GESELLSCHAFTLICHER EINFLUSS	6.1%
5. SOLIDARITÄT	5.1%
6. LEISTUNG UND KONTROLLE	3.8%
7. UNFÄHIGKEIT UND MANGELNDE EIGNUNG FÜR DEN DIENST	3.5%

1. KONFRONTATION MIT FORDERNDEN UND GEWALTTÄTIGEN SITUATIONEN IM DIENST

ITEM		LADUNG
92.	Schwer Verletzte am Unfallort antreffen	.77
112.	Blutprobeentnahme veranlassen	.67
113.	Führerschein sicherstellen	.67
46.	Körperliche Gewalt anwenden müssen	.65
24.	Eine betrunkene Person in Gewahrsam nehmen	.64
114.	Verkehrsregelung durchführen	.63
91.	Gegen Frauen einschreiten müssen	.63
44.	Beim Einschreiten körperlich angegriffen werden	.62
95.	Fahrten im PKW im dichten Berufsverkehr	.61
117.	Täter am Tatort überraschen	.61
17.	Familienkrach und aggressive Situationen schlichten müssen	.60
28.	Zwang zu sofortigem Handeln mit schwerwiegenden Konsequenzen	.59
57.	Antreffen von Erwachsenen, die unter starken Schmerzen leiden	.59
40.	Einschreiten gegen Personen fremder Rassen oder gegen Gastarbeiter	.57
106.	In kritischen Situationen auf weitere Unterstützung warten	.56
119.	Schwer verletzte Personen bergen	.56
13.	An einem dienstfreien Tag vor Gericht aussagen müssen	.55
87.	Wegen Raub ermitteln	.55
64.	Auffinden einer Leiche	.53
58.	Gefahr einer leichten Verletzung im Dienst	.52

INSGESAMT LADEN 34 ITEMS >.400
13 ITEMS DIESER SKALA ZEICHNEN SICH DURCH HOHE MITTELWERTE ALS BEDEUTSAM FÜR DEN SAÄ-SCORE AUS.

2. ARBEITSKLIMA UND -BEDINGUNGEN

ITEM		LADUNG
97.	Negative Auslegung von Statistiken durch Vorgesetzte	.70
132.	Schlechte Ausrüstung	.68
124.	Unzureichende Information über Neuerungen im Dienst	.68
133.	Schlechte Sozialräume	.64
129.	Fehlentscheidungen anderer Dienststellen ausbaden müssen	.64
69.	Ungenaue Formulierung wichtiger Dienstvorschriften	.63
126.	Auch privat durch dienstbezogene Telefonate belästigt werden	.62
131.	Schlechte Unterbringung	.61
65.	Unsinnig erscheinende Vorschriften anwenden müssen	.57
123.	Nichtanerkennung durch Vorgesetzte	.56
130.	Häufiges Ausfüllen von Fragebögen	.56
121.	Mangelnder Informationsfluß	.56
70.	Einflußlosigkeit polizeiorientierter Politiker	.56
82.	An wirksamer Arbeit gehindert werden	.54

125.	Unzureichendes Ansehen in der Öffentlichkeit	.54
68.	Schlechte Arbeit oder mangelnde Kooperation sozialer Dienststellen	.53
101.	Statistik-Druck, "Limit" nicht erfüllen	.53
83.	Vage, unbestimmte Dienstaufträge ausführen müssen	.53
111.	Überhöhter Dienstaufwand	.52

INSGESAMT LADEN 33 ITEMS >.400

3. KÖRPERLICHE SCHÄDIGUNGEN UND BEDEUTSAME, NEGATIVE EREIGNISSE

ITEM		LADUNG
74.	Verlust mehrerer Gliedmaßen im Dienst	.90
75.	Erblindung im Dienst	.89
73.	Verlust eines Körperteils im Dienst	.88
72.	Schwere Verletzung im Dienst (ohne Verlust von Gliedmaßen oder Augenlicht)	.83
76.	Tod eines Lebenspartners	.81
77.	Entfernung aus dem Dienst	.73
49.	Die Schußwaffe im Dienst benutzen müssen	.66
135.	Selbstverschuldeter Unfall im Dienstwagen	.60
26.	Tötung eines Polizeikameraden im Dienst	.60
105.	Als Scharfschütze ausgebildet und eingesetzt werden	.56
78.	Verleumdung der eigenen Familie durch andere Bürger	.56
93.	Ein getötetes Kind antreffen	.55
104.	Verletztes Tier nach Unfall töten müssen	.54
89.	Einen bestechlichen, unehrlichen Beamten neben sich haben	.53
88.	Wegen Mord ermitteln	.50
50.	Jemanden allein festnehmen	.46
54.	Ein schwer mißhandeltes Kind antreffen	.46
79.	Aufgrund einer Dienstaufsichtsbeschwerde Stellung nehmen müssen	.46
118.	Räumung bei Explosionsgefahr	.45
108.	Unfall im Dienstwagen unverschuldet verursachen	.43

4. GESELLSCHAFTLICHER EINFLUSS

ITEM		LADUNG
30.	Unzulänglichkeiten des Strafverfahrens erleben	.66
23.	Zeitungskritik an der Polizei lesen	.63
4.	Zu milde Beurteilung des Kriminellen vor Gericht	.62
29.	Mängel des Rechtssystems erkennen	.61
27.	Negative Presseberichte diskutieren	.60
21.	Negative Stellungsnahmen gegenüber der Polizei ausgesetzt sein	.53
31.	Durch einen Bürger persönlich beleidigt werden	.53
51.	Öffentliche Teilnahmslosigkeit gegenüber der Polizei	.53
48.	Gerichtsentscheidungen, die den Polizeibeamten	

	unnötig behindern	.51
59.	Schlechte Behandlung oder Erniedrigung von Beamten vor Gericht	.45
5.	Politischen Druck im Dienstbereich erleben	.43

5. MANGELNDE SOLIDARITÄT

	ITEM	LADUNG
12.	Von Kollegen im Stich gelassen werden	.62
9.	Streit mit Freunden außerhalb des Polizeidienstes	.58
6.	Politischen Druck von außen mitbekommen	.54
11.	Vom Vorgesetzten im Stich gelassen werden	.53
7.	Schwerer, im Dienst zugezogener Körperschaden	.52
15.	Überbringung einer Todesnachricht an Angehörige	.49
20.	Augenzeuge eines Verbrechens werden und darauf reagieren zu müssen	.49
8.	Aufbürdung von Zusatzaufgaben durch den Vorgesetzten	.49
3.	Schlampiges Zuarbeiten eines Kollegen	.46
14.	Mit einem unverträglichen Kollegen zusammenarbeiten müssen	.46
2.	Erteilung eines neuen, ungewohnten Auftrages	.46
16.	Untätigkeit und Langeweile im Dienst	.45

6. LEISTUNG UND KONTROLLE

	ITEM	LADUNG
98.	Leistungsdruck bei Verwarnungen und Anzeigen	.59
122.	Konkurrenzdruck unter Kollegen	.57
103.	Nur nach Bußgeldkatalog einschreiten müssen	.54
96.	Kontrolle des Arbeitsplatzes durch Vorgesetzte	.48

7. UNFÄHIGKEIT UND MANGELNDE EIGNUNG FÜR DEN DIENST

	ITEM	LADUNG
85.	Unfähigkeit, bestimmte Aufträge ausführen zu können	.55
84.	Von Kollegen negativ beurteilt werden	.52
81.	Wenn ein befreundeter Kollege der Bestechung überführt wird	.43

Anhang 2f (Mittelwerte)

STRESS
IM POLIZEIDIENST

ITEMS, SORTIERT NACH DER DURCHSCHNITTLICHEN BEWERTUNG IN:

- HÄUFIGKEIT
- STRESS (BELASTUNG)
- ANGST
- ÄRGER
- SAÄ-SCORE
  (Kombinierter Score der Stress, Angst und Ärger Items)

JEWEILS:

1. die 20 höchsten Mittelwerte
2. die 20 niedrigsten Mittelwerte

HÄUFIGKEITEN

Die 20 höchsten Mittelwerte (absteigend sortiert)

95. Fahrten mit dem PKW im dichten Berufsverkehr
1. Wechsel von Tages- zur Nachtschicht
109. Unregelmäßige Dienstzeit
23. Zeitungskritik an der Polizei lesen
17. Familienkrach und aggressive Situationen schlichten müssen
40. Einschreiten gegen Personen fremder Rassen oder gegen Gastarbeiter
24. Eine betrunkene Person in Gewahrsam nehmen
112. Blutprobeentnahme veranlassen
113. Führerschein sicherstellen
107. Als "Bulle" bezeichnet zu werden
21. Negativen Stellungnahmen gegenüber der Polizei ausgesetzt sein
13. An einem dienstfreien Tag vor Gericht aussagen müssen
42. Unzureichendes Gehalt im Vergleich zum Lebensstandard
18. Verfolgung von Geschwindigkeitssündern
4. Zu milde Beurteilung des Kriminellen vor Gericht
38. Unzureichendes oder schlechtes Gerät benutzen müssen
47. Im Konflikt zwischen Rechtsvorschriften und Notwendigkeit praktischen Handelns entscheiden müssen
31. Durch einen Bürger persönlich beleidigt werden
102. Nach der Nachtschicht im Schlaf gestört werden
125. Unzureichendes Ansehen in der Öffentlichkeit

HÄUFIGKEITEN

Die 20 niedrigsten Mittelwerte (absteigend sortiert)

128. Häufige Dienstreisen
7. Schwerer, im Dienst zugezogener Körperschaden
26. Tötung eines Polizeikameraden im Dienst
100. Kontrolle durch Vorgesetzte außerhalb der Dienstzeit
104. Verletztes Tier nach Unfall töten müssen
85. Unfähigkeit, bestimmte Aufträge ausführen zu können
78. Verleumdung der eigenen Familie durch andere Bürger
108. Unfall im Dienstwagen unverschuldet verursachen
72. Schwere Verletzung im Dienst (ohne Verlust von Gliedmaßen oder Augenlicht)
89. Einen bestechlichen, unehrlichen Beamten neben sich haben
88. Wegen Mord ermitteln
135. Selbstverschuldeter Unfall im Dienstwagen
77. Entfernung aus dem Dienst
49. Die Schußwaffe im Dienst benutzen müssen
81. Wenn ein befreundeter Kollege der Bestechung überführt wird
76. Tod eines Lebenspartners
105. Als Scharfschütze ausgebildet und eingesetzt werden
73. Erblindung im Dienst
74. Verlust mehrerer Gliedmaßen im Dienst

STRESS-ITEMS

Die 20 höchsten Mittelwerte (absteigend sortiert)

109. Unregelmäßige Dienstzeit
28. Zwang zu sofortigem Handeln mit schwerwiegenden Konsequenzen
102. Nach der Nachtschicht im Schlaf gestört werden
80. Starke Überlastung im Dienst
106. In kritischen Situationen auf weitere Unterstützung warten
1. Wechsel von Tages- zur Nachtschicht
17. Familienkrach und aggressive Situationen schlichten müssen
92. Schwer Verletzte am Unfallort antreffen
95. Fahrten im PKW im dichten Berufsverkehr
35. Nach einer Nachtschicht vor Gericht aussagen müssen
44. Beim Einschreiten körperlich angegriffen werden
46. Körperliche Gewalt anwenden müssen
119. Schwer verletzte Personen bergen
93. Ein getötetes Kind antreffen
47. Im Konflikt zwischen Rechtsvorschriften und Notwendigkeit praktischen Handelns entscheiden müssen
49. Die Schußwaffe im Dienst benutzen müssen
25. In der Polizeikette vor einer aggressiven Menge stehen
118. Räumung bei Explosionsgefahr
36. Zeitforderungen seitens der Familie beantworten
59. Schlechte Behandlung oder Erniedrigung von Beamten vor Gericht

STRESS-ITEMS

Die 20 niedrigsten Mittelwerte (absteigend sortiert)

97. Negative Auslegung von Statistiken durch Vorgesetzte
104. Verletztes Tier nach Unfall töten müssen
90. Korruptions- und Berstechungsversuchen ausgesetzt sein
85. Unfähigkeit, bestimmte Aufträge ausführen zu können
23. Zeitungskritik an der Polizei lesen
107. Als "Bulle" bezeichnet zu werden
113. Führerschein sicherstellen
81. Wenn ein befreundeter Kollege der Bestechung überführt wird
41. Mangelnde Beteiligungsmöglichkeiten an polizeipolitischen Entscheidungen
6. Politischer Druck von außen mitbekommen
7. Schwerer, im Dienst zugezogener Körperschaden
115. Vernehmungen wegen Ladendiebstahl
86. Dienstgeheimnisse bei sich behalten müssen
4. Zu milde Beurteilung des Kriminellen vor Gericht
128. Häufige Dienstreisen
9. Streit mit Freunden außerhalb des Polizeidienstes
100. Kontrolle durch Vorgesetzte außerhalb der Dienstzeit
61. Ausscheiden eines guten Kameraden aus dem Dienst
5. Politischen Druck im Dienstbereich erleben
16. Untätigkeit und Langeweile im Dienst
37. Beförderung oder Belobigungen entgegennehmen

ANGST-ITEMS

Die 20 höchsten Mittelwerte (absteigend sortiert)

74. Verlust mehrerer Gliedmaßen im Dienst
75. Erblindung im Dienst
76. Tod eines Lebenspartner
73. Verlust eines Körperteils im Dienst
72. Schwere Verletzung im Dienst (ohne Verlust von Gliedmaßen oder Augenlicht)
71. Umgehen mit einer Person, die ein ansteckende Krankheit hat
49. Die Schußwaffe im Dienst benutzen müssen
77. Entfernung aus dem Dienst
26. Tötung eines Polizeikameraden im Dienst
44. Beim Einschreiten körperlich angegriffen werden
106. In kritischen Situationen auf weitere Unterstüzung warten
50. Jemanden allein festnehmen
28. Zwang zu sofortigem Handeln mit schwerwiegenden Konsequenzen
118. Räumung bei Explosionsgefahr
93. Ein getötetes Kind antreffen
7. Schwerer, im Dienst zugezogener Körperschaden
25. In der Polizeikette vor einer aggressiven Menge stehen
58. Gefahr einer leichten Verletzung im Dienst
62. Krisensituation in der eigenen Familie
120. Bei Konfrontation unterlegen sein

ANGST-ITEMS

Die 20 niedrigsten Mittelwerte (absteigend sortiert)

24. Eine betrunkene Person in Gewahrsam nehmen
35. Nach einer Nachtschicht vor Gericht aussagen müssen
56. Häufiger Wechsel zwischen langweiligen und anspruchsvollen Dienstaufgaben
103. Nur nach Bußgeldkatalog einschreiten müssen
126. Auch privat durch dienstgezogene Telefonate belästigt werden
55. Einspruch gegen und Zurückweisung einer Anzeige
60. Übertriebene Aufbürdung von Schreibarbeiten
31. Durch einen Bürger persönlich beleidigt werden
100. Kontrolle durch Vorgesetzte außerhalb der Dienstzeit
9. Streit mit Freunden außerhalb des Polizeidienstes
86. Dienstgeheimnisse bei sich behalten müssen
107. Als "Bulle" bezeichnet werden
8. Aufbürdung von zusatzaufgaben durch den Vorgesetzten
13. An einem dienstfreien Tag vor Gericht aussagen müssen
112. Blutprobeentnahme veranlassen
128. Häufige Dienstreisen
113. Führerschein sicherstellen
16. Untätigkeit und Langeweile im Dienst
115. Vernehmungen wegen Ladendiebstahl
37. Beförderungen oder Belobigungen entgegennehmen

ÄRGER-ITEMS

Die 20 höchsten Mittelwerte (absteigend sortiert)

102. Nach der Nachtschicht im Schlaf gestört werden
59. Schlechte Behandlung oder Erniedrigung von Beamten vor Gericht
38. Unzureichendes oder schlechtes Gerät benutzen müssen
21. Negative Stellungnahmen gegenüber der Polizei ausgesetzt sein
22. Unsinnige Dienstvorschriften befolgen müssen
23. Zeitungskritik an der Polizei lesen
109. Unregelmäßige Dienstzeit
44. Beim Einschreiten körperlich angegriffen werden
31. Durch einen Bürger persönlich beleidigt werden
17. Familienkrach und aggressive Situationen schlichten müssen
46. Körperliche Gewalt anwenden müssen
42. Unzureichendes Gehalt im Vergleich zum Lebensstandard
65. Unsinnig erscheinende Vorschriften anwenden müssen
79. Aufgrund einer Dienstaufsichtsbeschwerde Stellung nehmen müssen
54. Ein schwer mißhandeltes Kind antreffen
4. Zu milde Beurteilung des Kriminellen vor Gericht
132. Schlechte Ausrüstung
30. Unzulänglichkeiten des Strafverfahrens erleben
80. Starke Überlastung im Dienst
13. An einem dienstfreien Tag vor Gericht aussagen müssen

ÄRGER-ITEMS

Die 20 niedrigsten Mittelwerte (absteigend sortiert)

112. Blutprobeentnahme veranlassen
64. Auffinden einer Leiche
117. Täter am Tatort überraschen
7. Schwerer, im Dienst zugezogener Körperschaden
104. Verletztes Tier nach Unfall töten müssen
2. Erteilung eines neuen, ungewohnten Auftrages
119. Schwer verletzte Personen bergen
113. Führerschein sicherstellen
87. Wegen Raub ermitteln
57. Antreffen von Erwachsenen, die unter starken Schmerzen leiden
105. Als Scharfschütze ausgebildet und eingesetzt werden
128. Häufige Dienstreisen
10. Akute Todesgefahr für einen Bürger
15. Überbringen einer Todesnachricht an Angehörige
115. Vernehmungen wegen Ladendiebstahl
88. Wegen Mord ermitteln
94. Vor einer großen Gruppe reden müssen
16. Untätigkeit und Langeweile im Dienst
86. Dienstgeheimnisse bei sich behalten müssen
37. Beförderung oder Belobigungen entgegennehmen

STRESS-ANGST-ÄRGER-SCORE

Die 20 höchsten Mittelwerte (absteigend sortiert)

109. Unregelmäßige Dienstzeit
28. Zwang zu sofortigem Handeln mit schwerwiegenden Konsequenzen
95. Fahrten im PKW im dichten Berufsverkehr
17. Familienkrach und aggressive Situationen schlichten müssen
1. Wechsel von Tages- zur Nachtschicht
47. Im Konflikt zwischen Rechtsvorschriften und Notwendigkeit praktischen Handelns entscheiden müssen
102. Nach der Nachtschicht im Schlaf gestört werden
44. Beim Einschreiten körperlich angegriffen werden
106. In kritischen Situationen auf weitere Unterstützung warten
46. Körperliche Gewalt anwenden müssen
92. Schwer Verletzte am Unfallort antreffen
38. Unzureichendes oder schlechtes Gerät benutzen müssen
40. Einschreiten gegen Personen fremder Rassen oder gegen Gastarbeiter
21. Negativen Stellungnahmen gegenüber der Polizei ausgesetzt sein
80. Starke Überlastung im Dienst
42. Unzureichendes Gehalt im Vergleich zum Lebensstandard
71. Umgehen mit einer Person, die eine ansteckende Krankheit hat
58. Gefahr einer leichten Verletzung im Dienst
76. Tod eines Lebenspartners
59. Schlechte Behandlung oder Erniedrigung von Beamten vor Gericht

STRESS-ANGST-ÄRGER-SCORE

Die 20 niedrigsten Mittelwerte (absteigend sortiert)

6. Politischen Druck von außen mitbekommen
42. Unfall im Dienstwagen mit Blechschaden
86. Dienstgeheimnisse bei sich behalten müssen
7. Schwerer, im Dienst zugezogener Körperschaden
105. Als Scharfschütze ausgebildet und eingesetzt werden
90. Korruptions- und Bestechungsversuchen ausgesetzt sein
126. Auch privat durch dienstbezogene Telefonate belästigt werden
61. Ausscheiden eines guten Kameraden aus dem Dienst
108. Unfall im Dienstwagen unverschuldet verursachen
85. Unfähigkeit, bestimmte Aufträge ausführen zu können
104. Verletztes Tier nach Unfall töten müssen
5. Politischen Druck im Dienstbereich erleben
81. Wenn ein befreundeter Kollege der Bestechung überführt wird
88. Wegen Mord ermitteln
115. Vernehmungen wegen Ladendiebstahl
9. Streit mit Freunden außerhalb des Polizeidienstes
100. Kontrolle durch Vorgesetzte außerhalb der Dienstzeit
16. Untätigkeit und Langeweile im Dienst
128. Häufige Dienstreisen
37. Beförderungen oder Belobigungen entgegennehmen

KAPITEL V

Messung und Theorie individueller Stress und Bewältigungsreaktionen

von

Johannes C. Brengelmann

Inhalt

1. Die globale Natur der Stresstheorien

Verfahren des Stressmanagements, wofür wir den Ausdruck Stressbewältigung als Synonym bevorzugen, sind seit gut 15 Jahren in Gebrauch. Die erste systematische Behandlung dieses Verfahrens, die in der Psychologischen Abteilung des Max-Planck-Instituts für Psychiatrie Eingang fand, stammte von verschiedenen Autoren, besonders aber von Meichenbaum (Meichenbaum und Cameron, 1972; Meichenbaum 1977, 1983). Nicht zu verwechseln mit der Bewältigung von Stress ist die von Novaco (1975) entwickelte Ärgerkontrolle, mit der wir uns hier nicht explizit befassen. Stressreduktion und Ärgerkontrolle besitzen gewisse praktische Verwandtschaften, d.h. sie werden in der Anwendung nicht selten vermengt. Theoretisch sollten sie jedoch solange getrennt behandelt werden, bis ihre Überlappung bzw. Unabhängigkeit feststeht.

Verhaltenstrainings sind bisher mehr oder weniger anekdotisch begründet worden. Jeder Trainer versucht allgemeine, d.h. nicht operationalisierte Konstrukte psychologischer oder psychosozialer Art zur Erklärung von Sinn oder Notwendigkeit seines Verfahrens heranzuziehen. Dies ist ein Interimsverfahren auf dem Wege zur festeren Strukturierung des Trainings, wobei die konstitutiven Elemente des Trainings gemessen werden, um Art und Gründe der Verhaltensänderung im Training konkret nennen zu können. An diesem Punkt fehlt es nicht an Übereinstimmung. Auch für Meichenbaum steht es fest, daß es viele verschiedene Wege gibt, um sein Training mit begrifflichen Modellen zu versorgen. Zum Beispiel führt er plausible Belege dafür an, daß

- das individuelle Verhalten
- das Verhalten der anderen Menschen
- die Rolle der Kognition
- und die Natur der Stressereignisse

für die Bewältigung von Stressauslösern und Stressreaktionen eine dominierende Rolle spielen. Diese sind, auf dem klinischen Eindruck beruhende Feststellungen, die man als unverbindliche Konstrukte bezeichnen kann, die aber nicht operationalisiert wurden und deshalb keine empirisch tragbare Begründung besitzen.

2. Dimensionalisierung der Stress/Coping-Reaktionen

Brengelmann und Mitarbeiter haben in den letzten 10 Jahren umfassende Versuche zur Identifikation von Stressreaktionen und Bewältigungsverhalten (Coping) unternommen (Brengelmann, 1987). Das Ergebnis war die Sammlung sogenannter STRESA-Skalen (für Stress/Angst), die später in SCOPE-Fragebogen (Stress/Coping) eine Endformulierung fanden. Zum Zeitpunkt des in diesem Buch beschriebenen Stressbewältigungstrainings 1983 wurde ein Stress/Coping-Fragebogen benutzt, der die folgenden 44 Primär-Skalen zu je 6 Items enthält (die Bezeichnungen der Sekundärskalen sind begefügt):

Erfolgsstreben	1. Leistungsorientierung
	2. Besitzstreben
	3. Entschlusskraft
	4. Selbstvertrauen
Besonnenheit	5. Gewissenhaftigkeit
	6. Aufmerksamkeit
	7. Gehör finden
Selbstbestimmung	8. Private Freiheit
	9. Selbstbestimmung
	10. Offenheit
Soziale Kompetenz	11. Kontaktfreude
	12. Gesprächigkeit
	13. Faszinationskraft
	14. Geselligkeit
	15. Gesprächsbereitschaft
	16. Überzeugungskraft
	17. Attraktivität
	18. Organisationsfreude
	19. Sicheres Auftreten

Ärgerkontrolle	20. Ärgerkontrolle
	21. Reizbarkeit (-)
	22. Konfliktlösungsfertigkeit
Stressreaktionen	23. Nicht abschalten können
	24. Muskelverspannung
	25. Psychisch bedingte Beschwerden
	26. Erschöpfung
	27. Leistungseinschränkung
	28. Entspannungsfähigkeit (-)
Negative Lebensbewertung	29. Pessimismus
	30. Kummer und Sorgen
	31. Schwierigkeiten
	32. Resignation
	33. Optimismus
Soziales Desinteresse	34. Soziales Desinteresse
Soziale Inkompetenz	35. Mangelnde Überzeugungskraft
	36. Redehemmung
	37. Mangelnde Redegewandtheit
	38. Unsicherheit im Gespräch
	39. Schweigsamkeit
	40. Schüchternheit
	41. Ablehnung erfahren
Emotionale Zurückhaltung	42. Wahrung der Privatsphäre
	43. Emotionale Zurückhaltung
	44. Veränderung

Die Anzahl der Primärskalen wurde später auf 50 erhöht (SCOPE-Endform). Einige wenige Skalenbezeichnungen wurden im Laufe dieser Entwicklung geändert. Auch variiert die faktorielle Komposition der Sekundärskalen gelegentlich je nach Stichprobe, aber dies muß im Verlaufe solcher Entwicklungsarbeiten, wenn nicht grundsätzlich, in

Kauf genommen werden. Alle 44 Primärskalen sind im Anhang wiedergegeben, so daß ein genauer Vergleich mit anderen Arbeiten aus unserem Kreis möglich ist.

Bei Tertiäranalysen dieser Skalen ergeben sich in aller Regel drei Tertiärbereiche, die sich wie folgt zusammensetzen:

Tertiärbereich Erfolgsorientierung
- Erfolgsstreben
- Besonnenheit
- Selbstbestimmung
- Soziale Kompetenz
- Ärgerkontrolle

Tertiärbereich Stress
- Stressreaktionen
- Negative Lebensbewertung

Tertiärbereich Soziale Zurückhaltung
- Soziales Desinteresse
- Soziale Inkompetenz
- Emotionale Zurückhaltung

Damit wurde eine hierarchisch angeordnete Stress/Copingstruktur erstellt, mit dessen Hilfe die wesentlichsten Aspekte des gesamten Stressgeschehens quantitativ untersucht werden können.

3. Psychologische Bedeutung der Stress/Coping-Hierarchie

Das quantitative Stress/Coping-Modell beruht auf einer Befragung von tausenden gesunder und stresskranker Versuchspersonen. Es ist also kein philosophisch, in den Köpfen von Denkern erzeugtes Modell, sondern ein in der Natur des menschlichen Verhaltens fest verankerte Tatsache, die unabhängige Forscher mit Sicherheit erneut auffinden werden, d.h. von geringen, meist erklärbaren Stichprobenvarianten abgesehen. Dieses quantitative Modell teilt nicht das Schicksal der begrifflichen Konstrukte, die keine feste Basis besitzen und durch Kritik allein infrage gestellt werden können, es ist existent.

Die Differenziertheit des Modells lässt wenig zu wünschen übrig, weil die von den verschiedenen Stressforschern beschriebenen psychologischen Phänomene und Verhaltensweisen so gut wie vollständig enthalten sind.

Aufgrund dieser Ansprüche lohnt es sich, die Struktur des Stress/-Coping-Modells getrennt nach den drei großen Verhaltensbereichen in Worten zu beschreiben.

Der Tertiärbereich Erfolgsorientierung weist 5 Sekundärfaktoren mit abfallender Ladungshöhe am Tertiärfaktor auf. Erfolgsstreben bedeutet eine persönliche Verhalteneffektivität, die sich aus Leistungsorientierung, Besitzstreben, Entschlußkraft und Selbstvertrauen zusammensetzt. Diese Dinge bilden also eine Einheit und repräsentieren Verhaltensanspruch und motivatorische Kraft zur gleichen Zeit. Besonnenheit besagt im wesentlichen, wie man mit Gewissenhaftigkeit, Aufmerksamkeit und Gehörfinden sein Erfolgsstreben in besonnener Form vorantreibt. Selbstbestimmung stellt seit langem einen zentralen Faktor der persönlichen Effektivität dar, die eigene Bestimmung oder internale Kontrolle in Freiheit und Offenheit bedeutet. Soziale Kompetenz ist ein anderer, in der Literatur breit behandelter Faktor, der 9 Primärfaktoren aufweist. Diese beziehen sich auf die Leichtigkeit des Kontaktes, Überzeugungsfähigkeit, Organisationsfreude und attraktiv-sicheres Auftreten. Ärgerkontrolle setzt sich aus 3 Primärfaktoren zusammen, die unterschiedlichen Charakter haben: die Fähigkeit seinen Ärger zu kontrollieren, sich nicht reizen zu lassen und Konflikte lösen zu können.

Der Tertiärbereich Stress teilt sich in zwei Aspekte auf. Die verschiedenartigen Stressreaktionen sind durch 6 Faktoren repräsentiert, die vom Alltag her oder als Begleiterscheinungen chronischer Verhaltensinaktivität bzw. Erkrankung bekannt sind. Diese Faktoren haben in allen früheren Stressmangagementtrainings in der einen oder anderen Form eine prominente Rolle gespielt, wenn auch nicht oder selten in quantifizierter Form. Negative Lebensbewertung ist durch 5 Primärfaktoren charakterisiert, die man als die eine oder andere Form von Bewertung, d.h. von negativer Bewertung der erlebten Stressreaktionen bezeichnen kann (sog. "kognitive" Faktoren). Auch diese wurden häufig in der Literatur angesprochen, wenn auch selten in quantifizierter Form. Die hier dargestellte Stress-Faktorenstruktur ist ebenfalls neu. Man kann dies in Kenntnis weiterer, hier nicht zitierter Ergebnisse so interpretieren, daß alle Menschen die Stressoren und Stressreaktionen sehr wohl kennen, doch daß die Konsequenzen davon abhängig sind, ob man sie als negativ, neutral oder gar positiv beurteilt.

Der Tertiärbereich Zurückhaltung betrifft Inhalte, die in Form von Fragebogenfaktoren, nicht oder selten auftreten. Er korreliert jedoch vergleichsweise hoch mit Stress und ebenfalls mit Alter (jeweils über 0.40), so daß seine Bedeutung weiter exploriert werden sollte. Es handelt sich hier augenscheinlich um eine Art Rückzug oder Abschliessen in bezug auf die soziale Auseinandersetzung mit dem täglichen Leben ohne aber als soziale Inkompetenz zu beeindrucken.

Das Kennzeichnende dieser Stress/Coping-Hierarchie scheint Erfolgsorientierung als Grundbestandteil des Lebens zu sein. Es ist von entscheidender Bedeutung zu wissen, daß Erfolgsorientierung nicht generell mit Stress korreliert, sondern sowohl positiv als auch negativ nach Massgabe feststellbarer Stichprobencharakteristika. Dies hat theoretische und praktische Konsequenzen. Theoretisch könnte das bedeuten, daß nicht die äusseren Stressoren, also die belastenden Lebensereignisse die Reaktionsart des Individuums bestimmen, sondern das dem Menschen zur Verfügung stehende Verhaltensrepertoire. Einigen macht die Belastung nichts oder wenig aus. Sie sind die geborenen Bewältiger und überwinden ihre Probleme im Vorbeigehen oder routinemäßig, während andere, die Stressanfälligen, daraus ein Problem machen. Dieser Gesichtspunkt ist wichtig für das Stressbewältigungstraining. Wenn äußere Einflüsse allein die Stressreaktionen bestimmen würden, könnte das präventive Training überflüssig sein, weil solche Einflüsse selten verhinderbar sind. Je stärker jedoch die innere Disposition ist, umso mehr ist ein präventives Training geboten. Dies ist auch die Philosophie unseres Trainings, welches das Individuum stärkt, um äußere Belastung unwirksam zu machen.

4. Unabhängigkeit und Interaktivität von Erfolg und Stress

Das Stress/Coping-Modell besteht aus einem positiven Anteil, der Erfolgsorientierung, und einem womöglich negativen Anteil, nämlich Stress und Zurückhaltung. Erfolgsorientierung und Stress korrelieren im allgemeinen nicht signifikant miteinander und sind trotzdem unter bestimmten Bedingungen funktionell aufeinander bezogen, ein Tatbestand, der von großer, wenn nicht gar grundlegender Bedeutung ist. Die Bedeutung liegt darin, daß die zwei Hauptprinzipien der positiven und negativen Lebensbewältigung nur jeweils aus sich selbst heraus verstanden werden können, aber trotzdem Interaktionen eingehen können. Dieser interaktive Dualismus wird uns noch häufiger beschäftigen. Für alle praktischen Angelegenheiten genügt es zur Zeit zu verstehen, daß Erfolg nur durch Erfolg entsteht und nicht durch Stress und daß Stress nur durch Stress entsteht und nicht durch Erfolg. Die Interaktivität der Beziehungen ist dadurch ausgedrückt, daß Stress den Erfolg und Erfolg den Stress mindern kann. Diese funktionelle Beziehungen zwischen Erfolg und Stress sind also nicht linearer, physikalischer Art, sondern werden typologisch bestimmt, d.h. sie sind von Bedingungen abhängig, die innerhalb der Baupläne (Konstituion) der Person liegen. So kommt es, daß sowohl hohe als auch niedrige Erfolgsorientierung jeweils mit einer hohen oder niedrigen Stressreaktion vergesellschaftet sein können. Daraus ergeben sich vier Typen, deren Analyse wir sein Anfang der 80er Jahre betreiben (Brengelmann, 1987):

Typ 1	Erfolgstyp	= Hohe Erfolgsorientierung (E), gekoppelt mit niedrigem Stress (S)
Typ 2	Stresstyp	= S ist hoch und E niedrig. Die Erfolgsorientierung ist gedämpft (z.B. bei rein funktionellen Störungen der inneren Organe = vorherrschende Parasympathikuswirkung) oder dekompensiert (z.B. im Falle der Neurosen)
Typ 3	Überreaktion	= E und S sind beide hoch. Solche Personen neigen zu organischen Herzkreislaufstörungen (Übererregung des Sympathikotonus)

Typ 4 Unterreaktion = E und S liegen beide relativ niedrig. Dieser Reaktionstyp findet sich bei Störungen der zentralnervös kontrollierten äußeren Körperregion, z.B. bei Hauterkrankungen.

Diese Reaktionstypen lassen sich bei chronischen Krankheiten und auch im gesunden Bereich ableiten und sinnvoll analysieren. Dies macht das Stress/Coping-Modell so wichtig: Es ist quantifiziert, umfaßt Gesundheit und Krankheit, erklärt mit vier Typen die Gesamtheit der Person anstatt sich auf einen Aspekt, wie dem Typ A unserer amerikanischen Psychologen zu beschränken und erlaubt auch Differenzierungen der E- und S-Einflussquellen in funktionelle (Typen 1 und 2) und organische (Typen 3 und 4). Die Typenanalyse der Stress/Coping-Faktoren ist nicht abgeschlossen, so daß wir uns mit diesen vorläufigen Hinweisen begnügen müssen. Die neuen Erkenntnisse sind aber schon für die Abschätzung der Effektivität von Trainings nützlich und sollen auch im Hinblick auf Selektionszwecke analysiert werden.

Die bisherigen Selektionsverfahren fundieren auf summativen Testwerten, die wichtige Informationen bezüglich typologischer Differenzen auslassen. Unsere Typenanalyse bietet die Gelegenheit, Diskrepanzen zwischen Erfolgsorientierung und Stress zu untersuchen, die für Teilgruppen der gesamten Bevölkerung unterschiedliche Bedeutung besitzen. Etwas ähnliches könnte sich in der Zukunft auch für Diskrepanzen innterhalb der Erfolgs- und innerhalb der Stressfaktoren ergeben.

5. Stress/Coping-Modell und Verhaltenstheorie

Der sicherste Weg zur Verbesserung der Stress/Coping-Theorie ist durch verbesserte Quantifizierung, Struktur- und Interaktionsforschung gegeben. Hier stehen der Forschung Tür und Tor offen. Doch ist es aus Gründen des Verständnisses der historischen und sachlogischen Zusammenhänge hilfreich, wenn nicht notwendig, zu begreifen, wie sich Neuentdeckungen bzw. neue Theorien aus den vorhergegangenen entwickeln und wie sie darauf bezogen sind. Dies Verständnis soll durch die folgenden Punkte gefördert werden.

Menschen reagieren von Geburt an unterschiedlich, doch wird ihre Motivation durch die Art der sozialen Interaktion mitbestimmt. Diese Interaktion wird durch das Gesetz der Wirkung (Law of effekt von Thorndike) reguliert. Ein bestimmter Reiz ruft eine bestimmte positive Reaktion hervor, wenn er Erfolg/Genugtuung oder Vergnügen bereitet (positive Verstärkung). Ein Reiz wird keine entsprechende Reaktion hervorrufen, wenn er mit etwas Unangenehmen, Schmerz oder Stress verbunden ist (Bestrafung). Alle individuellen und gesellschaftlichen Verhaltensweisen, abgesehen von der Vererbung, werden durch das Gesetz der Wirkung bestimmt, was bei der Verhaltensdiagnostik und -veränderung zu berücksichtigen ist. Übertragen auf das Stress/Coping-Modell repräsentiert Erfolgsorientierung die Totalität der positiv verstärkten Lebensmotivation. Stress und Zurückhaltung repräsentieren die Bestrafung, was sich in einer Behinderung oder Beschränkung bzw. mangelnden Flexibilität des Verhaltens äußert.

Der Gesamtrahmen der menschlichen Motivation wird durch drei Quellen gespeist:

1.) Antriebe = psychologisches Verhalten, das Reize in Belohnung (Erfolg) oder Bestrafung (Stress) verwandelt

2.) Bedürfnisse = Anforderungen für die Schaffung körperlich-seelischen Wohlbefindens (Lebensqualität)

3.) Werte = angestrebte Lebenshaltungen von Individuen oder Gruppen von Personen. Individuen werden für die Einbeziehung gesellschaftlicher Werte in ihre persönlichen Motivationssysteme belohnt.

Antriebe, Bedürfnisse und Werte überlappen nur teilweise. Sie sind nicht aufeinander rückführbar, werden aber alle vom Gesetz der Wirkung geformt. Dies bestimmt auch die Philosophie von Selektion und Training. Gesellschaftliche Institutionen überleben nur durch die Formung der individuellen Antriebe zwecks Erfüllung ihrer eigenen Werthaltung.

Gruppenwerte können sich nicht aus sich selbst erhalten, es sei denn temporär unter Zwang. Individuelle und Gruppenwerte besitzen einen unwandelbaren Kern (z.B. "Du sollst nicht töten") und wandelbare "kulturelle" Aspekte.

Der Mensch ändert sich selbst und seine Umgebung in kontinuierlicher Weise. Dies ist der Antrieb nach Selbsterfüllung oder Lebensmeisterung (Erfolgsorientierung). Kurt Goldstein postulierte einen einzigen menschlichen Antrieb, die Selbstverwirklichung: ein vereinter Impuls, sein Potential durch Erreichung stetig steigender Kompetenzlevels zu erfüllen. Abraham Maslow sprach von Selbst-Aktualisierung, die alle anderen Antriebe transzendiert und auf die sich der Mensch konzentriert, wenn alle anderen Antriebe erfüllt sind. Selbstaktualisierung wird unabhängig von Bedürfnissen und Werten betrieben (Transzendenz) und verleiht einem das Gefühl der Authentizität, Individualität und Freiheit. Sie ist aber auch dem Gesetz der Wirkung unterworfen. Der Selbst-Aktualisierer kann leicht mit den Interessen der Gesellschaft in Konflikt geraten, die nur solches Verhalten belohnt, das ihren eigenen Werten dient. Demokratisches Verhalten ist gegeben, wenn die Selbst- und Gesellschaftsaktualisierung dieselben Ziele verfolgen und genügend übereinstimmen. Wenn dies nicht der Fall ist, d.h. in einer unfreien Gesellschaft, werden viele Selbstaktualisierer die gegen die Verhaltensgesetze verstoßende Gesellschaft ausdauern, um nach Korrektur dieses gesellschaftlichen Zwanges wieder frei in die Öffentlichkeit zu gehen. Alle Zwangssysteme sind von begrenzter Dauer und die unwandelbaren Kernwerte treten nach Beseitigung des Zwanges sofort wieder in Aktion. Diese Selbsterfüllung (Erfolgsorientierung) ist nicht löschbar.

Wir wollen auf diesem beengten Raum keine Theorie des Stress/Coping in allen seinen Verzweigungen, d.h. im Hinblick auf alle 10 Sekundärfaktoren entfalten. Es ist im Zusammenhang dieses Buches jedoch erwünscht, das Gesetz der relativen Wirkung in unsere Interpretationen einzubeziehen. Wir haben dargelegt, daß Selbstaktualisierung als eine Funktionslust verstanden werden kann, nämlich als Lust an der sofortigen Bewältigung von Aufgaben, die mit positiver Verstärkung verbunden ist. Andere Aspekte des Stress/Coping-Fragebogens reflektieren jedoch eine langfristige Leistungsorientierung, die ein hohes Maß an Selbstbestimmtheit verlangt und scheinbar auf unmittelbare Belohnung verzichtet. Auf jeden Fall ist diese nicht ohne weiteres ersichtlich. Dieser langfristige Antrieb unterliegt ohne intermittierende Verstärkung der Löschung. Daß diese Löschung nicht eintritt, mag daran liegen, daß bestimmte Personen sich (mehr als andere) auf eine "Belohnung in der Zukunft" verpflichten, die einen kontinuierlichen Anreiz schafft, der nicht durch das Gesetz der unmittelbaren Wirkung erklärbar wird und ein Gesetz der relativen Wirkung verlangt.

Zu den verschiedenen psychologischen Theorien, die an der Erklärung des Stress/Coping-Modells mitwirken, gehört auch die Persönlichkeitstheorie. Zur Zeit des Stressbewältigungstrainings war bereits bekannt, daß die folgenden Persönlichkeitsdimensionen in differenzierter und sinnvoller Weise mit den Stress/Coping-Skalen korrelieren: Extraversion, Neurotizismus, Rigidität und Leistungsmotivation (Guerra, Reig und Brengelmann, 1982).

Es besteht jedoch kein Grund für die Annahme, daß man die Messung als Stress/Coping-Verhalten durch die Messung der Persönlichkeit ersetzen kann, vielmehr sollte man diese beiden Systeme je nach Anwendungszweck kombinieren.

Abschließend noch eine kurze Stellungnahme zu der gelegentlich auftauchenden Frage, wie unser Stress/Coping-Modell im Hinblick auf den häufig in die Debatte geworfenen Humanismus zu interpretieren sei. Der Unterschied liegt weniger in der Sache als in der Methode. Die Verhaltenstheorie ist quantitativ wissenschaftlich und muß sich beweisen. Der Humanismus kann sich nicht beweisen und muß überzeugen. Beide habe das Ziel, die Natur des menschlichen Wesens zu erkennen und ihre Verwirklichung zu sichern. Die Erreichung dieses Ziels kann mit der verhaltenspsychologischen Methodik geprüft werden, nicht aber mit der humanistischen, die an den Glauben gebunden ist.

LITERATUR:

BRENGELMANN, J.C.
Persönliche Effektivität, Stress und Lebensqualität. In: Resch, A. (Hrsg.): Psyche und Geist, Fühlen, Denken, Weisheit. Resch-Verlag, Innsbruck, 1986.

BRENGELMANN, J.C.
Verhaltenseffektivität und Stress. Lang: Frankfurt, 1987.

GUERRA, J., REIG, A. und BRENGELMANN, J.C.
Dimensionen der Persönlichkeit und des Stressverhaltens. In: Brengelmann, J.C. und Bühringer, G. (Hrsg.): Therapieforschung für die Praxis. 3. Themen der 9. Verhaltenstherapiewoche 1982. Gerhard Röttger-Verlag, München, 241-259, 1982.

MEICHENBAUM, D.
Cognitive-behavior modification: An inegrative approach. New York: Plenum, 1977

MEICHENBAUM, D.
Coping with stress. Toronto: Wiley, 1983

MEICHENBAUM, D. und CAMERON, R.
Stress inoculation: A skills training approach to anxiety management. 1972, unpublished manuscript, University of Waterloo.

NOVACO, R.
Anger control: The development and evaluation of an experimental treatment. Lexingthon, MA: D.C. Heath, 1975.

ANHANG

44 Primärskalen des Stress/Coping-Fragebogens

Die Beantwortung der einzelnen Feststellungen ist vierstufig:

1 = stimmt gar nicht
2 = stimmt ein wenig
3 = stimmt weitgehend
4 = stimmt vollkommen

Subskala 1: LEISTUNGSORIENTIERUNG

---

1. Für mich ist es wichtig, zu den Besten und Erfolgreichsten zu gehören
2. Erfolgsstreben und solide Leistung sind für mich sehr wichtig
3. Ich bin sehr stark leistungsorientiert
4. Ich lege auf große Leistungen mehr Wert, als andere es tun
5. Erfolge sind das Wichtigste in meinem Leben
6. Erfolge zu haben bedeutet mir sehr viel

Subskala 2: BESITZSTREBEN

---

7. Ich arbeite intensiv daran, sehr viel mehr zu besitzen
8. Ich setze alles daran, mich finanziell zu verbessern
9. Ich denke häufig darüber nach, wie ich zu mehr Geld kommen kann
10. Ich habe ein ausgeprägtes Bedürfnis, mehr materielle Dinge zu erlangen
11. Ich strebe intensiv nach einem größeren Wohlstand
12. Ich strenge mich stets an, meinen Besitz zu vergrößern

Subskala 3: ENTSCHLUSSKRAFT

---

13. Ich entscheide mich meist schnell und richtig
14. Ich entscheide mich schnell und ohne viel nachzugrübeln
15. Entscheidungen gehen bei mir zügig über die Bühne
16. Ich fasse die richtigen Entschlüsse, ohne lange nachzudenken
17. Ich entscheide mich zügig und treffsicher
18. Ich fasse gute Entschlüsse, ohne Zeit zu verlieren

Subskala 4: SELBSTVERTRAUEN

---

19. Ich bin voller Selbstvertrauen
20. Ich traue mir viel zu
21. Ich bin meiner selbst sicher
22. Ich vertraue auf meine eigene Leistungsfähigkeit
23. Ich bin von der Richtigkeit meines Tuns überzeugt
24. Ich habe mehr Selbstvertrauen als andere

Subskala 5: GEWISSENHAFTIGKEIT

---

25. Ich halte mich genau an feste Vereinbarungen
26. In wichtigen Dingen halte ich es mit der Ordnung genau
27. Ich achte sorgfältig darauf, erfolgreiche Gewohnheiten beizubehalten
28. Ich halte alle Absprachen sorgfältig ein
29. Ich bin sehr sorgfältig und gewissenhaft
30. Ich halte einmal gegebene Zusagen gewissenhaft ein

Subskala 6: AUFMERKSAM ZUHÖREN

---

31. Bei Diskussionen höre ich mir alle Argumente aufmerksam an
32. Ich höre mir alles genau an, bevor ich mein Urteil abgebe
33. Bei Diskussionen höre ich aufmerksam zu
34. Ich bin ein aufmerksamer Zuhörer
35. In Gesprächen bin ich ernsthaft bei der Sache
36. Ich lasse meine Gesprächspartner ausreden

Subskala 7: GEHÖR FINDEN

---

37. Ich finde immer Freunde, die mich ausreden lassen und anhören
38. Ich finde immer Leute, die mir Zeit und Gehör schenken
39. Meine Probleme werden immer von jemanden ernstgenommen
40. Ich habe Freunde, die Anteil an meinen Sorgen nehmen
41. Es gibt immer Leute, die bereit sind, sich in meine Lage zu versetzen
42. In schwierigen Situationen spricht mir immer jemand Mut zu

---

Subskala 8: PRIVATE FREIHEIT

---

43. Ich kann meine Freizeit so gestalten wie ich will
44. Im privaten Bereich habe ich alle Freiheit, die ich brauche
45. Ich kann so ziemlich alles tun und lassen was ich will
46. Ich habe im täglichen Leben sehr viel Freiraum
47. Ich kann meine Interessen nach Belieben verfolgen
48. Im Privatleben kann ich mich frei und ungehindert entfalten

---

Subskala 9: SELBSTBESTIMMUNG

---

49. Über mein Leben bestimme ich selbst
50. Das Kommando über mein Leben führe ich selbst
51. Ich allein bestimme über die Richtung meines Lebens
52. Ich gestalte mein Leben nach meinen eigenen Regeln
53. Nur ich selbst bin für die Gestaltung meines Lebens verantwortlich
54. Ich bin für den Ablauf meines Lebens selbst verantwortlich

---

Subskala 10: OFFENHEIT

---

55. Ich bin es gewohnt, meine Meinung offen auszusprechen
56. Ich gebe mich anderen gegenüber sehr offen
57. Bei Diskussionen lege ich meine Argumente offen auf den Tisch
58. Ich sage allen ganz offen, was ich meine
59. Ich bin dafür bekannt, daß ich meine Ansichten gerne offenlege
60. Ich spreche über alles mit großer Offenheit

Subskala 11: GEGENGESCHLECHTLICHE KONTAKTFREUDE

---

61. Ich spreche gern Personen des anderen Geschlechts an
62. Ich verwickle gern Personen des anderen Geschlechts in ein Gespräch
63. Ich knüpfe gern mit Personen des anderen Geschlechts ein Gespräch an
64. Es macht mir Spaß, mich mit Personen des anderen Geschlechts zu unterhalten
65. Bei Geselligkeiten finde ich immer Kontakt zu Personen des anderen Geschlechts
66. Es fällt mir leicht, mit Personen des anderen Geschlechts Kontakt aufzunehmen

---

Subskala 12: GESPRÄCHIGKEIT

---

67. Ich bin sehr redefreudig
68. Ich rede furchtbar gern mit anderen Menschen
69. Oft habe ich richtig Lust auf ein Gespräch
70. Oft suche ich geradezu eine Unterhaltung
71. Ich bin oft zum Erzählen aufgelegt
72. Ich führe sehr gerne Gespräche

Subskala 13: VERBALE FASZINATIONSKRAFT

---

73. Ich ziehe gerne die Aufmerksamkeit von Zuhörern auf mich
74. Es macht mir Spaß, meine Gesprächspartner ganz auf mich zu konzentrieren
75. Es gefällt mir, einen Kreis von Zuhörern in Bann zu schlagen
76. Wenn ich etwas erzähle, hören mir alle Leute interessiert zu
77. Erzählungen schmücke ich gern etwas aus, um die Zuhörer zu faszinieren
78. Es gelingt mir, andere Leute im Gespräch zu fesseln

Subskala 14: GESELLIGKEIT

---

79. In einer geselligen Runde fühle ich mich so richtig wohl
80. Ich amüsiere mich gerne mit anderen
81. Ich bin immer für Vergnügungen zu haben
82. Ich bin stets zu Späßen aufgelegt
83. Ich stürze mich schwungvoll ins Vergnügen
84. Für gesellige Unternehmungen bin ich jederzeit zu haben

Subskala 15: VERBALE KONTAKTFREUDE

---

85. Ich unterhalte mich oft mit wildfremden Menschen
86. Ich lasse mich gern mit fremden Personen auf eine Unterhaltung ein
87. Manchmal spreche ich wildfremde Menschen an
88. Es fällt mir leicht, unbekannte Menschen anzusprechen
89. Ich spreche gern mit Unbekannten
90. Ich ergreife jede Gelegenheit, mich mit fremden Leuten zu unterhalten

---

Subskala 16: ÜBERZEUGUNGSKRAFT

---

91. Es fällt mir leicht, interessante Diskussionen zu führen
92. Ich halte Reden und Vorträge mit viel Erfolg
93. In einer Diskussion übe ich mehr Einfluß auf andere aus als umgekehrt
94. In Diskussionen vertrete ich meine Gesichtspunkte selbstsicher
95. Bei Gesprächen in der Gruppe kann ich meine Ansichten meist durchsetzen

---

Subskala 17: ATTRAKTIVITÄT

---

96. Ich ziehe die Blicke anderer Leute an
97. Auf Parties ziehe ich die Aufmerksamkeit der anderen auf mich
98. Ich wirke auf das andere Geschlecht attraktiv
99. Mein Auftreten löst oft bewundernde Blicke aus
100. Ich wirke auf das andere Geschlecht anziehend
101. Ich bin attraktiv

Subskala 18: FREUDE AM ORGANISIEREN

---

102. Für gemeinsame Aktivitäten bin ich stets als Organisator zu haben
103. Ich nehme es gern auf mich, Geselligkeiten zu organisieren
104. Ich bin der geborene Organisator
105. Wenn es um geselliges Beisammensein geht, übernehme ich gerne die Führung
106. Ich stelle immer wieder gesellige Abende auf die Beine
107. Wenn eine gesellige Runde zustandekommen soll, übernehme ich eine führende Rolle

---

Subskala 19: SICHERES AUFTRETEN

---

108. In Gruppen verhalte ich mich selbstsicher
109. Auf Einladungen trete ich sicher und gewandt auf
110. Ich bin so selbstsicher, daß ich auch schwierige soziale Situationen bewältigen kann.
111. Ich trete selbstbewußt auf
112. Ich wirke sehr selbstsicher
113. Es fällt mir leicht, selbstsicher aufzutreten

Subskala 20: ÄRGERKONTROLLE

---

114. Wenn ich gereizt bin, kann ich mich besser beherrschen als andere
115. Ich kann meinen Groll besser verbergen als andere
116. Ich kontrolliere meinen Zorn besser als andere
117. Ich kann meine Aufregungen besser kontrollieren als andere
118. Ich kann selbst starke Erregung gut verbergen
119. Ich kontrolliere meinen Ärger stets so gut, daß er nach außen nicht sichtbar wird.

Subskala 21: REIZBARKEIT

---

120. Es gibt Leute, mit denen ich Reibereien einfach nicht vermeiden kann
121. Bei bestimmten Leuten kommen mir leicht aggressive Gefühle
122. Bei einigen Leuten komme ich schnell in eine gereizte Stimmung
123. Manche Leute gehen mir wirklich auf die Nerven
124. Es gibt einige Leute, mit denen ich sehr viel Ärger habe
125. Manche Leute reizen mich einfach zum Widerspruch

Subskala 22: KONFLIKTLÖSUNGSFERTIGKEITEN

---

126. Bei Auseinandersetzungen führe ich stets Entscheidungen herbei, die von allen akzeptiert werden
127. Es fällt mir leicht, bei Auseinandersetzungen gute Kompromisse zu schließen
128. Ich beseitige Mißverständnisse immer gleich durch eine Aussprache
129. Bei Unstimmigkeiten finde ich stets eine passende Lösung
130. Konflikte löse ich sehr geschickt
131. Bei Streitereien gelingt es mir stets, eine vernünftige Lösung zu finden

---

Subskala 23: NICHT ABSCHALTEN KÖNNEN

---

132. Selbst am Feierabend kann ich nicht richtig abschalten
133. Auch in den Ferien entspanne ich mich nicht genügend
134. Selbst im Urlaub kann ich die Gedanken an die Arbeit nicht verdrängen
135. Wenn die Tagesarbeit getan ist, kann ich noch lange nicht an Entspannung denken
136. Auch am Tagesende fällt es mir schwer, mich zu entspannen
137. Ich finde auch im Urlaub nicht die notwendige Entspannung

---

Subskala 24: MUSKELVERSPANNUNG

---

138. Selbst wenn ich gut ausgeruht bin, sind meine Muskeln noch verspannt
139. Meine Schultermuskulatur fühlt sich manchmal richtig hart an
140. Selbst in der Freizeit sind meine Muskeln noch verkrampft
141. Schon am Morgen fühle ich, daß meine Muskeln stark verspannt sind
142. Meine Nackenmuskeln sind häufig stark verspannt
143. Meine Rückenmuskeln sind häufig hart und verspannt

Subskala 25: PSYCHISCH BEDINGTE BESCHWERDEN

---

144. Von Sorgen und Problemen kriege ich Schmerzen
145. Wenn ich mich aufrege, bekomme ich Schmerzen
146. Ärger und Wut führen bei mir zu körperlichen Beschwerden
147. Je stärker ich unter Druck gerate, umso mehr nehmen meine körperlichen Beschwerden zu
148. Wenn ich mich aufrege, nehmen meine körperlichen Beschwerden zu
149. Schwierige persönliche Probleme spüre ich auch als unangenehme Körpergefühle

---

Subskala 26: ERSCHÖPFUNG

---

150. Meine Aufmerksamkeit und Konzentration bei der Arbeit sind schlechter als früher
151. Ich glaube, daß meine Arbeitsleistung stark nachgelassen hat
152. Ich kann die von mir erwartete Leistung nicht mehr bringen
153. Meine Leistungsfähigkeit hat nachgelassen
154. Ich halte eine längere Anstrengung nicht mehr aus
155. Meine Ausdauer bei der Arbeit hat stark nachgelassen

Subskala 27: LEISTUNGSEINSCHRÄNKUNG UNTER DRUCK

---

156. Wenn ich viel Verantwortung tragen muß, mache ich sehr leicht Fehler
157. Hohe Anforderungen setzen meine Leistungsfähigkeit beträchtlich herab
158. In schwierigen Situationen sind meine Gedanken regelrecht blockiert
159. Unter Druck mache ich viel mehr Fehler als gewöhnlich
160. Zuviel Verantwortung führt zum Abfall meiner Leistung
161. Unter starkem Druck versage ich leicht

Subskala 28: ENTSPANUNGSFÄHIGKEIT

---

162. Sobald ich abends im Sessel sitze, bin ich total entspannt
163. Abends im Bett fühle ich mich wohlig entspannt
164. Ich kann mich jederzeit vollständig entspannen
165. Ich fühle mich gelockert
166. Nach getaner Arbeit fühle ich mich völlig locker
167. Ich kann mich auch nach harter Arbeit leicht entspannen

Subskala 29: PESSIMISMUS

---

168. Ich habe von der Zukunft nicht viel Gutes zu erwarten
169. Die Zukunft wird mir wenig Freude bringen
170. Ich sehe wenig erfreuliche Dinge auf mich zukommen
171. Ich kann einfach nicht zuversichtlich in die Zukunft sehen
172. Ich sehe für meine Zukunft schwarz
173. Meine Zukunft ist freudlos und düster

Subskala 30: KUMMER UND SORGEN

---

174. Ich muß viele sorgenvolle Stunden durchmachen
175. Ich muß viel Kummer ertragen
176. Viele Sorgen belasten mein Leben
177. Mein Leben ist voller Kummer
178. Ich weiß oft vor Sorgen nicht aus noch ein
179. Kummer und Sorgen sind typisch für mein Leben

Subskala 31: SCHWIERIGKEITEN IM LEBEN

---

180. Ich habe im Leben viele Schwierigkeiten zu überwinden
181. Mein Leben hat mich stets große Anstrengungen gekostet
182. Ich habe im Leben alles nur unter Schwierigkeiten erreicht
183. In meinem Leben löst eine Schwierigkeit die andere ab
184. Ich konnte viele Dinge nur mit Mühe und Not erreichen
185. In meinem Leben wurden mir immer schwere Aufgaben gestellt

---

Subskala 32: RESIGNATION

---

186. Ich kann mein Leben nicht mehr selbst lenken
187. Ich habe auf mein Leben keinen Einfluß mehr
188. Ich bin nicht fähig, meinen Mann zu stehen
189. Ich habe keine Trümpfe mehr in der Hand
190. Ich bin unfähig, mein Leben in die gewünschten Bahnen zu lenken
191. Ich habe im Leben nichts mehr zu sagen

Subskala 33: OPTIMISMUS

---

192. Gedanken an die Zukunft bereiten mir ein behagliches Gefühl
193. Meine Zukunft wird noch viele schöne Erlebnisse bringen
194. Ich schaue voller Zuversicht in die Zukunft
195. Wenn ich an die Zukunft denke, fühle ich mich richtig wohl
196. Ich erwarte im Leben noch viel Freude
197. Ich habe noch viele angenehme Dinge zu erfahren

Subskala 34: DESINTERESSE AN GESELLIGKEITEN

---

198. Ich finde Parties stumpfsinnig
199. Gesellige Veranstaltungen geben mir wenig
200. Auf Parties sitze ich meist lustlos und gleichgültig herum
201. Ich bin lieber für mich alleine als auf Geselligkeiten
202. Ich meide gesellige Zusammenkünfte
203. Von festlichen Veranstaltungen halte ich mich fern

Subskala 35: MANGELNDE ÜBERZEUGUNGSKRAFT

---

204. Ich erziele mit meinen Äußerungen nur geringe Wirkung
205. Mir fällt es schwer, andere Leute zu überzeugen
206. In Gesprächen finde ich wenig Beachtung
207. Meinen Worten fehlt die Überzeugungskraft
208. Mir fehlt die Fähigkeit, andere zu überzeugen
209. Ich kann andere nicht so überzeugen, wie ich gern möchte

---

Subskala 36: REDEHEMMUNG

---

210. Ich bin sprachlos, wenn ich plötzlich angesprochen werde
211. Ich neige zum Stottern, wenn viele Augen auf mich gerichtet sind
212. Vor Überraschung bringe ich keinen Ton heraus, wenn mich jemand anspricht
213. In einer Gruppe fühle ich mich stark gehemmt zu sprechen
214. In einer größeren Diskussionsrunde habe ich Hemmungen zu reden
215. Bei Gesprächen mit wichtigen Personen komme ich ins Stocken

---

Subskala 37: MANGELNDE REDEGEWANDTHEIT

---

216. Ich sollte etwas tun, um meinen sprachlichen Ausdruck zu verbessern
217. Zu einer guten Rede fehlt mir die sprachliche Ausdrucksfähigkeit
218. Mir fehlt die Fähigkeit, gewandt zu reden
219. Ich habe Probleme, wenn ich Argumente genau formulieren muß
220. In Diskussionen fehlt es mir an sprachlicher Gewandtheit
221. Wenn ich gut reden könnte, würde ich mir anderen besser zurecht kommen

---

Subskala 38: UNSICHERHEIT IM GESPRÄCH

---

222. Oft fallen mir die guten Argumente erst nach der Diskussion ein
223. Ich überlege oft krampfhaft, wie ich ein stockendes Gespräch wieder in Gang bringen kann
224. In Diskussionen kommen mir die guten Ideen oft zu spät
225. In Gesprächen verpasse ich oft den richtigen Augenblick, um meine Argumente vorzubringen
226. Oft dreht sich ein Gespräch schon um ein anderes Thema, bevor ich meine Meinung äußern kann
227. Bei Diskussionen bin ich zu unsicher, um meine Argumente rechtzeitig zu äußern

---

Subskala 39: SCHÜCHTERNHEIT

---

228. Ich bin sehr schüchtern
229. Es fällt mir schwer, Kontakte zu knüpfen
230. Ich finde nur schwer Zugang zu anderen Menschen
231. Ich bin anderen Menschen gegenüber sehr zurückhaltend
232. Ich tue mich schwer, neue Leute kennenzulernen
233. Es fällt mir schwer, Anschluß zu finden

Subskala 40: SCHWEIGSAMKEIT

---

234. Ich rede sehr wenig
235. Ich bin von Natur aus ein schweigsamer Mensch
236. Ich verliere im Gespräch nicht viele Worte
237. Ich halte mich in Gesprächen zurück
238. In Diskussionen überlasse ich lieber den anderen das Reden
239. Ich höre lieber zu, als daß ich rede

Subskala 41: ABLEHNUNG ERFAHREN

---

240. Andere Menschen meiden mich
241. Andere Menschen sind mir gegenüber sehr zurückhaltend
242. Es kommt nur selten jemand freundlich auf mich zu
243. Viele Menschen finden mich unsympathisch
244. Von anderen Menschen erfahre ich immer wieder Ablehnung
245. Ich wirke auf andere abweisend

Subskala 42: WAHRUNG DER PRIVATSPÄHRE

---

246. Ich rede nicht gerne über mich selbst
247. Persönliche Dinge klammere ich in Gesprächen aus
248. Gefühle sind für mich kein Gesprächsthema
249. Über meine Gefühlsregungen spreche ich nicht
250. Über meine Intimsphäre rede ich mit niemandem
251. Über mein Privatleben spreche ich nicht gern

Subskala 43: EMOTIONALE ZURÜCKHALTUNG

---

252. Ich zeige es niemanden, wenn ich niedergeschlagen bin
253. Wenn ich traurig bin, lasse ich mir dies nicht anmerken
254. Ich lasse mir meinen Ärger über andere Leute nicht anmerken
255. Ich verberge vor anderen meine spontanen Empfindungen
256. Ich lasse es andere nicht merken, welche Gefühle ich habe
257. Meine Gefühle zeige ich niemanden

Subskala 44: VERDRÄNGUNG

---

258. Probleme verdränge ich lieber, anstatt sie direkt anzugehen
259. Ich verberge lieber meinen Ärger, anstatt offen darüber zu sprechen
260. Ich verdränge lieber unangenehme Erinnerungen, als ständig darüber zu reden
261. Ich unterdrücke lieber negative Gefühle, anstatt sie offen zu zeigen
262. Ich habe viele Gefühle, über die ich nicht sprechen möchte
263. Über unangenehme Dinge mag ich überhaupt nicht reden

Kapitel VI

Demonstration eines Stressbewältigungstrainings und Mediatorenselektion

von

Johannes C. Brengelmann
Günther Krauthan
Angelika Wagner-Link
Eva Wengle
und
Anton Kessler

Organisator und Seminarleitung: Horst Olszewski

Inhalt

Abschnitt 1

Einführung zum Thema Stress im Polizeidienst

- Notwendigkeit eines Konflikt- oder Stressbewältigungstrainings für Polizeibeamte
- Möglichkeiten eines verhaltensorientierten Bewältigungstrainings
- Das Wesen der Stressreaktion und seiner Bewältigung
- Experimentelle Vorarbeiten zur Messung von Stressfaktoren im Polizeidienst
- Verhaltenstraining als Komplement von Selektion und Ausbildung
- Analyse polizeispezifischer Stressreaktionen
- Bedeutung des Trainingsstils der Trainer
- Erwartungen an das Seminar: Einsichten, nicht aber Verhaltensänderung

1. Einführung zum Thema Stress im Polizeidienst

In einem einführenden Referat nahm J.C. Brengelmann in allgemeiner Form zu einigen Punkten des Themas Stellung, ohne der spezifischen Vorstellung des Trainings durch die Trainer in ihren Gruppe vorzugreifen. Das Referat bezog sich unter anderem auf die folgenden Punkte.

Eine im "Streifendienst" berichtete Rede des Herrn Innenministers Dr. Schnoor von Nordrhein-Westfalen kann so wiedergegeben bzw. interpretiert werden, daß ein akutes Bedürfnis dafür besteht, die Konflikte des Polizeibeamten in seiner Dienstausübung präziser zu erkennen und die Möglichkeiten der Konfliktbewältigung durch Verhaltenstraining zu erkunden sowie gegebenenfalls zu nutzen. Der Bürger würde den Polizeibeamten gerne als Vorbild auch im Einsatzverhalten sehen, d.h. als jemanden, der stets einen kühlen Kopf bewahrt, der schnell entstehende Konflikte reflexmäßig so bewältigt, daß emotionelles Verhalten beruhigt und durch sachliches Verhalten ersetzt wird, und der durch vorgelerntes und vorsätzlich eingesetztes Verhalten einem Konflikt vorbeugt bzw. zur De-Eskalation eines doch entstehenden Konflikts beiträgt.

Diesen Zielen kann man heute in zufriedenstellender Weise gerecht werden, wenn man die moderne Verhaltenstheorie und die daraus entstandenen praktischen Trainingsverfahren zugrundelegt. Die jüngeren, aber rigoros geprüften Verfahren versprechen die gewünschte Effektivität, wie die Entwicklungen der letzten Dekade im Bereich der Verhaltensmodifikation zeigen. Die daraus entstandenen Trainings zur Bewältigung des Stressverhaltens benutzen außerdem eine Terminologie, die dem Sprachverhalten des Alltags besonders nahe steht und trotzdem mit den wissenschaftlichen Anforderungen vereinbar ist. Der wissenschaftliche Jargon muß in die Alltagssprache des Polizeibeamten übersetzbar sein.

Belastung ist ein natürlicher Teil unseres Lebens, sie ist kaum vermeidbar, aber kontrollierbar. Man muß die persönlichen Reaktionen des Individuums auf Belastung kennen und ebenfalls die Situationen, in denen sie auftreten. Dazu gehören erstens Stressreaktionen wie Entscheidungsschwäche, Ärger, Vermeidungsverhalten, Kritikangst und Schlaflosigkeit; zweitens körperliche Parallelreaktionen wie Hochdruck, Herzkreislaufstörungen, Magen-Darmprobleme, Gelenk-Muskelprobleme oder Muskelverspannung; drittens falsche Bewältigungsstrategien wie starkes Rauchen, übermäßiges Essen, Medikamenten- oder Alkoholmißbrauch und viertens auch positive Bewältigungsstrategien wie Entspannungsfähigkeit, geschickter sozialer Umgang, vernünftige Ärgerventilation und Fähigkeit, alltägliche Probleme systematisch und effektiv zu lösen. Ein besonderer Stresstyp ist der sogenannte Typ A, der ständig in Zeitnot und Spannung lebt und sich selbst überfordert, im Gegensatz zum ausgeglicheneren Typ B. Besonders in Berufen, in denen persönliche Entscheidungen unterschiedlicher Art häufig getroffen werden müssen, ist die Gefahr der überzogenen Belastung groß.

Stress- und Bewältigungsfaktoren sind unter Mitarbeit von Polizeibeamten und Anwärtern für den Polizeidienst in Nordrhein-Westfalen wiederholt von uns untersucht worden, so daß wir gemessene Zusammenhänge über die eben gemachten Aussagen besitzen. Auf Basis dieser Kenntnisse könnten nun auch relativ leicht spezielle diagnostische Instrumente zur Selbstdiagnose entwickelt werden. Auch über den Zusammenhang solcher Faktoren mit Dienstkriterien und anderen Verhaltensweisen ist einiges bekannt, was die breite Anwendung eines Stressbewältigungstrainings im Polizeibereich empfehlen würde. Man muß dies auch unter dem Gesichtspunkt der ursprünglichen Selektion von Polizeibeamten im WAD (Werbe- und Auswahldienst der Polizei des Landes Nordrhein-Westfalen) sehen. In dieser Selektion kann man sehr wohl mit Hilfe der gebräuchlichen Testverfahren eine lohnende Verbesserung der Auswahl hinsichtlich vieler Fertigkeiten und Eigenschaften treffen, die für den Polizeidienst wichtig sind. Schwieriger aber ist dies in bezug auf Stressreaktionen und deren Bewältigung, weil diese bei der Auswahl nicht erzeugt und beobachtet werden. So gesehen ist ein Verhaltenstraining als komplementär zur Selektion zu sehen, als ein notwendiger Bestandteil des Bestrebens, den besten Mann für den Polizeidienst auszulesen und seine Verhaltenseffektivität unabhängig von seiner sonstigen Schulung für die besonderen beruflichen Anforderungen optimal zu fördern.

Zur effektiven Durchführung dieses Vorhabens mit Hilfe von Verhaltenstrainings benötigen wir Informationen über die Art und Intensität von Angst-, Ärger- und Belastungsreaktionen in polizeispezifischen Situationen. Diese Informationen sind notwendig für die Gestaltung effektiver Trainingsbedingungen und sie bilden einen der roten Fäden, die während des Seminars immer wieder verfolgt wurden. Ein anderen Punkt betrifft Eigenarten des Trainingsstils und zentriert sich auf die Frage der Direktivität bzw. Nicht-Direktivität des Trainerverhaltens. Auch diese Frage wird im vorliegenden Bericht immer wieder aufgegriffen.

Ansonsten wurde der Bericht so abgefaßt, daß alle irgendwann während des Seminars aufgetauchten Fragen oder Probleme relativ ausführlich behandelt werden, einschließlich der Frage nach mehr Information theoretischer und praktischer Art, die das Training betreffen. Insbesondere wird beschrieben und begründet, wie man lernen kann, in plötzlich auftretenden Belastungssituationen stressreduzierend und angemessen zu reagieren, und wie man durch vorheriges Einüben von Verhaltensweisen langfristig Stressproblemen vorbeugen kann.

Dies ist ein kurzes Demonstrationsseminar und nicht das Verhaltenstraining selbst, welches wesentlich länger dauert. Erwarten kann man den Gewinn von punktuellen Einsichten hinsichtlich Brauchbarkeit des Trainings, nicht aber eine tatsächliche Verhaltensänderung.

Abschnitt 2

Voraussetzungen für ein erfolgreiches Stressbewältigungstraining

2.1. Die drei Grundlagen des Erfolgs
- Erwünschtes Verhalten verstärken
- Unerwünschtes Verhalten ignorieren
- Ziele korrekt einschätzen und mit angemessenen Mitteln erreichen

2.2. Ein Modell von Stress und Stressmodifikation
- Stress = Stressor, Reaktion und Bewältigung
- Stressreaktionen individuell sehr verschieden
- Modifikation an Auslöser und Reaktion ansetzen

2.3. Die Messung von Stressfaktoren und ihre Nutzung
- Stressfaktoren als geordnetes hierarchisches System
- Individuell gemessenes Stress- und Bewältigungsprofil
- Effektivitätsmessung des Trainings

2.4. Typ A: ein Überlastungstyp
- Ein Typ A Test
- Überlastung und Herzkreislaufreaktionen
- Antistress-Typ B

2.5. Stress, Gesundheit und Erfolg
- Stressreaktionen und Gesundheitsbeschwerden
- Stressbewältigung und Lebenserfolg
- Wichtigkeit individueller Stressdisposition

2.6. Organsationsstress: ein Problem des Betriebsklimas
- Stressfaktoren im Betrieb
- Anti-Stressfaktoren im Betrieb
- Stress und Führungsprobleme

2.7. Stress im Polizeidienst
- 7 Klassen von Stressoren
- 3 Arten von Stressreaktionen (Stress, Angst, Ärger)

2.8. Zusammenfassung

2.1. Die drei Grundlagen des Erfolgs

Stress ist ein natürlicher Teil unseres Lebens und tritt praktisch täglich auf. Stressreaktionen werden ausgelöst durch den Umgang mit anderen Personen oder Organisationen oder im Laufe der Auseinandersetzung mit den stets neu auftretenden täglichen Lebensaufgaben. Positive Anpassung oder aktive Durchsetzung persönlicher Belange sind zwei Hauptformen der erfolgreichen Problembewältigung. Geschickte Meidung oder Reduktion negativer Begleiterscheinungen, etwa von drohender Gefahr oder unangenehmen körperseelischen Reaktionen, helfen die positive Selbstdurchsetzung zu verwirklichen. Doch nicht alle Ziele können realisiert werden. Man muß stets zwischen mehr oder weniger attraktiven Zielen und Methoden der Zielerreichung wählen und dabei im Auge behalten, welche Ziele bewältigbar und welche nicht erreichbar sind. Falsche Zieleinschätzung und Methodenwahl reduzieren die Effizienz bis zur Unahnnehmlichkeit, Bedrohlichkeit oder gar bis zum Zusammenbruch.

Diese wenigen Zeilen fussen auf die drei wichtigsten Verhaltensprinzipien, welche Erfolg und Mißerfolg, Zufriedenheit und Unzufriedenheit, Krankheit und Gesundheit bestimmen, nämlich

1. das Prinzip der positiven Verstärkung, nach dem belohntes, als Erfolg erlebtes Verhalten in der Zunkunft häufiger auftreten wird als unbelohntes

2. das Prinzip der Löschung (Ignorieren negativer Erlebnisse und Vermeidung von Bestrafung), wonach der negative Effekt von Bestrafung oder Aversion ausgeschaltet und positives Verhalten ungehindert verstärkt werden kann, und

3. das Prinzip der korrekten Zieleinschätzung und -erreichung, wonach die richtigen Vorgaben, Instrumente und Schwierigkeiten in bezug auf die Zielerreichung gewählt werden.

Die Wirksamkeit dieser Gesetze kann jeder täglich an sich beobachten oder lernen zu beobachten. Wer sich auf diese Beobachtung versteht, kann die drei Verhaltensgesetze in praktischen Übungen in Form von Verhaltensproben auch dort anzuwenden lernen, wo er sein Verhalten noch nicht beherrscht, wo er etwa noch unwillentlich in Druck gerät. Der Verhaltenspsychologe spricht dann von Selbstbewältigung, Selbstkontrolle oder Selbstregulierung des Verhaltens und meint damit stets die Anwendung der drei Verhaltensgesetze auf sich selbst und auf andere, nämlich

- erwünschtes, positives Verhalten fördern
- aversive Reize und Bestrafung vermeiden und
- angemessene Mittel in der Erreichung seiner Ziele benutzen.

Diese Gesetze beherrschen alle Aspekte eines erfolgreichen Verhaltenstrainings und sollten stets erkennbar sein. Mit ihrer Hilfe kann man positives Verhalten (zum Beispiel Bewältigung von Stressreaktionen oder -auslösern) verstärken.

2.2. Ein Modell von Stress und Stressmodifikation

"Stress" bedeutet für die meisten eine anfordernde, belastende und überlastende Beanspruchung des Organismus von außen, die durch "Stressoren" (spezifische Stressauslöser) verursacht wird. Es ist wichtig zu sehen, daß Stress nicht auf jeden Fall Überbelastung bedeutet, sondern jede Intensität der äußeren Anforderung kann sich mehr oder weniger belastend auf das Individuum auswirken, auch eine "nicht fordernde". Erzwungene Inaktivität oder einfaches Nichtstun wirkt sich für bestimmte Individuen ebenso belastend aus wie starke Belastung für andere. Es gibt nicht wenige Menschen, die von sich selbst behaupten, daß sie ohne Belastung nicht leben möchten. Dies bedeutet, daß wir die Reaktion des Individuums bei der Betrachtung und Kontrolle des Stressgeschehens in den Vordergrund rücken müssen und daß Stress nicht allein durch Manipulation der Stressoren (Umweltbedingungen) kontrolliert werden kann. Dies versuchen wir mit Abbildung 1 klar zu machen, die überdies den Stellenwert von Stress im täglichen Geschehen darstellt.

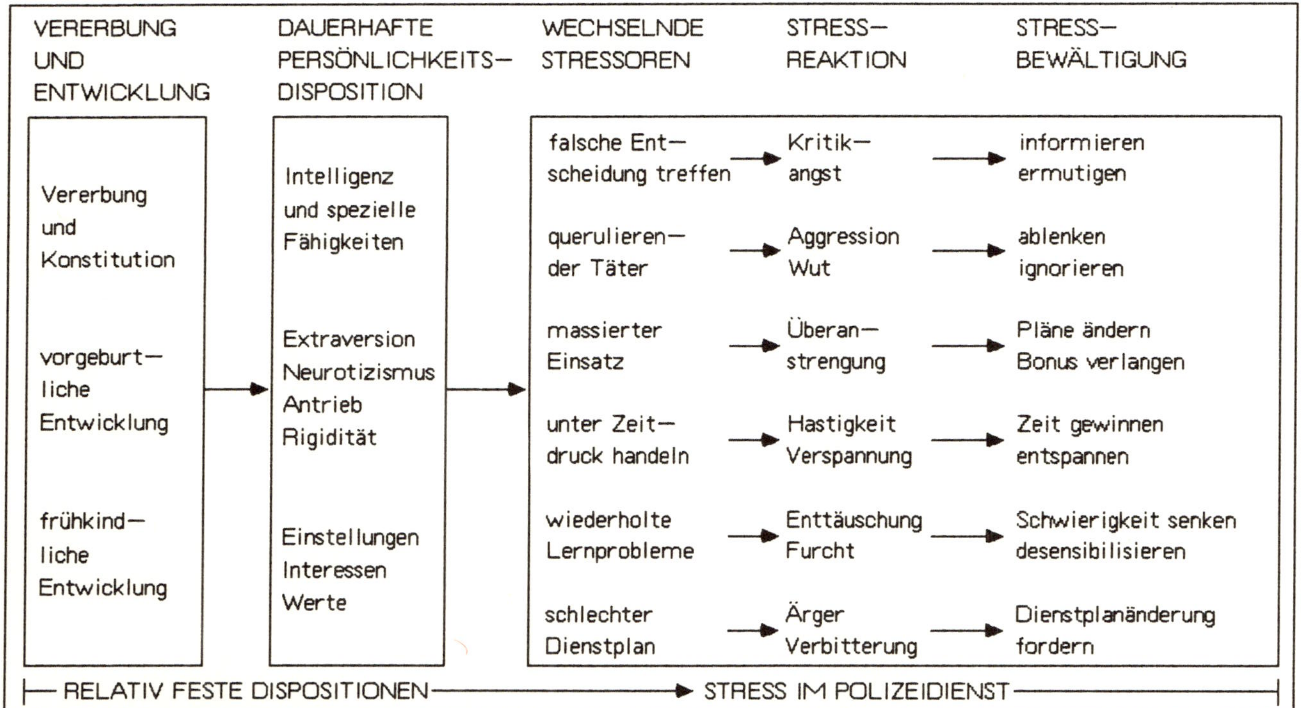

Abbildung 1: Stress und seine Bewältigung im Polizeidienst, einschließlich der Rolle von Vererbung, Entwicklung und Persönlichkeit

Es wird zusätzlich daran erinnert, daß durch Vererbung, Reifung und Lernen relativ dauerhafte und individuell stark unterschiedliche Persönlichkeitsdispositionen entstanden sind, welche das aktuelle Stressgeschehen deutlich, aber nicht völlig bestimmen. Man wird eher damit rechnen können, daß der überwiegende Anteil der Reaktion auf Stress beeinflußbar bleibt, selbst wenn man die Persönlichkeit nicht ändern könnte (was nur in besonderer Hinsicht möglich ist). Dies erklärt die weitreichenden Möglichkeiten eines Trainings zur Stressbewältigung.

Unter "Stress im Polizeidienst" haben wir die Beziehung zwischen Stressor, Reaktion und Bewältigung in Beispielen dargestellt. Dies soll eine Vorstellung davon vermitteln, wie man im Training vorgeht. Zunächst wird das Stressverhalten durch Exploration analysiert, um festzustellen, welche Stressoren welche Reaktionen im Individuum hervorrufen. So kann es sein, daß eine falsche Entscheidung vom Polizeibeamten ignoriert oder abgeleugnet wird und keine negativen Konsequenzen erzeugt. Es kann aber auch sein, daß sich Kritikangst gegenüber Kollegen und Vorgesetzten entwickelt und daß sich diese negativ auswirkt. Im Normalfall läßt sich eine solche Angst durch beruhigende Zusprache seitens des Vorgesetzten (positive Verstärkung ohne Tadel) beseitigen. Wenn nicht, müssen stärkere Mittel eingesetzt werden (zum Beispiel Angstbewältigungstraining, systematische Desensibilisierung). Man sieht aber, daß in diesem Fall am Stressor <u>und</u> an der Reaktion angesetzt wird. Dasselbe ist bei "Lernproblemen" der Fall, indem die Lernschwierigkeit gesenkt und die Furcht desensibilisiert wird. In anderen Situationen wird nur an der Stressreaktion angesetzt ("querulierender Täter") oder am Stressor ("schlechter Dienstplan").

2.3. <u>Die Messung von Stressfaktoren und ihre Nutzung</u>

Biologen denken bei der Diskussion des Begriffs "Stress" vornehmlich an biochemische und physiologische Reaktionen. Psychische Reaktionen werden bestenfalls als davon abhängig betrachtet. Der berühmte Stressforscher SELYE definierte Stress 1956 als eine unspezifische organische Reaktion des Körpers auf Belastung.

In den letzten fünfzehn Jahren sind die psychologischen Aspekte stärker herausgearbeitet worden, vornehmlich die emotionellen (Bedrohlichkeit der Belastung) und die kognitiven (Gedanken können verändernd eingreifen). Die Stressreaktion muß nicht nur negativ, sondern kann auch positiv sein (Disstress und Eustress). Noch später wurde darauf bestanden, daß Stressoren nicht nur momentane Reaktionen auslösen, sondern auch breit wirksame und dauerhafte Einschränkungen der menschlichen Lebensweise bedingen, die für Verhalten und Gesundheit schädlich sind.

Bis dato wurden die meisten Stressreaktionen nur klinisch-qualitativ bewertet, anstatt quantitativ, so daß ihre Nutzung für Forschung und Praxis beschränkt war. Hier setzen die Arbeiten in den Kapiteln I und IV an, in denen eine große Anzahl psychologischer Stressfaktoren unterschiedlichster Art beschrieben werden, die in zuverlässiger Weise meßbar gemacht wurden.

2.4. Typ A: ein Überlastungstyp

Um nahe an der fühlbaren Realität zu bleiben, wollen wir einen Stresstyp beschreiben, der in der letzten Dekade große Verbreitung in der Literatur gefunden hat und ursprünglich auf Friedman und Rosenman (s. Kapitel I) zurückgeht. Dies ist der sogenannte Typ A, der ständig in Zeitnot und Spannung lebt und einem hohen Alltagsstress unterliegt. Zehn besonders charakteristische Reaktionsweisen, anhand derer man sich selbst prüfen kann, sind die folgenden:

- immer der Beste sein müssen
- meist unter Zeitdruck stehen
- unter starkem Konkurrenzdruck stehen
- sich dominant wie ein Boss benehmen
- hastig essen
- häufig fühlen, daß die Zeit einfach nicht ausreicht
- noch während des Feierabends arbeiten
- sich häufig bis aufs Äußerste anstrengen

- häufig unsichere, unangenehme oder unzufriedene Gedanken in bezug auf seine Arbeit haben
- sich sehr gestört fühlen, wenn man auf etwas Wichtiges warten muß.

Mit diesem kleinen Test kann sich jeder Gedanken darüber machen, ob er zum Typ A gehört oder ob er einen Kollegen kennt, den er so charakterisieren würde. Übrigens neigt der Typ A zu koronaren Herzerkrankungen und zu Angina pectoris. Es wird auch noch ein Typ B unterschieden, der ruhiger lebt und Stress effektiver bewältigt.

Wenn wir einen Blick auf Abbildung 1 des Kapitels I werfen, erkennen wir, daß unsere Faktoren Ungeduld, Überlastung und Verspannung das decken, was die amerikanischen Kollegen unter Typ A verstehen. Die Bewältigungsfaktoren Ärgerkontrolle, Entspannung und Selbstbestimmung charakterisieren eher das, was unter Typ B gemeint ist. Auf diese Weise lassen sich deutsche Stresstypen direkt mit angloamerikanischen vergleichen, was im Hinblick auf die Interpretation der Typendiagnostik wichtig ist. Die entsprechenden Trainingsverfahren stammen ja ursprünglich aus den USA, auch wenn diese Verfahren abgewandelt und erweitert wurden.

2.5. Stress, Gesundheit und Erfolg

Es wird von Laien häufig angenommen, daß Belastung etwas Negatives und deshalb grundsätzlich zu Vermeidendes sei. Eine solche Einstellung ist in vielen Punkten genauso falsch wie die gegenteilige Meinung, nämlich daß Belastung positiv und grundsätzlich zu akzeptieren sei. In der in Kapitel I (Abbildung 1) beschriebenen Forschung haben wir diagnostische Instrumente entwickelt, mit deren Hilfe man negative Lebenskorrelate für Stressraktionen und positive für Stressbewältigung nachgewiesen hat. Dieser Nachweis bildet eine Berechtigungsgrundlage für die Anwendung von Trainings der Stressbewältigung.

In Tabelle 1 werden die bisher erhaltenden Korrelate der genannten Faktoren der Stressreaktion und -bewältigung in bezug auf Gesundheitsverhalten und Lebenserfolg dargestellt. Ein großer Teil der in dieser Tabelle subsumierten Daten wurde an Polizeibeamten in Nordrhein-Westfalen gewonnen.

Tabelle 1: Soziale Abhängigkeit und Stressreaktionen besitzen negative und positive Korrelate in bezug auf Gesundheit und Lebenserfolg

KRITERIEN DER GESUNDHEIT UND DES LEBENSERFOLGS	SOZIALBEREICH Soziale Abhängigkeit	Soziale Bewältigung	LEISTUNGSBEREICH Stressreaktionen	Stressbewältigung
Gesundheitsbeschwerden				
1. Vegetatives Stress-Syndrom	+++	–	+++	– – –
2. Herzkreislaufstörungen	++	–	+++	– – –
3. Magen/Darmstörungen	++	NS	+++	– – –
4. Kopfschmerz/Migräne	++	NS	+++	– –
5. Gelenk/Rheumabeschwerden	+	NS	+++	–
6. Blasen/Nierenbeschwerden	+	NS	++	–
7. Bluthochdruck	NS	NS	– – –	++
Subjektiver Lebenserfolg				
8. Emotionale Lebensqualität	–	+	– – –	+++
9. Lebensgewandheit	– –	+++	– –	+++
Objektiver Lebenserfolg				
10. Vorankommen (Zielerreichung, Einstellungen, Akzeptanz)	– –	++	– – –	+++
11. Leistungsnoten (z.B. Schule)	–	+	–	++
Sozioökonomische Angaben				
12. Alter	NS	NS	+	+
13. Geschlecht (weiblich)	NS	–	+	–
14. Einkommen	NS	+	–	NS
15. Wohnqualität	NS	NS	NS	NS

-/+ leicht signifikant, --/++ deutlich signifikant,
---/+++ sehr signifikant, NS nicht signifikant.

Diese Tabelle zeigt, daß Stressreaktionen, aber auch soziale Abhängigkeit sehr signifikante und sich auf weite Lebensbereiche erstreckende positive Beziehungen zu Gesundheitsbeschwerden und negative Beziehungen zu den Kriterien des Lebenserfolgs aufweisen. Die Fähigkeit zur Stressbewältigung korreliert deutlich im Gegensinne, nämlich negativ mit Gesundheitsbeschwerden und positiv mit Lebenserfolg, wobei die Beziehungen für soziale Kompetenz im Gesundheitsbereich tendenzieller Art sind. Stresstrainings sollten sich also sowohl der Reduktion von störenden Reaktionen als auch der Einübung positiver Bewältigung bedienen.
Der Betrachter dieser Ergebnisse kann weitere Einzelheiten aus der Tabelle herauslesen. Auffällig ist dabei das Blutdruckverhalten. Für Personen mit hohem Blutdruck ist der Leistungsbereich besonders wichtig in dem Sinne, daß sie sich als die aktiven Meister und Kontrolleure der Leistung sehen, als mit besonderem Lebenserfolg behaftet und als relativ frei von negativen emotionellen Stressreaktionen. (Es kann sein, daß Leugnung von Stress hier eine Rolle spielt. Diese Ergebnisse sind stichprobenabhängig.)

Unsere Tabelle zeigt ferner, daß die "äußeren" sozioökonomischen Bedingungen nicht die wichtige Rolle spielen, die ihnen häufig zugeschrieben wird, jedenfalls nicht unter den bei unseren Versuchspersonen herrschenden Bedingungen. Das Alter ist irrelevant. Es besteht eine Tendenz, stärker auf Stress zu reagieren, aber man hat auch die Bewältigung mit dem Alter besser gelernt. Am beständigsten findet man, daß Frauen stärker auf Stress reagieren und ihre Stressreaktionen weniger gut verarbeiten. Es gibt allerdings Hinweise darauf, daß sich dies auf Frauen beschränkt, die im täglichen Leben relativ abgesondert sind (zum Beispiel Hausfrauen), im Vergleich zu solchen, die ähnlich wie Männer am Leben teilnehmen, zum Beispiel im Beruf. Das Einkommen spielt nur eine geringfügige und die Wohnqualität als weiterer sozialer Indikator überhaupt keine Rolle. Außer dem für Frauen Gesagten sind also die allgemeinen sozioökonomischen Verhältnisse der breiten Masse unserer Bevölkerung für die Produktion von Stressreaktionen und deren Bewältigung uninteressant oder von untergeordneter Bedeutung. Entscheidend ist die persönliche Disposition zur Reaktion auf Belastung und dann natürlich unter Berücksichtigung der individuell wirksam werdenden Stressoren. Dies dürfte eine eindrucksvolle Argumentation für die Abhaltung von individuenzentrierten Trainings der Stressbewältigung darstellen, ohne daß man dabei die "äußeren" Auslöser vernachlässigen will.

2.6. Organisationsstress: ein Problem des Betriebsklimas

Es wird an dieser Stelle nur kurz auf den Organisationsstress eingegangen, der sich nicht auf die Reaktionen und Interaktionen von Individuen beschränkt, sondern auch Variablen der betrieblichen Organisation einschließt und mit dem Ausdruck Betriebsklima verwandt ist. Wir haben erste Schritte unternommen, um Faktoren des Betriebsklimas in einer Polizeischule Nordrhein-Westfalens zu messen. Es ging darum zu sehen, ob Klimafaktoren gefunden werden können, die mit Stress korrelieren, sowie auch solche, die mit Bewältigung korrelieren. Die ersten Faktoren, die im Hinblick auf Stressreaktionen entdeckt wurden, betreffen Formen des Konflikts, der Eskalation von Spannung, der Vermeidung von Problemdiskussion, der Überladung, Planungsunsicherheit und Hektik. Effektive Formen der Stressbewältigung sind unter anderem sachliche Diskussion zwecks Problemlösung, gegenseitiges Ernstnehmen, Ausdrucks- und Entscheidungsfreiheit. Auch das Einhalten von Ordnung scheint hier eine Rolle zu spielen. Besitzstreben (sich mehr leisten können, mehr materielle Dinge besitzen wollen) und Leistungsanspruch (zu den Besten gehören wollen, nach Anerkennung streben) sind für die Produktion von Stress nicht von erstrangiger Bedeutung und müssen wegen ihrer Komplexität noch näher untersucht werden. Diese Faktoren, besonders aber jene des Leistungsanspruchs, mögen in Stichproben oder Organisationen mit "normal intensivem" Leistungsbewußtsein eher negativ mit Stress korrelieren, im Typ A-Klima jedoch positiv und signifikant.

Organisationsstress ist für die Gesundheit und Produktivität von Betrieben von vitaler Bedeutung, aber kaum ein Betrieb versucht ihn zu messen, um dadurch seine Kontrolle zu ermöglichen. Das Spitzenmanagement tendiert dazu, die Verantwortung für die Erzeugnung von persönlichen Spannungen auf das untergeordnete Individuum zu verlagern, während dieses Individuum eher die Organisation dafür verantwortlich hält und das mittlere Management vielleicht beide Seiten dafür heranzieht. Jedoch wird eine effektive Stressbewältigung im Prinzip erst möglich, wenn man neben den Sachbedingungen auch die Verhaltensursachen und -wirkungen untersucht. Dabei stellen sich Führungsprobleme häufig als stresserzeugend heraus. Was der Chef als (positiven) Leistunganspruch sieht, mag der Untergebene als (negative) Überladung sehen. Ein anderer Chef mag freundliche Teamsitzungen abhalten, aber die wichtigsten Informationen vorsätzlich nicht zur Sprache kommen lassen, so daß durch Verhinderung einer Sachdiskussion die stressreduzierende Wirkung von Ernstnehmen, Ausdrucks- und Entscheidungsfreiheit nicht stattfinden kann. Somit wird der patriarchalische Chef trotz aller Jovialität zum Stressgenerator, ohne daß er es vielleicht merkt.

Organisationsstress ist nicht Teil unseres Stressbewältigungstrainings, besitzt aber Beziehung hierzu, die man erkennen und näher untersuchen muß. Dies dürfte eine Aufgabe der kommenden Jahre sein.

2.7. Stress im Polizeidienst

Die Durchführung eines effektiven Stressbewältigungstrainings erfordert genaue Kenntnis der Stressquellen und der Reaktionsarten, die die Belastung beim Beamten erzeugt. Die Effektivität eines Trainings hängt von der Genauigkeit dieser Informationen ab und von der Präzision ihrer Verwendung beim Training. Es ist deshalb gut, wenn solche Informationen bereits vor einem Training erforscht werden, daß das Trainingsprogramm berufsspezifisch aufgesetzt werden kann und der fachfremde Trainer einen höheren Akzeptanzgrad (Vertrauen) bei den Kursteilnehmern sicherstellt.
In Voruntersuchungen wurden mit Hilfe eines speziell konstruierten Fragebogens ("Stress im Polizeidienst", vgl. Kapitel IV) Stressoren analysiert, die den Grad der von den Beamten geschätzten Belastung entsprechend, die folgende Stresshierarchie ergaben:

1. Erleiden eines schweren Körperschadens im Dienst
2. Antreffen und Umgang mit Schwerverletzten und Toten
3. Gebrauch von Gewalt im Einsatz
4. Entscheidungsprobleme
5. Allgemeine Dienstprobleme
6. Ehrenrührige Probleme
7. Soziale und Familienprobleme

Diese Befragung sollte in der Zukunft ergänzt werden. Auch sollten sie in verschiedenen Dienstbereichen durchgeführt werden, zum Beispiel im Streifendienst, Bürodienst, Sicherheits- und Ordnungsdienst usw. Die typischen Situationen in diesen Diensten werden erfragt oder beobachtet, ebenso wie die typischen mehr oder weniger stressvollen Reaktionen des Beamten (und möglicherweise auch des Bürgers). Die erlangten Informationen können so gegliedert und kommentiert werden, daß sie für Unterweisung und Training genutzt werden können. "Beobachtung" würde bedeuten, daß der Verhaltenspsychologe die Beamten am Arbeitsort, etwa beim Streifendienst, begleitet und somit seine Informationen an der Quelle registriert. Dieses Verfahren wurde bereits häufiger vorgeschlagen.

In einer zweiten Voranalyse bezüglich der Reaktionsarten auf Belastung mußten die Beamten beurteilen, wie intensiv bei ihnen Stress, Angst und Ärger durch die belastenden Situationen ausgelöst wurden. Man kann daraufhin Intensitätshierarchien der Stress-, Angst- und Ärgerreaktionen bilden und miteinander vergleichen. Die Interkorrelation ergab eine ziemlich hohe, aber keineswegs volle Übereinstimmung zwischen den Stress- und Angstreaktionen und eine ziemlich geringe zwischen Ärger einerseits sowie Stress und Angst andererseits. Von den 20 intensivsten Stressitems gehörten 9 zu den 20 intensivsten Angstitems und 7 zu den 20 intensivsten Ärgeritems. Von den 20 intensivsten Angstitems fanden sich 11 bei den 20 intensivsten Stressitems und nur 4 bei den 20 intensivsten Ärgeritems wieder. Von den 20 intensivsten Ärgeritems gehörten schließlich auch 7 zu den 20 intensivsten Angstitems. Die Interpretation lautet insgesamt dahingehend, daß Angst- und Stresssituationen im Polizeidienst hinsichtlich der Reaktion des Beamten viel miteinander zu tun haben, aber doch nicht so identisch sind, daß eine differenzierte Betrachtung und Behandlung nicht angebracht wäre. Ärgerreaktionen entstehen augenscheinlich auf wesentlich anderer Basis und sollten grundsätzlich anders behandelt werden. Diese Erstanalyse von Stress, Angst und Ärger soll zeigen, wie sinnvoll die Fortführung von Untersuchungen ist, welche uns über die verschiedensten Arten von Stressreaktionen im Polizeidienst aufklären. Dasselbe gilt übrigens für die verschiedenen Formen der Bewältigung.

2.8. Zusammenfassung

Stressreaktion und Bewältigung sind erwiesenermaßen von großer Bedeutung für körper-seelische Gesundheit, sozialen und Leistungserfolg, Dies trifft ebenfalls auf die betriebliche Organisation bzw. berufliche Umgebung des Individuums zu. Es ist außerordentlich schwer, die positiven und negativen Effekte der vielfältigen Belastungsphänomene mit Hilfe des allgemeinen Eindrucks richtig zu bewerten. Man kann sich aber durch Messung von Auslösung, Reaktion und Bewältigung einen guten Überblick verschaffen und auf solchen quantitativen Informationen ein Training aufbauen, mit dessen Hilfe der Polizeibeamte lernt, seinen beruflichen Stress zu kontrollieren und sein berufliches Verhalten effektiver zu gestalten. Dieses Training basiert auf den drei wichtigsten von der Lerntheorie abgeleiteten Regeln: erwünschtes Verhalten positiv verstärken, negatives Verhalten (Aversion, Bestrafung) löschen oder vermeiden und die jeweils gesetzten Ziele korrekt einschätzen umd mit angemessenen Mitteln, d.h. in kontrollierter Form erreichen.

Abschnitt 3

Stressbewältigungstraining (Vorform 1982)

3.1 Allgemeine Ziele und Methoden

3.2 Einführung in das Trainingsprogramm
- Stressoren und Stressreaktionen
- Kurzfristige und langfristige Bewältigung
- Unwirksame Bewältigung

3.3 Vorübungen zum Bewältigungstraining
- Sensibilisierung für die Belastung
- Aktives Herangehen an die Belastung
- Positive Selbstbewertung

3.4 Erarbeitung der Wissenstechniken
- Körperliche Stressmerkmale
- Situative Stressmerkmale
- Tabellierung von Stress- und Bewältigungsmerkmalen

3.5 Konstruktion und Probedemonstration kurzfristiger Bewältigungstechniken
- Techniken der Entspannung, Ablenkung und Ermutigung
- Zur Konstruktion von Trainingsverfahren
- Probedemonstration (Vorübungen)

3.6 Übung in der kurzfristigen Stressbewältigung
- Übung und wiederholte Übung mit Korrektur
- Generalisierungstraining
- Selbständige Übung

3.7 Konstruktion und Probedemonstration langfristiger Bewältigungstechniken

- Techniken der Desensibilisierung, Problemlösung, Einstellungsänderung und Aussprache
- Zur Konstruktion von Trainingsverfahren
- Probedemonstration (Vorübungen)

3.8 Übung in der langfristigen Stressbewältigung

3.9 Durchführung von "Auffrischungssitzungen"

3.10 Qualifizierende Hinweise

3.1. Allgemeine Ziele und Methoden

Im folgenden wird ein Stressbewältigungstraining beschrieben, welches dem in Münster abgehaltenen Demonstrationsseminar zugrundeliegt. Dies kann in keiner Hinsicht als vollständige Beschreibung angesehen werden, doch wird der Versuch gemacht, einige der wichtigsten Inhalte und Verfahrensweisen so verständlich zu machen, daß der Leser sich ein Bild vom Training machen kann. Dies ist eine Vorform des in Kapitel VIII dargestellten Stressbewältigungsmanual 1983.

Das Training soll das Verhalten im Umgang mit anderen in beruflichen und sozialen Kontaktbereichen effektiver und reibungsloser gestalten, wobei positive Gesundheitskonsequenzen ein Nebenergebnis darstellen. überlastung durch äußere Überforderung, eigene übersteigerte Leistungsorientierung, Konkurrenzdenken, Zeitdruck und überlastung wird reduziert. Dasselbe trifft auf Stressreaktionen wie Verspannung, Ängstlichkeit, Verstimmung, Gereiztheit, Verärgerung und Unkontrolliertheit zu.

Das Training beinhaltet eine konkrete Verhaltensanalyse der individuellen Problemsituation, um die unangemessenen Bewältigungsstrategien erkennbar zu machen und den Kursteilnehmer derart zu sensibilisieren, daß er in der Zukunft effektivere Bewältigungsstrategien in Eigenentscheidung ansetzen kann.

Diese Strategien teilen sich in kurzfristige und langfristige auf. Eine kurzfristige Bewältigung von Stressreaktionen wird durch tiefe muskuläre Entspannung, Methoden der emotionalen Distanzierung (kontrollierte gedankliche Zu- und Abwendung von den Stressoren) und Veränderung stressverstärkender innerer Dialoge erreicht. Bei der langfristigen Prävention von Belastung werden Problemlösefertigkeiten, Strategien zur Lösung sozialer Konfliktsituationen und zur Veränderung irrationaler Einstellungen trainiert. Damit verknüpft wird die verstärkte Nutzung angenehmer und entspannender Aktivitäten. Die verbesserten Bewältigungsstrategien werden vorwiegend im Rollenspiel trainiert.

3.2. Einführung in das Trainingsprogramm

Belastungssituationen werden vorgestellt, erfragt und diskutiert. Man kann sie in "äußere" (Stressoren) und "innere" (Stressreaktionen) gliedern, wie die folgenden Beispiele zeigen:

Stressoren: Probleme im Einsatz, hohe Leistungsanforderung, Probleme mit Behörden, negative Einstellung der Kollegen, Prüfungssituationen.

Stressreaktionen: Angst vor Kritik, Ärger über falsche Entscheidung, Wut über betrügerisches Täterverhalten, Furcht vor Gewaltandrohung, Konfliktgefühle bei Auseinandersetzungen, Hilflosigkeit bei Verlust der Kontrolle über Situationen.

Zur Bewältigung von Belastungssituationen werden Techniken benutzt, die (a) in der Belastungssituation eine kurzfristige Erleichterung verschaffen und (b) die Belastungssituation grundlegend und langfristig verändern (Abbildung 2).

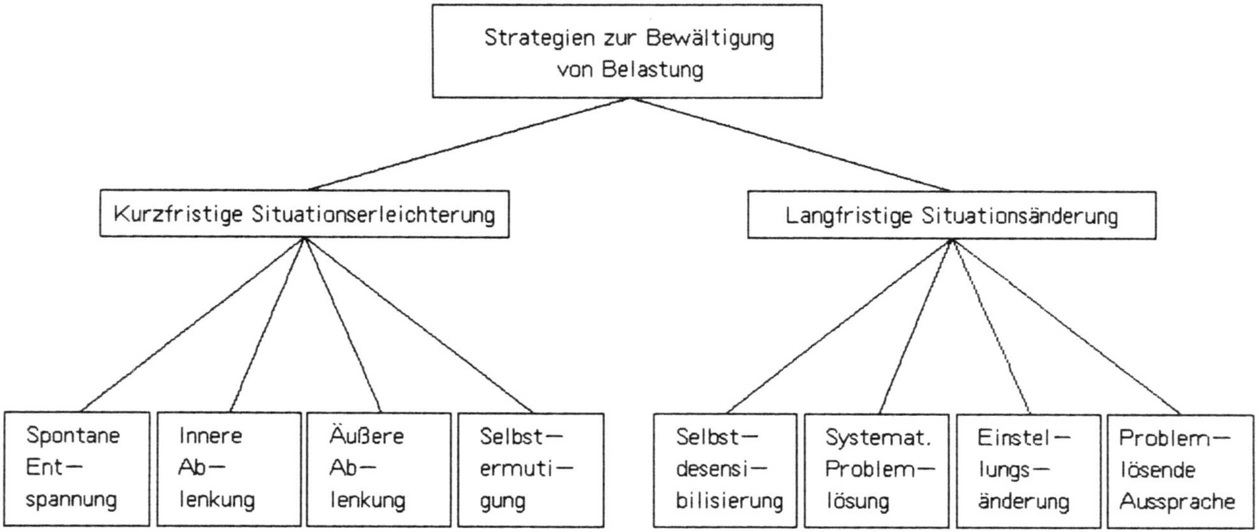

Abbildung 2: Strategien zur Stressbewältigung auf kurze und lange Sicht

Beispiele für kurzfristige Bewältigungsmöglichkeiten sind spontane Entspannung, die einem hilft, daß man in der Belastungssituation nicht hektisch wird und unüberlegt handelt; innere Ablenkung, die es ermöglicht, die mit der eigenen Belastung verbundene Niedergeschlagenheit und Enttäuschung über sich selbst sowie Ärger und Wut auf den anderen zu beseitigen; äußere Ablenkung, wobei man sich augenblicklich durch eine Tätigkeit ablenkt oder sich mit Freunden oder Bekannten über das Problem ausspricht und eventuell ihre Hilfe in Anspruch nimmt, und schließlich Selbstgespräche, in denen man sich selbst Mut zuspricht und Lösungsmöglichkeiten zur kurzfristigen Bewältigung zurechtlegt.

Die Techniken der Situationserleichterung führen nur zu kurzfristigen Lösungen der Probleme. Daher soll man sie anwenden, wenn im Augenblick die eigentliche Ursache für die Belastung nicht zu beheben ist. Das ist zum Beispiel dann der Fall, wenn man innerlich noch zu erregt ist, um planvoll und überlegt zu handeln, oder weil die Ursache nicht direkt zu ändern ist, wie zum Beispiel bei einem Auffahrunfall mit dem Auto.

Mit Techniken, die die Belastungssituation selbst verändern bzw. das zukünftige Auftreten solcher Situationen verhindern, kann man die Belastung direkt angehen und das Problem auch langfristig wirksam lösen. Die Belastungssituation wird damit in ihren Auswirkungen nicht nur erleichtert, sondern grundsätzlich langfristig bewältigt. Die wichtigsten Techniken sind: die Selbstdesensibilisierung, wobei man sich durch regelmäßige Entspannungsübungen auf bevorstehende Belastungssituationen vorbereitet und damit ihre angst- und spannungserzeugende Auswirkungen verhindert; die systematische Problemlösung, wodurch voraussehbare Belastungssituationen durch gezielte Vorbereitung verhindert und Schwierigkeiten durch gezielte Planung gelöst werden können (zum Beispiel durch Abzahlung von Schulden); die Änderung von Einstellungen, etwa daß man alles möglichst perfekt machen müsse oder daß man dümmer und untauglicher als seine Mitmenschen sei; und schließlich die problemlösende Aussprache, indem man zum Beispiel lernt, sich bei ungerechtfertigter Kritik sofort effektiv zur Wehr zu setzen bzw. bei berechtigter, aber ständig wiederholter Kritik eindeutig zu sagen, daß man seinen Fehler eingesehen habe und die Sache damit als erledigt betrachte.

Unwirksame Strategien zur Stressbewältigung müssen bekannt sein und lassen sich in zwei Kategorien "schlechter Verhaltensgewohnheiten" zusammenfassen:

- Die Strategie, die Stress-Situation passiv zu erdulden, sich zurückzuziehen und alles über sich ergehen zu lassen in der Hoffnung, daß damit die Belastung "von allein" verschwindet. Dies hilft nur selten, die Belastung besteht weiter, oder es vergrößern sich die Schwierigkeiten.

- Die Strategie der hektischen, unüberlegten und planlosen Reaktion auf Belastung. Alle zur Verfügung stehenden Mittel werden auf einmal und mit größter Intensität angewandt. Man verliert sehr schnell den Überblick, weil eine Rückmeldung über die Wirksamkeit aller einzelnen Strategien unmöglich wird und man sich selbst in eine "gewaltsame" Lösung hineinsteigert ("Durchdrehen").

Um Stress- und Belastungsituationen adäquat bewältigen zu können, muß man bestimmte Wissens- und Verhaltenstechniken beherrschen. Eine Wissenstechnik gibt an, was man wissen muß oder welche Informationen man vorher haben muß, um eine bestimmte Verhaltensweise ausführen zu können. So muß man also zum Beispiel vorher wissen, welche Leute einem bei einem bestimmten Problem helfen können, bevor man sie um Unterstützung bittet.

Eine Verhaltenstechnik gibt an, welche Verhaltensweisen ausgeführt werden müssen, um zu einem bestimmten Ziel zu gelangen. In der Verhaltenstechnik wird also das vorher gesammelte Wissen in die Tat umgesetzt. Ein Beispiel für eine Verhaltenstechnik wäre zum Beispiel, sich die Belastungssituation dadurch kurzfristig zu erleichtern, daß man sich nach einer Auseinandersetzung mit dem Vorgesetzten kräftig Mut zuspricht oder zusprechen läßt.

3.3 Vorübungen zum Bewältigungstraining

In Vorübungen zum Trainingsprogramm wird erstens angestrebt, den Kursteilnehmer für Belastungs- und Stress-Situationen zu sensibilisieren, d.h. Anzeichen und Merkmale für Belastungen frühzeitig zu erkennen. Zweitens soll ihm der Unterschied zwischen einem aktiven Bewältigen gegenüber einem passiven Erdulden der belastenden Situation verdeutlicht und dadurch erleichtert werden, akute Stress-Situationen durch ein aktives Herangehen zu bewältigen. Drittens soll er lernen, positive anstatt abwartende Stellungnahmen zu sich selbst zu beziehen. Zwei Beispiele solcher Vorübungen sind wie folgt:

Beispiel 1: "Ich bin ein Versager"
In Zweiergruppen übernimmt ein Kursteilnehmer die Rolle des "Anklägers" und Kritikers, ein anderer die des "Kritisierten". Der kritisierte Teilnehmer stellt sich dabei eine reale Belastungs- oder Stress-Situation vor. Der Ankläger sagt daraufhin mit möglichst eindringlichem und anklagendem Tonfall und in verschiedenen Variationen der Lautstärke: "Du bist ein Versager". Der angesprochene Teilnehmer antwortet darauf zustimmend in gedrücktem Tonfall, mit gesenktem Kopf und unter Vermeidung jeglichen Blickkontaktes (wie zu sich selbst): "Ja, er hat recht, ich schaffe es nicht, ich bin wirklich unfähig, ich bin wirklich ein ewiger Versager" usw. (negative Selbstverbalisierung).

Beispiel 2: "Ich schaffe es, wenn ich will"
In derselben Konstellation wird nun vom Übenden die entgegengesetzte Reaktion (positive Selbstverbalisierung) ausgeführt. Während der Übungspartner wieder mit entsprechender Modulation der Stimme und Lautstärke anklagend den Satz wiederholt: "Du bist ein Versager", soll der Übende darauf mit positiven, sich selbst ermutigenden Äußerungen antworten und sein Gegenüber dabei ansehen. Diese Äußerungen sollen im Selbstgespräch und für die Gruppe hörbar, etwa wie folgt, getan werden: "Nein, ich bin kein Versager. Ich weiß, daß ich es schaffe. Er kann das gar nicht richtig beurteilen, da er nicht in meiner Situation steckt. Ich weiß, daß ich es kann, wenn ich will. Ich lasse mich nicht beirren" usw. (positive Selbstverbalisierung).

3.4 Erarbeitung der Wissenstechniken

Die erste Voraussetzung für schnelles und wirksames Handeln in einer Belastungssituation besteht darin, die wesentlichen Merkmale und

Anzeichen, die eine solche Situation kennzeichnen, erkennen zu können, und zwar anhand von körperlichen und situativen Merkmalen.

Körperliche Stressmerkmale: Hierunter verstehen wir alle Anzeichen, mit denen uns unser Körper und unsere Körperempfindungen signalisieren, daß wir uns in einer Belastungs- oder Stress-Situation befinden. Beispiele dafür sind Herzklopfen, Schweißausbrüche usw. Solche Signale treten manchmal bereits auf, wenn wir eine Situation noch gar nicht bewußt als belastend oder stresshaft wahrgenommen haben. Sie können uns dann als Frühwarnung dienen und uns veranlassen, die Situation besonders aufmerksam zu analysieren und eventuell sofortige Bewältigungsversuche einzuleiten. Außerdem können wir manche dieser Anzeichen wie zum Beispiel das Erröten oder Stottern auch an anderen Menschen erkennen und damit feststellen, ob sich andere gerade in einer Stress-Situation befinden. Diese Information kann uns - je nach unserem Verhältnis zum anderen - in zweierlei Hinsicht dienlich sein: Wenn wir eine gute Beziehung zu ihm haben, können wir dem anderen helfen, Belastungen zu überwinden. Wenn diese persönliche Beziehung nicht besteht, können wir unser Verhalten insofern situationsgerecht ändern, als wir den anderen zum Beispiel nicht zusätzlich reizen oder Forderungen, die wir haben, verschieben und erst bei anderer Gelegenheit vorbringen.

Situative Stressmerkmale: Wir kennen aus der Erfahrung heraus viele Situationen und Ereignisse, die belastend sind (z.B. Prüfungen, Einsamkeit, von anderen kritisiert werden). Es ist häufig nicht einfach, die Stressoren schnell als solche zu erkennen, weil die Hinweise und Anzeichen nicht immer eindeutig zu identifizieren sind. Ihre Kenntnis ist aber wichtig, damit möglichst frühzeitig - ergo umso wirksamer - auf die Belastung reagiert werden kann. Hinweise auf eine Belastung sind zum Beispiel: hartnäckiges Schweigen, stimmliche Intensität, sich gegenseitig anbrüllen, die "Zornesfalte", unsachliche Kritik. Solche Merkmale sind vielfältig und individuell sehr verschieden.

Tabellierung der Stressmerkmale. Körperliche und situative Merkmale werden nach dem folgenden Verfahren sorgfältig erarbeitet (Tabelle 2):

- Sammlung aller Merkmale im "Brainstorming" vornehmen
- Schlüsselfragen dazu benutzen (wie fühle ich mich, reagiere ich unter Stress)
- Sicherstellen, daß jeder Teilnehmer Nennungen liefert (im Verhalten aktiv mitmacht)
- Merkmalstabellen zur sicheren Orientierung herstellen
- Hausaufgaben vergeben
- Vom Teilnehmer berichten lassen (Übung in Selbstverbalisierung)
- Hilfestellungen durch Kursleiter vornehmen lassen.

Mit demselben Verfahren werden Namen von Personen und Institutionen gesammelt, die in Belastungssituationen spezifizierte Hilfe geben können, einschließlich Adresse, Kontaktzeiten usw.

Tabelle 2: Beispieltabellen für körperliche und situative Stressmerkmale

KÖRPERLICHE MERKMALE FÜR BELASTUNGSSITUATIONEN

- Magenschmerzen
- trockener Mund
- Schwitzen
- Herzklopfen
- Durchfall
- Erbrechen
- Atemnot
- Tränen
- Kopfschmerzen
- Rotwerden
- Überschlagen der Stimme
- Stottern
- Händezittern
- weiche Knie
- schnelles Atmen
- Augenzittern
- Erschöpfung
- Angst
- Schwindelgefühle
- Ohnmacht

SITUATIVE MERKMALE FÜR BELASTUNGSSITUATIONEN

- Absage einer Verabredung
- Einsamkeit am Feiertag
- Abschied von toten Freunden
- drohende Menschen-ansammlung
- eisiges Schweigen der Vorgesetzten
- zuviele Termine auf einmal
- verregneter Urlaubstag
- nächtlicher Lärm
- einen Feind um etwas bitten müssen
- Selbstkritik vor anderen üben müssen
- unsachlich kritisiert werden
- laut angebrüllt werden
- Prüfung vorverlegt bekommen
- drohender oder ironischer Tonfall
- Ungewißheit über Prüfungsergebnis
- ungerechtfertigte Arbeitsverteilung
- zur Verantwortung gezogen werden
- Mitarbeiter, die sich drücken
- schwere Krankheitsdiagnose vom Arzt erfahren
- mehrere Komplimente auf einmal bekommen
- Arbeit klappt beim wiederholten Versuch nicht
- Chef runzelt beim Arbeitsbericht die Stirn
- unerbetene Ratschläge entgegennehmen müssen
- zuviel Arbeit zu tun
- zuviel Verantwortung aufgebürdet bekommen
- unkollegiales Verhalten anderer
- zuviele Telefonanrufe erhalten

Erarbeitung von Bewältigungsmerkmalen. Alle wirksamen Hilfsmittel und Techniken der kurz- und langfristigen Bewältigung werden in derselben Weise gemeinsam erarbeitet und für den praktischen Gebrauch tabelliert.

3.5. Konstruktion und Probetraining kurzfristiger Bewältigungstechniken

Die "spontane" Entspannung besteht aus einer kurzfristigen Entkrampfung und Lockerung der Muskeln. Dadurch werden Angst, Nervosität, Konzentrationsschwierigkeiten, Wutanfälle usw. eine zeitlang unterbrochen, da diese Zustände mit Entspannung unvereinbar sind. Unter "innerer" Ablenkung verstehen wir die gedankliche Beschäftigung mit einem Thema, das mit der Belastung nichts zu tun hat. Man unterbricht aktiv quälende Gedanken und denkt an etwas anderes wie zum Beispiel die Gestaltung des nächsten Urlaubs oder an schöne Erlebnisse aus der Vergangenheit. Mit "äußerer" Ablenkung sind dagegen körperliche Aktivitäten und Tätigkeiten gemeint, die uns die Belastung vorübergehend vergessen lassen. Beispiele dafür sind ein Einkaufsbummel, Musik hören und Freunde besuchen. Durch Selbstermutigung richtet man sich wieder auf, indem man sich selbst innerlich Mut zuspricht, sich selbst auffordert, sich zusammenzureißen und sich nicht unterkriegen zu lassen, und indem man die Belastung in ihrer Bedeutung relativiert.

Diese vier Bewältigungsmöglichkeiten haben als gemeinsames Kennzeichen, daß sie auf eine kurzfristige Veränderung unseres eigenen Verhaltens abzielen, während die Situation, in der wir uns befinden, unverändert bleibt.
Der Kursleiter demonstriert die Konstruktion der Übungen und ihre Anwendung auf Belastung. Beispiele der sich daraus ergebenden Vorübung sind wie folgt.

1. Innere Ablenkung
Es ist Donnerstagvormittag, und ich sitze bei meiner Arbeit am Fließband. Da sehe ich einen neuen Vorarbeiter, der als sehr streng gilt. Er beobachtet die Kollegen bei der Arbeit, indem er ihnen von hinten

über die Schulter schaut. Dies ist eine Angewohnheit, die mich sehr unsicher und nervös macht, was wiederum zu fehlerhafter Arbeit führt. Als ich den Chef schon von weitem sehe, wird mir sofort flau im Magen, und ich werde ganz nervös. Ich reiße mich jetzt zusammen und lenke mich innerlich ab, indem ich das nächste Wochenende plane: "Ich könnte eigentlich wieder mal ins Kino gehen. - Allein habe ich dazu keine Lust. Ob Susi mitkommt? Ach, die ist ja in Urlaub gefahren. Aber Heinz könnte ich anrufen, der geht immer gerne mit ins Kino! Heinz habe ich schon seit einer Woche nicht mehr gesehen. Es wäre vielleicht besser, wenn ich ihn heute abend anrufe und frage, ob er am Wochenende auch Lust zu einem Kinobesuch hat. Und wenn das nicht klappt, könnte ich eigentlich auch mal wieder Kegeln gehen. Ich habe das richtig einschlafen lassen. Auf jeden Fall rufe ich Günter an und frage, ob er noch jeden Samstagabend im Bürgerbräu Kegeln geht. Ja, das ist ein guter Plan (Handlung)."

Ich achte besonders darauf, mich sofort, nachdem ich den Chef gesehen habe, innerlich abzulenken, um dadurch erst gar nicht das Angstgefühl aufkommen zu lassen (eigenes Verhalten).

2. Äußere Ablenkung

Es ist Mittwochabend, und ich sitze auf dem Wohnzimmersofa. Soeben hat mein Ehemann Peter wütend und türenschlagend die Wohnung verlassen. Wir hatten zuvor über unseren gestrigen Besuch bei Freunden gesprochen, und ich hatte Peter kritisiert, weil er Inge den ganzen Abend gehänselt und, wie mir schien, sehr verletzt hatte. Peter hatte aber heute bereits einigen Ärger in der Arbeit; außerdem habe ich meine Kritik aggressiv und verletzend geäußert, so daß Peter wütend aufstand und wegging, bevor ich mich für meine Vorwürfe entschuldigen und meinen Ärger offen ausdrücken konnte. Ich atme zunächst ein paar Mal tief durch und sage zu mir: "Jetzt habe ich mich ganz schön idiotisch verhalten, aber das läßt sich schon wieder einrenken. Ich werde den Frühstückstisch morgen besonders nett decken. Ich freu' mich schon darauf. - Und jetzt rufe ich Susi an und quatsche noch ein bißchen mit ihr." Ich telefoniere mit Susi und spreche mit ihr über den Fernsehfilm vom Wochenende (Handlung). Ich achte besonders darauf, nicht über Peter zu schimpfen und auch mir keine unnötigen Selbstvorwürfe zu machen (eigenes Verhalten).

3. Spontane Entspannung und Selbstermutigung

Ich sitze im Wartezimmer des Zahnarztes Dr. Wurzel. Der Patient, der gerade vor mir an der Reihe war, hat das Behandlungszimmer soeben verlassen, ich komme gleich dran. Am liebsten würde ich noch im letzten Augenblick wieder nach Hause gehen, aber ich atme ein paar Mal tief durch, entspanne mich und spreche mir innerlich Mut zu: "So schlimm wird es schon nicht werden. Ich habe schon schlimmerers ertragen. Wenn er mir den Zahn ziehen muß, bekomme ich sowieso eine örtliche Betäubung. Wenn ich die Behandlung jetzt wieder verschiebe, werden die Schmerzen nur schlimmer, und die Behandlung dauert länger. Komm', reiß Dich zusammen. In einer Stunde ist ja alles vorbei." Ich atme nochmals tief durch und betrete das Behandlungszimmer (Handlung).

Ich achte besonders darauf, mich während der Selbstermutigunmg innerlich zu entspannen und das Behandlungszimmer erst dann zu betreten, wenn ich nochmals tief durchgeatmet habe (eigenes Verhalten).

Die folgenden Aufgaben fallen jetzt bei der Probedemonstration an:
- Instruktion für die Gruppe
- Vorführen des ersten Demonstrationsbeispiels
- Besprechung des Rollenspiels (Vorbereitung, Themenselektion)
- Erste Rollenspiele (Durchführung)
- Diskussion, Bewertung und Korrekturvorschläge
- Wiederholung.

3.6 Übung in der kurzfristigen Stressbewältigung

Die folgenden Aufgaben fallen bei der eigentlichen Durchführung des Trainings an:
- Wiederholung der Grundbedingungen und Gliederung der Aufgaben
- Zusammenstellung der Übungssituationen
- Rollenspiele der Kursteilnehmer
- Setzen und Überprüfen von zu erreichenden Übungszielen
- Generalisierungstraining (auf andere Aufgaben)
- Hausaufgaben (selbständige Erarbeitung weiterer Übungssituationen)
- Besprechen und Durchführung der neuen Übungen
- Jeweils Diskussion, Bewertung und Korrektur.

3.7 Konstruktion und Probedemonstration langfristiger Bewältigungstechniken

Die Anwendung langfristiger Bewältigungstechniken hat den Vorteil, daß einerseits die Ursachen von Belastungssituationen beseitigt werden und andererseits häufig auftretende und voraussehbare Belastungen verhindert oder in ihrer Wirkung angeschwächt werden können. Im Unterschied zu den kurzfristigen Belastungsstrategien, die sich meist auf die Veränderung des eigenen Verhaltens richten, umfassen die langfristigen Bewältigungsstrategien sowohl die Veränderung des eigenen

Verhaltens als auch die Veränderung unserer Umgebung. Die vier Techniken werden im folgenden beschrieben.

1. Selbstdesensibilisierung

Die Selbstdesensibilisierung bewirkt, daß Angst, Nervosität und die damit verbundene Beeinträchtigung des ruhigen Überlegens und Planens gar nicht erst auftritt oder aber in ihrer Wirkung eingeschränkt wird. Mit dieser Technik bereitet man sich auf Belastungssituationen vor, indem man sich körperlich entspannt und dabei die belastende Situation vorstellt. Tritt die Situation dann tatsächlich ein, kann man sich besser entspannen, ist bereits vorher allgemein ruhiger und gelöster und damit der Belastungssituation besser gewachsen.

2. Systematische Problemlösung

Belastungssituationen langfristig zu bewältigen, wird dadurch ermöglicht, daß man sich vorbeugend auf ihr Eintreten einstellt und die einzelnen Schritte und Maßnahmen zu ihrer Bewältigung vorher plant. Die Technik der systematischen Problemlösung ist besonders für solche Belastungsituationen geeignet, deren Eintreten schon länger voraussehbar ist. Beispiele dafür sind Prüfungen, wiederholt auftretende Einsatzprobleme, Auseinandersetzungen mit bestimmten Vorgesetzten oder Bürgern, Arbeits- und Konzentrationsschwierigkeiten.

3. Einstellungsänderung

Unbegründete Schuldgefühle, Vorurteile oder abwertende Einstellungen bezüglich der eigenen Person führen zu depressiven Reaktionen oder Konflikten, die uns belasten. Mit der Einstellungsänderung werden bewußt und gezielt solche alten, unangemessenen oder falschen Ansichten, Meinungen, Erwartungen oder Vorurteile durch eine neue Ansicht, Einstellung oder Erwartung ersetzt, woduch bestimmte Belastungen langfristig bewältigt werden können.

4. Problemlösende Aussprache

Durch das Herbeiführen einer Aussprache mit jemandem, der die Belastungssituation verursacht hat, ergeben sich viele und wirksame Bewältigungsmöglichkeiten. Diese Technik ist damit mehr auf die Änderung des Verhaltens anderer Personen, also auf die Änderung unserer Umgebung gerichtet. Die Belastungssituation wird dadurch beendet oder entschärft, daß mit der betreffenden Person immer wieder auftretende Konflikte grundsätzlich und offen ausdiskutiert werden. Der Erfolg hängt wesentlich von der Gesprächsführung ab, weshalb die Vorbereitung der Aussprache besonders intensiv geführt wird. Diese Technik wird häufig in Situationen benutzt, in denen man dauernder Kritik, Vorwürfen und Angriffen - ob berechtigt oder nicht - oder unberechtigten Forderungen und Ansprüchen ausgesetzt ist.

Hier wie bei allen anderen Techniken werden Regeln erarbeitet und spezifiziert, welche die Bedingungen der Anwendung und die Ziele der Veränderung festlegen und bestimmen, ob man zum Beispiel sein eigenes Verhalten, das Verhalten anderer oder andere Umweltbedingungen ändern will.

Die Konstruktion der Übungssituation und die Erprobung der Vorübungen kann gerade wegen der großen Komplexität der Techniken nur sehr unvollständig beschrieben werden.

Die "Selbstdesensibilisierung" ermöglicht eine langfristig wirksame Bewältigungsmöglichkeit von Belastungen, indem man sich durch totale körperliche Entspannung auf solche belastenden Situationen vorbereitet. Das praktische Vorgehen umfaßt die systematische Entspannung der wichtigsten, willentlich zu beeinflussenden Muskelpartien wie zum Beispiel der Arme, der Brust, der Bauch- und Beinmuskeln und der gleichzeitigen Vorstellung der Belastungssituation. Die Übungen dazu müssen oft und intensiv durchgeführt werden. Hat man gelernt, die körperliche Entspannung, sozusagen "auf Kommando" hervorzurufen, dann kann man sie einsetzen, um in bestimmten Situationen weniger nervös, gereizt, hektisch, aufgeregt und ängstlich zu reagieren. Zum anderen ist man bei immer wiederkehrenden und voraussehbaren Belastungssituationen leichter in der Lage, sich auf diese ruhig vorzubereiten und sich konzentriert und zielstrebig mit der Belastung auseinanderzusetzen.

Die "Systematische Problemlösung" geschieht in sechs Schritten:

1. Analyse der Belastungssituation und deren Konsequenzen
2. Erarbeitung aller möglichen Lösungsmöglichkeiten (Brainstorming)
3. Bewertung der Lösungsmöglichkeiten
4. Auswahl einer Lösungsstrategie
5. Festlegung der Schritte und Maßnahmen zum Einsatz der Lösungsstrategie
6. Durchführung und Überprüfung der Lösungsstrategie.

In bezug auf die "Einstellungsänderung" werden zunächst ein paar Beispiele unrealistischer oder irrationaler Einstellungen gegeben, wie folgt:

- ich bin häßlich
- keiner liebt mich, alle behandeln mich schlecht
- bei mir geht alles schief, ich bin vom Schicksal geschlagen
- alle Welt hat sich gegen mich verschworen
- ich muß immer nachgeben und eigene Interessen zurückstellen
- ich darf keine Fehler machen oder Schwächen zeigen
- ich muß immer im Mittelpunkt stehen und von allen beachtet werden

Das Änderungsverfahren vollzieht sich auch hier in mehreren Schritten:

1. Analyse und Beschreibung der alten, unangemessenen Einstellung hinsichtlich ihrer Behinderungs- oder Belastungsqualitäten

2. Überprüfung der alten Einstellung hinsichtlich Realitätscharakter und situativem Bezug

3. Erarbeitung einer neuen, realistischen Einstellung

4. Erprobung und Überprüfung der Stressfreiheit der neuen Einstellung.

Auch die "Problemlösende Aussprache" ist eine systematisch durchzuführende, komplizierte Technik, die wenig mit "einfacher" Aussprache zu tun hat und von der nur einige Schritte angegeben werden können, wie folgt:

1. Beschreibung der Belastungssituation bzw. des Verhaltens anderer Personen, das ich als störend und belastend empfinde

2. Beschreibung der wichtigsten Änderungswünsche und Lösungsmöglichkeiten, die ich in der Aussprache ansprechen will

3. Mit dem Gesprächspartner einen Zeitpunkt für die Aussprache festlegen

4. Durchführung der Aussprache unter Berücksichtigung der eingangs zitierten Lernprinzipien (positive Verstärkung, Nichtbestrafung, angemessene Schritte benutzen).

Die Durchführung der Vorübungen folgt ähnlichen Regeln wie am Ende von Punkt 3.5. beschrieben.

3.8 Übung in der langfristigen Stressbewältigung

Dieses Verfahren richtet sich in etwa nach den in Punkt 3.6. vorgegebenen Richtlinien.

3.9 Durchführung von "Auffrischungssitzungen"

Das Verlernen der Trainingskompetenz muß durch ein oder mehrere kurze Wiederholungen des Verfahrens verhindert werden. Die Kursteilnehmer erhalten Gelegenheit, ihre erworbenen Kenntnisse und Fertigkeiten ohne Aufsicht zu praktizieren. Die Auffrischung dient der Überprüfung, Erneuerung und Korrektur.

3.10 Qualifizierende Hinweise

In diesem Kapitel sind die folgenden Punkte nicht oder nur sehr ungenügend angesprochen worden, die aber im tatsächlichen Training berücksichtigt werden:

- Ziele: übergeordnete Zielsetzung, Teilzielformulierung, Zielerreichungsstrategien und -taktiken

- Lern- und Trainingsprinzipien: Demonstration aller wichtigsten Lernprinzipien und die Ableitung der im Training benutzten Änderungsprinzipien nebst Maßnahmen zur Verbesserung der Änderungseffektivität (Theorie in bezug auf Verhalten, Physiologie, Gefühl, Motivation und Kognition)

- Praktische Änderungstechnologie (Trainingstechniken wie Modellernen, Rollenspiel)

- Instrumentelle Technologie (schriftliche Verfahrensspezifikation, Manuale, Biofeedback, Kontraktmanagement)

- Trainingsorganisation: Teilnehmerselektion, Gruppengröße (Einzel-, Dyaden- und Gruppensitzungen), Dauer, Ablauf

- Messung und Bewertung: Datenerhebung allgemein, Trainingsprozeßvariablen (Stress, Angst, Fertigkeiten), Follow-up, Skalenkonstruktion, Effektivitätsbewertung

- Trainervariable: Wie sich der erfolgreiche Trainer benehmen muß (Selbstdarstellung, Einfühlung, Direktivität)

- Kursteilnehmerprobleme: Compliance (Mitmachen), Verweigerung, ärgerliche Zwischenfälle, Gruppenrebellion und -zusammenhalt, Verheimlichung, Verschüchterung, Vorgesetzte und zugehörige Organisationen.

- Transferprobleme: Übertragung auf Polizeipraxis, Übernahme des Trainings von Polizeibeamten durch die Kursteilnehmer

- Polizeispezifität aller Maßnahmen und Verfahrensweisen.

Abschnitt 4

Trainerbericht

4.1 Begründung des Vorgehens und Schwierigkeiten
- Anfangsschwierigkeiten beim Polizeitraining
- Gemeinsame Erarbeitung anstatt Dozieren

4.2 Zusammenfasssung der Seminarinhalte in Gruppe 1
- Diskussion spezieller akuter Probleme

4.3 Erfahrungen und Eindrücke in Gruppe 1
- Acht Diskussionspunkte

4.4 Zusammenfassung der Seminarinhalte in Gruppe 2
- Titelzusammenstellung ohne Diskussion

4.5. Erfahrungen und Eindrücke in Gruppe 2
- Neun Diskussionspunkte

4. Trainerbericht

Im folgenden werden die Begründung des Vorgehens, Aufzählung der Seminarinhalte, Erfahrungen und Interpretationen der Trainer größtenteils in Form von zusammengefaßten Stichpunkten und Formulierungen präsentiert. Die zwei Trainerpaare berichten dabei jeweils gemeinsam.

4.1. Begründung des Vorgehens und Schwierigkeiten (AK/EW)

In diesem Seminar sollten gemeinsam mit den Teilnehmern Möglichkeiten diskutiert und erprobt werden, wie man verhaltenspsychologische Methoden der Stressbewältigung im Arbeitsbereich des Polizeivollzugsbeamten nutzen könnte. Dabei mußte zunächst Klarheit über die polizeirelevanten Stressbereiche und über einzelne Stress-Situationen und -reaktionen geschaffen werden, bevor die Methoden der Stressbewältigung vorgestellt und diskutiert werden konnten, denn es gibt im deutschen Sprachbereich keinen Präzedenzfall, an dem das Seminar hätte modelliert werden können. Die einfachste Möglichkeit der Seminargestaltung hätte darin bestanden, aus den bekannten und oft eingeübten Methoden der Stressbewältigung ausgewählte Techniken zu beschreiben, zu begründen und in Rollenspielen vorzuführen, ohne sie von vornherein gemeinsam mit den Teilnehmern zu erarbeiten. Die Teilnehmer würden dabei allerdings die Rolle passiver Konsumenten spielen, d.h. ihnen würde das Stressbewältigungstraining wie eine "Ware" vorgeführt, die sie in ihren einzelnen Bestandteilen beurteilen müßten, ohne von vornherein aktiv in die Demonstration einbezogen worden zu sein.

Ein solches Vorgehen ist erfolgsversprechend, wenn das angebotene Trainingsverfahren bereits im Prinzip im Polizeidienst akzeptiert ist, irgendeine Abstimmung auf den Bedarf bereits stattgefunden hat und der Abnehmer genau weiß, was er braucht. Bei diesem Seminar aber war davon auszugehen, daß das Bewußtsein für den Bedarf nach besseren Möglichkeiten der Stressbewältigung bei den Teilnehmern in unterschiedlichem Maße vorhanden war und zu einem nicht geringen Teil erst geweckt werden mußte. Ein zweites Problem bestand darin, daß Polizeibeamte bereits ein gerütteltes Maß an Erfahrung in der Handhabung schwieriger

Situationen besitzen, über die der psychologische Kursleiter keine adäquaten Vorkenntnisse besitzt, und daß die fest vorgeübten Formen der Problemmeisterung sich nicht notwendigerweise mit jenen decken, die von Psychologen als besonders effektiv angesehen werden. Drittens mußte man davon ausgehen, daß Strategien zur Stressbewältigung, die bislang vorwiegend aus der Behandlung ängstlicher, unsicherer und depressiver Klienten abgeleitet worden sind, nicht direkt auf polizeispezifische Belastungen übertragen werden können. Sie müssen erst auf diese Einsatzmöglichkeit hin überprüft und adaptiert werden.

Nicht zuletzt aus diesen Gründen haben wir uns zu der Alternativstrategie entschlossen, das Thema "Stressbewältigung" mit der Gruppe frisch zu erarbeiten. Anstatt beispielsweise einfach ein wissenschaftlich gängiges Stresskonzept vorzugeben, haben wir zuerst versucht, durch Sammeln von polizeispezifischen Belastungssituationen zu einem gemeinsamen Konzept zu kommen, aus dem sich im Sinne eines Arbeitsmodells Ansatzpunkte für ausgewählte Stressbewältigungsstrategien ableiten lassen. Der Gruppe werden Probleme zur Lösung präsentiert, und die folgenden Lösungsversuche werden so gesteuert, daß wir die wichtigsten Strategien aus Äußerungen von Kursteilnehmern herausfiltern, selektiv auf gesuchte Äußerungen eingehen, passende Elemente in Beiträgen erörtern und Argumente für die Strategien durch die Teilnehmer selbst finden lassen. Anstatt uns durch die Gruppe auf häufig anzutreffende inhärente Schwierigkeiten aufmerksam machen zu lassen, wiesen wir unsererseits die Gruppe auf solche Schwierigkeiten hin, damit ihr nicht erspart bleibt, sich mit verschiedenen Formen ihrer Handhabung auseinanderzusetzen. Anstatt beispielsweise Entspannung kritiklos als eine vorteilhafte Strategie anzupreisen, die, um ihre Beherrschung zu erreichen, unbedingt zweimal pro Tag über längere Zeit eingeübt werden muß, sagen wir von vorneherein, daß Entspannung zwar eine sehr schöne und wirksame Strategie ist, wenn sie über längere Zeit ein- bis zweimal am Tag eingeübt wird, daß der Haken aber darin besteht, daß keineswegs alle Menschen die Geduld und Ausdauer haben, ein solches Training durchzuhalten (Compliance-Problem). Dann lassen wir uns erklären, wie die Teilnehmer mit diesem Problem umzugehen gedenken. Anstatt vorgefertigte Strategien an vorgesehenen

Beispielen zu demonstrieren und im Rollenspiel üben zu lassen, versuchen wir nach Möglichkeit, Beispiele aus der Gruppensituation selbst zu verwenden oder enventuell sogar geeignete Situationen zu provozieren, um an ihnen "Life"-Strategien zu üben. Erst wenn es uns gelungen ist, auf diese Weise persönliche Betroffenheit zu erreichen, finden wir den Boden für Rollenspiele bereitet, in denen wir die jeweilige Strategie in dem Kontext üben lassen, für den sie außerhalb des Gruppengeschehens vorgesehen ist. Soviel zur Erläuterung des Konzepts der Kursdurchführung durch gemeinsame Erarbeitung mit dem Teilnehmer, einer Methode, die bessere Haftung im Gedächtnis verspricht als traditionelles Lehren in Form des Dozierens.

Im folgenden wird nun in Stichworten zuerst ein Abriß über die Inhalte des Seminars gegeben. Anschließend werden einige Erfahrungen und Eindrücke beschrieben, die bei späteren Kursen bedacht werden sollten. Die Erläuterung der Seminarinhalte ist bereits in Abschnitt 3 in der Beschreibung des Stressbewältigungstrainings vorgenommen worden, worauf der Leser verwiesen wird. Der Ablaufplan befindet sich in Anhang 1. Die Berichte stammen von den zwei Trainergruppen 1 (AK/EW) und 2 (GK/AWL).

4.2. Zusammenfassung der Seminarinhalte in Gruppe 1

Als Inhalte wurden von der Gruppe 1 (AK/EW) die folgenden angegeben:

- Sammeln von polizeispezifischen Stress-Situationen in der Gruppe, um einen gemeinsamen Stressbegriff als Arbeitsgrundlage zu schaffen (theoretische Grundlage)

- Kurze Einführung in die Verhaltensanalyse

- Aufteilung der Teilnehmer in Zweiergruppen. Jeder Teilnehmer sollte versuchen, eine Belastungssituation seines Partners nach dem verhaltensanalytischen Schema zu erfassen (Erkennen von und Sensibilisierung für Stressauslöser)

- Darstellung dieser Situation in der Gruppe und Vertiefung der Analyse. Demonstration, wie die Komponenten der einzelnen Stress-Situationen einen systematischen, zusammenhängenden Ablauf bilden. Daraus Bildung sogenannter Arbeitsmodelle (Mikro- und Makro-Modelle der in Stress-Situationen ablaufenden Verhaltensketten).

Diese Phase nahm weit mehr Zeit in Anspruch als geplant, da sehr komplexe und teilweise extreme Belastungssituationen geschildert wurden. Die Beschreibungen waren breit ausgeweitet, präzise geschildert und umfaßten häufig auch rechtliche und polizeitaktische Aspekte, die den Trainern neu waren und Anlaß zu Diskussionen boten, die vom Thema ablenkten.

- Anhand eines geeigneten Beispiels ergriffen wir die Gelegenheit, die Technik der kognitiven Umstrukturierung als Mittel kurzfristiger Stressbewältigung zu demonstrieren. Dieses Vorgehen hätte wohl etwas mehr Zeit erfordert als an diesem Tag noch zur Verfügung stand und war daher in diesem Moment eher ungünstig, nicht zuletzt in Anbetracht des starken Wunsches der Teilnehmer nach einem mehr strukturierten Vorgehen.

- Herausarbeiten der kognitiven Elemente der Situation in der Verhaltensanalyse, Hinlenken des Blicks auf die möglichen negativen Konsequenzen bestimmter Selbstverbalisierungen; Versuch, Einsicht dafür zu wecken, daß in solchen Situationen alternative positive Selbstverbalisierungen möglich sind, angemessen sein können und bewußt verwendet werden können, um Belastungen zu reduzieren und die Bewältigung der Situation zu erleichtern.

Dies wurde an mehreren Situationen durchgespielt, wobei verschiedene Suchhilfen für das Entwickeln positiver Verbalisierungen gegeben wurden.

Es fiel uns relativ schwer, die Gruppe auf die kognitive Umstrukturierung zu fokussieren und andere Bewältigungsformen aus der Diskussion herauszuhalten, d.h. von der Demonstration einer Form der

Bewältigung auf eine andere überzugehen. Die Teilnehmer hatten die Tendenz, jeweils mehr über eine Bewältigung zu erfahren oder gar zu erlernen, was nicht Ziel des Seminars war. Klare Trennungsstriche zwischen der Verhaltensanalyse und der Erarbeitung der Bewältigungsstrategie werden aber diese Probleme lösen. Weitere Inhalte:

- Ausführliche Erläuterung des Stressmodells (Ausweitung der Theorie)

- Einführung in die Entspannung als mögliche Bewältigungsstrategie

- Demonstration der Entspannung und Entspannungstraining in der Gruppe

- Kurzentspannung und Demonstration der Möglichkeit, die "kognitive Umstrukturierung" als antizipierende Strategie unter Entspannung zu üben

- Übergang zum Thema: "Konfliktgespräch" als Stressbewältigungsstrategie

- Rollenspiel einer Konfliktsituation

- Erarbeiten verbaler Kategorien, die Konflikte zum Eskalieren bringen können

- Versuch der Demonstration alternativer Möglichkeiten der Gesprächsführung anhand eines weiteren Rollenspiels.

Dieser Versuch gelang nicht, da sich bei der gewählten Rollenspielsituation als erstes die Aufgabe stellte, eine erregte und aggressive Person ruhigzustellen. Dies stand dann so sehr im Vordergrund, daß es im Rahmen dieses Rollenspiels nicht mehr gelang, auf das angepeilte Thema zu kommen. Das Thema wurde daher erst später wieder aufgegriffen.

Bei der Diskussion des Rollenspiels entwickelten sich Konflikte in der Gruppe, teils zwischen uns und einem Teil der Gruppe über den Stil der

Kursdurchführung, teils zwischen einzelnen Teilnehmern in bezug auf den zumutbaren Grad an Selbstverleugnung des Beamten in extrem provozierenden Situationen. Der letztere Konflikt wurde nicht zuletzt dadurch angeheizt, daß von Teilnehmerseite der Eindruck geäußert wurde, in den Rollenspielen des Seminars würde von Einzelnen ein zu sanftes Vorgehen demonstriert, um anwesende Vorgesetzte zu beeindrucken.

In bezug auf den Konflikt zwischen Teilnehmern und Kursleitern versuchten wir durch Anwendung der von uns als Thema geplanten Gesprächsstrategien modellhaft vorzugehen. Dies wurde nicht explizit angekündigt. Es gelang uns, die Situation soweit zu entspannen, daß wir uns wieder explizit dem Thema "Konfliktgespräch" zuwenden konnten.

Anstatt unseren Konflikt und seine Lösung nochmals zu reflektieren, um so die verwendeten Strategien herauszuarbeiten, orientierten wir uns an dem offensichtlichen Bedürfnis verschiedener Kursteilnehmer, ihren gegenseitigen Konflikt als Beispielfall für das Führen eines Konfliktgesprächs zu nehmen.

In diesem "In-vivo-Konfliktgespräch" versuchten wir, einerseits Modell zu sein und andererseits die Gesprächsführung durch die Teilnehmer durch spezifische Verhaltensanweisungen zu steuern. Das Rollenspiel wurde immer wieder unterbrochen, um die Aufmerksamkeit auf die Gesprächsstrategien und ihre positiven und negativen Wirkungen zu lenken. Eine Analyse des gesamten Gesprächsverlaufs beendete die Behandlung des Themas "Konfliktgespräch".

4.3 Erfahrungen und Eindrücke in Gruppe 1

Das Feedback am ersten Abend ergab ein lebhaftes Interesse an einer weiteren Bearbeitung des Themas Stressbewältigung. In bezug auf den Kursstil bestanden deutlich geteilte Meinungen: Einige Teilnehmer konnten damit gar nichts anfangen, anderen waren die spezifischen

Vorteile diese Stils gegenüber den gewohnten Seminaren deutlich geworden.

Abschließend einige Erfahrungen aus dem Seminar:

1. Unser Kursstil war konträr zu dem, was die Teilnehmer aus ihren üblichen Seminaren gewohnt waren. Sie waren darauf eingestellt, Lernstoff angeboten zu bekommen, den sie aufnehmen, beurteilen und umsetzen sollten. Geht man davon aus, daß der von uns gewählte Stil auch in der Kürze der verfügbaren Zeit sinnvoll ist - auch uns kamen gewisse Zweifel -, hätte man bereits am Anfang des Kurses über den Stil reden und unsere Rolle und die Rolle der Teilnehmer klären müssen, um möglicherweise zu einem Konsens zu kommen, zumindest aber, um den Teilnehmern die Unsicherheit zu nehmen. Auf der anderen Seite kann aufgrund von Erfahrungen aus früheren Seminaren damit gerechnet werden, daß sich ähnliche Probleme bei einer längeren Kursdauer für den Kurs fruchtbar nutzen lassen, um passive Teilnehmererwartung umzuwandeln in die aktive Bereitschaft, als einzelner und als Gruppe Eigenverantwortung für die Übernahme des erarbeiteten in den jeweiligen Zielbereich bzw. in die tägliche Praxis zu übernehmen.

2. Sinn und Zweck des Seminars und die mit der Seminarteilnahme möglicherweise verbundenen längerfristigen Verpflichtungen waren den Teilnehmern am Anfang unklar. Dieses Problem wurde während des Seminars durch entsprechende Informationen der Veranstalter behoben. Geeignete Informationen gleich zu Beginn oder vor dem Seminar wären in ähnlichen Fällen nützlich.

3. Die Anwesenheit von Vorgesetzten in der Beobachterrolle dürfte zumindest bei unserem Seminarstil, wo sich die Teilnehmer in einer ungewohnten Rolle mit unklaren Erwartungen befinden, verunsichernd gewirkt haben. Die Teilnehmer wußten nicht, was genau in dieser Situation als angemessenes Verhalten gelten würde.

4. Es gelang fast immer, mit der Gruppe Lösungsstrategien zu entwickeln, wie sie unserem Konzept entsprachen. Die Schwierigkeit lag aber darin, daß die Teilnehmer den Wert der gemeinsam erarbeiteten Strategien in dieser Situation nicht so leicht erkannten. Auch dort, wo sie die Strategien nicht beherrschten, akzeptierten sie diese nicht unmittelbar als Lernziel für sich, sondern warteten auf die Vorgabe von Lernzielen durch uns.

5. In den Rollenspielen ging es häufig um Situationen, in denen es zunächst notwendig war, erregte, aggressive, grobe Personen zu beruhigen, um überhaupt eine Basis für den Einsatz von Techniken wie zum Beispiel Konfliktgespräch zu schaffen. Dabei kommt es auf den überlegten, sicheren Einsatz von Autorität an. Hier demonstrierten wir einige Defizite, entweder aufgrund des praktizierten Trainingsstils oder aufgrund der größeren Erfahrung der Polizeibeamten in der Praktizierung von Autorität. Da diese Fertigkeit in polizeispezifischen Situationen immer wieder erforderlich ist, werden wir sie erlernen müssen, um in Rollenspielen glaubhaft unsere darüber hinausgehenden Strategien präsentieren zu können.

6. Positiv beeindruckt hat uns die Aufgeschlossenheit gegenüber unserem Stoff. Trotzdem ist das "Verkaufen" dieses Stoffes an diese Zielgruppe nicht unproblematisch. Man gerät zwar nicht gegenüber der Gesamtgruppe, wohl aber gegenüber immer wieder wechselnden Einzelpersonen in Gefahr, daß das vorgeschlagene alternative Vorgehen implizit als Kritik an bisherigen Verhaltensweisen verstanden und entsprechend abgewehrt wird. Dahinter steht die Erfahrung, als Polizeibeamter ständig von allen Seiten der Kritik ausgesetzt zu sein.

Entsprechend zeigte sich im Seminar eine sehr differenzierte Sicht der psychologischen Situation des Beamten, solange sich die Diskussion auf der abstrakten Ebene bewegte. Als sich aber diese psychologische Situation, das Gefühl, häufig überfordert zu werden, in Form einer indirekten Kritik an unseren Strategien äußerte ("Man muß doch sehen, daß es Grenzen geben muß...", "Man kann vom Beamten nicht erwarten, daß er alles auf seinen Buckel nehmen muß, daß er immer derjenige sein muß, der sich zu ändern hat"), reagierte ein Großteil der Gruppe normativ, zurechtweisend ("Ein Polizist muß... muß immer..., wenn er das nicht kann, sind ihm eben seine Schuhe zu groß...") und ließ die psychologische Einsicht in die Praxis vermissen. Die Ressentiments in Sinne "Warum sollen wir immer diejenigen sein, die sich ändern" und das wiederholt geäußerte Gefühl "hilflose Wut" in Stress-Situationen müssen bei Kursen dieser Art im vorhinein ventiliert, zugelassen und akzeptiert werden, um die Bereitschaft für konstruktive Lösungen aus sich selber wachsen zu lassen. Wichtiger als die Akzeptanz des Kursleiters ist die der anderen Teilnehmer. Die Kursdurchführung muß daher zum Ziel haben, in der Gruppe entsprechende Normen zu etablieren.

7. Die auch vor dem Kurs schon bewiesene Kompetenz, eine Vielzahl täglich auf sie zukommender Ärgersituationen und andere Belastungen zu ertragen und bewältigen zu können, muß im Kurs unbedingt als positiv anerkannt und hervorgehogben werden. Dies hilft, Abwehr abzubauen und die Bereitschaft zu erhöhen, sich noch weiter zu verbessern. Gleichzeitig ergibt sich aus dem hohen Grad von Kompetenz in bestimmten Bereichen die Konsequenz, daß es im Kurs weniger darum gehen kann, ein neues, für Polizeisituationen spezifisches Stressbewältigungstraining anzubieten, als vielmehr darum, das in der Gruppe angesammelte Potential für den einzelnen verfügbar zu machen. Die Verhaltenstheorie muß dabei die Funktion einer Leitschiene für das anschließende Training von Fertigkeiten übernehmen, die bei den einzelnen Gruppenmitgliedern fehlen oder von ihnen ungenügend beherrscht werden.

8. Die Entwicklung eines solchen Trainings erfolgt am besten in enger Kooperation mit Polizisten, die Auskunft nicht nur über relevante Problemfelder, sondern auch über rechtliche Aspekte verschiedener Lösungsmöglichkeiten geben können, die die einzelnen Strategien im spezifischen Feedback auszuprobieren bereit sind und die aufgrund ihrer Praxiserfahrung in der Lage sind, die Rollenspiele mit Realitätsnähe zu füllen.

4.4. Zusammenfassung der Seminarinhalte in Gruppe 2

Von der Gruppe 2 (GK/AWL) wurden die folgenden Inhalte behandelt:

- Brainstorming über polizeitypische Stress-Situationen

- Exemplarische Verhaltensanalysen zu konkreten Stress-Situationen

- Erarbeiten geeigneter Interventionspunkte in der Verhaltenskette

- Übersicht über die Möglichkeiten der kurz- oder langfristigen Stressbewältigung

- Diskussion über Auswahlkriterien und Kombinationsmöglichkeiten geeigneter Bewältigungstechniken

- Erzeugen eines Problembewußtseins:

  * Stress und Stressbewältigung sind individueller Natur

  * Optimale Stressbewältigung erfordern umfassende Veränderung (kein Rezeptbuch)

  * Stressmanagement muß möglichst frühzeitig in der Verhaltenskette einsetzen

- Praktische Übungen und Rollenspiele zu langfristigen Bewältigungsmöglichkeiten:

  * Muskelentspannung nach Jacobsen (Lang- und Kurzform)

  * Aktives Zuhören und Konfliktdialog

- Praktische Übungen und Rollenspiele zu kurzfristigen Bewältigungsmöglichkeiten:

  * Spontanentspannung mit Biofeedback (PGR)

  * Muskuläre Aktivitätsübungen

  * Umstrukturierung kognitiver Selbstverbalisation

4.5 Erfahrungen und Eindrücke in Gruppe 2

Die wichtigsten Erfahrungen aus diesem Seminar sind wie folgt:

1. Bei den Kursen sollten keine Vorgesetzten auf höherer Ebene bzw. für die Polizei zuständige Beamte aus Ministerien anwesend sein, da sonst die Gefahr groß ist, daß die Kursteilnehmer Lösungen für Strukturprobleme der Polizei erarbeiten wollen.

2. Den potentiellen Kursteilnehmern muß, bevor sie sich zum Kurs anmelden, klar sein, welche Konsequenzen die Kursteilnahme für sie mit sich bringen wird (z.B. zeitlicher Aufwand, Versetzung von der bisherigen Dienststelle (?), Auswirkungen auf die Laufbahn u.ä.).

3. Zum Motivationsaufbau ist es nötig, einerseits schnell bestimmte "Aha"-Erlebnisse zu schaffen (z.B. minimale Anfangserfolge bei Entspannungsübungen) und andererseits vielfältige und verschiedene Möglichkeiten zur lang- und kurzfristigen Stressbewältigung aufzuzeigen, ohne daß sie bereits intensiv eingeübt werden.

4. Die Stressbewältigungstechniken sollten unter Lenkung und Strukturierung der Kursleiter von den Kursteilnehmern selbst erarbeitet werden.

5. Die Art der Stress-Situationen und das Bewältigungsrepertoire sind anscheinend eng vom Aufgabengebiet und der Diensterfahrung des Polizeibeamten abhängig. Daraus ergibt sich für die Inhalte späterer Schulungskurse, daß die Zielgruppe möglichst genau definiert werden muß.

6. Um unsere Kompetenz als Schulungsleiter zu erhöhen, wäre die Möglichkeit, den Polizeidienst näher kennenzulernen, wünschenswert (z.B. durch Begleitung von Polizeistreifen).

7. Aus Diskussionen wurde klar, daß der Hauptgrund für Beschwerden über die Polizei (verbal) aggressives Verhalten gegenüber dem Bürger darstellt. Dies muß unter dem Aspekt der langfristigen Stressbewältigung berücksichtigt werden.

8. In diesem Zusammenhang müssen die Beamten unter anderem sensibilisiert werden, verdeckte Aggressionen, die sie in polizeikonformes Verhalten kleiden und damit als legal empfinden, als solche bei sich zu erkennen und abzubauen.

9. Die vorgestellten Stressbewältigungstechniken scheinen im großen und ganzen die Bedürfnisse der Zielgruppe zu befriedigen.

Abschnitt 5

Beurteilung des Trainings durch die Teilnehmer

5.1 Kritik der Bewertungsmethodik
- Unbrauchbarkeit bisheriger Bewertungsmethoden
- Begründung differenzierter Bewertungsbögen

5.2 Einsatz eines neuen Bewertungsbogens
- Demonstration eines Bewertungsbogens
- Positive Bewertung des Trainings

5.3. Detaillierte Ergebnisse
- Differenzierter Bogen mit detaillierten Ergebnissen
- Notwendigkeit der Skalierung dieses Bogens

5.4 Konstruktion einer Bewertungsskala
- Neuverteilung der Items zwecks Skalenkonstruktion
- Vorschlag einer siebenstufigen Bewertungsskala

5. Beurteilung des Trainings durch die Teilnehmer

5.1 Kritik der Bewertungsmethodik

Die gegenwärtig noch herrschende laxe Bewertungsmethodik von Verhaltenstrainings kann aus drei Gründen nicht zufriedenstellen. Erstens wird in der Regel nur mit globalen oder empirisch unvalidierten Fragen gearbeitet, die eine präzise Bewertung von Trainings durch die Teilnehmer verhindern. Dies ist ein Grund dafür, warum eine steigende Zahl neuer und nicht leicht zu durchblickender Trainings auf den Markt geworfen werden. Die Sachlichkeit der Bewertung wird hier ersetzt durch den globalen, ungefähren Eindruck, durch Emotionen und Vorurteile, die stets dann viel Raum einnehmen, wenn die Sachlichkeit der Beurteilung begrenzt ist. Das Resultat ist eine Überbewertung in dem Sinne, daß Trainings jeder Art häufig in zweidrittel oder dreiviertel der Fälle mit "gut" oder "sehr gut" bewertet werden, auch dann, wenn man eigentlich einen deutlich unterschiedlichen Standard erwarten müßte.

Das zweite Problem der Bewertung besteht darin, daß globale Fragen die Bewertung von Teilaspekten gar nicht zulassen, weil nicht nach ihnen gefragt wird. Dadurch wird eine differenzierte Bewertung des Trainings verhindert und die Einzelaspekte lösen sich im Globalurteil auf. Die Entwicklung differenzierter Beurteilungsskalen ist wegen des Aufwandes an Messung und wahrscheinlichkeitsstatistischen Analysen unterblieben. Wir besitzen aber, gestützt auf eine unveröffentlichte Arbeit, einen Fragebogen, der zur differenzierten Beurteilung des Selbstbewältigungstrainings eingesetzt wurde.

Das dritte Problem der Bewertung besteht darin, daß über den wiederholten Einsatz differenzierter Bewertungsmethoden nicht nur während des Trainings, sondern auch nachher im Beruf sehr wenig bekannt ist. Eine solche Wiederholungsmessung zur Feststellung der Dauerhaftigkeit des Trainingseffekts und seiner Wirksamkeit in der Alltagsrealität konnte im Demonstrationsseminar nicht durchgeführt werden, sollte aber bei späteren Anwendungen ins Auge gefaßt werden.

5.2 Einsatz eines neuen Bewertungsbogens

Der neue Bewertungsbogen ist in Anhang 2 dargestellt. Er wurde am Ende des Demonstrationsseminars, d.h. nach vier Sitzungen, gegeben. Er enthält neun Kategorien, und die Ergebnisse (prozentuale Zustimmung) sind wie folgt.

Fragebogenkategorien (Item-Nr.)		Mittlere Zustimmung
1. Positive Nutzungserwartung	(50, 56, 55, 58, 53, 57, 54)	72%
2. Bewußtsein besserer Erkenntnis	(36, 35, 22, 37, 32, 38, 52)	54%
3. Ablehnung	(66, 60, 65, 62, 61, 63, 68, 67)	2%
4. Vorsatz der Anwendung	(45, 42, 32, 33, 31, 44)	59%
5. Bewußtsein, gelernt zu haben	(1, 2, 2, 4, 5, 6)	70%
6. Gute Kursleitung	(7, 8, 9, 10, 11, 12, 13)	70%
7. Globalurteil: Umsatzmöglichkeit (ein Item)		87%
8. Globalurteil: gutes Gefallen (ein Item)		92%
9. Bereits als praktikabel angesehen	(14, 15, 16, 17, 18,19,20,21,22)	20%

Jedes der 52 Items wurde mit einer vierstufigen Skala beantwortet, nämlich: "stimmt gar nicht", "stimmt ein wenig", "stimmt weitgehend" und "stimmt vollkommen". Die angegebenen Prozentsätze beziehen sich auf den Anteil der 24 Teilnehmer, die mit "stimmt weitgehend" oder "stimmt vollkommen" antworteten. Beim Abschnitt "Vorsatz der Anwendung" ist ein Item (Nr. 33) im Gegensatz zu den anderen fünf negativ formuliert und führte zu einer aus der Reihe fallenden 0% Antwort. Dieses Item wurde in der Rechnung nicht berücksichtigt, weil es die Bewertung möglicherweise verzerrt hätte.

Der Gesamteindruck der Ergebnisse ist als durchaus positiv anzusehen. Eine detailliertere Beurteilung folgt im nächsten Punkt.

5.3 Detaillierte Ergebnisse mit dem Bewertungsbogen

Wenn man die oben zitierten Prozentsätze hierarchisch und in der Größenordnung abfallend anordnet, ergibt sich das folgende Bild der abnehmenden Positivität der Ergebnisse:

AKZEPTANZ: 95%
Die Teilnehmer weigern sich in 98% der Fälle, das Training aus sehr verschiedenen Gründen als untauglich abzulehnen (Kategorie 3). Gutes Gefallen wird in 92% der Fälle signalisiert (Kategorie 8). Dies ist ein sehr hoher Akzeptanzgrad, auch im Vergleich zur Trainingsbeurteilung in anderen Situationen. Wir werten dies in Übereinstimmung mit unserer Bewertungskritik (Punkt 5.1) als teils emotional fundierte Zustimmung, die durch Eindrücke über das Training, die Trainer, die Organisation oder andere situative Einflüsse und persönliche Erwartungen mitbeeinflußt sein mag.

ERWARTETE NUTZUNGSMÖGLICHKEIT: 80%
Diese setzt sich zusammen aus einer positiven Nutzungserwartung (Kategorie 1) und der erkannten Umsatzmöglichkeit des Trainings (Kategorie 7). Hier hat der Erwartungsprozeß über positive Nutzung hinsichtlich Arbeitseffektivität, Auswirkungen auf Kollegen und allgemeine berufliche Dinge eingesetzt. Die Prozentsätze sinken allerdings ab, wenn es um erfolgreiche Anwendung (Item 58 = 65%) und Auswirkungen auf Vorgesetzte (Item 54 = 38%) geht, also um konkretere, realitätsorientierte Dinge.

GUTE KURSLEITUNG: 70%
In Kategorie 6 variieren die Zustimmungen je nach Item zwischen 50% und 80%. Die Leistung der Kursleiter wird ziemlich differenziert gesehen, worauf wir noch in Kapitel 6 zurückkommen werden.

ERKENNTNIS UND LERNEN: 62%

Hier paaren sich das Bewußtsein der besseren Erkenntnis (Kategorie 2) und des Lernens (Kategorie 5). Eine Inspektion der zugehörigen Itemprozente im Anhang 2 zeigt allerdings eine starke Variation von 33% (Probleme besser lösen) bis 91% (Wissen verbreitert). Diese Variation zeigt, daß der Kursteilnehmer präzise zwischen erlerntem Wissen und tatsächlichem Können unterscheidet.

VORSATZ DER ANWENDUNG: 59%

Auch hier zeigt sich, daß der Vorsatz der Anwendung (Items 31 und 44 = 71%; Items 33 umgepolt sogar 100%) sehr viel höhere Prozentwerte erreicht als die Sicherheit, eine tatsächliche Veränderung zu erzielen (Item 32 = 38%). Die Prozentsätze sind denen im vorhergehenden Abschnitt ähnlich.

PRAKTIKABILITÄT: 20%

Wenn es um die tatsächliche Praktikabilität des Erlernten geht, fallen die Prozentsätze beträchtlich ab. Die bereits mehrfach festgestellte Variabilität der Prozentsätze zeigt sich auch hier, indem 5% für die bereits erlangte Sicherheit der Stressbewältigung (Item 20) und 32% für deren erwartete Sicherheit (Items 14 und 15) gegeben werden.

FOLGERUNGEN

Die Analyse hat zwei besonders wichtige Ergebnisse gebracht. Erstens wurde das Stressbewältigungstraining nach insgesamt vier Sitzungen in einem hohen Maße als nützlich akzeptiert. Zweitens bestätigt die Bewertung nach den verschiedenen Kategorien die alte Weisheit, daß die Art der Fragestellung die Antwort bestimmt und dabei eine Variation positiver Zustimmung bzw. des gesehenen Nutzens von 20% bis 92% zustandebringt. Einen derart differenzierten Maßstab findet man in der Literatur selten, wenn er überhaupt benutzt wird. Unsere Analyse zeigt umso mehr, wie notwendig die Konstruktion eines differenzierten und zuverlässigen Bewertungsmaßstabes ist, d.h. die Skalierung wichtiger Bewertungselemente, die wir im nächsten Abschnitt versuchen wollen.

5.4 Konstruktion einer Bewertungsskala

Wir haben im Anhang 2 insgesamt 52 Items zu 9 Bewertungskategorien zusammengestellt, die aufgrund einer früheren Analyse gruppiert wurden. Wir haben in Abschnitt 5.3 gesehen, daß sich diese Kategorien aufgrund eines als wichtig angesehenen externen Kriteriums, nämlich der Bewertung durch Polizeibeamte, in einer Hierarchie von Antworthäufigkeiten anordnen, die von prinzipieller Akzeptanz (95%) bis zur Praktikabilität (20%) reichen. In bezug auf einige Kategorien wurde beobachtet, daß die einzelnen Items mehr oder minder stark in der Antworthäufigkeit variierten, was durch die jeweilige Schattierung des Inhalts bedingt zu sein scheint. Wir versuchen nun, diese Unreinheit durch einen neue Kategorisierung der Items aufgrund ihrer Inhalte und der zugehörigen Prozentsätze zu beseitigen, wie folgt.

Kategorie I. Diese Kategorie wird am besten ausgedrückt durch das Globalitem "Einige Methoden haben mir persönlich gut gefallen (92%)". Die anderen Items (33, 60, 61, 62, 63, 65, 66, 67, 68) drücken einen sehr allgemein gehaltenen Grad der Zustimmung aus, wie: Das Gelernte ist gut, Erfolg ist vorstellbar, Möglichkeit und Vorteil der Anwendung werden gesehen, es gibt keine negativen Konsequenzen usw. Konkrete Angaben über das tatsächlich Gelernte fehlen. Alle Items, außer dem erstgenannten, waren im Fragebogen negativ gepolt und wurden für Zwecke dieser Analyse ins Positive verkehrt (also 95% positiv anstatt 5% negativ) Die zehn Items ergeben einen Mittelwert von 97.7% und bedeuten "prinzipielle Akzeptanz des Trainings" ohne konkrete Angaben über Art, Sinn oder Nutzen.

Kategorie II. Sie besteht aus 11 Items (3, 5, 6, 35, 36, 50, 53, 55, 56, 57 und ein Globalitem), die ebenfalls hochgradig allgemein formuliert sind wie: erscheint umsetzbar, wird von Nutzen sein, verspricht Effizienz, überzeugt Kollegen, hoffe besser aufzutreten, verbreitert Wissen und verbessert die Beobachtung. Der Mittelwert beträgt 81.3%. In diesen Items drückt sich neben Positivität auch Hoffen und Vorsicht aus. Das Gemeinsame ist aber wohl, daß anstatt der prinzipiellen Akzeptanz eine erste, wenn auch begrenzte Wahrscheinlichkeitsaussage über Trainingseffekte gemacht wird. Man kann diese Kategorien beschreiben als begrenzte Wahrscheinlichkeitsaussage über positiven Nutzen des Trainings mit geringfügiger Konkretisierung der Aussage.

Kategorie III. Die sieben Items (1, 2, 31, 32, 42, 44, 58) drücken ziemlich klar den gesehenen Nutzen des Trainings und das Bemühen darum in verschiedenen intendierten Anwendungen aus (hat sich gelohnt; gut für Arbeitsbeziehungen, privater Nutzen). Der Mittelwert beträgt 66.4%.

Kategorie IV. In den Items 4, 22, 45 und 52 werden Feststellungen über selbst erlebte Verhaltensänderungen (sehe Dinge mit anderen Augen, eigene Schwierigkeiten erfahren) und Vorsätze der Anwendung (werde versuchen, das Verhalten positiv zu ändern) getroffen. Der Mittelwert beträgt 46.4%

Kategorie V. In den Items 14, 15, 32, 37, 38 und 54 werden ziemlich feste Aussagen darüber gemacht, was man alles mit dem Gelernten anfangen werde (Probleme anders lösen, entspannter arbeiten, und sich sicherer fühlen, einschließlich Auswirkungen auf den Vorgesetzten). Dieser Mittelwert beträgt noch 34.3%.

Kategorie VI. Hier finden wir Ausagen über tatsächlich eingetretene eigene Verhaltensänderung und die Fähigkeit, das Gelernte anwenden zu können (Belastung verloren, neue Fertigkeiten gelernt und übertragen können). Die fünf Items (16, 17, 18, 21, 22) erzielen einen Mittelwert von 20.8%.

Kategorie VII. Schließlich existieren noch zwei Items (19, 20), welche die uneingeschränkte Sicherheit der Anwendung des Gelernten in der Praxis betreffen. Sie wird in 7.5%, d.h. von etwa zwei der 24 Teilnehmer, angegeben.

Gewiß kann es in Einzelfällen Schwierigkeiten bei der eben beschriebenen Kategorienzuordnung von Items geben, aber die Analyse zeigt doch den Weg an, wie man ein differenziertes Bewertungssystem entwickeln könnte, das auch den technischen Anforderungen der Skalenkonstruktion Genüge tut (interne und externe Konsistenz, Trennschärfe, Zuverlässigkeit). Die Ergebnisse dieses Abschnittes sollen ihrer Wichtigkeit wegen noch einmal in der Abbildung 3 dargestellt werden.

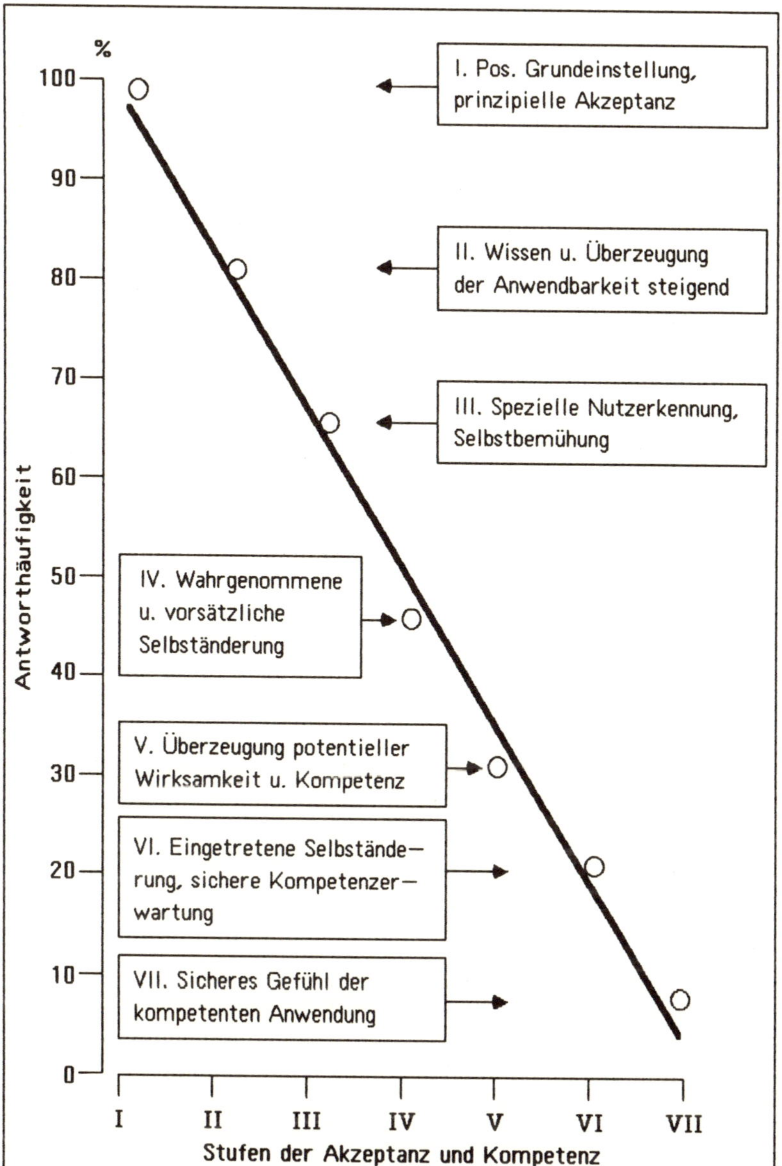

Abbildung 3: Sieben Bewertungsstufen der Trainingsakzeptanz und der im Training erworbenen Kompetenz (24 Beurteiler, 2 Trainerpaare, 4 Sitzungen)

Mit dieser Aufteilung läßt sich nicht allein der von den Teilnehmern gesehene Erfolg eines Trainings in sieben Kategorien differenziert darstellen; man kann diese Kategorien auch als Stufen aufeinanderfolgenden Kompetenzerwerbs sehen, wobei jede vorhergehende Stufe eine Vorbedingung für die folgenden darstellt. Dann hätte man eine Funktionsskala anstatt einer Reihe unabhängiger Kategorien. So gesehen ist eine positive Grundeinstellung (I) Voraussetzung für einen späteren Fertigkeitserwerb, wenn auch noch kein Garant dafür. Die folgenden Stufen mögen zeigen, wie sich der Kompetenzerwerb entwickelt. Nach der grundsätzlichen Akzeptanz werden Kenntnisse über das Training erworben, und gleichzeitig steigt die Überzeugung der Anwendbarkeit und Nützlichkeit (II). In diesem Stadium ist noch vieles tentativ im Sinne von Hoffnung, Möglichkeit, Versprechung und Scheinbarkeit des Nutzens, während das Wissen sich konkret ausdehnt. Auf Stufe III wird der Nutzen des Trainings konkreter begriffen, die Selbstüberzeugung wächst, und der Teilnehmer bemüht sich konsequenterweise. Mit Stufe IV beginnt der Teilnehmer durch das Training bewirkte Veränderungen an sich selbst wahrzunehmen und daraufhin vorsätzlich zu fördern. Auf Stufe V wachsen die Überzeugung der potentiellen Wirksamkeit des Verfahrens und der eigenen Kompetenz. Die Formulierungen zu diesem Stadium drücken einen ziemlich hohen Sicherheitsgrad aus, beziehen sich aber auf die Zukunft. Mit Stufe VI tritt tatsächliche Stressreduktion ein, und die eigene Kompetenz in der Änderung des Verhaltens anderer wird wesentlich sicherer beurteilt. Mit Stufe VII wird schließlich das Stadium erreicht, wo der Teilnehmer sich in bezug auf die Anwendung verhaltensändernder Methoden völlig sicher fühlt.

Mit diesen sieben Stufen kann eine sinnvolle Beschreibung ineinander übergreifender Lernfortschritte durchgeführt werden, mit deren Hilfe eine Trainingsbewertung und eine Selbstdiagnostik betrieben werden kann.

Abschnitt 6

Beurteilung der Trainer durch die Teilnehmer

6.1 Begründung und Methodik der Beurteilung
- Was der Teilnehmer über den Trainerstil wissen will
- Beurteilung der Sensitivität und Kompetenz

6.2 Analyse der Direktivität und Nicht-Direktivität
- Charakteristika des direktiven Trainingsstils
- Konstruktion einer Skala der direktiven Kompetenz

6.3 Trainer- und Geschlechtsanalyse hinsichtlich direktiver Kompetenz
- Positive Beurteilung aller Trainer
- Positivere Beurteilung direktiver Trainer
- Gleichheit der Geschlechter hinsichtlich Direktivität

6.1 Begründung und Methodik der Beurteilung

Über die Frage, welche Art von Training - abgesehen von allgemeiner Eignung - für das Einüben des Selbstbewältigungstrainings bei der Polizei erwünscht ist, dürfte es kaum eine belegte Antwort geben. Daß das Geschlecht des Trainers zur Sprache stehen wird, ist eine Sache. Wichtiger aber wird es sein zu entscheiden, welchen der am meisten diskutierten Verhaltensstile die Polizei vorziehen möchte. Es geht wohl vor allem um die Unterscheidung zwischen direktiver und nicht-direktiver Verhaltensbeeinflussung.

Beide Aspekte, Geschlecht und Verhaltensstil, sollen hier analysiert werden. Zur Kontrolle des Geschlechts werden je zwei männliche und weibliche Trainer mit vergleichbarer Ausbildung und Erfahrung benutzt. Zur Einschätzung des Trainerstils wurde der in Anhang 3 appendierte Bogen zur Beurteilung des Trainers durch den Teilnehmer angewendet. Es ist die verkürzte Version eines von Schindler, Revenstorf, Hahlweg und Brengelmann (1983) im Zusammenhang mit der Therapieforschung entwickelten Beurteilungsbogens. Hieraus wurden die folgenden drei Faktoren entnommen, die einen hohen Zuverlässigkeitsgrad aufweisen:

1. Sensitivität (10 Items: aufmerksam, freundlich, geduldig, interessiert, konzentriert, kooperativ, natürlich, nimmt sich Zeit, sympathisch, umgänglich)

2. Direktivität (10 Items: aktiv, echt, entschlossen, gibt Rückmeldung, gründlich, klar, lebendig, planvoll, sorgfältig, zielstrebig)

3. Kompetenz (9 Items: entspannt, erfahren, fragt viel nach, gesprächig, gibt Hilfestellung, gibt klare Anweisung, konsequent, ruhig, sicher)

Die Bewertung reicht von 1 bis 6. Wie aus Anhang 3 zu ersehen ist, variiert die Polung dieser Bewertung, so daß die Note 1 einmal für etwas "Positives" und das andere Mal für etwas "Negatives" steht. Dies wird bei der Analyse berücksichtigt. Der Beurteilungsbogen wurde von den 24 Teilnehmern am Ende des Demonstrationsseminars, d.h. nach vier Trainingssitzungen beantwortet, und zwar für jeden der vier Trainer.

Es muß noch betont werden, daß der Verhaltensstil der Trainer niemandem von der Polizei bekannt war. Dies wurde auch zu keinem Zeitpunkt mit irgendjemand diskutiert. Das eine Trainerpaar war vom Vorgehen her als eher direktiv, das andere als eher nicht-direktiv bekannt. Betont werden muß ebenfalls, daß beide Trainerpaare als sehr erfahren und sehr erfolgreich in der Vermittlung der psychologischen Stressbewältigung gelten. Dies ermöglicht eine Untersuchung der Beurteilung in Abhängigkeit von der Dichotomie "direktiv - nicht direktiv", die durch die beiden Trainerpaare gebildet wird.

Welche Effekte diese Beurteilungsanalyse auch aufweisen wird, sie können leicht durch offensichtlich unkontrollierte Faktoren beeinflußt sein, insbesondere durch die kurze Dauer des Trainings, durch das ständig gleichzeitige Auftreten der Trainerpaare und dadurch, daß die Trainer stets bei derselben Gruppe blieben, anstatt rotiert zu werden. Eine Kreuzvalidierung ist also erforderlich.

6.2 Analyse der Direktivität und Nicht-Direktivität

Die Reaktionen der Teilnehmer blieben aus Gründen der Erlangung unvoreingenommener Beurteilung anonym. Dadurch war es ausgeschlossen, eine Beziehung zwischen Teilnehmer, etwa seiner Einstellung oder Lerneffektivität im Training, und dem Trainerverhalten zu untersuchen. Wohl aber zeigte eine Profilanalyse zwischen den Trainern beträchtliche Unterschiede anhand des in Anhang 3 gezeigten Beurteilungsbogens, und diese Unterschiede offenbaren sich in Abhängigkeit von der Dichotomie direktiv - nicht-direktiv, wie aus Abbildung 4 ersichtlich ist.

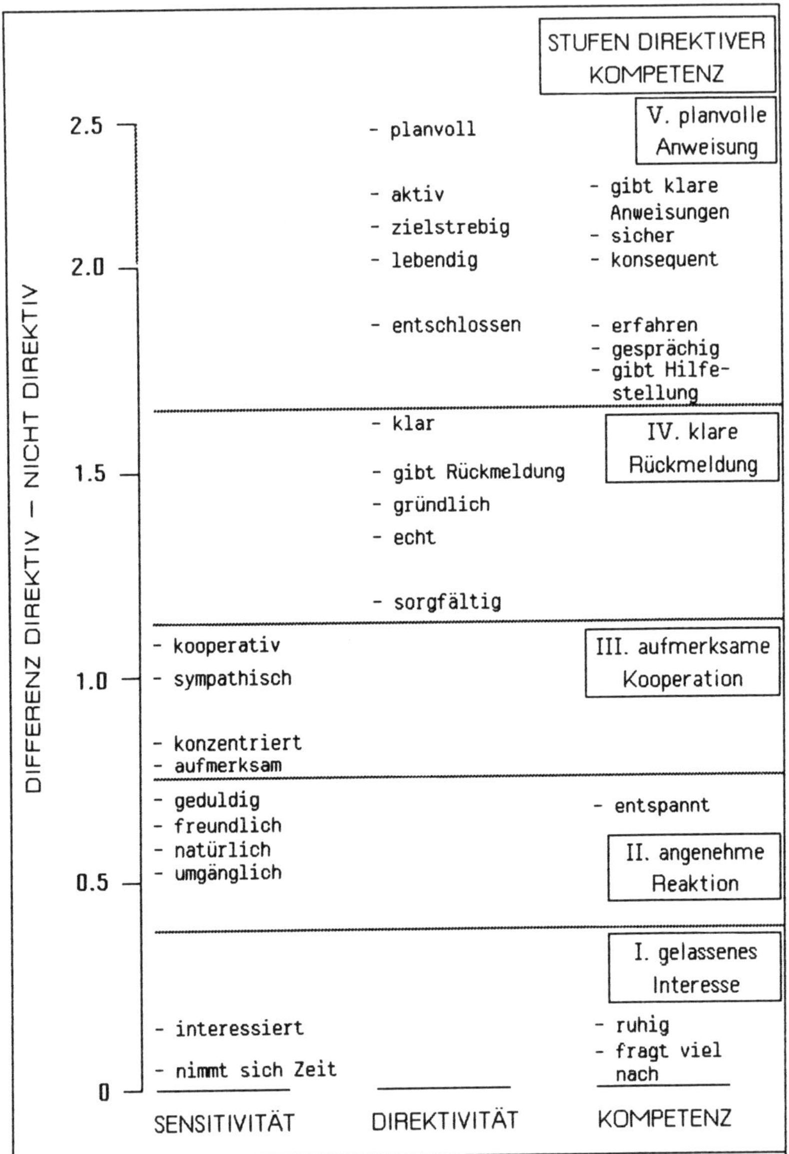

Abbildung 4: Differenzen zwischen 2 direktiven und 2 nicht-direktiven Trainern. Je höher der Wert, umso direktiver das Training (24 Beurteiler)

Diese Abbildung zeigt den skalierten Unterschied zwischen den zwei direktiven und zwei nicht-direktiven Trainern hinsichtlich aller Items der drei Faktoren Sensitivität, Direktivität und Kompetenz. Man erkennt einmal, daß Sensitivität keine oder nur eine untergeordnete Rolle in dieser Differenzierung spielt. Alle Sensitivitätsitems differenzieren weniger stark als alle Direktivitems. Einige Items (interessiert, nimmt sich Zeit) zeigen keinen erkennbaren Unterschied. Die Folgerung ist, daß dem als direktiv bekannten Trainer am Faktor Direktivität tatsächlich hohe Werte von den Teilnehmern zugesprochen werden und niedrige für den nicht-direktiven Faktor Sensitivität. Damit wurde die Direktivitätsdichotomie zwischen den Trainern bestätigt. Dasselbe trifft im Prinzip auf den Faktor Kompetenz zu. Die meisten Items liegen noch höher als jene für Direktivität. Das höchste Item heißt hier "gibt klare Anweisungen" und lautet in der Tat direktiv. Es gibt aber einige Items, die in den Sensitivitätsbereich fallen und nicht zwischen den Trainerpaaren differenzieren.

Zwei Folgerungen werden hier gezogen: Erstens wird bestätigt, daß ein Trainerpaar als direktiv und das andere als nicht-direktiv angesehen werden kann. (Es ist dabei gleichgültig, welche Ausprägungsgrade diesen beiden Bezeichnungen zukommen.) Zweitens sollte man zwecks Säuberung der Meßqualität die drei Skalen zusammenlegen, um eine homogenere Dimension des Trainerstils zu erhalten. Zu diesem Zweck wurden fünf Stufen "direktiver Kompetenz" gebildet, wie in <u>Abbildung 4</u> angegeben, und die zugehörigen Items konstituieren die jeweiligen Kompetenzstufen. Ihre Bezeichnungen sind ebenfalls in der Abbildung eingetragen, wie folgt:

I: <u>Gelassenes Interesse</u> zeigen, in Ruhe sich Zeit nehmen. Interessant ist zu sehen, daß das "viel Nachfragen" noch nicht als direktiv interpretiert wird.

II: <u>Angenehme Reaktion</u> bedeutet geduldig und umgänglich, wenn auch kaum direktiv mit dem Partner umzugehen.

III: Aufmerksame Kooperation zeigt erste Grade der aktiven Auseinandersetzung an.

IV: Klare Rückmeldung steht hier für eine präzise Analyse des Verhaltens, die bereits als pointierte Direktivität bezeichnet werden kann.

V: Planvolle Anweisung bedeutet schließlich den Höhepunkt direktiver Behandlung.

Die gewählten Bezeichnungen zeigen, daß das Trainerverhalten von I bis V schrittweise direktiver wird. Die fünf Stufen reichen also vom nicht-direktiven zum direktiven Pol, und wir wollen sie als Skala oder Dimension der direktiven Kompetenz bezeichnen, um bei den früher benutzten Ausdrücken zu bleiben.

6.3 Trainer- und Geschlechtsanalyse hinsichtlich direktiver Kompetenz

Das Ziel dieser Analyse ist es, die so gebildete neue Skala der direktiven Kompetenz gegen die Dichotomien Direktivität - Nicht-Direktivität und männlich - weiblich zu evaluieren. Die Resultate finden sich in Abbildung 5.

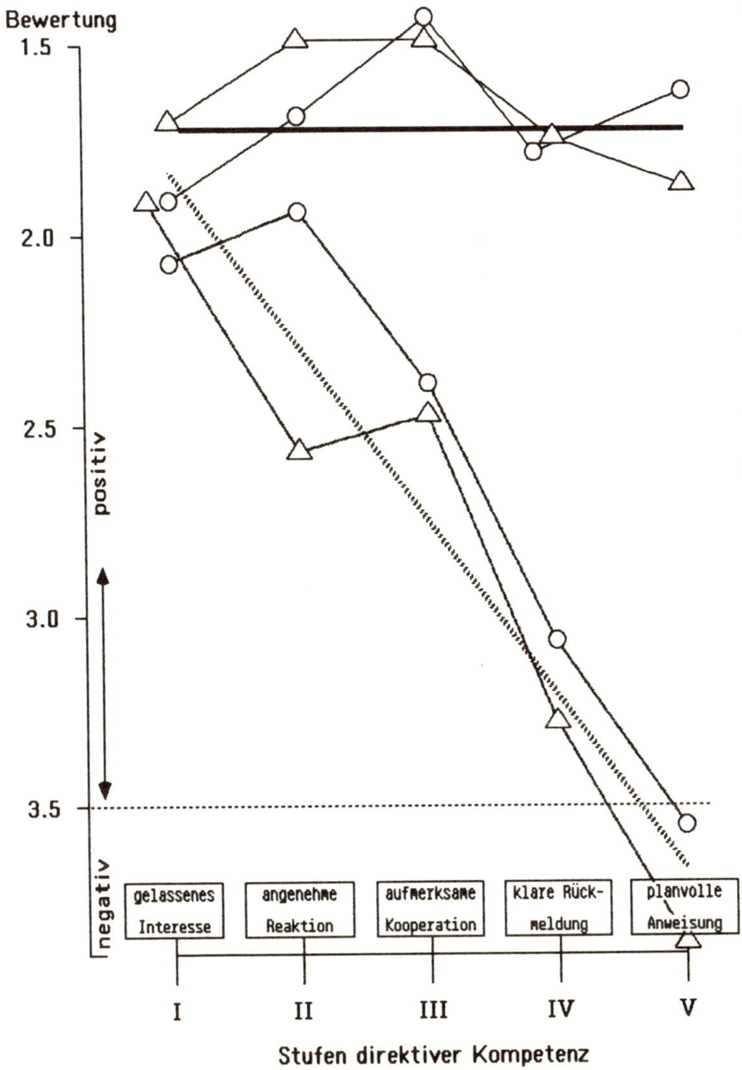

Abbildung 5: Qualitätsbewertung von Trainern nach 5 Abstufungen direktiver Kompetenz (24 Beurteiler).

△ = männlich ○ = weiblich

——— = direktiv ┈┈┈ = nicht direktiv

Die Ordinate dieser Abbildung stellt eine Bewertung des Trainers durch den Teilnehmer dar, und zwar mit Hilfe der in Anhang 3 dargestellten Skala, die von 1 bis 6 reicht. Für Zwecke der gegenwärtigen Analyse wurde der positive Pol der Einzelitems auf 1 und der negative auf 6 gelegt, woraus sich drei hier interessierende Folgerungen ergeben.

Erstens werden die Trainer, mit Ausnahme der nicht-direktiven auf Stufe V, positiv bewertet (Werte zwischen 1 und 3.5). Die Gesamtbewertung ist damit akzeptabel.

Zweitens wird das direktive Trainerpaar (obere Kurven) positiver eingeschätzt als das nicht-direktive (untere Kurven), und zwar mit Ausnahme des nicht-direktiven Pols (Stufe I). Die nicht-direktiven Trainer werden umso negativer beurteilt, je direktiver der geforderte Trainerstil ist. Auf der anderen Seite werden die direktiven Trainer auf allen Stufen direktiver Kompetenz als gleich gut bewertet. Direktiv-Sein bedeutet also hier alle guten Trainereigenschaften besitzen, während Nicht-direktiv-Sein einen Mangel an direktiver Kompetenz bedeutet.

Die dritte Folgerung betrifft den Geschlechtsunterschied. Beide weiblichen Trainer tendieren dazu, etwas direktiver und etwas weniger nicht-direktiv zu sein als ihre männlichen Kollegen. Diese Unterschiede sind aber nicht bedeutsam. Auch hinsichtlich allgemeiner Qualität können die männlichen und weiblichen Trainer als gleichwertig angesehen werden, auch wenn die Frauen in der Tendenz etwas besser abschneiden.

Diese Analyse wird zur Verdeutlichung in Abbildung 6 in differenzierter Form wiederholt.

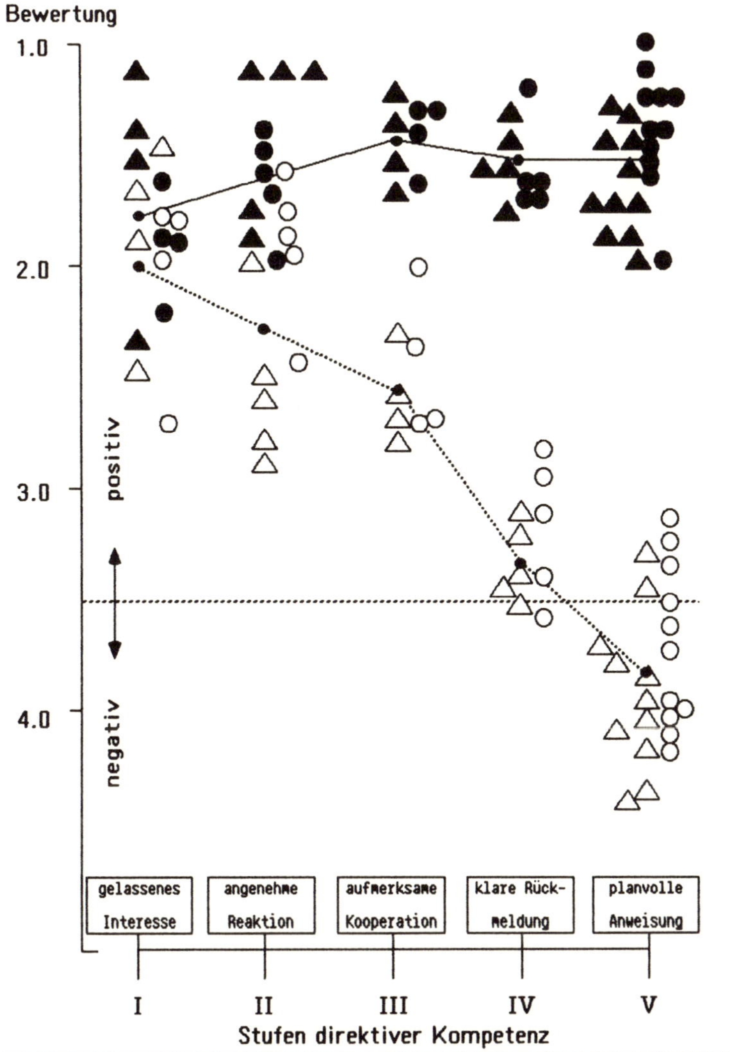

Abbildung 6: Bewertung der direktiven und nicht–direktiven Trainer mit je 29 Merkmalen des Trainingsstils. Die Bewertung ist positiver für den direktiven Stil, während das Geschlecht keine Rolle spielt.
△ = männlich ○ = weiblich, ausgefüllt = direktiv, offen = nicht–direktiv

"Differenzierter" bedeutet hier, daß die Beurteilungswerte aller 29 Items der Beurteilungsskala (Anhang 3) einzeln und getrennt für alle vier Trainer dargestellt werden. Die 29 Items verteilen sich auf die Stufen direktiver Kompetenz wie folgt: I = 4, II = 5, III = 4, IV = 5 und V = 11. Insgesamt sind also 4 x 29 = 116 Meßpunkte eingetragen. Man sieht deutlich, daß die Items gut, d.h. eng um die zehn Mittelwerte streuen, die durch die Stufen I bis V und die direktiv/nicht-direktiv Unterteilung gegeben sind. Dies trifft besonders auf die höheren Stufen zu, während sich bei den niedrigen Stufen I und II, sichtbar an der größeren Itemstreuung, Verbesserungsmöglichkeiten anbieten. Dies wird durch Itemauffrischung und -auffüllung, begleitet durch Itemanalyse, bewerkstelligt.

Das schon im Zusammenhang mit Abbildung 5 beschriebene Bild wird hier noch deutlicher. Die auf Stufe I versammelten Adjektive überlappen stark zwischen den direktiven und nicht-direktiven Trainern und zeigen Gleichheit an. Auf Stufe II verringert sich diese Überlappung deutlich. Danach bilden sich vollkommen getrennte Gruppen von Adjektiven, die mit steigenden Mittelwertdifferenzen eine klarere Trennung zwischen direktiven und nicht-direktiven Trainern herausarbeiten. Die waagrechte Linienführung für Direktivität zeigt erneut, daß die Teilnehmer alle fünf Adjektivkategorien (I bis V) mit unbedeutenden Schwankungen gleichmäßig gut bewerten. Die direktiven Trainer büßen also wegen ihrer Direktivität nicht mit einem Verlust an "humanistischen" Reaktionen (Freundlichkeit, Natürlichkeit, Interessiertheit, Sympathie usw.) wie das häufig geschrieben oder impliziert wird. Den nicht-direktiven Trainern werden auch solche Reaktionen wohl zugebilligt, doch fehlt es ihnen an Entschiedenheit der Rückmeldung und Anweisung. Und dies ist für diese Teilnehmer eine besonders wichtige Qualität im Trainerstil für Trainees der hier beschriebenen Art.

Abschnitt 7

Beurteilung der Teilnehmer

- Auswahl der prospektiven Verhaltenstrainer aufgrund ihres Verhaltens im Seminar

Der Teilnehmergruppe gehörten 24 Polizeibeamte an, von denen acht für ein möglicherweise später stattfindendes und im Konzept bereits vorbereitetes dreiwöchiges Training ausgewählt werden sollten. Zur Erleichterung dieser Auswahl war ein Beurteilungsbogen konstruiert worden, mit dessen Hilfe alle Teilnehmer durch mehrere Beobachter hätten beurteilt werden sollen. Diese Beurteilung fand aus Gründen der Programmüberlastung und in Übereinstimmung mit der Seminarorganisation nicht statt.

Anstelle davon wurden die acht als besonders fähig erachteten Beamten eindrucksmäßig ausgewählt, wobei die vier Trainer ihre Stimme unabhängig voneinander abgaben. Das eindrucksmäßige Kriterium war "Eignung zum Verhaltenstrainer" und betraf die Fähigkeit zum Lernen und Diskutieren des dargebotenen Verfahrens im jetzigen Seminar sowie die Vermutung darüber, wie gut der Kandidat das Gelernte als Verhaltenstrainer später an andere Polizeibeamte weitergeben könne.

Die Tatsache, daß die anwesenden 24 Teilnehmer nach der beobachtbaren Fähigkeit der genannten Art stark variierten, machte die Auswahl relativ leicht, und die Beobachter erzielten eine hohe Übereinstimmung. Diese Daten liegen nicht beim Berichterstatter, sondern beim Organisator des Seminars vor. Die Aufgabe der Selektion für einen späteren Trainingskurs ist damit gelöst, falls nicht andere Restriktionen auftreten. Bedauerlich ist aber, daß, bedingt durch die Anonymitätswahrung in bezug auf die Teilnehmer, die Chance weiterer, möglicherweise aufschlußreicher Analysen nicht wahrgenommen werden konnte.

Abschnitt 8

Folgerungen

8.1 Diskussionspunkte der Teilnehmer

- Repressives Eingreifen der Polizei als Stressquelle
- Unerfahrenheit der Trainer in Polizeiangelegenheiten
- Innendienstlicher Organisationsstress
- Direktiv - nicht-direktiver Trainingsstil, Schulungsdidaktik
- Individuelle Differenzen der Teilnehmerreaktion

8.2 Folgerungen des Berichterstatters

- Grundsätzlich positive Aufnahme des Programms
- Rundherum Anpassung an den Polizeidienst erforderlich
- Trainerstil geprüft: Entscheidung für direktives Vorgehen
- Didaktik diskutiert: Entscheidung für präzise Formalisierung
- Geschlecht des Trainers geprüft: Geschlecht gleichgültig
- Bewertungstests vorentwickelt: differenziertere und präzisere Messung des Trainingserfolgs und des individuellen Kenntnisstandes wird möglich
- Sonstige Instrumentation: Biofeedback-Anwendung wird empfohlen, Video-Einsatz bleibt ungeprüft
- Selektion Polizeitrainer für Stressbewältigungstraining 1983 durchgeführt
- Programme unter Verwertung der Erfahrungen einsetzbar

Am Ende des Berichts soll nicht der Versuch einer Gesamtzusammenfassung gemacht werden. Dafür enthält der Text zu viele Einzelpunkte, die überdies auf der Titelseite eines jeden Kapitels aufgeführt sind, so daß sich der Leser schnell orientieren kann.

Bei der Abschlußdiskussion am Ende des Seminars ergaben sich aus dem Kreis der Teilnehmer fünf besonders wichtige und unterscheidbare Gesprächsbereiche. Ein Teilnehmer befaßte sich mit den Ursachen der Stressreaktionen und meinte, daß diese durch die Notwendigkeit des repressiven Eingreifens im täglich sich wiederholenden Dienststress begründet sei. Dies führe zu einer negativen Grundstimmung.

Der zweite Fragenbereich betraf die Methodik der Ermittlung von Stressoren im täglichen Einsatz und gleichzeitig die Unerfahrenheit der Trainer mit den Einzelheiten und allgemeinen Hintergründen dieses Einsatzes. Es wurde empfohlen, daß die Trainer mehrere Wochen lang den Streifendienst begleiten, um so die notwendigen Erfahrungen zu sammeln.

Der dritte Punkt betonte, daß Stressreaktionen nicht nur im Umgang mit Bürgern entstehen, sondern auch als innendienstliche, also durch die Organisation bedingte Probleme aufzufassen sind. Das Organisationsklima müsse in die Betrachtung einbezogen werden.

Problembereich vier wurde besonders intensiv diskutiert. Hier ging es im wesentlichen um die Ablehnung des nicht-direktiven Trainerstils und den Wunsch nach konkreter, gut gegliederter und schulungsmäßig dargebotener Information.

Im fünften Gesprächsbereich wurde aber grundsätzliches Interesse bekundet und zugegeben, daß man einfach mit den individuellen Unterschieden der Person und Interessen rechnen müsse. Dazu zählt natürlich auch die unterschiedliche Fähigkeit des Individuums, die Möglichkeiten und Tragweite des Trainings nach nur vier Sitzungen zu verstehen.

Somit wurden sehr unterschiedliche Themen aufgegriffen: die Reaktion des Bürgers, des Beamten, seiner Organisation, der Trainerstil und die Unterrichtsmethodik. Alle sind wichtig, konnten aber nur sehr begrenzt angegangen werden. Wir haben diese Punkte deswegen im vorliegenden Bericht genauer behandelt.

Der Berichterstatter ist der Meinung, daß das Ziel des Seminars erreicht wurde. Einige wichtige Aspekte des Stressbewältigungsprogramms wurden präsentiert und den Umständen enstprechend (kurze Demonstrationszeit) sehr positiv aufgenommen. Es ergab sich die Gelegenheit zu prüfen, welcher Stil der Vermittlung zu wählen sei. Dabei ergab sich ein deutlicher Vorzug für den direktiven Trainingsstil und für eine formal gegliederte Didaktik. Geschlechtspräferenzen hinsichtlich der Trainer treten nicht zutage. Diese Erkenntnisse sind besonders wichtig und ebenfalls die mit der Entwicklung von Meßinstrumenten zur Trainingsbewertung gemachten Erfahrungen, die eine genauere Effektivitätsbewertung ergeben werden. Das ursprünglich vorentwickelte Trainingskonzept erfuhr keine prinzipielle Kritik, die wesentliche Änderung verlangt, so daß mit diesem Konzept weiter verfahren werden kann. Es ist aber klarer geworden als zuvor, daß das ganze Training noch präziser auf die polizeilichen Bedingungen zugeschnitten werden muß. Man muß ebenfalls bereit sein, das Konzept technisch anzupassen, wenn sich beim eigentlichen Training die Notwendigkeit oder Erwünschtheit hierzu ergibt (Biofeedback, Video). Nachdem auch die prospektiven Polizeiverhaltenstrainer ausgewählt worden sind, kann die Organisation des Trainings beginnen. Das Seminar hat viel dazu beigetragen, seine Qualität von vorneherein günstig zu gestalten.

Literatur

Schindler, Ludwig; Revenstorf, Dirk; Hahlweg, Kurt & Brengelmann, Johannes C.. Therapeutenverhalten in der Verhaltenstherapie. Zeitschrift für Ehe-, Familien- und Sexualtherapie, 1983, Partnerberatung 23, 149-157.

Anhang

Anhang 1. Stressbewältigung (SBT) (Ablauf der Demonstration)

Anhang 2. Selbstbewertung der kurzfristigen Demonstration des Stressbewältigungstrainings durch 24 Beamte. Dargestellt sind die Prozentwerte der Bejahung.

Anhang 3. Beurteilung des Trainerstils (Faktoren der Sensitivität, Direktivität, Kompetenz)
24 Beamte beurteilen 4 Trainer.

Anhang 1.: Stressbewältigungstraining (SBT)
(Ablauf der Demonstration)

Mittwoch, 8.12.82:

1.) 9.00 - 10.00 Uhr: Plenum

Eröffnung und Einführung (Veranstalter)

- Begrüßung
- gegenseitige Vorstellung
- Überblick über den organisatorischen Ablauf der drei Tage (Trainer)
- Einführung zum Thema Stress (J.C.Brengelmann)

2.) 10.00 - 12.45 Uhr: (2 Trainer pro Gruppe; 2 Gruppen à 12 Teilnehmern; 1 = AK/EW; 2 = GK/AWL)

Trainingsblock I

- Problemsammlung
- Verhaltensanalyse
- Entspannung I

Diskussion in den Gruppen

3.) 14.15 - 17.00 Uhr: (2 Gruppen à 12 Teilnehmer)

Trainingsblock II

- Techniken kurzfristiger Stressbewältigung
- Entspannung II

Diskussion in den Gruppen

4.) 17.00 - 17.30 Uhr: Plenum

Resümee der Diskussionen

5.) 17.30 - 18.00 Uhr: Bewertung

Donnerstag, 9.12.82:

1.) 9.00 - 9.15 Uhr: Plenum

Überblick über den organisatorischen Ablauf des Tages

2.) 9.15 - 12.45 Uhr: (2 Gruppen à 12 Teilnehmer)

Trainingsblock III

- Techniken langfristiger Stressbewältigung I (z.B. Rollenreflexion, Zuhören, Konfliktdialog)	Diskussion in den Gruppen
- Entspannung III	

3.) 14.15 - 17.00 Uhr: (2 Gruppen à 12 Teilnehmern)
Trainingsblock IV

- Techniken längerfristiger Stressbewältigung II (z.B. Ausweiten positiver Alternativen, Entspannungstraining)	Diskussion in den Gruppen

4.) 17.00 - 17.30 Uhr: Plenum
Resümee der Dikussionen

5.) 17.30 - 18.00 Uhr: Bewertung

Freitag, 10.12.82

1.) 9.00 - 11.00 Uhr: Plenum (Hauptdiskussion)

Ende der Veranstaltung für die Teilnehmer

2.) 11.00 - 12.00 Uhr:

Abschlußbesprechung zwischen Veranstaltern und Trainern

Anhang 2.: Selbstbewertung der kurzfristigen Demonstration des Stressbewältigungstrainings durch 24 Beamte.

Dargestellt sind die Prozentsätze der Bejahung

Trainingsbewerung durch den Teilnehmer (Trainee)

Ich werde die Stressbewältigungsmethoden anwenden, weil......

Item Nr.		
50	... mir die Anwendung beruflich von Nutzen sein wird (86%)	1 2 3 4
56	... ich mir eine noch größere Arbeitseffizienz verspreche (76%)	1 2 3 4
55	... ich überzeugt bin, daß die Anwendung positive Auswirkungen auf meine Kollegen hat (81%)	1 2 3 4
58	... ich mich für fähig halte, sie erfolgreich anzuwenden (65%)	1 2 3 4
53	... ich überzeugt bin, daß die Anwendung positive Auswirkung auf Mitarbeiter hat (81%)	1 2 3 4
57	... ich mir erhoffe, in beruflichen Situationen besser auftreten zu können (80%)	1 2 3 4
54	... ich überzeugt bin, daß die Anwendungen positive Auswirkungen auf Vorgesetzte hat (38%)	1 2 3 4
36	Ich werde das Verhalten anderer bewußter als früher beobachten (76%)	1 2 3 4
35	Ich werde mein Verhalten bewußter als früher beobachten (86%)	1 2 3 4
22	Ich sehe jetzt viele Dinge mit ganz anderen Augen als früher (43%)	1 2 3 4
37	Ich werde Probleme heute anders als früher lösen (33%)	1 2 3 4
32	Ich werde mich jetzt mehr um zwischenmenschliche Prozesse am Arbeitsplatz bemühen (62%)	1 2 3 4
38	Ich werde mich in neuen unerwarteten Situationen sicherer als früher fühlen (33%)	1 2 3 4
52	Ich denke, daß sich mein Verhalten durch das Training weiterhin ändern wird (43%)	1 2 3 4

66	Ich kann nicht beurteilen, wozu das Gelernte gut sein soll (5%)	1 2 3 4
60	Ich werde die Seminarinhalte nicht umsetzen, weil ich befürchte, dabei zu scheitern (5%)	1 2 3 4
65	Ich kann mir nicht vorstellen, daß sich mit den im Seminar vermittelten Methoden ein dauerhafter Erfolg erzielen läßt (5%)	1 2 3 4
62	Ich werde mich nicht um eine Anwendung der Methoden bemühen, weil ich keinen Grund dazu sehe (0%)	1 2 3 4
61	Ich erwarte in meiner beruflichen Praxis negative Konsequenzen, wenn ich die Stressbewältigungs-methoden einsetzen würde (0%)	1 2 3 4
63	Die Anwendung der Methoden ist mir zu mühsam (zeitaufwendig) (0%)	1 2 3 4
68	Ich werde die meisten Seminarinhalte vergessen (0 %)	1 2 3 4
67	Ich kann keine Vorteile sehen, die sich aus dem Einsatz der Stressbewältigungsmethoden ergeben könnten (0%)	1 2 3 4

Ich werde versuchen, die Stressbewältigungsmethoden einzusetzen, weil .....

45	... sich dadurch mein Verhalten positiv ändern wird (46%)	1 2 3 4
42	... ich mir dadurch ein noch besseres Arbeits-klima verspreche (67%)	1 2 3 4
32	Ich werde am Arbeitsplatz meine tägliche Routine verändern (38%)	1 2 3 4
33	Ich sehe keinen Grund, mich um eine praktische Anwendung zu bemühen (100%)	1 2 3 4
31	Wenn ich mich ernsthaft bemühe, kann ich die Anwendung schaffen (71%)	1 2 3 4
44	... mir die Anwendung im Privatleben von Nutzen sein kann (71%)	1 2 3 4

1	Das Training hat sich gelohnt (67%)	1 2 3 4
2	Mit Hilfe der Stressbewältigungsmethoden werde ich Probleme am Arbeitsplatz besser lösen (62%)	1 2 3 4

3	Das Training hat mein Wissen verbreitert (91%)	1 2 3 4
4	Ich habe mehr über meine eigenen Schwierigkeiten erfahren (50%)	1 2 3 4
5	Das Training hat mir interessantes Faktenmaterial vermittelt (75%)	1 2 3 4
6	Ich denke, daß sich durch das Training meine Einstellung zur Stressbewältigung verändert hat (75%)	1 2 3 4

Der (die) Kursleiter(in) ....

7	... hat sich um eine präzise und zufriedenstellende Beantwortung von Fragen bemüht (80%)	1 2 3 4
8	... hat neue Begriffe verständlich erklärt (80%)	1 2 3 4
9	... ging schrittweise voran (75%)	1 2 3 4
10	... hat gut erläutert, wie man die Methoden später anwenden kann (60%)	1 2 3 4
11	... hat gut gezeigt, wie man die Methoden später anwenden kann (65%)	1 2 3 4
12	... hat sich klar und unmißverständlich ausgedrückt (80%)	1 2 3 4
13	... hat sich bemüht, die Theorie in die Praxis umzusetzen (50%)	1 2 3 4

Einige Methoden scheinen für mich persönlich gut umsetzbar (86.7%) 1 2 3 4

Welche? ______________________________
____

Einige Methoden habe mir persönlich gut gefallen (91.7%) 1 2 3 4

Welche? ______________________________
____
____

14	Ich werde meinen Stress in der Zukunft reduzieren können (32%)	1 2 3 4
15	Ich werde in der Zukunft entspannter arbeiten können (32%)	1 2 3 4

16	Bestimmte Situationen haben ihre Belastung für mich verloren (19%)	1 2 3 4
17	Ich verfüge jetzt über Fertigkeiten, die mir früher gefehlt haben (25%)	1 2 3 4
18	Ich weiß genau, wo und wie ich die Stressbewältigungsmethoden einsetzen kann (20%)	1 2 3 4
19	Ich habe während des Trainings einen so hohen Übungsgrad erreicht, daß ich mich in der Anwendung der Methoden sicher glaube (10%)	1 2 3 4
20	Ich fühle mich in der Anwendung der Stressbewältigungsmethoden sicher (5%)	1 2 3 4
21	Es wird mir gelingen, die Methoden auf meine berufliche Umwelt zu übertragen (15%)	1 2 3 4
22	Es wird mir gelingen, die Methoden auf meine private Umwelt zu übertragen ((25%)	1 2 3 4

23 Ich denke, daß ich folgende Stressbewältigungsmethoden besonders gut umsetzen kann:

____
____
____
____
____
____

24 Mir persönlich haben folgende Methoden am besten gefallen:

____
____
____
____
____

Alle Items werden mit

1 = stimmt gar nicht

2 = stimmt ein wenig

3 = stimmt weitgehend

4 = stimmt vollkommen

beantwortet

Anhang 3.: Beurteilungsbogen, mit dessen Hilfe der Stil des Trainings durch den Teilnehmer (Trainee) beurteilt wird.

Name des Trainers:________________________________ Datum:_________

BEURTEILUNG DES TRAINERS DURCH TRAINEE

Sie finden auf der folgenden Seite eine Reihe von Aussagen über Eigenschaften und Verhaltensweisen Ihres Teilnehmers. Bitte beurteilen Sie, in welchem Ausmaß Ihr Teilnehmer die aufgeführten Verhaltensweisen während der Therapie gezeigt hat.

Beispiel: locker 1 - 2 - 3 - 4 - ~~5~~ X - 6 steif

Die Zahlen 1 bis 6 stellen Abstufungen zwischen den beiden Gegensätzen (locker-steif) dar.

Hier: 1 = völlig locker
2 = ziemlich locker
3 = etwas locker
4 = etwas steif
5 = ziemlich steif
6 = völlig steif

In diesem Beispiel ist die "5" angekreuzt worden, d.h. der Teilnehmer wurde als ziemlich steif erlebt.

Kreuzen Sie bitte immer nur eine Zahl an.

		ziem-			ziem-		
	völlig	lich	etwas	etwas	lich	völlig	
1. aufmerksam	1...	2...	3...	4...	5...	6...	unaufmerksam
2. aktiv	1...	2...	3...	4...	5...	6...	passiv
3. entspannt	1...	2...	3...	4...	5...	6...	gespannt
4. freundlich	1...	2...	3...	4...	5...	6...	unfreundlich
5. echt	1...	2...	3...	4...	5...	6...	unecht
6. erfahren	1...	2...	3...	4...	5...	6...	unerfahren
7. geduldig	1...	2...	3...	4...	5...	6...	ungeduldig
8. entschlossen	1...	2...	3...	4...	5...	6...	unentschlossen
9. fragt viel nach	1...	2...	3...	4...	5...	6...	fragt wenig nach
10. interessiert	1...	2...	3...	4...	5...	6...	gleichgültig
11. gibt Rückmeldung	1...	2...	3...	4...	5...	6...	gibt keine Rückmel.
12. konzentriert	1...	2...	3...	4...	5...	6...	unkonzentriert
13. gründlich	1...	2...	3...	4...	5...	6...	oberflächlich
14. gesprächig	1...	2...	3...	4...	5...	6...	schweigsam
15. kooperativ	1...	2...	3...	4...	5...	6...	unkooperativ
16. klar	1...	2...	3...	4...	5...	6...	verwirrend
17. gibt Hilfe-stellung	1...	2...	3...	4...	5...	6...	gibt keine Hilfe-stellung
18. natürlich	1...	2...	3...	4...	5...	6...	unnatürlich
19. lebendig	1...	2...	3...	4...	5...	6...	farblos
20. gibt klare An-weisung	1...	2...	3...	4...	5...	6...	gibt unklare Anweisung
21. nimmt sich Zeit	1...	2...	3...	4...	5...	6...	nimmt sich keine Zeit
22. planvoll	1...	2...	3...	4...	5...	6...	planlos
23. konsequent	1...	2...	3...	4...	5...	6...	inkonsequent
24. sympathisch	1...	2...	3...	4...	5...	6...	unsympathisch
25. sorgfältig	1...	2...	3...	4...	5...	6...	nachlässig
26. ruhig	1...	2...	3...	4...	5...	6...	lebhaft
27. umgänglich	1...	2...	3...	4...	5...	6...	schwierig
28. zielstrebig	1...	2...	3...	4...	5...	6...	unschlüssig
29. sicher	1...	2...	3...	4...	5...	6...	unsicher

Der Teilnehmer würde sich als Trainer eignen
(bitte Note anstreichen):

1 = sehr gut
2 = gut
3 = befriedigend
4 = ausreichend
5 = keine Eignung

KAPITEL VII

Ausbildung der Mediatoren erster Generation zu Lehrtrainern

von

Johannes C. Brengelmann
Günther Krauthan
Angelika Wagner-Link
und
Horst Olszewski

INHALT

Über die allgemeinen Ziele der Ausbildung von Lehrtrainern ist genügend gesprochen worden, sowohl von den theoretischen Voraussetzungen, als auch von den Anforderungen her. Wir befassen uns deshalb unmittelbar mit der praktischen Vorbereitung des Trainings, wofür 4 Monate zur Verfügung standen, und mit der Beschreibung der sich anschließenden Durchführung des ersten Trainings.

1. Auswahl der Kandidaten für das Training

Die Auswahl von 8 Teilnehmern aus einer Gruppe von 24 zur Verfügung stehenden Kandidaten ist im vorherigen Kapitel VI beschrieben worden. Es wurde auch darauf hingewiesen, daß aufgrund der auferlegten Anonymitätswahrung bezüglich der Kandidaten keine detaillierten Selektionsanalysen durchgeführt werden konnten und die Auswahl durch globale Übereinstimmung seitens der Selektoren erfolgte. Unter diesen Umständen kann auch nur eine qualitative Aussage über die Effektivität der Auswahl gemacht werden.

2. Auswahl der Fachtrainer

Das Verhaltensrepertoire der beiden Fachtrainer, welche die Schulung der Polizeitrainer durchführen sollten, ist neben der Eignung der Kandidaten der wichtigste Faktor für ein erfolgreiches Training. Die Auswahl der aus München stammenden Fachtrainer wurde in Kapitel VI beschrieben. Den 24 Kandidaten für das Training wurden 4 Fachtrainer präsentiert, je 2 direktive und nicht-direktive bzw. je 1 direktiver und nicht-direktiver weiblicher und männlicher Fachtrainer. Die Bewertung dieser Trainer wurde beschrieben und es bestand kein Zweifel darüber, daß das Training in einem direktiven Stil durchzuführen sei. Dieser Stil ist wissenschaftlich besonders vertretbar, weil direktive Kompetenzen (klare Anweisung, sofortige Hilfestellung, aufmerksame Kooperation) eine effektivere Verhaltensänderung bewirken als nicht-direktive Gespräche, die unmißverständlich von den Kandidaten für das Training abgelehnt wurden. Das Klima des direktiven Trainings (Freundlichkeit, Sympathie, Natürlichkeit) unterscheidet sich nicht grundsätzlich von dem des nicht-direktiven.

3. Umfang und Zeitablauf

Die Trainingsdauer und der Trainingsablauf wurden nicht allein von den Forschern bestimmt, sondern auch vom Auftraggeber, doch gab es keine nennenswerten Differenzen. Die üblicherweise auftretenden begrenzenden oder hemmenden Bedingungen oder Vorkommnisse wurden effizient erledigt und man einigte sich auf den folgenden Umfang und Ablauf, der sich über den größeren Teil des Jahres 1983 erstreckte:

Teil 1 (Mai):	5 Tage Training (Woche 18)
Teil 2 (Juni):	5 Tage Training (Woche 23)
Teil 3 (Juli):	5 Tage Training (Woche 27)
Teil 4 (September):	1 Tag Auffrischung (Woche 37)
Teil 5 (November):	1 Tag Auffrischung (Woche 47)

Über die benötigte Dauer der Schulung von Laien zu Lehrtrainern gab es keine Vorerfahrung. Die vereinbarte Dauer beruht auf gemeinsamen Überlegungen erfahrener Verhaltenstherapeuten aus dem eigenen Umkreis. Die Lernpsychologie schreibt eine Verteilung der Lernzeiten vor, um negative Effekte des massierten Lernens zu vermeiden. Die Verteilung auf 5 Lerngelegenheiten wurde allerdings auch aus anderen Gründen gewählt, nämlich um das jeweils Gelernte in eigener Regie genügend erproben zu können. Was in der ersten Woche gelernt wird, wird bis zur zweiten Trainingswoche ohne Supervision in der jeweiligen Umgebung geprobt. Die zweite Trainingswoche besteht aus der Korrektur der bei diesem Selbstüben aufgetretenen Probleme und der Einübung neuer Aufgaben durch die Fachtrainer. Dies setzt sich fort. Anfänglich führt der Trainee in der Zeit zwischen den Trainingswochen nur Selbstübungen durch und später Übungen mit Kollegen, um seine Instruktionsfertigkeiten zu entwickeln. So wurden die Phasen zwischen den Trainingswochen intensiv zur Unterstützung des Trainings genutzt. Spätere Analysen haben bestätigt, daß diese Nutzung der Zwischenzeiten die Effektivität der Ausbildung wesentlich mitbestimmt.

In den ersten zwei Trainingsteilen schulen die Fachtrainer die Trainees in der Selbstanwendung der Techniken. Im dritten Teil schulen die Trainees andere Polizeibeamte unter Überwachung durch die Fachtrainer.

Zwischen den Teilen 3 und 4, sowie 4 und 5 erfolgt wiederum eigenständiges Training von Beamten durch die Trainees, während die Auffrischungstage der Problembesprechung und -korrektur durch die Fachtrainer dienen.

4. Befolgung der Verhaltensprinzipien in der Praxis

Sich aktiv zu verhalten oder ein Verhalten praktisch zu üben ist solange keine Verhaltensmodifikation, wie die Lern- und Verhaltensprinzipien nicht strikt befolgt werden. Eine wirksame Modifikation muß stets, d.h. bei jeder einzelnen Beeinflussung, drei Dinge respektieren. Erstens muß der Trainer das zu beeinflussende Verhalten dem Trainee gegenüber so spezifizieren, daß dieser genau weiß, was von ihm erwartet wird und was die Effekte sind. Er muß auch mit der Form der Beeinflussung einverstanden sein und das zu beeinflussende Verhalten muß für den Polizeidienst relevant sein. Deshalb wurde die Untersuchung über Stressoren im Polizeidienst durchgeführt, damit die Zweckgebundenheit der Veränderung erkannt wird (Kapitel IV). Zweitens müssen die Lernprinzipien, besonders jene der positiven Verstärkung, Löschung und negativen Verstärkung bei jeder einzelnen Beeinflussung vorsätzlich und sachgerecht angewandt werden. Dasselbe gilt für die Anwendungsprinzipien wie schrittweises Einüben von Verhaltensweisen (shaping), Ausblenden der Hilfestellung (fading), Vermeidung von Überforderung und angemessener Einsatz von Hilfen. Drittens muß sich ein Trainer stets darüber klar sein, daß ein ganz bestimmter Trainerstil gefordert ist, um das richtige Klima zu erzeugen. Dieser ist durch Direktivität, Kompetenz und Sensitivität ausgezeichnet.

Die Verhaltensprinzipien brauchen nicht immer bewußt zu sein, doch müssen sie so eingedrillt sein, daß sie in jedem Beeinflussungsakt erkennbar sind. An diesen Kriterien erkennt man den effektiven Trainer und auch das Nachlassen der Trainingseffektivität im Laufe der Zeit, welches besonders bei Abwesenheit geeigneter Kontrollen eintritt. Jedes Training verliert aus verhaltensgesetzlichen Gründen (Löschung) heraus an Effektivität, wenn auf solche Kontrollen oder Auffrischungen verzichtet wird. Das effektive Trainerverhalten wird ebenso erlernt und verlernt, wie Leistungen im Sport erlernt werden und ohne entsprechende Übung verkümmern. Hochleistungen können auch ohne Betreuung durch einen Trainer nicht aufrechterhalten werden.

5. Das Verfahren der Stressbewältigung (Manualentwicklung)

Es ist unmöglich, das Training nach dem Buch zu lernen. Auf der anderen Seite hängt die Ausbildung zum Trainer wesentlich von der Verfügbarkeit schriftlicher Anleitungen ab. Es gibt keine feststehende Anleitung für alle Fälle und für alle Berufe. Deswegen gehören das Abfassen, Umschreiben und Editieren von Anleitungen ebenso zur immerwährenden Aufgabe des Trainers, wie die Zupassung von Anweisungen auf das Individuum. Dies erklärt die Tatsache, warum wir innerhalb eines Jahres drei Manuale verfaßten. Das erste Manual wurde zur Demonstration des Stressbewältigungstrainings Ende 1982 hergestellt und ist ziemlich ausführlich in Kapitel VI beschrieben worden. Das zweite, erweiterte Manual wurde Anfang 1983 vor Beginn des Trainings verfaßt. Es ist überflüßig zu betonen, daß angesichts der Neuartigkeit des Unternehmens und der vielen Gespräche mit den betroffenen Partnern der Wunsch auftrat, das Manual der Situation noch weiter anzupassen. Die zweite, nichtpublizierte Version wurde deshalb aufgrund der im Training gemachten Erfahrungen erneut umgeschrieben und ergab das in Kapitel VIII beschriebene Stressbewältigungsmanual.

6. Weitere Hilfsmittel für das Training

Die benutzten audiovisuellen Hilfsmittel, einschließlich Biofeedbackverfahren sind im Manual aufgeführt und werden nicht weiter diskutiert (Kapitel VIII). Gegen Ende des Trainings wurde ein Video-Film hergestellt, der in Kapitel IX beschrieben wurde.

7. Zusatzaufgaben: Protokollieren, lesen, üben und üben

Die Teilnehmer wurden angewiesen, sich außerhalb der eigentlichen Trainingszeit intensiv mit der Verhaltenstheorie zu befassen, die

Vorgänge zu protokollieren und die erlernten Verhaltensweisen zu Hause zu üben. Die Erfüllung solcher Aufgaben wurde von den Fachtrainern kontrolliert, wenn auch ohne formelle Auswertung. Das Protokollieren der Erlebnisse kann wesentlich zur eigenen Systematisierung und Verlebendigung des Trainings beitragen. Das illustriert der folgende Ergebnisbericht eines Teilnehmers über die erste Trainingswoche.

"In der Zeit vom 02.05. bis 06.05. 1983 ist der erste Ausbildungsabschnitt des Verhaltenstrainings an der HLPS "Carl Severing" durchgeführt worden. Nach Meinung aller Teilnehmer sind die Erwartungen in wissenschaftlicher, methodischer, didaktischer und praktischer Hinsicht übertroffen worden. Im einzelnen berichte ich über die Ergebnisse wie folgt:

a) Teilnehmer

Alle ausgewählten Beamten haben an dem Seminar regelmäßig und pünktlich teilgenommen. Bereits in den ersten Tagen konnte der gruppendynamische Prozeß eingeleitet und später gefestigt werden. Spannungen waren kaum spürbar. Vielmehr ist von einer harmonischen, vertrauensvollen, kooperativ und integrativ geprägten Arbeit zu berichten, die durch die hohe Motivation der Beamten begünstigt worden ist. Gruppenregeln, wie z.B. gegenseitige Hilfestellung, Ausführung von Hausaufgaben und akzeptables Verhalten zueinander, sind stets eingehalten worden. Damit jeder Teilnehmer im Rahmen von Übungen über seine persönlichen Gefühle, Prozesse und Schwierigkeiten sprechen kann, ist absolute Schweigepflicht vereinbart worden. An jedem Seminartag ist eine ausführliche Beurteilung der Trainer und der Trainingsinhalte abgegeben worden. Diese Beurteilungen werden in München ausgewertet und sollen im abschließenden Seminarbericht erörtert werden.

b) Trainer

Die wissenschaftlichen und praktischen Betreuer haben wesentlich zum gruppendynamischen Prozeß sowie zur Vertrauensbildung beigetragen. Die Arbeit der Trainer bestach durch logischen und systematischen Aufbau, anschauliche und methodisch klare Darstellung sowie durch ihre kooperative, zielstrebige, konzentrierte, freundliche und konsequente Haltung. Im übrigen begeisterten die Trainer alle Teilnehmer durch ihre umfangreiche praktische Trainingserfahrung.

c) Trainingsziele

Ziel des Gesamttrainings ist es, Polizeivollzugsbeamte zu befähigen, mit Stress-Situationen im Beruf und Alltag besser als bisher umgehen zu können, um die negativen Folgen unangemessener Stressbewältigung zu vermeiden. Das heißt konkret, daß die Beamten künftig zufriedener Dienst versehen, psychosomatische Störungen reduzieren, Ärger aus dem Privatleben nicht an Unbeteiligten im Dienst ausleben, Konflikte mit dem Bürger seltener oder so austragen, daß sich der Bürger nicht ungerecht behandelt oder übervorteilt fühlt.

Das Training soll die Fähigkeiten vermitteln, eigene und fremde Stress-Situationen zu erkennen, zu wissen, wie diese Schwierigkeiten gelöst werden können, dieses Wissen in eine kurz- oder/und langfristig effektive Stressbewältigung umzusetzen und Stressbewältigungstraining im Bereich der Polizei selbständig und erfolgreich durchzuführen.

Ziel des ersten Trainingsabschnittes war es, die Seminarteilnehmer zu befähigen, sich selbst auf Stress-Situationen hin zu beobachten und Stressoren zu erkennen, eigene vegetative, subjektiv-kognitive und muskulär-motorische Reaktionen zu erkennen und zu analysieren, sich bisher praktizierte Bewältigungsmechanismen bewußt zu machen und zu formulieren, wissenschaftlich entwickelte Techniken aus dem Bereich der "kurzfristigen Erleichterung" zu erlernen und auf sich anzusetzen.

Außerdem sollten einige wesentliche theoretische Grundlagen über Stress vermittelt werden. Diese Teilziele sind voll erreicht worden.

d) Seminarinhalte

Das Trainingsprogramm des ersten Abschnitts enthielt:

- theoretische Grundlagen über die Ursachen und Erscheinungsformen von Stress im Polizeiberuf sowie im Alltag,
- eine allgemeine Darstellung der persönlichen Fähigkeiten zur Stressbewältigung,
- die Erarbeitung von Wissensinhalten der Gebiete "Kurzzeit- und Langzeitreaktion",
- die Darstellung und Erarbeitung von Inhalten der "kurzfristigen Erleichterung" sowie der langfristigen Bewältigung,
- die Darstellung und Einübung von Entspannungstechniken (Langformen konzentrativer Muskelentspannung, Kurzentspannung, Spontanentspannung, Schwereübungen, Aktivierungsübungen).

e) Methoden

Die Inhalte des Trainingsprogramms sind über folgende Methoden vermittelt worden:

- Stoffvermittlung durch Trainer,
- Einzelarbeit,
- Partnerarbeit,
- Kleingruppenarbeit,
- Gesamtgruppenarbeit.

Im Bereich der Klein- und Gesamtgruppenarbeit sind in erheblichem Maße Brainstorming (Gedanken- und Ideensammlung; Diskussion) und berufsbezogene Rollenspiele unter Verwendung einer Video-Anlage durchgeführt worden.

f) Hausaufgaben

In den Trainingsstunden kann nur das minimale Rüstzeug zur Stressbewältigung vermittelt werden. Deshalb müssen die Seminarteilnehmer außerhalb der Dienstzeit den behandelten Stoff durch gezielte Übungen vertiefen. Für die Zeit bis zum Beginn des zweiten Trainingsabschnittes sind den Teilnehmern folgende Aufgaben gestellt worden:

- Vertiefung der theoretischen Kenntnisse über die Ursachen von Stress, die Klassifizierung von Stressoren, die Reaktionsvariablen auf Stress sowie die Möglichkeiten der Stressbewältigung
- Durchführung von Rollenspielen sowie praktische Bewältigung des Berufs- und Alltagsstress im Rahmen der "kurzfristigen Erleichterung".
- Einüben und Beherrschen von Aktivierungs- und Entspannungstechniken.
- Erkennen und Analysieren neuer Stressoren im Beruf und im Alltag.

8. Trainernomenklatur und -klassifikation

Schon bei der ersten Diskussion zum Thema "Training von Mediatoren" taucht die Frage auf, wie man die Mediatoren definieren und benennen soll. Dieses Problem ist in der Verhaltenstherapie geläufig, nicht aber im Trainerbereich. Der Senioautor schlägt deshalb die folgende Trainerklassifikation in Anlehnung an die Verhaltenstherapie vor.

1. Fachtrainer

Ist eine Person, die eine abgeschlossene Hochschulausbildung und spezielle Ausbildung in der menschlichen Verhaltensforschung besitzt in der Regel ein Psychologe oder Mediziner. Zusätzlich besitzt sie eine abgeschlossene Weiterbildung in einer oder mehreren Trainingsarten, in der zugehörigen Diagnostik und kann fundierte praktische Erfahrungen nachweisen.

2. Kotrainer

Dies ist ein Trainer in der Ausbildung zum Fachtrainer, der nach Anweisung bzw. Supervision arbeitet, in der Regel während der weiterführenden Trainerausbildung nach dem Hochschulabschluß. Er wird schrittweise in die selbständige Durchführung der verschiedenen Trainingsarten eingeübt.

3. Assistenztrainer

Ist ein Auszubildender, der nach seiner theoretischen Hochschulausbildung in der Praxis des Trainings assistiert, mit dem Ziel, Kotrainer oder Fachtrainer zu werden.

4. Technische Assistenz

Dies sind Personen, die bei der Durchführung bestimmter Trainings assistieren. Sie unterstützen den Therapeuten bei der Verwirklichung des Trainingsplanes, sind jedoch nicht verantwortlich für die Planung. Man kann je nach Art des Trainings drei Typen der technischen Assistenz unterscheiden:

- Technische Assistenz I:
  Krankenschwestern und Pfleger, medizinische und psychologisch-technische Assistenten mit abgeschlossener fachberuflicher Ausbildung und zusätzlich erworbener Trainingskenntnis und Erfahrung.

- Technische Assistenz II:
  Sozialarbeiter, Sozialpädagogen mit abgeschlossener Fachausbildung und zusätzlich erworbener Trainingskenntnis und -erfahrung. Ihre Arbeit ist teils helfender, beratender, erzieherischer oder verhaltensändernder Natur.

- Technische Assistenz III:
  Physiotherapeuten, Diätassistenten, Sportlehrer, Bademeister u.ä.

Dieser Personenkreis wird von Fall zu Fall unterschiedlich und in begrenzter Form von Fachtrainer bei gesundheitsorientierten oder präventiven Trainings verwandt.

5. Mediator

Dies können Personen unterschiedlicher Berufe sein, die zur Breitenanwendung eines bestimmten Programms geschult und eingesetzt werden. Sie erhalten eine umfangreiche Ausbildung bezüglich Inhalt und Durchführung eines solchen speziellen Programms. Die Durchführung wird begleitet von gegenseitiger Supervision sowie Betreuung durch Fachtrainer.

Die in unserem Projekt ausgebildeten Trainer sind dieser Klassifikation nach "Mediatoren". Dies beschreibt ihren Status im Außenverhältnis. Im Innenverhältnis bildet sich erwartungsgemäß eine eigene Terminologie aus. Um den besonderen Beruf dieser Mediatoren zu charakterisieren, kann man allgemein von Polizeitrainern sprechen. Nach dem Trainingsinhalt wird auch von Stresstrainer im Gegensatz zum Kommunikations- oder Führungstrainer gesprochen. Häufig wird auch der Ausdruck Verhaltenstrainer benutzt. Von der Klassifikation her wird der Lehrtrainer vom einfachen Trainer unterschieden.

Es ist sicher, daß diese Bezeichnungen und der Versuch ihrer Ordnung eines Tages breiter diskutiert werden. Die hier getroffene Strukturierung hat Vorschlagscharakter und soll einer endgültigen Regelung nicht vorgreifen.

9. Gründe für das Mediatorentraining

Auch vernünftige Neuerungen zeichnen sich dadurch aus, daß sie angegriffen werden, das Mediatorentraining eingeschlossen. Die Kritiken waren entweder berufspolitischer Art oder betrafen die Fachqualifikation, doch besaßen sie keinen Neuigkeitswert. Es ist verständlich, das Psychologen sich dagegen ereifern, daß Nichtpsychologen bzw. Laien ein Stressbewältigungstraining durchführen. Hierfür gibt es jedoch weder eine rechtliche Basis, noch ist eine solche in Sicht. Kurioser ist es, daß Soziologen, Pädagogen oder Politologen die Durchführung solcher Trainings für sich in Anspruch nehmen, denn sie sind in keiner Weise dafür ausgebildet oder ausgestattet. Noch absurder wirkt es, wenn Psychoanalytiker mit ihrer diametralen Opposition zur Verhaltenstheorie und -modifikation derartige Trainings durchführen möchten bzw. freudianische Theorien als Grundlage benutzen wollen.

Die Entwickler der Verhaltensmodifikation sind Psychologen und Mediziner gewesen und sie sind für die wissenschaftlichen Grundlagen verantwortlich. Aber aus dieser Tatsache läßt sich kein alleiniges

Nutzungsrecht ableiten, solange nicht feststeht, daß sie die einzigen effektiven Modifikatoren sind. Effektivität ist ein sehr wichtiges, wenn auch nicht einziges Kriterium für den Anspruch auf die Abhaltung von Trainings. Allerdings muß die Wirksamkeit eines Trainings auch demonstriert werden, sonst kann dieses Recht kaum in Anspruch genommen werden. Und daran fehlt es allen Kritikern des Mediatorentrainings. Sie wollen über Dinge entscheiden, in denen sie sich nicht auskennen und für die sie keine Daten besitzen. Sie scheinen zu implizieren, daß ein Mediator gar nicht wirksam sein kann. Die letzte Dekade der Verhaltenstherapie hat diese negative Einstellung längst überholt. Ausgehend von Großbritannien (Isaac Marks vom Maudsley Hospital, London) weiß man, daß verhaltenstherapeutisch ausgebildete Krankenschwestern den akademisch gebildeten Verhaltenstherapeuten in der Wirksamkeit der Behandlung von Neurotikern ebenbürtig sind, wobei Verhaltenstherapie ohnehin die überlegenere Methode ist. Der "Behavioural Nurse Therapist" besitzt jetzt offiziellen Berufsstatus. Ähnliche Ergebnisse wurden in Hamburg (Iver Hand, Psychiatrische Klinik der Universität) erzielt. Es ist nichts außergewöhnliches, daß eine Krankenschwester eine schwere Phobie therapiert, aber die Anerkennung bleibt den deutschen Krankenschwestern noch versagt. Ähnliche Entwicklungen haben in Holland (Psychiatrisches Krankenhaus Maastricht-Vijverdal) stattgefunden und breiten sich auch anderswo aus. Der Grund für diese therapeutische Wirksamkeit von Mediatoren liegt in der präzisen Definition von Verhaltensproblem und Maßnahme für seine Änderung, die nur in der Verhaltenstherapie stattfindet. Der Mediator kann keine Therapie planen, wohl aber eine gut geplante Therapie ausführen.

Über die Wirtschaftlichkeit des Mediators läßt sich kaum streiten. Die Anforderungen an Verhaltensprävention und -modifikation sind in der gegenwärtigen Gesellschaft phänomenal gestiegen. Es stehen nicht genügend akademische Spezialisten zur Verfügung um ihnen gerecht zu werden. Nur mit Hilfe von verhaltenstheoretisch ausgebildeten Mediatoren kann dieses Problem bewältigt werden.

Mit dem Mediator ist eine eminent wichtige Entwicklung in der Behandlung und speziell auf Prävention psychologischer Probleme in Gang gesetzt worden. Man ist dazu übergegangen, die Probleme am Orte ihres Entstehens zu kontrollieren, besonders am Arbeitsplatz und in der

Familie, d.h. vordem sie das traditionelle System der Gesundheitsversorgung belasten. Es ist längst Zeit, diese Entwicklung entschiedener aufzugreifen, will man wirksam vorbeugen und zu den Pionieren anstatt Kopierern gehören. Ohne Mediatoren ist diese Entwicklung nicht durchführbar. Sie sind für die Multiplikation der Verhaltensoptimierung verantwortlich, überwacht durch den Verhaltensspezialisten als Planer der Maßnahme und beraten durch den unabhängigen Konsiliarius, der über die Forschungsbewegungen informiert ist bzw. diese selbst betreibt.

10. Gedanken zur Dienstleistungsstruktur in Verhaltensangelegenheiten

Die Ausbildung von Mediatoren der ersten Generation hatte zum Ziel, polizeieigene Lehrtrainer zu gewinnen, die eine größere Anzahl von Mediatoren zweiter Generation schulen (Kapitel X). Dies ist für einige Leser der vielleicht risikoreichste Satz des ganzen Buches. Wer die Möglichkeit oder Nützlichkeit der Ausbildung von Laien durch Fachleute zu Trainern bezweifelt, kann sicher kein Vertrauen in die Ausbildung von Laien durch Laientrainer haben. Viel Überlegung und Arbeit ist deshalb in die Frage eingeflossen, wie man die gemachten Erfahrungen für die Zukunft verwerten kann. Dies betrifft Punkte wie Aufwand und Struktur der Schulung, Charakteristika der Trainees (vorzüglich mittlerer, aber auch gehobener Dienst; Alter 30 - 45 Jahre; 5 Jahre Diensterfahrung), Herkunft der Trainees (zum Beispiel ob Innen- oder Außendienst, Art der Anwerbung ("wie sag ich es dem potentiellen Kandidaten"), Statusfrage der Mediatoren (Veränderung der beruflichen Stellung), Trainingserfahrung der leitenden Beamten im höheren Dienst (wäre sehr erwünscht) und auch Fragen nach der Struktur der verhaltensorientierten Dienstleistung im System, die sich wie folgt darstellt. (Abbildung 1)

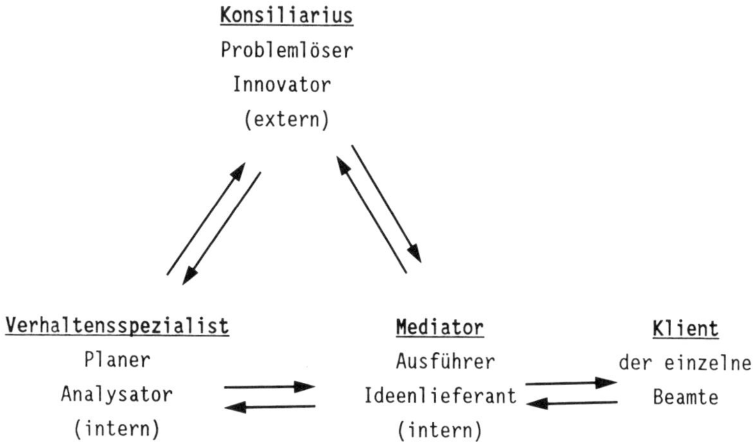

Abbildung 1. Dienstleistungsstruktur bezüglich Verhaltensangelegenheiten

Diese Vorstellung von der Struktur der verhaltensorientierten Dienstleistung trifft sich mit gängigen internationalen Vorstellungen (Bernstein, 1982). Eine Organisation muß ihren eigenen Verhaltensfachmann haben, der nicht durch andere Berufe ersetzbar ist. Der Konsiliarius muß Forscher und Kenner der internationalen Situation sein, über die neuesten Entwicklungen informiert sein und muß unabhängig vom Betrieb sein. Er ist nicht durch einen betrieblichen Angestellten ersetzbar.

Literatur

BERNSTEIN, G. S. 1982. Training behavior change agents: a conceptual review. Behavior Therapy 13, 1 - 23.

Kapitel VIII

Stressbewältigungsmanual 1983

von

Günter Krauthan
und
Angelika Wagner-Link

in Zusammenarbeit mit
Johannes Brengelmann
Horst Olszewski

Gerd Begemann, Manfred Kibbas, Marie Luise Kros, Olaf Lux, Ulrich Obermeyer, Hans Wilhelm Roderburg, Lothar Röhrig, Josef v. Rüden, Erich Traphan und Hubert Zantis

INHALT

5. Übungen zu den langfristigen Bewältigungsmöglichkeiten

5.1. Vorübungen zur Entspannung
5.1.2. Durchführen der muskulären Entspannung
5.1.3. Besprechen der Entspannungsübung
5.1.4. Durchführen der Kurzentspannung
5.1.5. Besprechen der Kurzentspannung
5.1.6. Durchführen des autogenen Trainings
5.1.7. Besprechen der Übungen zum autogenen Training
5.1.8. Desensibilisierung
5.1.9. Besprechen der Übung
5.1.10. Anleitungen zur konzentrativen Entspannung und Aktivierungsübungen
5.1.11. Individuelle Einzelarbeit
5.2. Vorübung zur Problemlösung
5.2.1. Einführung
5.2.2. Durchführung eines Übungsbeispieles zur Problemlösung
5.2.3. Individuelle Einzelarbeit
5.3. Vorübung zur Einstellungsänderung
5.3.1. Einführung
5.3.2. Durchführung eines Übungsbeispieles zur Einstellungsänderung
5.3.3. Individuelle Einzelarbeit
5.3.4. Eine weitere Möglichkeit unangemessene Einstellungen zu verändern
5.4. Vorübung zur Gesprächsführung
5.4.1. Einführung
5.4.2. Durchführen eines Übungsbeispieles zur Gesprächsführung
5.4.3. Individuelle Einzelarbeit

6. Generalisierung der langfristigen Bewältigung

6.1. Sammeln eigener Problemsituationen
6.2. Erarbeiten und Durchführen der Lösungsschritte
6.3. Besprechen der Übungen
6.4. Individuelle Einzelarbeit
6.5. Besprechen und eventuell Rollenspiele zu den zu Hause erstellten Stressbewältigungsmöglichkeiten
6.6. Generalisierungstraining

7. Auffrischungssitzungen

III. Anhang

1. Stressdefinition
2. Stressoren
3. Stressreaktionen
4. Anpassung des Organismus an die Stressoren
5. Checkliste für die Entspannungstechniken
6. Regeln für die Rückmelderunde nach der Entspannungsübung
7. Konzentrative Entspannung
8. Aktivierungsübungen (partielle Entspannung)
9. Aktives Zuhören
10. Basiswissen

I. Einführung

Das vorliegende Manual enthält ein Trainingsprogramm zur Stressbewältigung im Polizeidienst. Ziel des Trainings ist es, daß Polizeibeamte besser mit Stressituationen in Beruf und Alltag umgehen können. Dadurch werden die negativen Folgen unangemessener Stressbewältigung vermieden. Dies heißt konkret, die Beamten sind zufriedener im Dienst, psychosomatische Beschwerden werden reduziert, Ärger aus dem Privatleben wird nicht im Dienst an Unbeteiligten ausgelebt und umgekehrt, und Konflikte mit Bürgern werden teils seltener, teils werden sie so ausgetragen, daß sich der Bürger nicht ungerecht behandelt und übervorteilt fühlt.

Das Training vermittelt die Fähigkeiten, eigene Stressituationen zu erkennen, zu wissen, wie diese Schwierigkeiten gelöst werden können, um dieses Wissen in eine kurz- und langfristig effektive Stressbewältigung umzusetzen. Dies geschieht durch Übungen zu teils vorgegebenen, teils durch die Teilnehmer selbst eingebrachten Probleme. Durch das Herstellen von individueller Betroffenheit und die aktive Mitarbeit jedes einzelnen Teilnehmers wird der größtmögliche Übungsgewinn erzielt. Das Manual richtet sich in erster Linie an die Leiter eines Stressbewältigungstrainings, kann aber auch den Kursteilnehmern in die Hand gegeben werden. Die einzelnen Schritte des Trainings werden detailliert in ihrer zeitlichen Abfolge beschrieben und durch Beispiele verständlich gemacht.

Das Manual enthält folgende Bestandteile:

1. Allgemeine Hinweise zur Durchführung des Trainingsprogramms. Hier werden generelle Hinweise, Erklärungen und Tips zum Training gegeben wie z.B. Gruppenregeln, Erläuterungen zu Rollenspielen und Erklärungen zum Manual.

2. Das Stressbewältigungstraining. Dieses Kapitel ist das Kernstück des Manuals. Hier wird der genaue Programmablauf in seiner zeitlichen Reihenfolge beschrieben.

1. Allgemeine Hinweise zur Durchführung des Trainingsprogramms

1.1. Gruppenregeln

Um einen möglichst großen Übungseffekt zu erzielen ist es nötig, daß von der Gruppe folgende Regeln beachtet werden:

- günstig für den Gruppenprozess ist das gegenseitige Duzen
- jeder Teilnehmer ist verpflichtet, pünktlich und regelmäßig zu erscheinen. Fehlen kann nur in begründeten Fällen akzeptiert werden.
- In den Trainingsstunden kann nur das minimale Rüstzeug zur Stressbewältigung vermittelt werden. Daher ist es wichtig, daß sich die Teilnehmer auf die einzelnen Gruppensitzungen vorbereiten und den Stoff zwischen den Kursabschnitten durch gezielte Übungen vertiefen (Hausaufgaben)
- Damit gewährleistet ist, daß jeder Teilnehmer über seine tatsächlichen Schwierigkeiten sprechen kann, ist absolute Schweigepflicht geboten. An Außenstehende (Kollegen, Vorgesetzte, Verwandte, Freunde und Bekannte) darf deshalb nur so berichtet werden, daß ein Rückschluß auf Probleme einzelner unmöglich ist. Wer gegen diese Regel verstößt, wird sofort aus der Gruppe ausgeschlossen.
- Die Gruppenmitglieder sind verpflichtet, sich gegenseitig zu unterstützen. Dies äußert sich in folgenden Punkten:
  - Jeder macht bei einer Übung, z.B. einem Rollenspiel, mit, wenn er von einem anderen dazu aufgefordert wird.
  - Kritik muß stets konstruktiv sein. Das heißt, daß gute Leistungen gelobt werden und Fehler in Form von Verbesserungsvorschlägen angesprochen werden.
  - Kritik muß sich auf einzelne Verhaltensweisen und nicht auf die ganze Person beziehen.

2. Wesentliche Vermittlungstechniken des Trainings

2.1. Brainstorming

Die Wissensinhalte werden durch ein sog. "Brainstorming" gesammelt. Darunter versteht man, daß zunächst eine Erläuterung zu der Thematik gegeben wird, zu der sich jeder Gruppenteilnehmer Gedanken machen soll. Bei der Ideensammlung müssen folgende Regeln beachtet werden:

- Die vorgebrachten Ideen dürfen während der Sammlung nicht besprochen oder kritisiert werden.
- Die Gruppe soll sich bemühen, möglichst viele Ideen zu sammeln. Auch abstruse oder unsinnig erscheinende Einfälle sollen genannt werden; sie können unter Umständen zu anderen sinnvollen Ideen inspirieren, die einem sonst nicht einfallen würden.

Erst nach Abschluß des Brainstormings werden unsinnige Ideen verbessert oder ausgeschieden.

2.2. Rollenspiele

Im vorliegenden Training wird das erforderliche Verhalten zum Teil im Rollenspiel eingeübt. Damit jeder Kursteilnehmer einen möglichst hohen Übungsgewinn hat, wird das neue Verhalten nicht ausschließlich in vorgegebenen, sondern auch persönlich erstellten Situationen erlernt. Die Übungssituationen werden dabei anhand folgender "Bestimmungsstücke" erarbeitet:

- Zeit und Ort: Hier wird möglichst detailliert und konkret festgelegt, wo und wann die Situation spielt. Je genauer dies erfolgt, desto besser kann sich der Übende in die Situation versetzen und desto größer ist der Übungsgewinn.

- Partner: Es wird eine kurze Beschreibung des oder der Partner gegeben, mit dem oder denen der Übende in der Situation in Beziehung tritt, z.B. ob es jemand ist, der sehr aufgeregt ist, Verständnis zeigt, aggressiv auftritt usw. Eine möglichst genaue Beschreibung ist wichtig, damit der Übungspartner sich möglichst so verhalten kann, wie es sich der Übende vorstellt.

- Handlung: In diesem Beispiel wird festgelegt, was sich in der betreffenden Situation alles ereignet. Wesentliche Dialoge werden in wörtlicher Rede vorformuliert. Also z.B. nicht: "Ich zeige dem anderen mein Mitgefühl", sondern: "Ich sage: ich kann gut verstehen, daß Sie die Angelegenheit belastet." Dies bedeutet nicht, daß diese Passagen später im Rollenspiel wörtlich wiedergegeben werden müssen. Spontane Änderungen aus der Situation heraus sind erlaubt, sogar erwünscht. Es ist aber eine Erleichterung für das Rollenspiel, wenn wichtige Dialoge bereits einmal gut vorformuliert wurden. Für das Rollenspiel ist es nur wichtig, daß wesentliche Passagen gut ausgeführt werden.

- Partnerverhalten: Über die allgemeine Beschreibung des Partners hinaus (Bestimmungsstück: Partner) wird festgelegt, wie er sich konkret in der vorliegenden Situation zu verhalten hat. Es muß sich dabei nicht um das Verhalten des Partners handeln, das der Übende in der betreffenden Situation tatsächlich erwartet, sondern das Verhalten, mit dem der Übende in der Übungssituation gerade noch fertig wird. Wesentliche Dialoge werden in direkter Rede vorformuliert.

Bei den Rollenspielen ist zu beachten, daß zunächst die Situationen so durchgeführt werden, wie sie der Übende gerade noch bewältigen kann. Dabei ist es unwesentlich, ob die Situation in der Realität tatsächlich so ablaufen wird, daß z.B. der Partner sehr schnell beruhigt werden kann. Erst wenn der Übende sich genügend sicher fühlt, soll die Situation so gespielt werden, wie sie in der Realität erwartet wird.

Bei einigen Rollenspielen - zu den kurzfristigen Bewältigungsmöglichkeiten - gibt es keinen Übungspartner. Damit sich der Übende besser in die Situation versetzen kann, soll der Kursleiter in diesen Fällen kurz die Belastung schildern, die auf den Übenden zukommt. Der Übende sucht sich die Übungspartner unter den übrigen Kursteilnehmern selbst aus, da nur er entscheiden kann, wer dem Partner in der Realität am ähnlichsten ist.

Unterstützung durch den Kursleiter:

Ist eine Übungssituation im Rollenspiel nicht befriedigend zu bewältigen, gibt es folgende Hilfsmöglichkeiten durch den Kursleiter:

- Andere Kursteilnehmer führen dem Übenden die Situation vor, so daß er ein Beispiel für die Lösung zu sehen bekommt.

- Der Kursleiter kann sich als "Schatten" hinter den Übungen stellen und ihm leise Anweisung zuflüstern, wenn er ins Stocken gerät.
- Einzelne Bestimmungsstücke können zunächst so verändert werden, daß die Situation leichter wird. Wenn z.B. der Partner sehr hartnäckig war, soll er sich eher kompromißbereit zeigen.
- Die Übungssituation kann in einzelne Passagen unterteilt werden, die getrennt geübt werden. Erst wenn die einzelnen Elemente beherrscht werden, wird die Situation insgesamt durchgeführt.

Der Kursleiter muß darauf achten, daß erstens der Teilnehmer, der Schwierigkeiten hatte, die Übungsstunde mit einem Erfolg abschließt (die Situation mit einer der obigen Erleichterung schafft) und daß er zweitens - wenn auch nicht in der gleichen Sitzung - die Situation so bewältigt, wie sie ursprünglich geplant war.

2.3. Individuelle Einzelarbeit

Den Teilnehmern muß ausreichend Zeit zur Verfügung stehen, um sich mit ihren persönlichen Beispielen differenziert auseinanderzusetzen.

2.4. Lernpartnerschaft

Jeweils zwei Partner bilden eine Lernpartnerschaft, um sich gegenseitig bei der Analyse der Probleme und der Ideenfindung zu deren Lösung zu unterstützen.

2.5. Autonome Kleingruppenarbeit

Komplexere Themenbereiche werden nach der Besprechung im Plenum in autonomen Kleingruppen weiterdiskutiert und vertieft. Die Arbeitsergebnisse werden anschließend im Plenum vorgestellt und besprochen.

3. Hilfsmittel

Wichtige Hilfsmittel sind eine Tafel und ein Flipchart, Kreide und mehrfarbige dicke Filzschreiber. Wünschenswert ist eine Videoanlage, mit deren Hilfe den Teilnehmern eines Rollenspiels gezielte Rückmeldung gegeben werden kann. Vor allem zur Verbesserung einzelner Details (z.B. Gestik, Blickkontakt oder bestimmte Formulierungen) ist auf Rückmeldung durch Videoaufnahmen nicht zu verzichten.
Die Kursteilnehmer benötigen Schreibzeug.
Für die Entspannungsübungen braucht jeder Teilnehmer eine Decke.

4. Sitzordnung

Die idealste Sitzordnung ist der Kreis. Rollenspiele finden stets in der Kreismitte statt. Dadurch ist die Übung für die übrigen Kursteilnehmer am besten zu beobachten. Zum anderen erleichtert es den Übenden, sich in die Übungssituation zu versetzen, wenn sie bewußt ihren normalen Sitzplatz verlassen.

II. Das Stressbewältigungstraining

1. Zum Thema Stress

Stress wird häufig die Krankheit der Gegenwart genannt. Sie alle kennen aus eigener Erfahrung Situationen, wo Sie beruflich oder privat sich überfordert fühlen, das Gefühl haben, alles wächst Ihnen über den Kopf, wo sie überlastet, gereizt, hektisch und nervös sind. Sie ärgern sich, sind wütend, fühlen sich ohnmächtig oder sind verängstigt und niedergeschlagen. Ebenso gehören hierher Situationen, wo Sie unausgelastet und unterfordert sind. Sie langweilen sich, sind unausgeglichen und ebenfalls gereizt. In allen diesen Fällen stehen Sie unter Stress. Wenn solche Situationen gleichzeitig auftreten (Stressdosis), wirkt sich das langfristig negativ aus. Man wird weniger belastbar, ist generell nervöser, unruhiger, gereizter und unzufrieden. Man kann sich nicht mehr richtig entspannen und ermüdet schneller. Schlaflosigkeit,

Kopf- und Rückenschmerzen, Herz- und Kreislaufbeschwerden, Magengeschwüre, Appetitlosigkeit, Verdauungsbeschwerden und leichte Anfälligkeit gegen Krankheiten können sich als körperliche Folgen einstellen. Auch psychische Krankheiten wie Depressionen und Ängste sind möglich. Manche versuchen die Belastung mit Alkohol, Tabletten, Kaffee oder Nikotin in den Griff zu bekommen. Andere lassen ihre Gereiztheit und ihren Ärger an unbeteiligten Dritten aus.

Stressdefinition

Stress = eine allgemeine, unspezifische Reaktion des gesamten Organismus (siehe Anhang 1). Wenn man mit dem Begriff Stress systematisch umgehen will, ist eine Aufteilung der einzelnen Komponenten sinnvoll. Die belastenden Situationen werden als Stressoren bezeichnet. Dies Stressoren wirken auf den menschlichen Organismus ein, der wiederum mit Stressreaktionen antwortet:

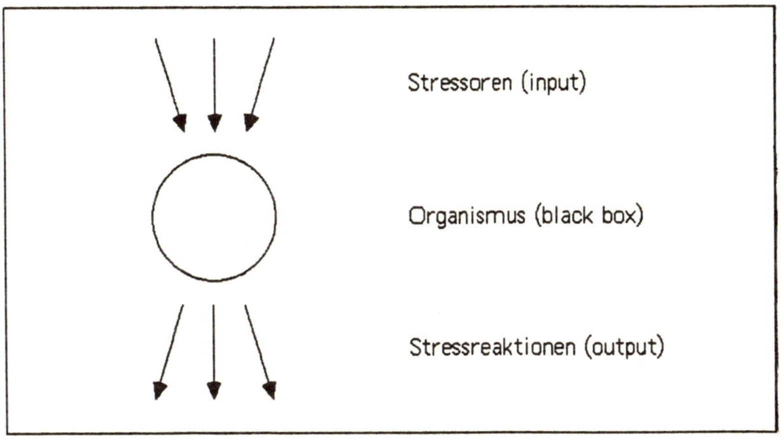

Stressbewältigung kann in jedem der drei Bereiche ansetzen:

Bei den Stressoren:	Ausschalten, vermeiden oder verringern
Beim Organismus:	belastbarer machen, Stressschäden abbauen, persönliche Probleme langfristig bearbeiten
Bei den Reaktionen:	kurzfristiger Abbau der Stressreaktionen

Die Stressoren, auf die der einzelne reagiert, sind sehr vielfältig. Nur zum geringsten Teil treffen sie auf jeden zu, wie z.B. starker Lärm, extreme Temperaturen, vergiftete oder verpestete Luft. Zum größten Teil hängt es vom einzelnen Organismus ab, was er als Stress empfindet. Sie kennen sicher Situationen, die für andere eine große Belastung darstellen, die Sie für sich selbst aber leicht lösen könnten oder auf die leichte Schulter nehmen würden. Dafür haben Sie wahrscheinlich Schwierigkeiten, die jemand anderem unbedeutend vorkämen. Der eine hat eben gelernt, mit bestimmten Situationen fertig zu werden, wofür ein anderer keine Lösung hat, und umgekehrt. Daraus ergibt sich eine wichtige Erkenntnis:

Stress ist individuell

d.h.

Stressoren	
menschlicher Organismus	} sind individuell
Stressreaktionen	

Wenn Stress individuell ist, d.h., jeder etwas anderes als belastend erlebt, heißt das nicht, daß es dafür keine gemeinsamen Bewältigungsmöglichkeiten gäbe. So verschiedenartig die Probleme sein können, lassen sich doch einige wenige allgemeine Lösungsmöglichkeiten finden, die individuell zugeschnitten werden müssen. Darum ist es möglich, ein Training zur Stressbewältigung durchzuführen. Zur Stressbewältigung sind grundsätzlich drei Fähigkeiten nötig:

1. Erkennen von Stress (Stressoren, Organismus, Reaktionen)
2. Wissen um Bewältigungsmöglichkeiten
3. Umsetzen des Wissens in entsprechendes Handeln.

....

Der Kursleiter sollte diese drei Fertigkeiten an die Tafel schreiben

....

Zu 1: Für jeden bedeutet Stress etwas anderes. Daher ist keine allgemeine gültige Liste über Belastungen erstellbar. Hinzu kommt, daß man oft unbewußt Situationen als problematisch bewertet und entsprechend reagiert und gestreßt ist, aber nicht unbedingt weiß, was die genauen Ursachen dafür sind. Deshalb muß jeder, der seinen Stress effektiv bewältigen will, zunächst möglichst genau erkennen, wo und wann er belastet ist und wo nicht. Dazu gehört, daß man sich selbst beobachten kann und analysieren kann.

Zu 2: Kann man seine Stressituation erkennen, ist der nächste Schritt zu wissen, welche Möglichkeiten es gibt, mit diesen Belastungen so fertig zu werden, daß sie keine negativen Folgen haben. Daher ist das zweite Ziel des Trainings, daß Sie Lösungsmöglichkeiten für Ihre Probleme kennenlernen.

Zu 3: Das umfangreiche Wissen nützt nichts, wenn man es nicht in die Tat umsetzen kann. Darum werden wir die Stressbewältigung aktiv einüben. So, wie man z.B. Autofahren, Schwimmen oder Fremdsprachen lernen kann, kann man in gezielten Übungen lernen, mit seinem Stress besser fertig zu werden.

Wie eine angemessene Stressbewältigung konkret erfolgt, werden Sie im Laufe des Trainings noch genauer erfahren.
Auch bisher haben Sie auf irgendeine Weise auf Stress reagiert. Wenn sich Ihre Probleme aber vergrößerten und die Belastung anwuchs, haben Sie auf eine der beiden folgenden Arten reagiert:

1. passives Erleiden
2. planlose Hektik

Beide Taktiken führen zum Mißerfolg. Sie werden mit der Zeit noch gestreßter.

Zu 1: Wer Stress passiv duldet, zieht sich zurück. Er glaubt, daß sich die Probleme von selbst lösen, zu einem späteren Zeitpunkt auch noch zu bewältigen sind oder überhaupt nicht zu verändern sind. In den meisten Fällen wachsen die Probleme aber an, und sind schließlich wirklich unlösbar. Dies verstärkt die Einstellung, man könne sowieso nichts ändern. Man fühlt sich hilflos seinem Schicksal ausgeliefert. Daher wird man bei künftigen Problemen noch weniger geneigt sein, nach einer aktiven Bewältigung zu suchen. Der Teufelskreis ist geschlossen.

....

Der Kursleiter sollte zur Veranschaulichung seiner Ausführung folgendes Schema an die Tafel zeichnen.

....

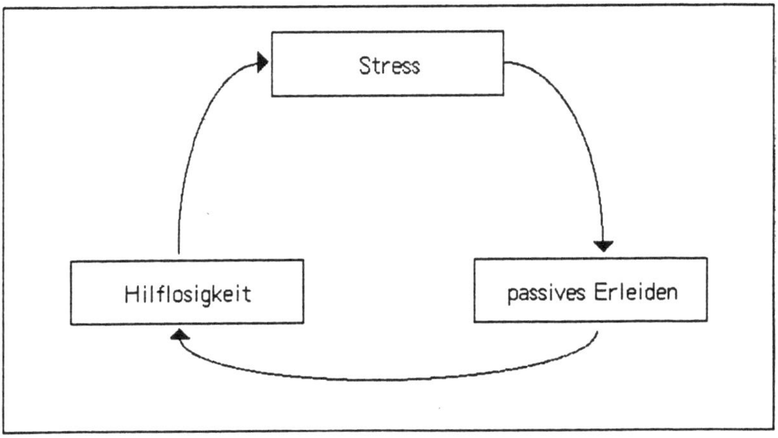

Zu 2: Solch ein Teufelskreis kann genauso durch das gegenteilige Verhalten entstehen. Sobald ein Problem auftaucht, wird man sofort aktiv. Man versucht durch möglichst viele Maßnahmen, die man gleichzeitig einleitet, die Schwierigkeiten in den Griff zu bekommen. Ohne zu überlegen legt man sofort los. Häufig führt dies dazu, daß man ungeeignete Wege einschlägt oder sich in viele Aktivitäten verzettelt. Selten wird das Problem gelöst, es verstärkt sich eher.

Es ensteht der Eindruck, man sei ein Versager. Daher wird man in Zukunft sich noch viel mehr anstrengen, d.h. noch hektischer werden, oder entmutigt alles über sich ergehen lassen.

....

Der Kursleiter sollte zur Veranschaulichung seiner Ausführungen folgendes Schema an die Tafel zeichnen:

....

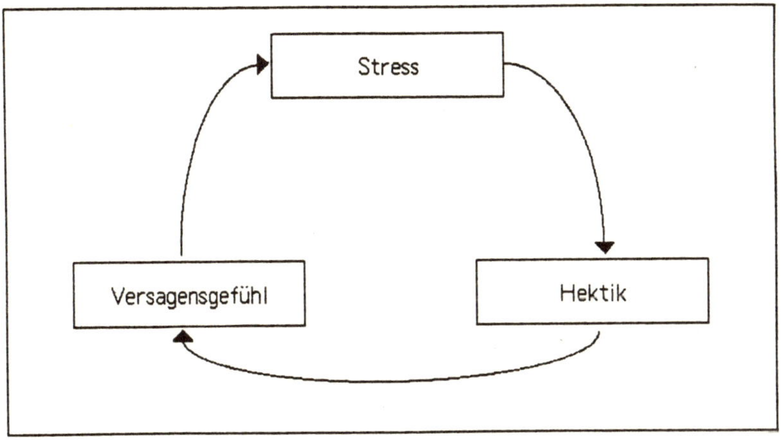

Durch eine aktive und geplante Stressbewältigung können diese Teufelskreise unterbrochen werden.

Wenn Sie nun lernen, Stress besser zu bewältigen, heißt dies nicht, daß Sie nie mehr Stress haben werden. Stress ist nicht völlig vermeidbar, aber Sie können mit solchen Belastungen besser umgehen, so daß die negativen Langzeitfolgen ausbleiben. Außerdem ist nachgewiesen, daß ein Mindestmaß an Belastung gesund ist. Wichtig ist nur, daß man den Stress richtig verarbeiten kann.

2. Erarbeiten des nötigen Wissens zur Stressbewältigung

2.1. Erläuterungen zum Thema Stressoren (siehe Anhang 2)

Wie Sie bereits erfahren haben, gibt es nicht den Stress. Im Gegenteil, es ist vom Einzelnen abhängig, was er als Stressor empfindet. Um daher Stressituationen frühzeitig zu vermeiden bzw. verhindern oder wirksame Bewältigungsmöglichkeiten einsetzen zu können, muß jeder für sich selbst herausfinden, was für ihn Stress und Belastung darstellen. Jeder von Ihnen soll sich daher überlegen, welche Situationen für ihn Stress mit sich bringen. Die Nennung des andren sind dabei eine gute Hilfe, sich über seine eigenen Stressituationen klarer zu werden.

Wir wollen Situationen sammeln, die als solche belastend sind, wie z.B. Nachtschicht, Schlichten einer Schlägerei oder Überbringen einer Todesmeldung an Angehörige. Außerdem sollen Sie sich überlegen, welche Elemente oder Merkmale einer Situation diese erst belastend machen, z.B. nicht das Überbringen jeder Todesmeldung, sondern nur der eines Kindes; das Schlichten einer Schlägerei, wenn Zuschauer negativ zur Polizei eingestellt sind, oder der Nachtdienst, wenn man eigentlich bei Freunden eingeladen wäre. Je genauer und konkreter es gelingt, solche Merkmale herauszuarbeiten, desto besser und effektiver können Sie schließlich gegen solche Belastungen vorgehen.

2.2. Gemeinsames Erarbeiten der Wissensinhalte im Brainstorming

Beispiele:

- Schwerverletzte oder tote Kinder bei einem Unfall
- Neugierige, die einen Einsatz erschweren
- Einsätze kurz vor Dienstschluß
- Streifengehen bei schlechtem Wetter
- ungerechtfertigte Kritik vom Vorgesetzten
- gerechtfertigte Kritik vom Vorgesetzten

- Freunde bei einem Delikt erwischen
- Negative Meldungen über die Polizei in der Presse
- Streit mit der Ehefrau oder Freundin
- Papierkrieg
- Übergangenwerden bei der Beförderung
- Arbeit unter Zeitdruck
- Unsachlichkeit in Diskussionen

....

Anschließend an das Brainstorming soll sich jeder Kursteilnehmer die für ihn zutreffenden Nennungen notieren

....

2.3. Individuelle Einzelarbeit

Jeder Kursteilnehmer soll sich gezielt auf seine Stressituation hin beobachten und seine Liste vervollständigen.

2.4. Erläuterungen zu Thema: Stressreaktionen

Mit das erste Kennzeichen dafür, daß man unter Stress steht, sind in vielen Fällen körperliche Reaktionen, wie z.B. Schwitzen, Magenschmerzen und Herzklopfen. Diese körperlichen Erscheinungen beruhen auf biologischen Reaktionen des Körpers auf Stressreize. Sie dienten beim Urmenschen dazu, die Reaktions- und Widerstandsfähigkeit des Organismus zu erhöhen. Solche Signale treten manchmal bereits auf, wenn Sie eine Situation noch gar nicht bewußt als belastend oder streßhaft wahrgenommen haben. Diese Anzeichen können dann als Frühwarnung dienen und Sie veranlassen, die Situation zu verändern. Außerdem können Sie manche dieser Anzeichen, wie z.B. das Erröten oder Stottern, an anderen Personen erkennen und damit feststellen, ob sich die anderen im Stress befinden. Diese Information kann Ihnen helfen, sich so zu verhalten, daß der andere nicht zusätzlich gereizter wird oder daß er mit der belastenden Situation besser zurecht kommt.

2.5. Gemeinsames Erarbeiten der Wissensinhalte im Brainstorming (bereits den 3 Verhaltensebenen entsprechend einordnen)

Beispiele:

Muskuläre Ebene	**Vegetative Ebene**	**Subjektive Ebene**
- starre Mimik	- Magenschmerzen	- Wut
- Fußwippen	- Übelkeit	- Angst
- Händezittern	- häufiges Räuspern	- Gedankenblockade
- Kopfschmerzen	- Schwitzen	- Gereiztheit
- Stottern	- Herzklopfen	- Konzentrations-
	- Durchfall	störungen
	- Erbrechen	
	- Atemnot	
	- trockener Mund	
	- Tränen	

....

Um es zu erleichtern, geeignete Antworten zu finden, kann den Kursteilnehmern empfohlen werden, sich in der Vorstellung möglichst konkret in die bereits vorher erabeiteten Stressituationen zu versetzen.

....

Anschließend an das Brainstorming werden die drei Verhaltensebenen - muskulär - vegetativ - subjektiv - mit den Trainern erarbeitet (siehe Anhang 3).

2.6. Individuelle Einzelarbeit

Jeder Kursteilnehmer soll sich und andere gezielt auf körperliche Stressituationen beobachten und die Liste vervollständigen.

Erläuterungen zum Thema: Organismus

Belastbarkeit bedeutet geringere Stressanfälligkeit.
Menschen reagieren weniger stark und weniger schnell auf Stressoren mit Stressreaktionen und erholen sich obendrein schneller, d.h., sie sind weniger streßanfällig.
Bei geringer Belastbarkeit ist das Erregungsniveau allgemein überhöht, Stressschäden treten häufiger auf, der Organismus reagiert auf den drei Verhaltensebenen zu intensiv, zu lang andauernd und zu schnell (siehe Anhang 4).

2.7. Erläuterungen zum Thema: Stressbewältigung

Auch bisher haben Sie auf Stress reagiert. Einen Teil, die unmittelbaren körperlichen Reaktionen, haben wir bereits besprochen. Im folgenden soll sich jeder von Ihnen überlegen, wie er bisher versuchte, mit Stress fertig zu werden. Dabei spielt es keine Rolle, ob es erfolgreiche und angemessene oder erfolglose und unangemessene Bewältigungsversuche waren.

Nennen Sie auch Bewältigungsmöglichkeiten, von denen Sie wissen, daß andere Leute sie einsetzen. Wir werden anschließend diskutieren, welche Möglichkeiten tauglich sind und welche Gründe gegen ungeeignete Methoden sprechen.

2.8. Gemeinsames Erarbeiten der Wissensinhalte im Brainstorming

Beispiele:

- andere Arbeiten erledigen
- kurze Pause einlegen
- Sport
- weinen
- Raum verlassen
- Fernsehen
- (Kurz)urlaub
- Schichtwechsel
- sich selbst Mut zusprechen
- schepperndes Radio abschalten
- mit anderen über die Probleme reden
- den Gesprächspartner beruhigen
- Yoga
- Alkohol trinken
- Ausgehen
- sich an eine andere Dienststelle versetzen lassen
- sich auf einen schwierigen Einsatz bewußt vorbereiten
- Auto, das schlecht anspringt richten lassen

....

Um es zu erleichtern, geeignete Antworten zu finden, kann den Kursteilnehmern empfohlen werden, sich in der Vorstellung möglichst konkret in die bereits vorher erarbeiteten Stressituationen zu versetzen.

Anschließend an das Brainstorming sollen die unangemessenen Nennungen unter Hinweis auf ihre Nachteile aussortiert werden, z.B.: Übermäßiger Alkoholkonsum, Tablettenmißbrauch, Nichtansprechen zwischenmenschlicher Probleme und Ablassen seines Ärgers an Unbeteiligten.

Danach soll sich jeder Kursteilnehmer die für ihn zutreffenden Nennungen notieren.

....

2.9. Individuelle Einzelarbeit

Jeder Kursteilnehmer soll sich und andere gezielt auf Stressbewältigungsmöglichkeiten beobachten und seine Liste durch für ihn durchführbaren und angemessenen Möglichkeiten erweitern.

3. Die zur Stressbewältigung benötigten Verhaltensweisen

Sie haben bereits Möglichkeiten der Stressbewältigung kennengelernt. Dieses Wissen wollen wir im folgenden strukturieren und anschließend durch systematische Übungen eintrainieren.

Man kann Belastungssituationen grundsätzlich auf zwei Arten bewältigen: Einmal, indem man sich in der Belastungssituation eine kurzfristige Erleichterung verschafft, zum anderen, indem man die Belastungssituation grundlegend und langfristig verändert.

Bewältigungsmöglichkeiten, die zu einer Situationserleichterung führen, vermindern die augenblicklichen negativen Auswirkungen einer Belastungssituation, ohne jedoch das Problem oder die Ursache, die die Belastung hervorgerufen hat, zu lösen.

....

Bei der Vorstellung der folgenden Bewältigungstechniken sollen die Kursteilnehmer möglichst aktiv einbezogen werden. Der Kursleiter kann sich Bewältigungsmöglichkeiten nennen lassen und dabei das folgende an der Tafel entwickeln.

....

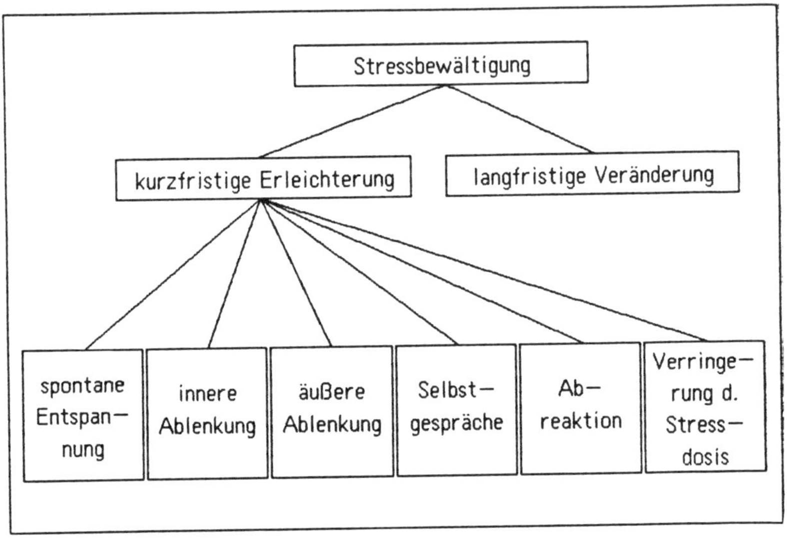

Die Möglichkeit der kurzfristigen Erleichterung sollen kurz beschrieben werden.
Die sechs Bewältigungsmöglichkeiten haben gemeinsam, daß sie eine kurzfristige Veränderung unseres Befindens bewirken. Häufige und wesentliche Probleme werden dadurch nicht verändert.
Um eine Belastungssituation zu verändern, können mehrere dieser Techniken zusammenkommen oder nacheinander eingesetzt werden. Dies erhöht meistens den Effekt. Wird man z.B. von seinem Vorgesetzten kritisiert, kann man sich zunächst entspannen und sich dann durch selbstermutigende Äußerungen wieder aufbauen.

Diese Techniken der kurzfristigen Situationserleichterung sind immer anwendbar, wenn die Ursachen für die Belastung nicht zu beheben sind. Zum Beispiel ist ein Unfall mit dem Streifenwagen oder eine berechtigte Kritik durch den Vorgesetzten nicht aus der Welt zu schaffen. Außerdem ist dieses Vorgehen angebracht, wenn andere Bewältigungsstrategien im Moment nicht angewandt werden können. Zum Beispiel, wenn man sich gegenüber ungerechtfertigter Kritik nicht sofort wehren kann, weil man die Kritik von dritter Seite erfährt oder weil der Vorgesetzte so erregt ist, daß er Gegenargumenten nicht zuhört.

Mit Strategien, welche die Belastungssituation selbst verändern bzw. das künftige Auftreten dieser Situation verhindern, wird die Belastung direkt angegangen und das Problem langfristig wirksam gelöst. Die Belastungssituation wird nicht nur erträglicher, sondern grundsätzlich bewältigt.

....

Gemeinsam mit den Kursteilnehmern soll das obige Schema vervollständigt werden.

....

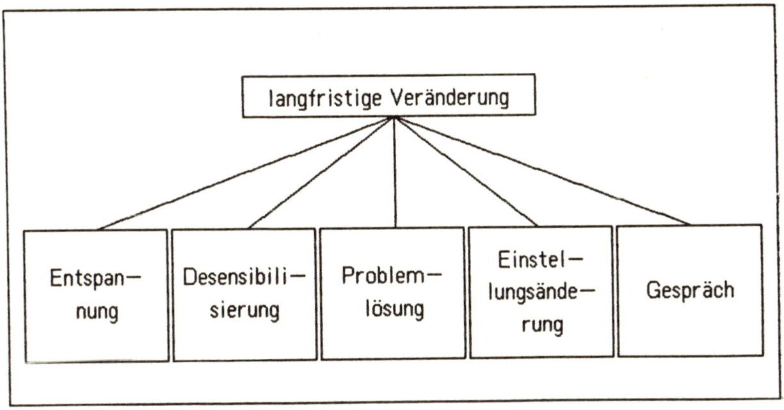

4. <u>Übungen zu den kurzfristigen Bewältigungsmöglichkeiten</u>

Zunächst werden wir an einigen typischen Beispielen die kurzfristigen Bewältigungsmöglichkeiten einüben. Im nächsten Schritt soll sich dann jeder eigene Stressituationen überlegen, in denen eine kurzfristige Erleichterung eine Hilfe darstellen könnte. Ich werde Ihnen jetzt einige Übungssituationen vorstellen, mit denen Sie die kurzfristigen Bewältigungsmöglichkeiten erlernen.

4.1. Übungsbeispiele zur kurzfristigen Stressbewältigung

4.1.1. Übungsbeispiel zur "inneren" Ablenkung und "äußeren" Ablenkung

Mein Kollege und ich wurden vor einigen Tagen zu einem schweren Verkehrsunfall gerufen. Da wir vor dem Notarzt eintrafen, mußten wir bei einem Schwerverletzten erste Hilfe leisten. Wir brachten ihn in die stabile Seitenlage und stoppten starke Blutungen durch Abbinden der Schlagadern. Nach einer Viertelstunde konnte der Verletzte durch den Notarzt ins Krankenhaus gebracht werden, wo er nach einigen Stunden infolge innerer Blutungen starb. - Die Erinnerung an diesen tragischen Unfall schießt mir in letzter Zeit manchmal durch den Kopf. Wenn dies geschieht, fühle ich mich niedergeschlagen und körperlich unwohl.

Die entsprechende Übungssituation dazu lautet:

Es ist Mittwochnachmittag, eine Woche nach dem Unfall (Zeit). Ich fahre mit meinem Auto die Bahnhofstrasse (Ort), um es in die Werkstatt zu bringen. Plötzlich denke ich wieder an das Ereignis von letzter Woche. Ich blocke diesen Gedanken ab, indem ich mich bewußt darauf konzentriere, warum ich mein Auto in die Werkstatt bringe und was ich dem Meister sagen werde: "Der Wagen läuft heiß, wenn ich - z.B. in einem Stau - längere Zeit nur sehr langsam im ersten Gang fahren kann. Vermutlich stimmt etwas mit dem Ventilator nicht. - Ja und wenn ich das Auto sowieso in die Werkstatt bringen muß, könnte ich gleich einen Ölwechsel machen lassen, der wäre demnächst fällig. Dann geht das gleich in einem Aufwasch. So und jetzt schalte ich das Radio ein." Ich schalte das Radio ein und höre Musik (Handlung).

4.1.2. Übungsbeispiel zu "spontane Entspannung" und "Selbstgespräche"

Es ist Freitag, 16 Uhr (Zeit). Seit einer halben Stunde kontrollieren wir am Ortsrand auf der Bundesstraße nach X-Stadt (Ort) alle Fahrzeuge im Rahmen einer Fahndung nach Gewalttätern. Wegen des hohen Verkehrsaufkommens kommt es zu Staus. Einzelne Verkehrsteilnehmer beschimpfen mich daher.

Ein etwa 50-jähriger, gut gekleideter Mercedesfahrer (Partner) schimpft wie ein Rohrspatz: "Ich habe die ganze Woche hart gearbeitet, und jetzt wird durch diese Schikane meine Freizeit auch noch beschnitten. Sie glauben doch selbst nicht, daß Terroristen so blöd sind, auf einer Hauptverkehrsstrasse spazieren zu fahren." Auf diese Weise wettert er und ist nicht durch sachliche Argumente zu überzeugen (Partnerverhalten). Ich atme tief durch und entspanne mich, dabei denke ich mir: "Teilweise kann ich ihn ja verstehen. Die Wahrscheinlichkeit, daß die Gesuchten hier durchfahren, ist sicher gering. Aber die Möglichkeit besteht doch, und daß er schimpft, hat sicher mit seinem Frust in der Arbeit zu tun. Hier kann er endlich seinen Ärger an jemanden ablassen. Ich lasse mich nicht provozieren. Vielleicht profitiert auch er davon, wenn wir die Täter finden" (Handlung).

4.2. Rollenspiele

....

Jeder Kursteilnehmer führt mindestens ein Rollenspiel anhand eines Übungsbeispiels durch. Falls ein Kursteilnehmer von sich aus ein gutes Beispiel für eine bestimmte Technik vorschlägt, kann auch dies gewählt werden.

Damit sich der Übende gut in die Situation versetzen kann, schildert der Kursleiter vor dem Rollenspiel kurz die Belastungssituation. Dann führt der Übende das Rollenspiel durch und spricht - wegen der Beobachtbarkeit - beim 1. Durchgang seine Gedanken laut vor sich hin. Anschließend wird das Rollenspiel nochmals wiederholt, ohne daß die Gedanken laut gesprochen werden.

....

4.3. Besprechen der Rollenspiele

4.4. Erstellen persönlicher Übungssituationen

Nachdem Sie erste Übungen zu kurzfristigen Bewältigungsmöglichkeiten durchgeführt haben, wollen wir diese Fertigkeiten durch Rollenspiele für Situationen, die für Sie selbst zutreffen, vertiefen. Dazu soll jeder ein persönliches Problem schildern. Wie werden gemeinsam überlegen, 1. zu welchem Zeitpunkt am besten die Stressbekämpfung einsetzt und 2. mit welcher Technik oder welcher Kombination verschiedener Techniken dies am idealsten geschieht.

Zunächst noch einige Erklärungen zu den einzelnen Techniken:

1. Spontane Entspannung: Es handelt sich um eine Entkrampfung und Lockerung der Muskulatur. Dieser Zustand ist mit Angst, Ärger, Nervosität, Wut usw. unvereinbar. Wir können die Entspannung erreichen, indem wir z.B. tief durchatmen oder einzelne Muskelpartien kurz anspannen, wieder lockern und auf den Gegensatz von An- und Entspannung achten. Alle einzelnen Teile der Muskelentspannung und des autogenen Trainings können eingesetzt werden.

Mögliche Beispiele:
- Entspannung der Hände
- Entspannung des Gesichts
- Schwereformel
- Wärmeformel
- Ruheformel

2. Innere Ablenkung: Sich innerlich ablenken heißt, daß man ganz bewußt versucht, belastende Gedanken zu unterbrechen und durch andere, neutrale oder angenehme Gedanken zu ersetzen. Man unterbricht quälende Gedanken und denkt an etwas anderes, z.B. an die Freizeit.

3. Äußere Ablenkung: Darunter versteht man, daß man sich nicht gedanklich ablenkt, sondern sich mit sonstigen Aktivitäten beschäftigt, die einen von einer Belastung ablenken und vorübergehende Erholung verschaffen können. Beispiel dafür sind ein Besuch bei Freunden, Beschäftigung mit anderen Arbeiten.

4. Selbstgespräche: Damit sind Gespräche mit sich selbst bzw. Gedanken gemeint, die folgende Inhalte haben können:
   - Aufforderung, Befehle an sich und Selbstinstruktionen, wie z.B. "Das pack ich jetzt", "Auf geht's", "Reiß dich zusammen".
   - Abschwächung und Relativierung der aktuellen Situation, Vergleich zu anderen, schwerwiegenderen Situationen und Herausheben der positiven Aspekte, wie z.B. "Es gibt schlimmeres", "Das geht auch vorbei", "Was ist das im Vergleich zu ...".
   - Verständnis und Entschuldigung für das Verhalten des anderen, wie z.B. "Das ist auch nur ein armer Hund", "Sie meint es vielleicht nicht so", "Dahinter steckt nur seine eigene Angst und Unsicherheit".

5. Abreaktion: Darunter versteht man Reaktionen, die die im Stress unwillkürlich entstehenden Energien abführen und dadurch einen physiologisch sinnvollen Zustand erzeugen. Mögliche Beispiele sind ein kurzer Sprint, Holzhacken, sportliche Betätigung, Treppensteigen.

6. Verringern der Stressdosis: Auch kurzfristig kann manchmal die Stressdosis zumindest reduziert werden, ohne daß damit das Problem langfristig und systematisch gelöst wird. Mögliche Beispiele sind das lärmende Radio ausschalten, auf das klingelnde Telefon nicht mehr zu reagieren oder den Kontakt zu einer Person, über die man sich sehr ärgert, vorübergehend zu meiden.

Schildern Sie jetzt solche Situationen, die Sie kurzfristig bewältigen möchten.

Um es den Kursteilnehmern zu erleichtern, die beste Bewältigungsmöglichkeit und den richtigen Zeitpunkt ihres Einsatzes zu finden, sollte der Kursleiter die Stressituation in sog. "Verhaltensketten" an der Tafel darstellen. Dann erarbeitet er gemeinsam mit dem Übenden und der Gruppe den richtigen Interventionszeitpunkt und die besten Bewältigungsstrategien. Dies könnte zum Beispiel bei der Verkehrskontrolle so aussehen:

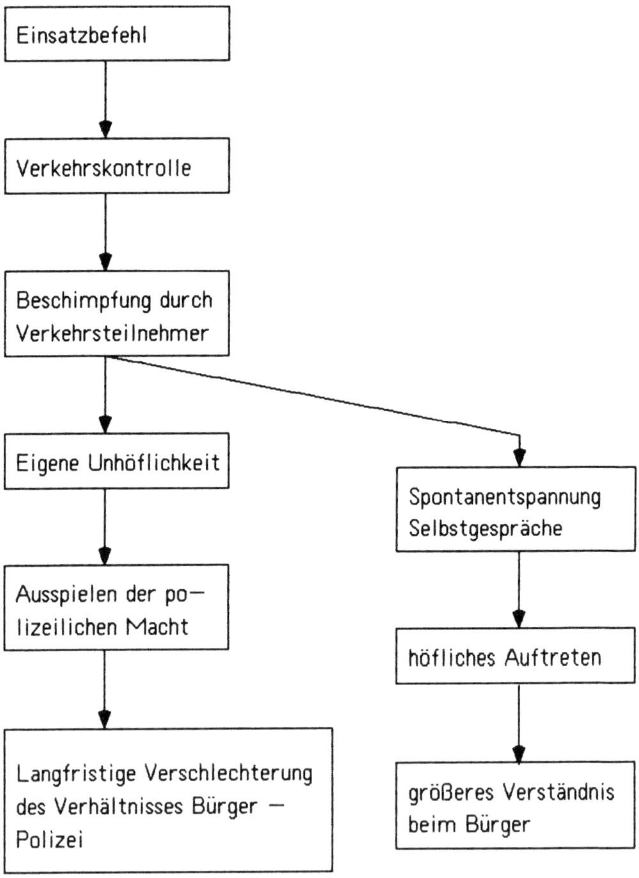

4.5. Rollenspiele

....

Jeder Kursteilnehmer führt mindestens ein Rollenspiel anhand eines Übungsbeispiels durch. Falls ein Kursteilnehmer von sich aus ein gutes Beispiel für eine bestimmte Technik vorschlägt, kann auch dies gewählt werden.

Damit sich der Übende gut in die Situation versetzen kann, schildert der Kursleiter vor dem Rollenspiel kurz die Belastungssituation. Dann führt der Übende das Rollenspiel durch und spricht - wegen der Beobachtbarkeit - beim 1. Durchgang seine Gedanken laut vor sich hin. Anschließend wird das Rollenspiel nochmals wiederholt, ohne daß die Gedanken laut ausgesprochen werden.

....

4.6. Besprechen der Rollenspiele

4.7. Individuelle Einzelarbeit

Jeder Kursteilnehmer erarbeitet selbständig weitere Übungssituationen zur kurzfristigen Stressbewältigung.

4.8. Besprechen und Durchführen der erstellten Übungssituationen

4.9. Generalisierungstraining

....

Die Kursteilnehmer sammeln weitere Stressituationen und diskutieren, zu welchem Zeitpunkt und mit welchen Mitteln am besten eine kurzfristige Stressbewältigung erfolgen kann.

....

5. Übungen zu den langfristigen Bewältigungsmöglichkeiten

Nachdem wir kurzfristig wirksame Bewältigungsmöglichkeiten von Belastungssituationen erarbeitet und angewandt haben, gehen wir zur Anwendung von langfristigen Bewältigungsstrategien über.
Langfristige Bewältigungsstrategien dienen dazu, die Ursachen der Stressituationen zu beseitigen und häufig auftretende oder voraussehbare Belastungen zu verhindern oder in ihrer Wirkung abzuschwächen.

Ich möchte Ihnen die langfristigen Bewältigungsmöglichkeiten nochmals kurz vorstellen.

1. Entspannung
Entspannung bewirkt, daß Angst, Nervosität, Wut und die damit verbundene Beeinträchtigung des ruhigen Überlegens und Planens nicht auftreten oder wenigstens eingeschränkt werden; daß die allgemeine Belastbarkeit erhöht wird und daß psychosomatische Stressschäden abgebaut werden.

2. Problemlösung
Durch systematisches Überlegen und Planen kann man effektiver als durch planloses Vorgehen Lösungen für bestehende Probleme erarbeiten. Außerdem kann man sich auf zukünftige Belastungen vorbereiten und so deren unangenehme Wirkungen abschwächen oder gar verhindern.

3. Einstellungsänderung
Vorurteile, unbegründete Schuldgefühle, falsche Ansichten über die eigene Person u.ä., die wir selbst haben, behindern uns in unserem Tun und Handeln. Um Stress zu verhindern, müssen diese falschen Einstellungen durch angemessenere ersetzt werden.

4. Gespräche
Häufig bestehen Belastungen im Kontakt mit anderen Personen. Durch eine Aussprache mit der Person, die die Belastungssituation verursacht hat, ergeben sich sehr viele und wirksame Bewältigungsmöglichkeiten.

Diese Methoden können je nach Situationen einzeln oder in Kombination zur längeren Stressbewältigung eingesetzt werden.

Wie Sie vielleicht bemerkt haben, gibt es zur langfristigen Stressbewältigung verschiedene Ansatzpunkte:

Welches der günstigste Ansatzpunkt ist, muß für jede Situation eigens entschieden werden. Dazu gibt es keine allgemeingültige Regel. Wir werden aber solche Überlegungen in die folgenden Übungen miteinbeziehen.

Zum Schluß wollen wir noch einmal die wichtigsten Punkte zusammenfassen.

1. Es ist angebracht, eine langfristige Bewältigungstechnik anzuwenden, wenn
   - Sie die Ursache einer Belastung beseitigen wollen und nicht nur eine kurzfristige Lösung anstreben
   - eine Belastung vorhersehbar ist und Sie sich darauf vorbereiten wollen.

2. Sie müssen vor der Anwendung einer langfristigen Bewältigungstechnik erst entscheiden, ob Sie Ihr eigenes Verhalten, Ihre Umwelt oder beides verändern wollen.

3. Sie müssen entscheiden, welche der verschiedenen Verhaltenstechniken angewandt werden sollen und ob eine einzelne oder mehrere zusammen eingesetzt werden.

Vorübungen zur Entspannung

Es gibt viele unsystematische Möglichkeiten zur Entspannung wie z.B. Musikhören, Lesen, Spazierengehen und Baden. Zur Stressbewältigung und -prophylaxe sind systematische Methoden der Entspannung besser geeignet. Systematische Entspannungsmethoden sind muskuläre Entspannung, autogenes Training, Yoga und konzentrative Techniken wie Meditation. Wir werden hier folgende Methoden der muskulären Entspannung und des autogenen Trainings üben:

Muskelentspannung	Konzentrative Techniken
- Langform der systematischen Entspannung	- konzentrierte Entspannung
- Kurzentspannung	- autogenes Training
- Aktivierungsübungen	

5.1.2. Durchführen der muskulären Entspannung

Die muskuläre Entspannung ist eine systematische Entspannung der wichtigsten, willentlich zu beeinflussenden Muskelpartien, wie z.B. der Arme, Beine, Kopf- und Bauchmuskeln. Die Übungen müssen oft durchgeführt werden. Wenn die körperliche Entspannung "auf Kommando" hervorgerufen werden kann, ist es möglich, in bestimmten Situationen weniger nervös, gereizt, hektisch, aufgeregt und ängstlich zu reagieren. Außerdem kann man sich auf immer wiederkehrende und voraussehbare Belastungssituationen leichter vorbereiten und sich konzentriert und zielstrebig mit der Belastung auseinandersetzen.

....

Da das Erlernen der muskulären Entspannung einiger Zeit und Übung bedarf, kann damit bereits zu einem früheren Zeitpunkt im Training begonnen werden. Die Übungen, einzelne Muskelpartien zu entspannen, können so auf mehrere Sitzungen verteilt werden.

....

Spannungs-Entspannungs-Training nach Jacobson

....

Idealerweise sollten sich die Kursteilnehmer zur Entspannung hinlegen. Wenn dies unmöglich ist, reicht es, sich möglichst bequem auf einen Stuhl zu setzen. Störungen sollten weitgehenst ausgeschaltet werden (Nicht-Stören-Schild an die Türe; Telefon aus dem Raum, Raum verdunkeln usw.). Die Entspannungsinstruktion wird mit ruhiger und leiser Stimme vorgelesen (s. Anhang 5).

....

Legen (setzen) Sie sich bequem auf Ihre Unterlage (Ihren Stuhl). Korrigieren Sie Ihre Lage, bis Sie bequem und druckfrei liegen (sitzen) und nichts an Ihrer Lage Sie noch stört. Ihre Arme liegen leicht abgewinkelt, die Handgelenke liegen locker auf, Ihre Beine sind bequem ausgestreckt, die Füße fallen von allein leicht nach außen. Nun schließen Sie die Augen und versuchen Sie, an nichts zu denken. Denken Sie an nichts Bestimmtes. Lassen Sie Ihre Gedanken kreisen. Genießen Sie die Vorstellung, daß Sie im Augenblick nichts berühren oder behelligen kann. Es gibt nichts zu tun. Sie können sich völlig dem wohligen Gefühl der Entspannung hingeben.

Konzentrieren Sie sich auf jeden Muskel Ihres Körpers, versuchen Sie jeden Muskel zu erfühlen und ihn schon - so gut es geht - zu entspannen. Geben Sie sich ganz der Ruhe und Entspannung hin.

....

1. Übungsabschnitt: Entspannung der Arme

....

Nachdem Sie sich entspannt haben, ballen Sie die rechte Faust, ballen sie fester und fester und beobachten Sie die Spannung. Halten Sie die Faust geballt und fühlen Sie die restliche Spannung in der rechten Faust, in der Hand, im Unterarm....

Und nun entspannen Sie. Lassen Sie die Finger der rechten Hand locker werden und beobachten Sie den unterschiedlichen Eindruck...Lassen Sie sich völlig gehen und versuchen Sie, sich am ganzen Körper zu entspannen.

Noch einmal: Die rechte Faust ganz fest halten...sie gespannt halten und die Spannung wieder beobachten...

Nun lassen Sie los, entspannen Sie sich; Ihre Finger strecken sich wieder und Sie merken den Unterschied...

Nun machen Sie das gleiche mit der linken Faust. Ballen Sie die linke Faust fester und fühlen Sie die Spannung...

Und nun entspannen Sie. Genießen Sie den Unterschied...

Wiederholen Sie es noch einmal: Spannen Sie die linke Faust ganz stark...

Entspannen Sie und fühlen Sie den Unterschied. Überlassen Sie sich einige Zeit dieser Entspannung...

Ballen Sie beide Fäuste fester und fester, beide Fäuste ganz fest, die Unterarme ganz gespannt,...beobachten Sie Ihre Empfindungen...

Und nun entspannen Sie; strecken Sie die Finger und fühlen Sie die Entspannung. Fahren Sie fort, die Hände und Unterarme zu entspannen, entspannen Sie immer mehr...Ihre Hände sind jetzt warm und schwer. Wenn Sie sich ganz auf die Fingerspitzen Ihrer rechten Hand konzentrieren, werden Sie dort ganz leicht Ihren Puls pochen fühlen können.

Nun beugen Sie beide Ellenbogen und spannen Sie den Bizeps. Fester und fester spannen und die Spannungsgefühle beobachten...

Nun die Arme wieder strecken, entspannen und auf den Unterschied achten. Nun breitet sich die Entspannung aus...

Noch einmal: Spannen Sie den Bizeps; die Spannung festhalten und genau beobachten...

Nun strecken Sie die Arme aus und entspannen Sie; entspannen Sie so gut Sie können ... Achten Sie jedesmal genau auf Ihre Empfindung, einmal, wenn Sie anspannen und dann, wenn Sie entspannen.

Nun strecken Sie die Arme aus, drücken Sie sie so fest auf die Unterlage, daß Sie eine große Spannung in den Trizepsmuskeln an der Rückseite der Oberarme spüren; strecken Sie die Arme und fühlen Sie die Spannung...

Und nun wieder entspannen. Arme wieder bequem hinlegen. Lassen Sie die Entspannung sich weiter ausbreiten. Die Arme fühlen sich angenehm schwer an, während Sie entspannen...Noch einmal die Arme strecken und auf die Unterlage drücken, so daß Sie die Spannung in den Trizepsmuskeln fühlen; drücken Sie ganz fest. Fühlen Sie die Spannung...

Und entspannen Sie. Nun konzentrieren Sie sich auf reine Entspannung in den Armen ohne jegliche Spannung. Legen Sie die Arme ganz bequem hin und entspannen Sie sich weiter und weiter, weiter und weiter. Selbst wenn Sie glauben Ihre Arme seien nun völlig entspannt, versuchen Sie noch ein wenig weiter zu gehen; versuchen Sie, ein immer tieferes Gefühl der Entspannung zu erreichen.

....

Wird die Entspannungsübung hier beendet, erfolgt dies mit folgender Anweisung:

Entspannen Sie sich weiter. Ich werde jetzt von 5 bis 1 zählen. Bei 1 öffnen Sie die Augen, winkeln beide Arme schnell in den Ellenbogen ein und spannen Sie kurz . 5...4...3...2...1...Augen auf. Sie sind hellwach.

....

....

2. Übungsabschnitt: Entspannen des Gesichts mit Nacken, Schultern und oberem Rücken.

....

Runzeln Sie nun die Stirn; ziehen Sie die Stirnmuskeln fest nach oben, so daß horizontal auf der Stirn Falten entstehen. Halten Sie diese Spannung...

Und nun entspannen Sie die Stirn und lassen Sie sie locker und glatt. Beobachten Sie, wie die Stirnhaut immer lockerer wird, je mehr Sie sich entspannen. Die gesamte Kopfhaut wird locker und entspannt...

Nun ziehen Sie die Augenbrauen zusammen und beobachten Sie die Spannung. Eine senkrechte Falte bildet sich zwischen den Augen und auf der Stirn...

Beenden Sie die Anspannung wieder. Lassen Sie die Stirnhaut wieder ganz locker...

Nun kneifen Sie die Augen zusammen, fester und fester ... Fühlen Sie die Spannung ...

Und entspannen Sie die Augenpartie. Halten Sie die Augen ruhig und bequem geschlossen und beobachten Sie die Entspannung...

Konzentrieren Sie sich nun auf die Augen selbst. Rollen Sie jetzt Ihre Augen bei geschlossenen Lidern nach oben, so, als wollten Sie ganz nach oben schauen und halten Sie die Augen eine Weile so; jetzt drehen Sie die Augen nach links und anschließend nach rechts. Schauen Sie ganz nach rechts.

Und nun lassen Sie die Augen wieder vollkommen locker in ihre Normallage zurückgleiten. Keiner der Augenmuskeln ist mehr gespannt. Fühlen Sie, wie ruhig und entspannt jetzt auch die Augen selbst werden.

Nun beißen Sie die Zähne fest aufeinander und spannen Sie die Kiefermuskeln; beobachten Sie die Spannung in der Kiefermuskulatur...

Entspannen Sie jetzt die Kiefermuskeln. Lassen Sie dabei die Lippen leicht offen ... Genießen Sie die Entspannung...

Nun pressen Sie die Zunge fest gegen den Gaumen. Beobachten Sie die Spannung...

Lassen Sie die Zunge wieder locker und entspannt werden...

Nun spitzen Sie die Lippen, pressen Sie die Lippen fester und fester zusammen...

Entspannen Sie die Lippen. Beobachten Sie wieder den Unterschied zwischen Spannung und Entspannung. Beobachten Sie die Entspannung im ganzen Gesicht, an der Stirn, der Kopfhaut, den Augen, der Kiefermuskulatur, an Lippen, Zunge, Hals. Die Entspannung breitet sich immer weiter aus...

Nun beobachten Sie die Nackenmuskulatur. Drücken Sie den Kopf so fest wie möglich zurück und beobachten Sie die Spannung im Nacken; rollen Sie den Kopf auf die rechte Seite und beobachten Sie, wie die Spannung wechselt; nun rollen Sie den Kopf zur linken Seite.

Und entspannen Sie den Nacken. Legen Sie den Kopf wieder bequem hin... Richten Sie den Kopf auf und beugen Sie ihn nach vorne, pressen Sie das Kinn fest gegen die Brust...

Nun legen Sie den Kopf wieder bequem hin und beobachten Sie die Entspannung. Lassen Sie die Entspannung sich weiter ausbreiten...

Nun ziehen Sie die Schultern hoch, ganz hoch. Halten Sie die Spannung...

Lassen Sie die Schultern fallen und beobachten Sie die Entspannung. Nacken und Schultern entspannen sich...

Ziehen Sie die Schultern noch einmal hoch, ganz fest und drehen Sie sie nach vorne und zurück. Beobachten Sie die Spannung in den Schultern und im oberen Rücken...

Lassen Sie die Schultern wieder fallen und entspannen Sie sich. Lassen Sie die Entspannung in den Schultern tief ausbreiten, bis in die

Rückenmuskeln. Entspannen Sie Nacken und Hals, Kiefermuskeln und die gesamte Gesichtspartie und beobachten Sie, wie eine große Entspannung sich ausbreitet und tiefer wird...tiefer...immer tiefer.

....

Wird die Entspannungsübung hier beendet, erfolgt dies mit folgender Anweisung

Entspannen Sie weiter und weiter. ich werde jetzt von 5 bis 1 zählen. Bei 1 öffnen Sie die Augen, winkeln beide Arme schnell in den Ellbogen ein und spannen Sie kurz. 5... 4... 3... 2... 1... Augen auf. Sie sind hellwach.

....

....

3. Übungsabschnitt: Entspannung der Brust, des Bauches und des unteren Rückens.

....

Entspannen Sie den Körper, so gut es geht. Beobachten Sie das angenehme Gefühl der Schwere, das mit der Entspannung einhergeht. Atmen Sie leicht und frei ein und aus. Beobachten Sie, wie die Entspannung mit dem Ausatmen ansteigt...Während Sie ausatmen, fühlen Sie die Entspannung...

Nun atmen Sie fest ein und füllen die Lungen; holen Sie tief Luft und halten Sie den Atem an. Beobachten Sie die Spannung...

Nun atmen Sie aus, lassen Sie den Brustkorb locker werden und lassen Sie die Luft von selbst ausströmen. Entspannen Sie sich weiter und atmen Sie frei und ruhig. Beobachten Sie die Entspannung und genießen Sie sie.

Während der restliche Körper so entspannt wie möglich ist, füllen Sie noch einmal die Lungen voll mit Luft. Holen Sie tief Luft und halten Sie den Atem wieder an...

So ist es gut; atmen Sie aus und beobachten Sie die Erleichterung. Nun atmen Sie normal. Entspannen Sie die Brust und lassen Sie die Entspannung sich ausbreiten über Rücken, Schultern, Nacken und Arme. Einfach loslassen und die Entspannung genießen...

Nun beobachten Sie die Bauchmuskeln. Spannen Sie die Bauchmuskeln, machen Sie sie ganz hart. Beobachten Sie die Spannung...

Und nun entspannen Sie. Lassen Sie die Muskeln locker werden und beobachten Sie den Unterschied...

Noch einmal: Pressen und spannen Sie die Bauchmuskeln. Spannung festhalten und beobachten....

Nun ziehen Sie den Bauch ein, spannen Sie die Muskeln fest und erleben Sie diese Spannung...

Und entspannen. Beobachten Sie das allgemeine Wohlbefinden, das mit der Entspannung des Bauches einhergeht...

Nun wieder entspannen. Lassen Sie den Bauch wieder los. Atmen Sie normal und leicht und spüren Sie dabei das angenehme Gefühl, das über die Brust und den Bauch läuft...

Nun ziehen Sie den Bauch wieder ein und halten Sie die Spannung fest...Nun drücken Sie den Bauch wieder nach außen, halten Sie die Spannung fest...ziehen Sie den Bauch nochmal ein und fühlen Sie die Spannung...

Und entspannen Sie die Bauchmuskeln völlig. Die Spannung verschwindet und die Entspannung wird immer tiefer. Jedesmal, wenn Sie ausatmen, beobachten Sie die rhythmische Entspannung in den Lungen und im Bauch. Beobachten Sie dabei, wie Brust und Bauch mehr und mehr entspannt sind...Versuchen Sie, alle Spannungen in Ihrem Körper zu lockern...

Nun konzentrieren Sie sich auf den unteren Rücken. Wölben Sie den Rücken. Heben Sie das Gesäß von der Unterlage und fühlen Sie die Spannung entlang der Wirbelsäule...

Und legen Sie sich wieder bequem zurück und entspannen Sie ihr Kreuz...

Nun heben Sie wieder Ihren Rücken und beobachten Sie dabei die Spannung. Versuchen Sie, den übrigen Körper so entspannt wie möglich zu halten. Versuchen Sie, die Spannung nur auf den unteren Teil des Rückens zu konzentrieren...

Entspannen Sie sich wieder, entspannen Sie immer mehr. Entspannen Sie das Kreuz... Entspannen Sie den unteren Rücken...Entspannen Sie den oberen Rücken, lassen Sie die Entspannung übergehen auf Bauch, Brust, Schultern, Arme und Gesicht. Diese Körperteile werden immer mehr entspannt, mehr und mehr, die Entspannung wird größer, tiefer...

....

Wird die Entspannung hier beendet, erfolgt dies mit folgender Anweisung:

Entspannen Sie sich weiter und weiter. Ich werde jetzt von 5 bis 1 zählen. Bei 1 öffnen Sie die Augen, winkeln beide Arme schnell in den Ellbogen ein und spannen Sie kurz. 5... 4... 3... 2... 1... Augen auf. Sie sind hellwach.

....

....

4. Übungsabschnitt: Entspannung der Hüften, Schenkel und Waden. Danach: Vollkommene Körperentspannung

....

Lassen Sie ganz locker und entspannen Sie...Nun spannen Sie das Gesäß und die Oberschenkel und spüren Sie die Spannung in den Schenkeln. Drücken Sie die Fersen so fest wie möglich herunter...

Entspannen Sie und beobachten Sie den Unterschied...

Spannen Sie die Knie und die Muskeln der Schenkel noch einmal. Halten Sie die Spannung fest...

Entspannen Sie Hüften und Beinmuskeln. Lassen Sie die Entspannung sich von selbst ausbreiten...

Pressen Sie nun Füße und Zehen nach unten, weg vom Gesicht , so daß die Wadenmuskeln gespannt sind. Beobachten Sie diese Spannung...

Nun entspannen Sie Füße und Waden...

Beugen Sie diesmal die Füße in Richtung auf das Gesicht, so daß Sie am Schienbein Spannung verspüren. Bringen Sie die Zehen möglichst weit nach oben...

Nun entspannen Sie wieder. Bleiben Sie für einige Zeit entspannt... Entspannen Sie sich weiter und weiter, über den ganzen Körper. Entspannen Sie Füße, Knöchel, Waden und Schienbeine, Knie, Beinmuskeln, Gesäß und Hüften. Beobachten Sie die Schwere des Unterkörpers, während Sie sich weiter entspannen...

Nun dehnen Sie die Entspannung auf den Bauch aus,...auf die Taille und das Kreuz. Lassen Sie sich mehr und mehr gehen. Fühlen Sie die Entspannung. Sie breitet sich immer weiter aus, über den oberen Rücken, Brust, Schultern und Arme, ganz bis in die Fingerspitzen. Entspannen Sie sich immer tiefer. Versichern Sie sich, daß im Hals keine Spannung mehr ist; entspannen Sie den Nacken, die Kiefermuskeln und die gesamte Gesichtsmuskulatur. Lassen Sie für einige Zeit den Körper so entspannt...Entspannen Sie sich. Behalten Sie die Augen geschlossen, so daß Sie von den Gegenständen und Bewegungen Ihrer Umgebung nicht gestört werden und so jegliche Spannung von sich fernhalten, atmen Sie tief und spüren Sie, wie Sie schwerer werden, atmen Sie flach ein und dann ganz langsam aus...Fühlen Sie, wie schwer und entspannt sie geworden sind.

In einem Stadium völliger Entspannung fühlen Sie sich unwillig, auch nur einen Muskel Ihres Körpers zu bewegen. Denken Sie an die große Mühe, die es bereiten würde, wenn Sie den rechten Arm heben wollten.

Während Sie über das Heben des rechten Arms nachdenken, beobachten Sie, ob sich irgendeine Spannung in die Schultern oder den Arm eingeschlichen hat...Nun entschließen Sie sich, den Arm nicht zu heben, sondern bleiben Sie weiter entspannt. Beobachten Sie die Ruhe und das Verschwinden jeglicher Spannung...Jetzt denken Sie bitte einmal an die Skala von 0-100, wobei 0 völlige Entspannung bedeutet und 100 höchste Spannung. Überlegen Sie, wie Sie sich jetzt einschätzen würden und behalten Sie die Zahl bis nachher im Gedächtnis.

Entspannen Sie sich weiter und weiter. Ich werde jetzt von 5 bis 1 zählen. Bei 1 öffnen Sie die Augen, winkeln beide Arme schnell in den Ellbogen ein und spannen Sie kurz. 5... 4... 3... 2... 1...Augen auf. Sie sind hellwach.

5.1.3. <u>Besprechen der Entspannungsübung (siehe Anhang 5)</u>

5.1.4. <u>Durchführen der Kurzentspannung</u>

....

Diese Übung kann erfolgreich erst dann eingesetzt werden, wenn die Kursteilnehmer die obige Entspannungsübung beherrschen.

....

Im folgenden lernen Sie eine Kurzform der körperlichen Entspannung kennen.

Zunächst sollen Sie den gesamten Körper anspannen. Setzen Sie sich dazu auf den Boden oder die vordere Sitzfläche des Stuhls. Ballen Sie die Hände zu Fäusten, winkeln Sie die Arme an, pressen Sie sie gegen den Körper und ziehen Sie die Schultern hoch. Ziehen Sie die Knie möglichst hoch, so daß sich Ihre Füße vom Boden heben. Machen Sie einen Katzenbuckel. Pressen Sie gleichzeitig Ihren Kopf auf die Brust und spannen Sie alle Gesichtsmuskeln an. Winkeln Sie Ihre Fußspitze in Richtung Schienbeine. Spannen Sie jetzt den ganzen Körper an: Arme und

Hände, Nacken und Schultern, Gesicht , Rücken, Brust, Bauch und Beine. Atmen Sie tief ein und halten Sie die Luft an.

Entspannen Sie sich jetzt. Setzen Sie sich ganz locker hin und atmen Sie tief aus. Entspannen Sie alle Muskeln der Reihe nach: Arme und Hände, Nacken und Schultern, Gesicht, Rücken, Brust, Bauch und Beine. Nehmen Sie sich genügend Zeit und entspannen Sie sich völlig.

5.1.5. Besprechen der Kurzentspannung

....

Die Kursteilnehmer sollten darauf hingewiesen werden, daß nicht in allen Situationen die Kurzentspannung durchgeführt werden kann. Es ist aber meist möglich, einzelne Muskelpartien kurz anzuspannen und sich anschließend zu entspannen.

....

5.1.6. Durchführen des autogenen Trainings (AT)

Autogenes Training gehört zu den Techniken konzentrativer Selbstentspannung. In Anlehnung an hypnotische Verfahren wird durch Selbstsuggestion eine direkte Beeinflussung des Vegetativums erreicht. Diese Selbstsuggestion erfolgt durch intensive, gefühlsbetonte Vorstellungen, die sich auf die Funktionen des vegetativen Nervensystems beziehen und auf eine gesamtorganismische Ruhigstellung abzielen.

Um die Suggestibilität zu fördern, werden die Vorstellungen in Formeln gefaßt und auf besonders ansprechbare Organbereiche bezogen (Magen, Herz, Atmung, Gefäßsysteme).

Das AT besteht aus folgenden 6 Übungsstufen:

1. Phase	1. Schwereübung 2. Wärmeübung	→ Entspannung
2. Phase	3. Pulsübung 4. Atemübung	→ Ökonomisierung d. vegetativen Prozesse
3. Phase	5. Leibübung 6. Kopfübung	→ Vitalisierung

Im folgenden sind die einzelnen Schritte detaillierter aufgeführt, wie man das autogene Training selbst durchführt:

Selbstanleitung zum autogenen Training

1. Vorbereitung

Allgemein: Ein Höchstmaß an äußerer und innerer Ruhe ist die beste Voraussetzung zum Gelingen der Übung.

Übungsort: Möglichst ruhig, normal temperiert, Störungen weitgehend ausschalten (Telefon usw.). Anfangs empfiehlt es sich, immer am gleichen Ort zu üben.

Angehörige: Informieren und um Verständnis bitten, daß für die Übung Ruhe benötigt wird.

Zeitpunkt: Nicht direkt vor beruflichen Verpflichtungen oder unangenehmen bzw. wichtigen Ereignissen, damit Sie wirklich abschalten können. Die Übung soll einen festen Platz im Tagesablauf einnehmen. Am besten immer die gleiche Tageszeit wählen, z.B. früher Abend oder morgens.

Kleidung: bequem und locker, störendes Zubehör (Schmuck, Brille) entfernen, enge Gürtel bzw. Bund lösen.

Muskuläre Vorbereitung: Gymnastische Übungen oder eine Form der muskulären Kurzentspannung (alle Muskeln nacheinander bzw. gleichzeitig an- und entspannen) bewirken eine "Basisentspannnung".

Körperhaltung: Entweder Liegen oder Droschkenkutscherhaltung.

Liegen: bequem auf einer nicht zu harten Unterlage. Arme und Beine leicht angewinkelt vom Körper locker wegfallen lassen.

Droschkenkutscher: Auf einen Stuhl setzen, die Füße voll auf den Boden aufstützen. Die Hände hängen locker zwischen den Beinen herunter, die Unterarme stützen sich auf. Dann zusammenfallen lassen, der Kopf hängt locker nach vorne, der Rücken bildet einen "Katzenbuckel".

Innere Vorbereitung: Augen schließen, völlig abschalten, alle störenden Gedanken vermeiden, voll auf den Körper konzentrieren, dem Gefühl der Ruhe hingeben.

2. Ruhe

Wirkung: Die allgemeine organismische Ruhigstellung ist letztlich Sinn und Zweck des AT. Deshalb wird die Ruheformel nach jedem Übungsschritt eingeschaltet. Die Selbstsuggestion von Ruhe erzeugt tiefe Körperentspannung, die Belastbarkeit wird durch Erregungsdämpfung erhöht. Das Gleichgewicht Sympathikus und Parasympathikus im vegetativen Nervensystem wird zugunsten des Parasympathikus, also in Richtung Erholung, verschoben.

Anweisung

Mehrmals vor Beginn der autogenen Übung und je einmal als Abschluß des einzelnen Übungsabschnitts stellt man sich vor:

Konzentrationsformel: "Ich bin ganz ruhig".

Treten dennoch störende Gedanken auf, wird die Selbstaufforderung:

"Nicht jetzt - später"

eingesetzt.

3. Zurücknahme

Wirkung: Zur Beendigung jeder autogenen Übung wird "zurückgenommen". Dadurch wird die völlige aktive Verfügbarkeit über alle Körperfunktionen erreicht.

Ein zuverlässiger Erfolg kann nur erreicht werden, wenn exakt zurückgenommen wird.

Wichtig: In jedem Fall die Augen zuletzt öffnen, da sonst Schwindelgefühle auftreten können.

Anweisung:

Nach jedem Übungsabschnitt
- werden die Arme energisch und ruckartig gebeugt und gestreckt
- dann wird tief eingeatmet
- dann werden die Augen geöffnet

Dazu wird die Formel eingesetzt:
- Arme fest
- tief atmen
- Augen auf

4. Schwere

Wirkung: die Verschiebung des Gleichgewichts zwischen Sympathikus und Parasympathikus bewirkt unter anderem eine Erweiterung der Blutgefäße. Durch Erhöhung des Blutvolumens wird der Arm schwerer. Muskuläre Entspannung wird immer als Schwere erlebt. Vergleichsweise dazu stelle man sich die angenehme Schwere nach körperlicher Anstrengung beim Sport vor. Die Erhöhung des Blutvolumens in der Peripherie durch AT hat also eine ähnliche Wirkung wie Muskelentspannung.

Anweisung

Nach der Vorbereitung und der Konzentration auf Ruhe stellen Sie sich intensiv vor

"Der rechte Arm ist ganz schwer"

Diese Formel wird je sechsmal monoton wiederholt, dann jeweils

"Ich bin ganz ruhig"

Der Ablauf wird dreimal wiederholt, dann wird zurückgenommen.

Übungsablauf:

6 x Der Rechte Arm ist ganz schwer
1 x Ich bin ganz ruhig
6 x Der rechte Arm ist ganz schwer
1 x Ich bin ganz ruhig
6 x Der rechte Arm ist ganz schwer
1 x Ich bin ganz ruhig
- Arme fest
- tief atmen
- Augen auf

5. Wärme

Wirkung: Die gesteigerte Blutzufuhr (siehe Wirkung des Parasympathikus bei der Schwere-Übung) aus dem Körperinneren ist wärmer. Durch die Wärmesuggestion verhalten sich die Blutgefäße so, als ob der Arm warm wäre. Die ringförmigen Muskeln der Blutgefäße entspannen sich, es strömt mehr Blut ein und der Arm wird tatsächlich wärmer.

Anweisung

Die Schwere-Vorstellung erfolgt nur noch sechsmal hintereinander in rhythmischer Reihenfolge, dann die Ruhe-Formel. Direkt im Anschluß (ohne Zurücknahme) dreimal der neue Abschnitt.

- je 6 x "Der rechte Arm ist ganz warm" und
- je 1 x die Ruheformel.

Die Übung ist also um eine Sequenz länger geworden.
Übungsablauf:

6 x Der rechte Arm ist ganz schwer
1 x Ich bin ganz ruhig
6 x Der rechte Arm ist ganz warm
1 x Ich bin ganz ruhig
6 x Der rechte Arm ist ganz warm
1 x Ich bin ganz ruhig
6 x Der rechte Arm ist ganz warm
1 x Ich bin ganz ruhig
- Arme fest
- tief atmen
- Augen auf

6. Puls

Wirkung: Durch die parasymathische Beeinflussung des Kreislaufs wird die Pulsfrequenz reduziert. Die konzentrative Hinwendung auf den ruhig pochenden Puls wird durch die große Druckempfindlichkeit der Fingerspitzen erheblich erleichtert. Man nimmt den Pulsschlag in den Fingerspitzen sehr gut wahr. Der angenehm regelmäßige Schlag beruhigt, der gesamte Organismus schaltet durch das Erfolgserlebnis (der Puls ist, wie in der Formel vorgegeben, tatsächlich ruhig und regelmäßig) auf Entspannung.

Anweisung

Die neue Formel lautet:

"Puls schlägt ruhig und regelmäßig"

Die Formel wird an die Schwere- und Wärmeformel angehängt.

Übungsablauf:

6 x Der rechte Arm ist ganz schwer
1 x Ich bin ganz ruhig
6 x Der rechte Arm ist ganz warm
1 x Ich bin ganz ruhig
6 x Der Puls schlägt ruhig und regelmäßig
1 x Ich bin ganz ruhig
- Arme fest
- tief atmen
- Augen auf

7. Atmung

Wirkung: Die Atemformel soll keine aktive Gestaltung der Atmung auslösen, sondern ganz im Gegenteil eine passive Hingabe an das Atmen. Man soll sich von ihm tragen lassen, das automatische Atmen beobachten, ohne es willkürlich zu verändern und dadurch Muskeln anzuspannen. Durch dieses "in-den-Körper-horchen" ergeben sich vier Effekte:

- Eine zunehmende Entspannung
- Der natürliche, ruhige Atemrhythmus
- Eine Ökonomisierung des Atmens
- Eine geringe Störanfälligkeit des Atmens

Im Laufe der Übung verlangsamt sich die Atmung und wird flacher, Ein- und Ausatmung werden gleich lang, es findet eine Angleichung an die Schlafatmung statt.

Anweisung

Die Formel

"Atmung ganz ruhig"

wird zusätzlich durch die Formel

"es atmet mich"

unterstützt, damit die passive Einstellung zur Atmung erhöht wird. "Es atmet mich" wird jeweils vor der Ruhe-Formel gegeben.

Übungsablauf:
6 x Der rechte Arm ist ganz schwer
1 x Ich bin ganz ruhig
6 x Der rechte Arm ist ganz warm
1 x Ich bin ganz ruhig
6 x Der Puls schlägt ruhig und regelmäßig
1 x Ich bin ganz ruhig
6 x Atmung ganz ruhig
1 x Es atmet mich
1 x Ich bin ganz ruhig
- Arme fest
- tief atmen
- Augen auf

8. Bauchorgange (Sonnengeflecht)

Wirkung: Das Sonnengeflecht ist ein dichtes Nervengeflecht im Oberbauch unterhalb des Zwerchfells und steuert die Bauchorgane, z.B. Magen, Leber, Dünn- und Dickdarm. Im Stress wirkt es gefäßverengend, damit das Blut aus dem Bauchraum in die Muskeln zur Aktivierung einfließt. Bei der Sonnengeflechtübung werden die Blutgefäße im Oberbauch parasympathisch erweitert. Es wird eine Entspannung der Muskulatur an den inneren Organen, besonders an Magen und Darm, erreicht.

Die Sonnengeflechtübung ist demnach besonders wichtig für Menschen mit Magen-Darmbeschwerden.

Anweisung

Erreicht wird der Effekt durch die Formel:

"Sonnengeflecht strömend warm"

Übungsablauf
6 x Der rechte Arm ist ganz schwer
1 x Ich bin ganz ruhig
6 x Der rechte Arm ist ganz warm
1 x Ich bin ganz ruhig
6 x Atmung ganz ruhig
1 x Es atmet mich
1 x Ich bin ganz ruhig
6 x Sonnengeflecht strömend warm
1 x Ich bin ganz ruhig
- Arme fest
- tief atmen
- Augen auf

9. Kopf

Wirkung: Die Kühlung der Stirn gilt schon lange als Heilfaktor. Bei Ohnmachtsanfälle oder Kopfschmerzen wurden und werden kalte Kompressen aufgelegt. Mit einem heißen Kopf sind unangenehme Empfindungen wie Zorn, Angst, Fieber verbunden. Die Kopfübung suggeriert eine angenehm kühle Stirn, was zur Verminderung der Kopfdurchblutung führt. Auch das entspricht dem Zustand nach dem Essen, wo der Kopf zugunsten der Verdauungsorgane weniger mit Blut versorgt wird. Man fühlt sich satt, zufrieden, passiv.

Anweisung

Die neue Formel lautet

"Stirn angenehm kühl"

oder stattdessen

"Kopf frei und klar"

Damit sind die autogenen Übungen komplett.

Übungsablauf:
6 x Der rechte Arm ist ganz schwer
1 x Ich bin ganz ruhig
6 x Der rechte Arm ist ganz warm
1 x Ich bin ganz ruhig
6 x Der Puls schlägt ruhig und regelmäßig
1 x Ich bin ganz ruhig
6 x Atmung ganz ruhig
1 x Es atmet mich
1 x Ich bin ganz ruhig
6 x Sonnengeflecht strömend warm
1 x Ich bin ganz ruhig
6 x Stirn angenehm kühl (Kopf frei und klar)
1 x Ich bin ganz ruhig
- Arme fest
- tief atmen
- Augen auf

5.1.7. Besprechen der Übungen zum autogenen Training

5.1.8. Desensibilisierung

Wie Sie wissen, sind Angst, Nervosität oder Wut und Entspannung entgegengesetzte Körperzustände, die nicht gleichzeitig auftreten können.

Wenn Sie sich früh genug entspannen, bevor eine Belastung, die immer mit Angst, Wut oder einem ähnlichen Gefühl verbunden ist, eintritt, kann die Belastungssituation zwar eintreten, aber nicht die gewohnte Wut und Angst erzeugen, da die Entspannung zuerst da war und diesen Gefühlen entgegenwirkt.

Sie können sich daher sehr gut auf vorhersehbare Stressituationen vorbereiten, indem Sie sich zuerst entspannen und sich dann in Gedanken möglichst bildhaft und plastisch in die Belastungssituation versetzen. Sie werden dann spüren, daß die Entspannung es verhindert, daß durch die Belastungssituationen unangenehme Gefühle entstehen. Wenn Sie dies häufiger durchführen, zuerst Entspannung und dann bildhafte Vorstellung einer bestimmten Stressituation, hat dies den Effekt, daß Sie sich weniger gestreßt fühlen und sich leichter entspannen können, wenn Sie tatsächlich in diese Stressituation geraten.

Eine weitere Hilfe ist es, sich einen möglichst positiven Ausgang der Stressituation vorzustellen. Dies ist allerdings nicht immer möglich, da nicht alle Probleme zu lösen sind.

Hier ein Beispiel für eine Stressituation, die wir mit Entspannung koppeln wollen:

....

Der Kursleiter gibt die Entspannungsanweisung. Dann schildert er die Belastungssituation mit deutlich lauterer und schnellerer Stimme. An den gekennzeichneten Stellen wird die Schilderung der Belastungssituation unterbrochen, um mit ruhiger Stimme Entspannungsanweisungen zu geben.

....

Es ist früher Abend. Sie gehen mit einem Kollegen Streife in der Nähe Ihres Reviers. Da sehen Sie eine Person am Boden liegen. Sie gehen hin und erkennen einen betrunkenen Landstreicher. In der einen Hand hält er eine Schnapsflasche. Er stinkt furchtbar nach Alkohol. Sie versuchen ihn wachzurütteln, aber er reagiert nicht. Er ist so betrunken, daß er bewußtlos ist. - In der Nähe stehen einige Jugendliche, die Sie sichtlich feindselig beobachten. Sie kommen näher und beschimpfen Sie: "Haut ab Ihr Bullen! Laßt den Mann bloß liegen. Kümmert Euch um Euren eigenen Dreck!..."

Entspannen Sie sich wieder. Achten Sie auf die Entspannung. Sie fühlen sich wohl und sind ganz ruhig.

Die Jugendlichen schimpfen weiter auf Sie ein. Ihre Beschimpfungen werden wüster und aggressiver. Während Ihr Kollege über Funk einen Krankenwagen anfordert, durchsuchen Sie die bewußtlose Person nach einem Ausweis. Die Jugendlichen werden dadurch noch gereizter. Einer rempelt sie sogar von hinten an...

Entspannen Sie sich wieder. Achten Sie auf die Entspannung. Sie fühlen sich wohl und sind ganz ruhig.

Die Jugendlichen stehen jetzt sehr dicht um Sie herum. Durch Zurufe machen sie weitere Jugendliche aufmerksam, die ebenfalls stehenbleiben und in das Schimpfen einstimmen. Sie versuchen den Bewußtlosen in die stabile Seitenlage zu bringen. Durch Stoßen und Rempeln werden Sie ständig behindert. Andere Passanten tun so, als würden sie nichts bemerken und gehen schleunigst weiter. Davon können Sie sich keine Hilfe erwarten. Die Jugendlichen belästigen Sie immer stärker...

Da ertönt das Martinshorn des Krankenwagens. Die Jugendlichen glauben anscheinend, es sei weitere Polizei, und machen sich schleunigst aus dem Staub. Sie atmen tief durch, entspannen sich und sind froh, daß Sie die Situation gut überstanden haben.

5.1.9. Besprechen der Übung

....

Nach dieser Übung sollen die Kursteilnehmer über den Effekt der Entspannung während der Vorstellung der Stressituation berichten. Der Kursleiter sollte darauf hinweisen, daß die Koppelung der Entspannung mit einer Belastung oft geübt werden muß, um den angestrebten Erfolg zu erzielen. Außerdem muß die zeitliche Reihenfolge beachtet werden. Zuerst soll man sich entspannen, dann soll man sich die Belastungssituation vorstellen. Bei einer Umkehrung dieser Reihenfolge ist die Technik weniger wirksam.

....

5.1.10. Anleitungen zur konzentrativen Entspannung und Aktivierungsübungen siehe Anhang 7 und 8

5.1.11. Individuelle Einzelarbeit

1. Jeder Teilnehmer übt die muskuläre Entspannung und das autogene Training selbständig zu Hause.

2. Jeder Teilnehmer führt die Koppelung von Entspannung und Vorstellung einer selbst erarbeiteten Belastungssituation zu Hause durch.

5.2. Vorübung zur Problemlösung

5.2.1. Einführung

Die Technik der Problemlösung dient der Bewältigung von Belastungen, die in Zukunft auftreten. Außerdem kann die Lösung bestehender Schwierigkeiten geplant werden. Voraussehbare Belastungssituationen sind zum Beispiel Probleme in der Freizeitgestaltung mit Angehörigen, die sich aus dem Schichtdienst ergeben, oder Auftrag, eine Todes- oder Unfallmeldung an die Angehörigen des Opfers zu überbringen.

Die praktische Anwendung geschieht folgendermaßen:

1. Schritt: Beschreibung des Problems

Das Problem bzw. die Situation, die verändert werden soll, wird möglichst konkret und genau beschrieben. Je genauer diese Beschreibung erfolgt, desto besser kann die Bewältigung erfolgen. Weiterhin sind die Folgen, die das Problem hat, zu klären. Wenn man das Problem noch nicht erkennen bzw. beschreiben kann, wird eine "Beobachtungsphase" vorgeschaltet.

2. Schritt : Erarbeiten potentieller Lösungsmöglichkeiten

Jetzt werden potentielle Möglichkeiten überlegt, die zur Lösung des Problems geeignet erscheinen. Dafür kann ein "Brainstorming" stattfinden. Alle Lösungsmöglichkeiten, die einem einfallen, werden gesammelt, ohne sie hinsichtlich ihrer Sinnhaftigkeit oder Nützlichkeit zu bewerten.

3. Schritt: Bewertung der Lösungen und Auswahl einer Strategie

Der Sammlung folgt die Bewertung der Lösungen. Aus dem gesammelten Material werden die ungeeigneten Lösungen ausgeschieden. Die verbleibenden Möglichkeiten werden auf ihre Realisierbarkeit hin überprüft. Falls sinnvoll, soll eine Rangreihe der Lösungen gebildet werden. Darauf wird entschieden, welche der möglichen Lösungen oder welche Kombination von Lösungen durchgeführt wird. Dies ist in der Regel die Strategie, die am erfolgsversprechendsten ist, ohne unangemessenen Aufwand durchführbar ist und die geringsten oder gar keine negativen Folgen hat.

4. Schritt: Beschreibung der Schritte und Maßnahmen, um die gewählte Lösung zu verwirklichen

Es werden Schritte und Maßnahmen zusammengestellt, wodurch die gewählte Lösung verwirklicht werden soll. Die Schritte müssen in der Reihenfolge aufgeführt werden, in der sie abfolgen sollen. Außerdem muß man überlegen, ob die geplanten Schritte durchführbar sind. Ebenso wird in einem Zeitplan festgelegt, bis zu welchem Termin die einzelnen Schritte realisiert werden sollten. Es ist zu beachten, daß zur Verwirklichung der einzelnen Schritte genügend Zeit vorhanden ist und nicht zuviele Maßnahmen gleichzeitig ergriffen werden. Dadurch sind Mißerfolge am besten auszuschließen.

5. Schritt: Überprüfung der Lösungsstrategie

Zuletzt wird geplant, wie man überprüft, ob man seine Ziele und Teilziele erreicht hat. Merken wir später, daß unsere Lösungsstrategie nicht zum angestrebten Ziel führt, wird eine Fehleranalyse durchgeführt, in der jeder Schritt überprüft wird. Entsprechend der Schwachstellen, die wir gefunden haben, können dann die Maßnahmen, der Zeitplan oder die angestrebten Ziele verändert werden.

5.2.2. Durchführung eines Übungsbeispiels zur Problemlösung

....

Bei der Erarbeitung des Übungsbeispiels an der Tafel sollen die Kursteilnehmer möglichst aktiv einbezogen werden.

....

1. Schritt: Beschreibung des Problems

Ein 15-jähriger wird in einem Kaufhaus bei einem Diebstahl erwischt. Er hat Waren von geringem Wert gestohlen, um vor seinen Freunden eine Mutprobe zu bestehen. Ich muß die im Jugendstrafrecht vorgesehenen

Wege einleiten, obwohl dies den Jugendlichen in größere Schwierigkeiten gegenüber seinen Eltern und der Schule bringen kann. Der Gedanke bedrückt mich, daß ich durch mein Einschreiten die Entwicklung des Jugendlichen negativ beeinflussen könnte.

2. Schritt: Erarbeitung potentieller Lösungsmöglichkeiten

- die Straftat vertuschen
- mich persönlich mit den Eltern und dem Lehrer des Jugendlichen in Verbindung setzen, um Verständnis für ihn zu wecken
- den Jugendlichen seinem Schicksal überlassen, da er schließlich selbst daran schuld ist
- einen Sozialarbeiter des nahegelegenen Freizeitheims einschalten, damit er ein Gespräch mit den Eltern und dem Lehrer führt.

3. Schritt: Bewertung der Lösungen und Auswahl einer Strategie

Ein Vertuschen der Straftat und das Sich-nicht-kümmern um den Jugendlichen werden ausgeschlossen. Am idealsten erscheint, den Sozialarbeiter einzuschalten.

4. Schritt: Beschreibung der Schritte und Maßnahmen, um die gewählte Lösung zu verwirklichen

Schritte/Maßnahmen	Zeitplan
1. den Jugendlichen von meinem Vorhaben informieren	sofort
2. den Sozialarbeiter anrufen	heute nach Öffnung des Heims (15 Uhr)
3. Allgemeines Gespräch mit Fachleuten	beim nächsten informellen Treffen

5. Schritt: Überprüfung der Lösungsstrategie

- Ich erkundige mich bei dem Jugendlichen in 1/4 Jahr, wie es ihm geht
- Ich habe beim nächsten ähnlichen Einsatz ein gutes Gefühl

5.2.3. Individuelle Einzelarbeit

Jeder Teilnehmer formuliert ein kurz-, ein mittel- und ein langfristig zu lösendes Problem und sammelt dafür einige Lösungsmöglichkeiten.

5.3. Vorübung zur Einstellungsänderung

5.3.1. Einführung

Sie haben gesehen, daß Belastungen durch Ereignisse in Ihrer Umwelt entstehen können. Eine Ursache für Stress kann aber auch in uns selbst, d.h. in unseren Gedanken, Wünschen, Gefühlen, Erwartungen und Einstellungen liegen. Mit anderen Worten, Situationen werden manchmal erst dadurch belastend, weil wir sie selbst als unangenehm einschätzen und bewerten, weil wir Erwartungen haben, die unrealistisch sind, weil wir von falschen Voraussetzungen ausgehen, weil wir von einer einzigen schlechten Erfahrung schließen, es müßte immer so sein, weil wir schwarz-weiß malen usw.

Solche Gedanken und Einstellungen sind durch folgende Merkmale gekennzeichnet:

- "immer" statt "oft" oder "häufig"; "nie" statt "selten"; "alle" oder "jeder" statt "viele" oder "mancher".

- Wahrscheinliche Dinge werden als absolut sicher eingeschätzt.
- Unüberprüfte Annahmen werden als richtig und wahr angenommen.
- Von einem Detail wird auf das Ganze geschlossen bzw. Verallgemeinerungen werden gemacht, z.B.: "Weil jemand schlecht gekleidet ist, ist er ein unzuverlässiger Mensch"; "Weil ich einmal etwas falsch gemacht habe, bin ich ein Versager".

Beispiele für unrealistische und irrationale Einstellungen sind:

- Ich muß immer recht behalten
- Alle lassen mich links liegen
- Ich muß alle Probleme lösen
- Ich muß immer eigene Interessen zurückstellen
- Ich darf keine Fehler machen
- Ich muß immer im Mittelpunkt stehen

Belastungen, die durch unangepaßte Erwartungen, Gefühle und Einstellungen hervorgerufen werden, können bewältigt werden, indem man solche Einstellungen herausarbeitet, sie systematisch abbaut und durch angemessenere, realistischere Einstellungen ersetzt.

Das Vorgehen teilt sich in mehrere Schritte auf, die wir kurz erklären wollen.

1. Schritt: Beschreibung der alten, unangemessenen Einstellung

Zunächst muß der belastende Gedanke bzw. die alte Einstellung erkannt und genau beschrieben werden. Wenn die belastende Einstellung oder Erwartung noch nicht beschrieben werden kann, muß eine Beobachtungsphase vorgeschaltet werden. Eine gute Möglichkeit ist es, sich die Stressituation mit geschlossenen Augen möglichst bildhaft vorzustellen und sich dabei auf die Gedanken zu konzentrieren, die einem dabei kommen.

Um die eigene Einstellung besonders plastisch darzustellen, ist es oft eine Hilfe, sie in Sätzen wie "ich muß..." und "ich darf nicht..." zu formulieren.

2. Schritt: Überprüfen der alten, unangemessenen Einstellung

Um zu überprüfen, ob die Einstellung unangemessen ist, beantworten wir uns folgende Fragen:
- welche positiven Konsequenzen hat die Einstellung für mich?
- welche negativen Konsequenzen hat die Einstellung für mich?
- was würde ein Dritter zu meiner Einstellung sagen?
- übertreibe und verallgemeinere Ich? Wenn ja, worin?
- was würde geschehen, wenn ich die alte Einstellung ändern würde?

Die Antworten auf diese Fragen schreiben wir uns am besten auf ein Blatt Papier, daß auf der einen Hälfte alles, was für die alte Einstellung, auf der anderen Hälfte alles, was gegen die alte Einstellung spricht, steht.

3. Schritt: Erarbeiten einer neuen, realistischen Einstellung

Aus den Argumenten, die gegen die alte Einstellung sprechen, leiten wir eine neue, realistischere Einstellung ab, die wir möglichst konkret beschreiben. Wir achten darauf, daß die Fehler der alten Einstellung (Verallgemeinerungen, Übertreibungen, unüberprüfbare Annahmen, Schwarz-Weiß-Malerei usw.) ausgemerzt sind.

4. Schritt: Verstärkung der neuen, realistischen Einstellung

Jetzt werden alle Argumente, Tatsachen usw., die für die neue, realistische Einstellung sprechen, zusammengestellt und den Argumenten für die alte Einstellung gegenübergestellt.

Damit uns die neue Einstellung einsichtig und gewichtiger als die alte wird, sollte jedes Argument für die alte Einstellung durch mehrere Gegenargumente widerlegt werden. Darüber hinaus sollten zusätzliche Argumente für die neue Einstellung zusammengestellt werden. Damit die neue Einstellung in unserem Denken verankert wird und an die Stelle der alten, zu verändernden Einstellung tritt, muß man sich die Argumente, die für die neue bzw. gegen die alte Einstellung sprechen, möglichst oft und intensiv ins Gedächtnis rufen und sich selbst darin bestärken, daß die neue Einstellung angemessener und besser als die alte ist.

5. Schritt: Überpüfung der neuen, realistischen Einstellung

Zuletzt muß die neue Einstellung im Verhalten bzw. Handeln erprobt werden. Dazu muß die Stressituation aufgesucht und die neue Einstellung und das daraus folgende Verhalten getestet werden.

Wir wollen uns die praktische Anwendung dieser Technik nun an einem Beispiel verdeutlichen.

5.3.2. Durchführung eines Übungsbeispiels zur Einstellungsänderung

....

Bei der Erarbeitung des Übungsbeispiels an der Tafel sollen die Kursteilnehmer möglichst aktiv miteinbezogen werden.

....

1. Schritt: Beschreibung der alten, unangemessenen Einstellung

Ich muß weitere Selbstmordversuche eines Jugendlichen verhüten, dessen ersten Versuch ich bei einem Einsatz bereits verhinderte. Ich versage, wenn sich der Jugendliche später doch tötet. Ich darf einen weiteren Selbstmordversuch nicht zulassen. Ich bin schuld, wenn ein weiterer Versuch geschieht oder gar glückt. Den Selbstmord zu verhindern, ist Aufgabe der Polizei.

2. Schritt: Überprüfung der alten, unangemessenen Einstellung

Für die alte Einstellung	Gegen die alte Einstellung
- Mir geht es gut, wenn ich einen weiteren Selbstmordversuch verhindere	- Mir geht es schlecht, wenn der Jugendliche sich tötet
- Die Angehörigen und der Jugendliche sind mir später dankbar	- Es ist nicht Aufgabe der Polizei, etwaige Selbstmordverusche in der Zukunft zu verhüten
	- Meine Aufgabe ist erfüllt, wenn ich einen akuten Selbstmord verhindere
	- Könnte ich mein Verantwortungsbewußtsein ablegen, würde es mir besser gehen

3. Schritt: Erarbeiten einer neuen, realistischen Einstellung

Meine Aufgabe ist es, einen akuten Selbstmordversuch zu verhindern, wenn ich dazu gerufen werde. Weitere Versuche verhindern zu können, wäre für mich beruhigend, liegt aber außerhalb meines Einflußbereiches. Ich bin dafür nicht zuständig.

4. Schritt: Verstärkung der neuen, realistischen Einstellung

Für die neue Einstellung spricht:

- Ich bin nicht ausgebildet, weitere Selbstmordversuche des Jugendlichen zu verhindern
- Das Versagen der Eltern und Lehrer kann ich nicht in kurzer Zeit ausmerzen
- Es gibt Fachleute, die in einem solchen Fall wegen ihrer Ausbildung sehr viel besser helfen können
- Wenn ich mich schuldig fühle, mache ich mir das Leben nur unnötig schwer.

5. Schritt: Überprüfen der neuen, realistischen Einstellung

- Ich diskutiere mit meinen Kollegen über den vorliegenden Fall und begründe meine Einstellung
- Wenn mir die alten Bedenken durch den Kopf gehen, denke ich bewußt an die Argumente für die neue Einstellung.

5.3.3. Individuelle Einzelarbeit

Für wenigstens eine der zwei unangemessenen Einstellungen "ich muß in jedem Fall bestimmte Verkehrsverstöße noch strenger als bisher ahnden (auch wenn kein Unfall passierte), da in einem ähnlichen Fall ein Kind tödlich verunglückte", und "ich bin ein totaler Versager, weil mir bei einem Lagerhauseinbruch der Täter unbemerkt entwischte ", erarbeitet jeder Teilnehmer Argumente, die für und gegen diese Einstellung sprechen.

5.3.4. Eine weitere Möglichkeit unangemessene Einstellungen zu verändern

Im Gespräch - dies kann z.B. in Lernpartnerschaften geschehen - wird herausgearbeitet, welche Gedanken, Befürchtungen, Erwartungen oder Gefühle den anderen in bestimmten Situationen bewegen, die für ihn problematisch sind. Es sollen also die Selbstgespräche herausgefunden werden, die jemand mit sich selbst in bestimmten Situationen führt. Deren Inhalte sind dem Betroffenen häufig nicht völlig bewußt, so daß er die Unterstützung eines Partner benötigt, um sie herauszufinden. Andererseits muß sich der Partner hüten, dem anderen Inhalte von Selbstgesprächen aufzudrängen, die in Wirklichkeit nicht vorhanden sind. Zur Formulierung der Einstellung ist es oft eine Hilfe, diese in Sätzen wie "ich muß..." und "ich darf nicht..." auszudrücken.

2. Schritt: Bewertung der Einstellung

Nachdem die zugrunde liegende Einstellung herausgearbeitet ist, erfolgt die Bewertung, wieweit die Einstellung angemessen ist. Dazu hilft die Beantwortung ähnlicher Fragen, wie sie unter 5.3.1.2. "Überprüfung der alten, unangemessenen Einstellung" formuliert sind. Erscheinen die Einstellungen bzw. die Selbstgespräche und die Gedanken unangemessen, erfolgt der 3. Schritt.

3. Schritt: Umformulierung der unangemessenen Einstellung in eine angemessene

Erweist sich die alte Einstellung als unangemessen, wird sie in eine neue, realistischere umformuliert. Dabei ist es wichtig, daß die Fehler der alten Einstellung bzw. Selbstgespräche vermieden werden, d.h., daß die meist extreme oder einseitige alte Einstellung abgeschwächt bzw. relativiert wird.

4. Schritt: Überprüfung der neuen, realistischen Einstellung

Ein wichtiger Schritt besteht darin zu überprüfen, wieweit die neue Einstellung tatsächlich übernommen wurde. Siehe dazu 5.3.1.5.

5.4. Vorübung zur Gesprächsführung

5.4.1. Einführung

Häufig liegen die Ursachen für Stress im zwischenmenschlichen Bereich. Diese Belastungen lassen sich beheben, wenn man mit der betreffenden Person darüber spricht und im Gespräch gemeinsam eine Lösung erarbeitet.

Wir unterscheiden dabei zwei Typen von Situationen:

1. Es handelt sich um ein Problem, das bereits seit einiger Zeit besteht. Sie können sich daher auf das Gespräch vorbereiten und vorher überlegen, welche Punkte Sie ansprechen wollen und was Sie erreichen wollen.

2. Sie werden unvorbereitet mit dem Problem konfrontiert und müssen es in der aktuellen Situation lösen.

Für beide Fälle ist das Vorgehen gleich. Durch die Art und Weise, wie Sie mit dem anderen sprechen, beeinflussen Sie ganz entscheidend die Situation, entsprechend dem Sprichwort: "Wie man in den Wald hineinruft, so schallt es heraus."

Folgende Punkte sind bei solchen Gesprächen zu beachten:

1. Gebrauchen Sie das Wort "ich". Vermeiden Sie es, von "man" zu sprechen. Sie geben damit eindeutig zu erkennen, daß Sie selbst durch die Situation betroffen sind. Dadurch gestalten Sie die Situation persönlicher und erwecken bei ihrem Gegenüber mehr Verständnis. Sie sagen z.B: "Ich ärgere mich", statt "das ist ärgerlich" oder "man muß sich darüber ärgern".

2. Wenn der Gesprächspartner eine Person ist, zu der Sie eine persönliche und gefühlsmäßige Beziehung haben, sprechen Sie über die Gefühle, die das Problem bei Ihnen auslöst. Nennen Sie Ihre Wut, Angst oder Ärger beim Namen. Aber auch wenn sie keine gefühlsmäßige Beziehung zum anderen haben, entlastet es häufig die Situation, wenn Sie ihre eigene Betroffenheit, ihr Verständnis und Mitgefühl mit dem anderen ausdrücken. Wesentlich ist, daß der andere erkennt, daß die Situation für Sie ein Problem darstellt.

3. Geben Sie zu erkennen, daß Sie wissen, was Sie wollen. Sie sollen abschwächende Floskeln vermeiden, wie "wäre es vielleicht möglich", "ginge es unter Umständen", "würde es ihnen etwas ausmachen". Andererseits sind kategorische, aggressive Befehle, Drohungen, Vorwürfe und Beschimpfungen ungeeignet, wie z.B: "Wenn Sie nicht dies und jenes tun, werde ich...", "Sie machen sofort...", "Unterstehen Sie sich...". Wählen Sie Formulierungen, wie "ich will", "möchte", "fordere Sie auf".

4. Sagen Sie konkret und eindeutig, was Sie möchten. Das bedeutet, daß Sie Ihre Wünsche an den anderen als Verhaltensweisen und nicht als Eigenschaften formulieren sollen. Eigenschaftswörter sind abstrakter als Tätigkeitswörter, daher weniger eindeutig und mißverständlich. Z.B: "Fuchteln Sie bitte nicht so mit den Händen herum

und sprechen Sie etwas leiser" statt "Seien Sie nicht so aggressiv", oder "Ich will, daß Du in den Einsatzberichten ausführlichere Angaben machst statt "Sei etwas sorgfältiger".

5. Bei manchen Wünschen ist es zusätzlich nötig anzugeben, wo und wann man das angesprochene Verhalten des anderen erwartet, um Mißverständnisse auszuschließen, z.B., daß man von einem Kollegen dann nicht kritisiert werden will, wenn ein Vorgesetzter im Raum ist, oder daß man erwartet, daß die Anweisung sofort befolgt wird.

6. Lassen Sie den Gesprächspartner zu Wort kommen, hören Sie ihm aufmerksam zu und zeigen Sie ihm Verständnis. Sie sollen den Partner ausreden lassen, ohne ihn voreilig zu unterbrechen, den anderen ansehen, während er spricht, nachfragen, wenn Sie etwas nicht verstanden haben und wichtige Punkte seiner Aussage mit eigenen Worten wiederholen, um zu überprüfen, ob Sie alles richtig verstanden haben (siehe Anhang 9).

7. Achten Sie darauf, daß Sie mit Ihren Worten das gleiche sagen wie durch Ihre Mimik. Gestik, Körperhaltung. Das heißt z.B., daß Sie nicht lächeln sollen, wenn Sie jemanden zur Rede stellen, oder jemanden ansehen, wenn Sie eine Forderung an ihn stellen usw.

....

Damit die Kursteilnehmer sich die obigen Regeln besser einprägen können, kann der Kursleiter folgende Stichpunkte an die Tafel schreiben:

1. Ich-Gebrauch
2. Eigene Betroffenheit darstellen
3. Keine abschwächenden Floskeln oder aggressiven Befehle
4. Änderungswünsche in Verhaltensweisen ansprechen
5. U.U. Zeit- und Ortsangabe
6. Zuhören
7. Übereinstimmung von Körpersprache und Worten

....

Zum Schluß noch ein Hinweis: Bei einem dienstlichen Gespräch mit einem Bürger, der emotional sehr erregt und aufgewühlt ist, kann er unter Umständen der Unterhaltung nicht richtig folgen. In diesem Fall ist eine sogenannte "Eskalation der Mittel" angebracht. Das heißt, Sie beginnen das Gespräch ruhig und sachlich, werden allmählich lauter, unterbrechen schließlich den anderen, befehlen ihm ruhig zu sein, schreien ihn an und wenden im äußersten Notfall sogar körperliche Gewalt an. Wie weit Sie jeweils gehen müssen, hängt von der Situation ab. Es gilt immer: je geringer die Eskalation der Mittel ist, umso weniger Stress bringt die Situation für alle Beteiligten.

5.4.2. Durchführen eines Übungsbeispiels zur Gesprächsführung

Wir werden uns für die folgende Situation überlegen, wie sie im Gespräch gelöst werden könnte.

Es war ein hektischer Tag. Im Schutzbereich ereigneten sich mehrere schwere Unfälle, daneben waren noch andere Einsätze nötig. Es war soviel los, daß mehrfach weniger wichtige Einsätze unterbrochen werden mußten, um wichtigere Einsätze wahrzunehmen. Meine Kollegen und ich kamen kaum dazu, die schriftlichen Arbeiten zu erledigen, geschweige denn, eine kurze Pause einzulegen. Erst kurz vor Dienstschluß können wir das Schriftliche erledigen. Da wir sehr abgespannt und müde sind, fällt diese Arbeit oberflächlich und fehlerhaft aus. Am nächsten Tag ist der Dienstgruppenleiter sehr unzufrieden und kritisiert die Arbeit. Ich fühle mich zu Unrecht beschuldigt und bin enttäuscht. Da sich dieser Vorfall schon häufiger ereignete, möchte ich mit meinem Vorgesetzten darüber sprechen.

....

Der Kursleiter soll anhand dieser oder einer anderen Situation gemäß den Bestimmungsstücken (Zeit/Ort, Partner, Handlung und Partnerverhalten) eine Übungssituation erstellen, in der wesentliche Gesprächsteile in direkter Rede formuliert werden.

Eine Möglichkeit könnte so lauten:

Zeit/Ort: Eine halbe Stunde, nachdem uns der Vorgesetzte kritisiert hat. Es gibt gerade wenig zu tun. / Im Zimmer des Vorgesetzten.

Partner: Unser Dienstgruppenleiter, Herr Müller, ein in der Regel umgänglicher Mann, der manchmal aber leicht reizbar ist.

Handlung: Ich betrete das Zimmer, frage, ob Herr Müller ein paar Minuten Zeit hat und setze mich auf den angebotenen Stuhl.
Ich trage mein Anliegen vor: "Herr Müller, ich möchte mit Ihnen über die Vorwürfe sprechen, die Sie eben meinen Kollegen und mir gemacht haben. Es ist richtig, daß wir fehlerhaft gearbeitet haben. Aber wir waren gestern völlig überlastet. Daher ist die oberflächliche Arbeit aus meiner Sicht entschuldbar. Eine Hektik wie gestern ist für uns alle eine große Belastung. Wenn Sie uns dann noch kritisieren, bin ich erst recht frustriert, weil auch Sie kein Verständnis für unsere Situation haben. Das schlägt mir auf den Magen. Ich bitte Sie, auch im Namen meiner Kollegen, künftig in solchen Fällen nachsichtiger zu sein und uns nicht wegen Kleinigkeiten zu kritisieren."

Partnerverhalten: Herr Müller meint zunächst, daß sorgfältige Arbeit auch unter widrigen Umständen nötig sei. Er lenkt aber ein, als ich nochmals auf unsere objektive Belastung hinweise.

....

5.4.3. <u>Individuelle Einzelarbeit</u>

Jeder Kursteilnehmer überlegt sich zwei Probleme, über die er mit den betroffenen Personen sprechen möchte. Außerdem formuliert er die entsprechenden Dialoge dazu.

6. Generalisierung der langfristigen Bewältigung

6.1. Sammeln eigener Problemsituationen

Im folgenden soll jeder von Ihnen Stressituationen vorstellen, zu denen wir gemeinsam eine langfristige Bewältigungsmöglichkeit erarbeiten werden. Wir überlegen zuerst, wo der ideale Ansatzpunkt für eine Veränderung ist - die eigene Person, die Umwelt oder beides - und mit welcher Technik oder Kombination von Techniken sich das Problem am besten lösen läßt. Anschließend werden wir die für die entsprechende Lösung nötigen Schritte durchführen.

6.2. Erarbeitung und Durchführen der Lösungsschritte

....

Der Kursleiter sollte darauf achten, daß für jede langfristige Bewältigungsmöglichkeit mindestens ein Übungsfall in der Gruppe erarbeitet wird. Außerdem sollte jeder Kursteilnehmer ein Gespräch im Rollenspiel führen, da - im Gegensatz zu den anderen Techniken - eine gute Gesprächsführung nur durch eigene Rollenspiele optimal erlernbar ist.

....

6.3. Besprechen der Übungen

6.4. Individuelle Einzelarbeit

Jeder Kursteilnehmer erarbeitet selbständig langfristige Bewältigungsmöglichkeiten für weitere persönliche Stressituationen.

6.5. Besprechen und eventuell Rollenspiele zu den zuhause erstellten Stressbewältigungsmöglichkeiten

....

Soweit Rollenspiele zu dem betreffenden Problem durchführbar sind, sollte dies auf jeden Fall geschehen.

....

6.6. Generalisierungstraining

....

Die Kursteilnehmer sammeln weitere Stressituationen und diskutieren, mit welchen Mitteln am besten eine langfristige Stressbewältigung erfolgen kann.

....

7. Auffrischungssitzungen

....

Wenn das Training abgeschlossen ist, sollten einige Wochen später ein bis zwei Auffrischungssitzungen stattfinden. Hier sollten die bisherigen Erfahrungen mit den Stressbewältigungstechniken ausgetauscht, für neu aufgetauchte Probleme Lösungen erarbeitet und Schwierigkeiten beim Einsatz einzelner Techniken besprochen werden.

....

III. A n h ä n g e

Anhang 1: Stressdefinition

Stress ist eine allgemeine, unspezifische Reaktion des gesamten Organismus.

Diese Reaktion besteht in einer Aktivierung auf den drei Verhaltensebenen (muskulär, vegetativ, subjektiv) und tritt dann auf, wenn die Anforderungen den oberen Bereich der persönlichen Leistungsfähigkeit des Individuums erreichen.

Ob eine Aktivierungsreaktion ausgelöst wird, ist davon abhängig, ob die Reize als Anforderung erlebt bzw. bewertet werden.

Anhang 2: Stressoren

Stress an sich ist gesund; Stress in der Überdosis macht krank.

Die Stressdosis ist die Summe aller auf das Individuum gleichzeitig einwirkenden Stressoren.

Wesentliche Elemente der Stressdosis sind:

- Häufigkeit und Dauer
- Vielfältigkeit
- Intensität

der einzelnen Stressoren.

Auch die Stressdosis ist individuell unterschiedlich: Stressoren werden individuell als stark bzw. schwach unangenehm erlebt. Diese persönliche Bewertung resultiert aus der Lerngeschichte des Einzelnen, d.h., den Vorerfahrungen mit ähnlichen Situationen und der vermuteten Möglichkeit, die Situation zu bewältigen.

Anhang 3: Stressreaktionen

Die drei Verhaltensebenen

Reaktionen können auf drei verschiedenen Verhaltensebenen beobachtet und gemessen werden.

1. Die muskuläre Ebene
   Das sind alle quergestreiften Muskeln der Skelettmuskulatur, also jene, die der willkürlichen Kontrolle unterliegen.

2. Die vegetative Ebene
   Hierher gehören alle Reaktionen des vegetativen Nervensystems und der daran angeschlossenen Organe, die normalerweise nicht willkürlich kontrollierbar sind.

3. Die subjektive Ebene
   Diese Ebene beschreibt Vorgänge wie z.B. Denk- und Wahrnehmungsprozesse, Gefühle oder Befindlichkeiten, die von außen nicht direkt beobachtbar sind.

Ein Stressor kann mit unterschiedlich starker Wirkung auf jeder der drei Ebenen beantwortet werden. Diese drei Funktionssysteme sind jedoch nicht nur teilweise unabhängig voneinander, sondern sie können sich auch gegenseitig wechselwirkend beeinflussen (Aufschaukelungsprozeß).

Ablauf der Stressreaktion

Der Organismus wird für die plötzliche erhöhte Anforderung aufgerüstet.

Automatisch verändert sich der Gesamtzustand, und zwar auf drei Verhaltensebenen:

1. Muskuläre Reaktionen
   Die gesamte Skelettmuskulatur ist vorgespannt, man ist "sprungbereit" (Aufmerksamkeitstonus). Der Körper ist auf Flucht oder Angriff eingestellt.

2. Vegetative Reaktionen
   Das vegetative Nervensystem reagiert nach dem hormonellen Adrenalinstoß mit einer allgemein erhöhten Funktion. Der Sympathikus wird erregt. Dadurch wird der Atem schneller, Herz und Kreislauf arbeiten stärker, die Blutgefäße verengen sich, Zucker- und Fettvorräte werden gelöst, der Blutdruck steigt.

3. Subjektive Reaktionen
   Es treten sehr unterschiedliche Gefühle, je nach Art der Stresssituation und der persönlichen Lerngeschichte, auf. Die Palette reicht von Gefühlen, "gefordert zu sein", Unwohl-Fühlen, innerer Unruhe bis zu Angst, Ärger und Panik. Gleichzeitig gedankliche Bewältigungsversuche, Konzentrations- und Gedächtnisverlagerungen.

Anhang 4: Anpassung des Organismus an die Stressoren

Der Stressforscher Selye teilt die Stressreaktion in drei Stadien ein:

1. Stadium — Alarm

Wird eine Situation als bedrohlich erlebt, schaltet der gesamte Organismus auf Aktivität. Der Körper stellt sich automatisch auf Höchstleistung ein: auf Kampf oder Flucht.

2. Stadium — Widerstand

Wenn sich die andauernde Einwirkung des Stressors mit einer Anpassungsreaktion vereinbaren läßt, setzt der Widerstand ein. Die Alarmreaktionen verschwinden und die Widerstandsfähigkeit steigt über das normale Niveau hinaus an.

3. Stadium — Erschöpfung

Dauert die Stressituation zu lange und in zu hoher Dosis an, kommt es zur völligen Verausgabung der Energie. Die ursprünglichen Alarmreaktionen stellen sich wieder ein (bis zur völligen Erschöpfung, dem Tod).

Beispiele für Überforderungsreaktionen auf den drei Verhaltensebenen:

- muskulär: Kreuzschmerzen, Spannungskopfschmerzen, chronische Muskelverspannung, Zähneknirschen, Krampfanfälligkeit
- vegetativ: Gastritis, Magengeschwür, Asthma, Kreislaufstörungen, Hormonstörungen, Bluthochdruck
- subjektiv: Unzufriedenheit, Gereiztheit, Ängste, emotionale Unausgeglichenheit, Nervosität, Entscheidungsunsicherheit, Konzentrationsstörungen

Anhang 5: Checkliste für die Entspannungsinstruktion

- Raum verdunkeln
- Teilnehmer auf Decken (jeder behält seine Decke!) legen lassen
- in die Runde schauen und Teilnehmer beobachten
- längere Pausen zwischen den einzelnen Entspannungsinstruktionen einhalten
- Pausen gleichlang halten
- gleichmäßiges Sprechtempo
- ruhig und in gleichmäßiger Lautstärke sprechen
- anfangs die Entspannung frühzeitig zurücknehmen lassen, später den Zeitpunkt den Teilnehmern selbst überlassen
- immer am gleichen Ort sitzend instruieren; nicht zwischen den Teilnehmern sitzend - am besten leicht erhöht (Akustik!)
- Störungen vorher ausschalten (Telefon abstellen, "Bitte nicht stören"-Schild an die Türe)

Anhang 6: Regeln für die Rückmelderunde nach der Entspannungsübung

Bei der Rückmelderunde hat der Trainer folgende Punkte zu beachten:

Er setzt sich in den Kreis der Teilnehmer.

Die Teilnehmer sitzen bei noch verdunkeltem Raum auf ihrer Decke.

Fragen an die Teilnehmer und Anmerkungen werden in ruhigem und entspanntem Tonfall gesprochen.

Es ist Blickkontakt zum gerade befragten Teilnehmer herzustellen.

Dem Teilnehmer wird Verständnis signalisiert (z.B. durch Nicken oder durch die Worte "sehr schön", "ja", "danke").

Die Ausführungen der Teilnehmer werden möglichst nicht unterbrochen.

Notwendiges Nachfragen wird durchgeführt.

Positives wird genommen und verstärkt, negatives gelöscht.

Speziell am Anfang ist immer etwas <u>Positives</u> für den Teilnehmer herauzustellen.

Teilnehmer müssen bezüglich der Sensibilität und der Wahrnehmung von An- und Entspannung geschult werden; dazu ist konkretes Zielfragen erforderlich.

Bei der Rückmelderunde darf keine Hektik aufkommen, man muß sich Zeit nehmen.

Fragen nach Inhalten sind ruhig, aber bestimmt zurückzustellen.

<u>Jeder</u> Teilnehmer muß bei <u>jeder</u> Rückmelderunde seinen Entspannungszustand auf einer Skala von 0 bis 100 einschätzen.

"Störer" sind z.B. durch Blickkontakte oder Anheben der Stimme zur Ruhe zu bringen; <u>notfalls</u> müssen sie angesprochen werden.

Sollte Lachen auftreten, ist dieses zu "löschen", d.h. man ignoriert es und bleibt ernst.

Bei der Rückmelderunde sind die Teilnehmer konsequent der Reihe nach abzufragen.

Anhang 7: Konzentrative Entspannung

Bereiten Sie sich innerlich auf die Entspannung vor. Legen Sie sich ganz ruhig und locker hin. Genießen Sie einfach den ungestörten Zustand und gehen Sie in Gedanken ganz in Ihren Körper hinein.

Wir werden jetzt alle für eine Entspannung wichtigen Muskeln nacheinander durchgehen und versuchen, sie durch reine Konzentration zu lockern und zu entspannen.

Gehen Sie jetzt als erstes in die rechte Hand. Lassen Sie die Fingerspitzen ganz entspannt und schwer auf die Unterlage sinken: den Daumen, den Zeigefinger, den Mittelfinger, den Ringfinger und den kleinen Finger ganz schwer und entspannt werden lassen.

Lassen Sie dann auch die Handinnenflächen ganz schwer und entspannt werden.

Beziehen Sie jetzt auch die linke Hand mit ein.

Lassen Sie dann auch die Handinnenfläche ganz schwer und entspannt werden.

Beide Hände liegen jetzt locker und schwer entspannt auf der Unterlage.

Konzentrieren Sie sich nun auf beide Unterarme.
Lassen Sie die Unterarme schwer und entspannt nach unten sinken.
Gehen Sie dann in Gedanken weiter in den Schulterbereich.
Lassen Sie die Schultern breit, rund und schwer auf die Unterlage sinken.
Gehen Sie nun in Gedanken zum Nacken. Lassen Sie auch diesen locker und schwer werden.

Gehen Sie jetzt weiter in die Rückenmuskulatur.

Lassen Sie auch die Rückenmuskulatur ganz locker und schwer werden.

Gehen Sie dann weiter in das Gesicht.
Lassen Sie die Gesichtsmuskeln locker wegsinken, ganz locker und entspannt werden, die Stirn, die Wangen, die Mundpartie ganz locker und entspannt werden.

Gehen Sie weiter in die Brustmuskeln.

Lassen Sie die Brustmuskeln breit und schwer nach unten wegsinken.

Gehen Sie in Gedanken weiter in den Bauchraum

Lassen Sie den Bauch locker und entspannt nach unten sinken.

Gehen Sie weiter in die Gesäßmuskulatur.

Lassen Sie auch diese locker und entspannt und schwer auf die Unterlage sinken.
Gehen Sie weiter in die Oberschenkelmuskulatur.

Lassen Sie die großen Muskeln nach unten wegsinken.

Gehen Sie weiter in die Unterschenkel.

Lassen Sie auch die Unterschenkelmuskulatur angenehm locker und schwer werden.

Gehen Sie zuletzt weiter in die Füße.

Lassen Sie die Füße ganz locker und entspannt werden, bis hin zu den Zehen.

Registrieren Sie, wie jetzt der ganze Körper angenehm schwer und entspannt ist, und genießen Sie diesen Zustand.

Anhang 8: Aktivierungsübungen (partielle Entspannung)

Effekte dieser Übungsform sind u.a.:
- Lösung von Verspannungen und Verspannungsschmerzen
- Anregung des Kreislaufes (Aktivierung)
- Verbesserung der Durchblutung

und bei Intensivierung des Entspannunganteils:
- Spontanentspannung.

1. Schulter und Rücken

Anspannung: Aufrecht hinsetzen, die Arme anwinkeln, die Schultern so weit wie möglich zurücknehmen; dabei den Kopf leicht nach vorne legen.
Tief und gleichmäßig atmen, kräftig anspannen und die Anspannung einige Sekunden halten.

Entspannung: Loslassen, Schulter und Kopf locker nach vorne fallen lassen. Die Droschkenkutscherhaltung einnehmen und Schultern und Rücken locker, schwer und entspannt werden lassen.

2. Nacken und Schultern

Anspannung: Arme leicht anwinkeln, Hände locker hängen lassen, Schultern möglichst weit hochziehen und dabei den Kopf zurückdrücken. Kräftig anspannen und dabei tief und gleichmäßig atmen.

Entspannung: Schultern herabsinken und Kopf nach vorne fallen lassen. Das Kinn berührt die Brust. Dann in die Droschkenkutscherhaltung gehen und Nacken und Schultern locker, schwer und entspannt werden lassen.

3. Nacken, Schultern und Gesicht

Anspannung: Arme leicht anwinkeln, Hände locker hängen lassen; Schultern möglichst weit hochziehen und den Kopf zurückdrücken. Das Gesicht anspannen: die Augenbrauen zusammenziehen, die Augen leicht zukneifen, die Zähne aufeinanderbeißen und die Kiefermuskeln anspannen, den Mund spitzen, gleichzeitig die Zunge an den Gaumen drücken. Gleichmäßig und tief atmen.

Entspannung: Schultern fallen lassen, Kopf nach vorne hängen lassen, das Gesicht locker hängen lassen. Dann in die Droschkenkutscherhaltung gehen und Gesicht, Nacken und Schultern ganz locker und entspannt werden lassen.

Die drei Übungen können auch aufeinanderfolgend praktiziert werden. Der Aktivierungs- bzw. Entspannungseffekt ist dann umso intensiver.

Anhang 9: Aktives Zuhören

Unter aktivem Zuhören ist kein passives Schweigen gemeint, sondern Verhalten, das dem Gesprächspartner Interesse und Verständnis zeigt und es ihm erleichtert, über das, was ihn bewegt, zu sprechen. Aktives Zuhören ist gegeben, wenn folgende Punkte beachtet werden:

- Lassen Sie Ihren Partner ausreden. Unterbrechen Sie nur, wenn der andere für Sie zu viele Informationen auf einmal bringt oder Sie den Eindruck haben, der andere verliert den roten Faden oder erzählt sehr wirr.

- Fragen Sie nach, wenn Sie wichtige Inhalte nicht verstanden haben oder wesentliche Informationen, um das Problem erfassen zu können, fehlen.

- Ertragen Sie Gesprächspausen. Solche Pausen sind oft wichtig, daß der Gesprächspartner das Gesagte nochmals verarbeitet oder neue Inhalte überlegt.

- Wiederholen Sie wichtige Inhalte mit eigenen Worten. Damit können Sie überprüfen, ob Sie Ihr Gegenüber richtig verstanden haben. Außerdem kann es dem Partner helfen, Wesentliches von Unwesentlichem zu trennen, und er fühlt sich verstanden.

- Ermuntern Sie den Partner, weiterzusprechen, durch Einschübe wie "mhm, "ja, ich verstehe..."

- Sprechen Sie an, was Ihnen am Partner auffällt. Dazu gehört z.B., daß Sie Widersprüche im Gesagten oder zwischen Worten und Verhalten ansprechen. Machen Sie dem gegenüber aber daraus keinen Vorwurf, denn oft will Sie der andere nicht belügen, sondern er ist sich über Widersprüchliches selbst noch nicht im klaren.

- Fragen Sie - bei Personen, zu denen Sie eine gefühlsmäßige Beziehung haben - nach deren Gefühlen oder sprechen Sie über Ihren Eindruck, welche Gefühle der andere hat.

- Drücken Sie Ihr Interesse in Ihrem Verhalten aus. Das heißt, Sie sollen den anderen ansehen, sich ihm zuwenden, mit dem Kopf zustimmend nicken, u.ä.

Zuletzt soll auf die wichtigsten Fehler hingewiesen werden, die aktivem Zuhören entgegenstehen und es dem Gesprächspartner erschweren oder unmöglich machen, offen zu reden: Es ist jedes Verhalten falsch, das den obigen Merkmalen vom aktivem Zuhören widerspricht. Zusätzlich wird folgendes häufig falsch gemacht:

- Man wird ironisch, macht den anderen lächerlich oder verniedlicht sein Problem.

- Man akzeptiert die Aussagen des anderen nicht oder versucht, ihm seine Probleme auszureden.

- Man macht dem anderen Vorwürfe, kritisiert ihn und trifft sehr schnell eigene Werturteile.

- Man schlägt sofort Lösungen vor, ohne das Problem genau geklärt und die Lösungsvorschläge des Betroffenen gehört zu haben.

- Man spricht sehr schnell von sich selbst und erzählt z.B. über eigene Erlebnisse und Schwierigkeiten.

- Man gibt wortreiche Kommentare und spricht sehr weitschweifig.

- Man fragt den anderen aus bzw. unterzieht ihn einem Kreuzverhör.

- Man stellt Suggestivfragen, also Fragen, bei denen eine bestimmte Antwort naheliegend ist, z.B. "Das ist doch schön?", "Willst Du etwa widersprechen?", "Findest Du nicht auch, daß...?"

- Man stellt - vor allem zu Gesprächsbeginn, aber auch sonst recht häufig - geschlossene Fragen, d.h. Fragen, die nur mit "ja" oder "nein" beantwortet werden können.

Anhang 10: Basiswissen

1. Checkliste zur Visualisierung

- Flipchart benutzen und während des gesamten Trainings ausstellen (zusammengehörige Flips zusammenhängen!).

- Verschiedenfarbige, dicke (!) Schreiber benutzen.

- In Druckschrift und lesbar schreiben.

- Jedes einzelne Flip bekommt eine Überschrift.

- Überschrift herausheben.

- Stichworte genügen, höchstens kurze Sätze.

- Zusammenhänge verdeutlichen, z.B. Blöcke bilden durch gleiche Farbe, engeren Abstand u.ä.

- Nur ein Thema auf ein Flip!

- Flips nicht vorfertigen, sondern im Training entwickeln.

- Wichtiges hervorheben durch:
  - unterstreichen
  - umwolken
  - dicker oder größer schreiben

2. Lerngesetze

Ein großer Teil des menschlichen Verhaltens ist gelernt. Hier gilt es, zunächst die Begriffe Verhalten und Lernen näher zu bestimmen.

Unter Verhalten verstehen wir:

- alle körperlichen Bewegungen und Tätigkeiten, aber auch den Ruhezustand des Körpers (z.B. nichts tun, faulenzen und schlafen)

- alle sprachlichen Äußerungen einschließlich Schweigen

- Gedanken, Einstellungen und Gefühle

- physiologische Vorgänge und die Organtätigkeit.

Lernen geschieht durch die bewußte oder - in den meisten Fällen - unbewußte Wahrnehmung und Verarbeitung von Ereignissen, die sich in der Umwelt oder im Körper abspielen. Lernen führt zu Verhaltensänderungen, d.h. nach einem Lernprozeß tritt bestimmtes Verhalten erstmalig oder häufiger auf als bisher oder es wird im Gegenteil seltener oder verschwindet ganz. Verhaltensänderungen, die nicht auf Lernen zurückzuführen sind, entstehen durch Reifungsprozesse oder Krankheiten und Verletzungen. Nicht gelernt sind bestimmte Reflexe (z.B. Husten bei Reizung der Speiseröhre und Verengung der Pupille bei

Lichteinfall), die Tätigkeit der Organe und einige vererbte Verhaltensmuster, z.B. die sogenannten Instinkte. Aber auch dieses Verhalten ist durch Lernen zumindest teilweise beeinflußbar.

Man unterscheidet drei grundlegende Lernprinzipien:

- das Signallernen oder klassische Konditionieren

- das operante oder instrumentelle Lernen (Konditionieren)

- das Modell- oder Imitationslernen.

Das Signallernen oder klassische Konditionieren

Bestimmtes Verhalten wird durch vorausgehende Ereignisse oder Reize ausgelöst. So zuckt man nach einem plötzlichen lauten Knall zusammen, läuft einem bei einer Erzählung über gutes Essen das Wasser im Munde zusammen, bekommt man Fernweh bei einer Fernsehsendung über die Südsee und ist schlecht gelaunt, wenn man den Nachbarn, der einen ständig schikaniert, nur von weitem sieht.

Solche Reize oder Auslöser für bestimmtes Verhalten können körperliche Empfindungen, Gedanken, Gefühle, Situationen, Personen, Gegenstände und Orte sein. Die wenigsten Auslöser verursachen das nachfolgende Verhalten bereits von Geburt an. Sie sind ursprünglich neutrale Reize und werden erst durch Lernen zu Auslösern oder gelernten Reizen.

Dieser Lernvorgang läuft folgendermaßen ab: Tritt ein neutraler Reiz einmal oder mehrmals gemeinsam mit einem Auslöser auf, so kann der ursprünglich neutrale Reiz in Zukunft auch allein das gleiche oder ein ähnliches Verhalten auslösen wie der ursprüngliche Auslöser. Ein Beispiel soll das nochmals verdeutlichen.

Der Anblick des neuen Nachbarn (=neutraler Reiz) rief zunächst keine besonderen Reaktionen bei mir hervor. Sein häufiges grundloses Schimpfen und Beschwerden über Nichtigkeiten (= Auslöser), wenn wir uns treffen, ärgert mich aber jedesmal. Seit einigen Tagen bemerke ich, daß schon der Anblick oder der Gedanke an den Nachbarn bei mir Ärger hervorruft. Der Anblick oder der Gedanke an den Nachbarn ist durch Lernen zum Auslöser oder gelernten Reiz für Ärger geworden.

Das gleiche Beispiel nochmals schematisch dargestellt:

1. Anblick des Nachbarn ---------> keine Reaktion
   (neutraler Reiz)

2. Schimpfen ---------> Ärger
   (Auslöser)

3. Anblick des Nachbarn und Schimpfen
   treten öfters gemeinsam auf ----> ein Lernprozeß findet statt

4. Anblick des Nachbarn ---------> Ärger

Damit ein gelernter Reiz ein Auslöser für ein bestimmtes Verhalten bleibt, muß er in Zukunft wieder ab und zu mit dem ursprünglichen Auslöser gemeinsam auftreten. Geschieht dies nicht, verliert der gelernte Reiz allmählich seine Fähigkeit wieder, bestimmtes Verhalten auszulösen. Wir nennen diesen Vorgang Löschung. Wenn der Nachbar aus unserem Beispiel nicht ab und zu schimpft, wenn wir ihn sehen, werden wir uns nach einiger Zeit nicht mehr ärgern, wenn wir ihn nur sehen oder an ihn denken.

Das operante oder instrumentelle Lernen (Konditionieren)

Verhalten wird ganz entscheidend durch seine Konsequenzen beeinflußt.

Verhalten, das positive oder angenehme Konsequenzen hat, tritt in Zukunft häufiger auf als bisher. Man geht z.B. wieder in ein Lokal, wenn man dort gut gegessen hat, erzählt einen Witz weiter, über den andere lachten, und nimmt künftig ein bestimmtes Grippemittel, das schon einmal rasch geholfen hat. Das Verhalten ist durch seine positiven Folgen verstärkt worden, wie der Fachausdruck lautet.

Wir unterscheiden zwischen positiver und negativer Verstärkung. Positive Verstärkung liegt vor, wenn nach einem bestimmten Verhalten etwas Angenehmes hinzukommt. Beispiele dafür sind soziale Zuwendung, finanzieller Gewinn oder Freude. Negative Verstärkung ist gegeben, wenn nach einem bestimmten Verhalten etwas Unangenehmes aufhört. Beispiele dafür sind das Nachlassen von Schmerzen, das Tilgen von Schulden oder die Versetzung von einer unbeliebten Dienststelle.

Hat ein Verhalten negative oder unangenehme Konsequenzen, spricht man von Bestrafung. Bestrafung kann darin bestehen, daß etwas Angenehmes wegfällt (z.B. Freiheitsentzug oder eine Geldstrafe) oder etwas Unangenehmes hinzukommt (z.B. Trauer oder Schmerzen). Durch Bestrafung wird Verhalten in der Regel nicht abgebaut, sondern nur vorübergehend unterdrückt. D.h. das bestrafte Verhalten tritt nur so lange nicht auf, wie die Bestrafung oder die Möglichkeit der Bestrafung andauert. Daher ist es besser, wenn man Verhalten verändern will, erwünschtes Verhalten zu verstärken als unerwünschtes Verhalten zu bestrafen.

Je unmittelbarer die Konsequenzen auf das Verhalten folgen, desto stärker beeinflussen sie es. Verzögerte Folgen haben nur geringe Wirkung. Dadurch wird z.B. erklärbar, warum Verhalten mit positiven und negativen Folgen aufrechterhalten bleibt. In vielen Fällen treten die unangenehmen Konsequenzen erst später als die angenehmen ein. So wird man durch Alkohol berauscht, aber der Kater kommt erst am nächsten Tag; die Zigaretten senken die Nervosität, während das Raucherbein erst in einigen Jahren droht.

Verhalten, das jedesmal, wenn es auftritt, positive Konsequenzen hat, wird schneller gelernt als Verhalten, das nur ab und zu positive Folgen nach sich zieht. Bleiben die angenehmen Folgen eines Verhaltens, das bisher verstärkt wurde, aus, wird das Verhalten wieder verlernt, abgebaut oder gelöscht. Verhalten, das immer verstärkt wurde, wird schneller gelöscht als Verhalten, das nur ab und zu verstärkt wurde.

Wie bereits gesagt, erfolgt Lernen meist unbewußt. Das bedeutet beim instrumentellen oder operanten Lernen, daß man oft nicht weiß, welche Konsequenzen das eigene Verhalten beeinflussen. Trotzdem wirken die Folgen in der oben beschriebenen Weise.

Zum Schluß soll noch ein besonderes Phänomen des operanten Lernens beschrieben werden, die Selbstkontrolle. Es ist möglich, daß man ein Verhalten, das unmittelbar bestraft, aber später verstärkt wird, trotzdem beibehält. Ein Beispiel ist Arbeiten, das zunächst die Freizeit beschränkt, wofür man aber später Geld bekommt. Nach den Lerngesetzen müßte dieses Verhalten unterdrückt werden. Dafür, daß dies nicht geschieht, ist Selbstkontrolle verantwortlich. Ein anderer Fall von Selbstkontrolle liegt vor, wenn ein Verhalten nicht auftritt, obwohl es zunächst angenehme Folgen, später aber unangenehme Konsequenzen hat, die man vermeiden möchte. Diese Verhalten müßte eigentlich erhalten bleiben. Beispiele dafür sind: sich nicht zu betrinken, um keinen Kater zu haben, oder Gesetze nicht zu brechen, um der Strafe zu entgehen.

Das Modell- oder Imitationslernen

Die dritte Möglichkeit, Verhalten zu lernen, geschieht, indem man andere beobachtet und deren Verhalten nachahmt. Auch diese Vorgänge erfolgen meist unbewußt oder nicht geplant. Außerdem ist es möglich, daß das zu lernende Verhalten nicht direkt beobachtet wird, sondern man davon nur hört oder darüber liest.

Die Person, die beobachtet wird, heißt Modell. Dies bedeutet nicht, daß ihr Verhalten besonders vorbildhaft im Sinne von angemessen oder gut ist. Es gibt auch Modelle für unangemessenes oder unerwünschtes Verhalten. Wenn eine Person Modell ist, heißt das außerdem auch nicht, daß sie in allen oder möglichst vielen Aspekten imitiert wird. Herr X wurde z.B. für seinen Freund nur in der einzigen Hinsicht zum Modell, daß der Freund die gleiche Zigarettenmarke raucht wie er.

Genaue Untersuchungen zeigten, daß unter bestimmten Bedingungen eine Person besonders leicht zum Modell wird:

- Verhalten, für das das Modell verstärkt, also belohnt wird, wird eher gelernt als Verhalten, das nicht verstärkt oder gar bestraft wird. Das bedeutet nicht, daß das imitierte Verhalten gar keine negativen Folgen haben darf. So können Mofadiebstähle, die die Gesellschaft bestraft, in einer Jugendgruppe nachgemacht werden, weil der Dieb von der Gruppe wegen des Diebstahls bewundert wird.

- Besonders leicht werden Personen zu Modellen, die allgemein beliebt und angesehen sind oder die in ihrer Gruppe eine wichtige Stellung innehaben. Dazu gehören z.B. bekannte Sportler und Schauspieler oder ein beliebter Lehrer und Leiter einer Jugendgruppe.

- Es wird häufiger von Personen gelernt, mit denen der Beobachter ihm wichtige Gemeinsamkeiten hat. Das kann z.B. ein Kollege sein, der ähnliche Einstellungen zum Beruf hat, oder ein Fan des gleichen Fußballvereins.

- Außerdem werden Personen leichter zu Modellen, zu denen man eine gute Beziehung hat, wie z.B. Freunde und sympathische Kollegen.

Kapitel IX

Video-Film "Achtung Stress"

von

Johannes Brengelmann
Günther Krauthan
Angelika Wagner-Link
Horst Olszewski

zusammen mit

Gerd Begemann
Manfred Kibbas
Olaf Lux
Hans-Wilhelm Roderburg
Lothar Röhrig
Erich Traphan
Hubert Zantis

INHALT

1. Einleitung

Dieser Film wurde produziert um die Stressbewältigungstechniken in Kurzform so darzustellen, daß auch Laien eine Vorstellung vom Charakter der benutzten Verfahrensweisen gewinnen können. Wir sehen seinen besonderen Nutzen darin, potentiell Interessierten eine Anschauung von Verfahrensweisen zu vermitteln, deren Effektivität jetzt unter die wissenschaftliche Lupe genommen werden soll. Zum Zeitpunkt der Herstellung dieses Films, d.h. während der ersten Untersuchung, war die Wirksamkeit des Sressbewältigungstrainings noch nicht sichergestellt und teilte damit das Los aller anderen zumindest deutschsprachigen Verfahrensweisen verwandter Art, die ebenfalls nur Augenscheinvalidität besitzen.
Wer den Text dieses Kapitels zusammen mit dem Manual (Kapitel VIII) verarbeitet, wird eine bessere Vorstellung vom Trainingsablauf gewinnen.

Der Film kann speziell für die folgenden Verwendungszwecke nützlich sein:
- als Präsentation zu Einführungszwecken, etwa auf Tagungen
- als Ergänzung zum Manual des Stressbewältigungstrainings
- als Heimtraining zur Begleitung eines Trainings
- zur Demonstration der Unterschiedlichkeit der Einzeltechniken und des Sinns der Gesamtstruktur des Trainings
- bei Kurztrainings der Stressbewältigung (bis zu 3 Tage) zur Einblicknahme in weitere Techniken (z.B. in Einstellungsänderung oder Problemlösung)
- als Anschauungsmaterial für die Trainerausbildung und für die psychologische Aus-, Fort- und Weiterbildung und
- zur Demonstration der Aufgabenverteilung auf 2 Trainer und der Teilnehmeraufteilung in Lerngruppen.

Der Film dauert 41 1/2 Minuten.

2. Anweisungen für die Szenarios

Der Film ist in 16 Szenarios eingeteilt. Im folgenden wird kurz beschrieben, was sich in diesen Szenarios ereignet. Der tatsächliche Inhalt wird in Abschnitt 3 festgehalten.

Szenario 1: Einführung

Johannes C. Brengelmann gibt eine kurze Einführung zum Sinn und Zweck des Films.

Szenario 2: Kurzfristige und langfristige Streßbewältigung

Trainer I (Günther Krauthan) erläutert die individuelle Natur der Stressbewältigung und teilt deren Methoden in kurzfristig und langfristig wirkende Verfahrensweisen ein.

Szenario 2: Stresstheorie

Trainer II (Angelika Wagner-Link) stellt ihre Stresstheorie anhand einer Flipchartanalyse als Stressor-Organismus-Verhaltensreaktionsmodell dar.

Szenario 4: Brainstorming zur Stressorenbestimmung

Mit Hilfe des Brainstormings stellen die Kursteilnehmer ihre Stressoren fest. Ein Trainer erläutert die Technik des Brainstormings und fordert die Teilnehmer einzeln auf ihre Stessoren zu messen. Die Teilnehmer reagieren auf diese Aufforderung, während der zweite Trainer die Beispiele stichpunktartig an die Tafel schreibt.

Szenario 5: Überblick zur kurzfristigen Stressbewältigung

Trainer I trägt im Überblick die Methoden der kurzfristigen Erleichterung vor:

- Spontanentspannung
- innere Ablenkung
- äussere Ablenkung
- "positive" Selbstgespräche
- Ausschaltung von Stressoren.

Szenario 6: Kurzfristige Stressbewältigung durch Spontanentspannung

Die kurzfristig erleichternd wirkende Spontanentspannung wird anhand der psychogalvanischen Hautreaktion (PGR) demonstriert. Bei der gedanklichen Vorstellung einer Stress-Situation folgt der PGR-Ausschlag den Wechsel von Erregung und Entspannung, der bei solchen Vorstellungen induziert wird. Die Gruppe versammelt sich bei dieser Demonstration um den Tisch, auf dem das Gerät steht. Ein Trainer erklärt das PGR-Verfahren und die Ableitung der Hautwiderstandsreaktion. Dann wird ein Teilnehmer an das PGR-Gerät angeschlossen. Ein zweiter Trainer präsentiert persönliche Stress-Situationen des Teilnehmers und erzeugt bei diesem Erregung. Der andere Trainer stoppt die Präsentation, leitet die Entspannung verbal ein und lässt diese am Gerät visuell und akustisch beobachten. Das Verfahren wird wiederholt und die Entspannung verbal verstärkt.

Szenario 7: Kurzfristige Stressbewältigung durch innere Ablenkung und Spontanentspannung

Die Teilnehmer sitzen im Kreis und die mehr in Kleingruppen erarbeiteten Übungsbeispiele zum Thema innere Ablenkung und Spontanentspannung werden erörtert. Auf die Frage, wer sein Beispiel darstellen möchte, meldet sich ein Teilnehmer, erzählt seine Geschichte und führt das zugehörige Rollenspiel auf einem Stuhl sitzend und am PGR angeschlossen durch. Die demonstrierte Übungssituation hat den folgenden Inhalt:

Es ist Mittwochnachmittag, eine Woche nach einem schweren Unfall, den ich bearbeitete. Während des Nachtdienstes bekam ich den Auftrag zu einem schweren Verkehrsunfall zu fahren. Dort angekommen sah ich mehrere total ineinander verkeilte Fahrzeuge und hörte wimmernde Stimmen. Ich fand Verstümmelte mit starken Schmerzen vor, denen ich Erste Hilfe leistete. Bis zum Eintreffen des Notarztes starben zwei Beteiligte.

Ich fahre mit meinem Auto auf der Bahnhofstraße (Ort), um es in die Werkstatt zu bringen. Plötzlich denke ich wieder an das Ereignis von letzter Woche. Ich blocke diese Gedanken ab, indem ich mich bewußt darauf konzentriere, warum ich mein Auto in die Werkstatt bringe und was ich dem Meister sagen werde: "Der Wagen läuft heiß, wenn ich - z.B. in einem Stau - längere Zeit nur sehr langsam im ersten Gang fahren kann. Vermutlich stimmt etwas mit dem Ventilator nicht. - Ja und wenn ich das Auto sowieso in die Werkstatt bringen muß, könnte ich gleich einen Ölwechsel machen lassen, der wäre auch demnächst fällig. Dann geht das gleich in einem Aufwasch."

Wenn ich an der Ampel stehe, entspanne ich mich (Nacken/Droschkenkutscherhaltung) und stelle mir vor, wie mir heute Abend das Fußballspielen Spaß bereiten wird, weil ich u.a. liebe und gute Freunde treffen werde.

<u>Szenario 8:</u> Kurzfristige Stressbewältigung durch positive Selbstgespräche und spontane Entspannung

Um Gelegenheit zur Formulierung von Selbstgesprächen zu geben wird eine stressreiche Situation im Film vorgeführt. Es ist ein Videofilm mit dem Titel "Fussball Rowdies", der aggressive Situationen einschliesslich Schlägereien im Verband mit einem Fussballspiel darstellt. Die Teilnehmer stehen um das Abspielgerät herum. Der Film wird von Zeit zu Zeit gestoppt nachdem die aggressiven Szenen Wirkung beim Zuschauer gezeigt haben. Durch positives, entspannendes Selbstzusprechen ("das lässt mich ruhig", "ich lasse mich nicht provozieren", "das schaffen wir schon" usw.) wird verhindert, daß die Aggression von einem Besitz nimmt. Die Selbstgespräche bestehen also aus schlagwortartigen Aussprüchen gegen die Bedrohung, gekoppelt mit Entspannungsreaktionen.

Szenario 9: Kurzfristige Stressbewältigung durch äussere Ablenkung

Hier wird gezeigt, wie ein Rollenspiel in einem Schutzpark durchgeführt wird, d.h. in der Realität. Der Teilnehmer spielt in Polizeiuniform einen Parkwächter, was eine unangenehme oder unangemessene Rolle ist. Auch diese Situation ist, wie alle anderen, voranalysiert und gemeinsam erarbeitet. Die Hauptbestandteile des Spiels sind wie folgt:

Übungssituation: Im Schutzbereich befindet sich ein Erholungspark, Messehallen, Ausstellungshallen, ein Leichtathletikstadion, eine Eishalle und ein Fussballstadion (2. Liga).
Es gibt total unzureichende Verkehrsanbindungen und unzureichenden Parkraum. Ich werde am Parkplatz 1 eingesetzt.

Auftrag: Es dürfen nur Leute mit dem Ausweis der Messegesellschaft auf den Parkplatz. Unterstützung des Parkplatzwächters der AMGE.

Unangenehme Gefühle: "Ist nicht Aufgabe der Polizei; dafür bist du nun ausgebildet worden; minderwertige Aufgabe ohne Bestätigung."

Trainerreaktion: "Was willst du einsetzen und warum?"

Übender: "Ich möchte mich äußerlich ablenken und zwar durch
- eine Unterhaltung mit den Parkplatzwächtern
- auf- und abgehen
- andere Leuten beobachten.

Szenario 10: Übersicht über langfristige Methoden der Stressbewältigung

Ein Trainer detailliert die wichtigsten Methoden der langfristigen Stressbewältigung:

- Entspannung
  I = Muskuläre Entspannung
  II = Kurzentspannung
  III = Autogenes Training
- Systematische Problemlösung
- Einstellungsänderung
- Gespräche (Rollenspiel zur Selbstsicherheit)

Szenario 11: Entspannung I = Muskuläre Entspannung

- Die muskuläre Entspannung wird vom Trainer erklärt
- Trainer: "Wir wollen jetzt mit einer Entspannungsübung beginnen und legen uns dafür auf die Decke."
- Raum wird verdunkelt, "Nicht stören"-Schild wird aufgehängt.
- Training: "Wir werden nacheinander alle für eine Entspannung wichtige Muskeln der Willkürmotorik zunächst anspannen und dann entspannen. Wir beginnen mit den Händen und Armen bis zur Schulter ......". Beide Trainer demonstrieren.

Trainer spricht folgenden Text:
"Legen (setzen) Sie sich bequem auf Ihre Unterlage (Ihren Stuhl). Korrigieren Sie Ihre Lage, bis Sie bequem und druckfrei liegen (sitzen) und nichts an Ihrer Lage Sie noch stört. Ihre Arme liegen leicht abgewinkelt, die Handgelenke liegen locker auf, Ihre Beine sind bequem ausgestreckt, die Füße fallen von allein leicht nach außen. Nun schließen Sie die Augen und versuchen Sie an nichts Bestimmtes zu denken. Lassen Sie Ihre Gedanken kreisen. Genießen Sie die Vorstellung, daß Sie im Augenblick nichts berühren oder behelligen kann. Es gibt nichts zu tun. Sie können sich völlig dem wohligen Gefühl der Entspannung hingeben.
Konzentrieren Sie sich auf jeden Muskel Ihres Körpers, versuchen Sie jeden Muskel zu erfühlen und ihn schon so gut es geht zu entspannen. geben Sie sich ganz der Ruhe und Entspannung hin usw. (vgl. Manual).

Szenario 12: Entspannung II = Kurzentspannung

Die Teilnehmer führen die Kurzentspannung (Embryo) selbständig durch.
Test der Entspanntheit: Trainer hebt Arm eines Teilnehmers und läßt ihn fallen um Entspannung zu prüfen.
Zurücknahmetest: Der individuell erreichte Entspannungsgrad wird gradmäßig bestimmt (Zurücknahme der Muskelverspannung im Verlauf der Übungen von 100 auf 0).
"Jetzt denken Sie bitte einmal an die Skala von 0 - 100 wobei 0 völlige Entspannung bedeutet und 100 höchste Spannung. Überlegen Sie, wie Sie sich jetzt einschätzen würden und behalten Sie die Zahl bis nachher im Gedächtnis.
Entspannen Sie sich weiter und weiter. Ich werde jetzt von 5 bis 1 zählen. Bei 1 winkeln Sie beide Arme schnell in den Ellenbogen ein und spannen Sie kurz. 5... 4 ... 3 ... 2 ... 1 ... Augen auf. Sie sind hellwach."

Szenario 13: Entspannung III: Autogenes Training

- Die Gruppe sitzt im Kreis auf Stühlen ("Sitzhaltung")
- Ein Trainer erklärt und demonstriert die Droschkenkutscherhaltung, die von alle Teilnehmern eingenommen wird.
- Der zweite Trainer überprüft und korrigiert die Haltung.
- Der erste Trainer spricht den Text: "Der rechte Arm ist ganz schwer..." usw..

Szenario 14: Langfristige Stressbewältigung durch systematische Problemlösung

Die Gruppe kommt von den Lernpartnerschaften zurück und setzt sich auf ihre Plätze.

Trainer I fragt, welcher Teilnehmer sein Übungsbeispiel vorstellen möchte.

Teilnehmer A meldet sich.

Ablauf der nächsten Schritte erfolgt nach folgendem Schema:

Trainer I schildert den entsprechenden Schritt der Technik theoretisch.

Teilnehmer A schildert seine konkreten Vorschläge.

Trainer II schreibt stichpunktartig die theoretischen Schritte als Überschrift und darunter die konkreten Vorschläge an der Tafel mit.

Die Schritte lauten:
1. Beschreibung des Problems.
2. Erarbeiten potentieller Lösungsmöglichkeiten
3. Bewertung der Lösungen und Auswahl einer Strategie
4. Beschreibung der Schritte und Maßnahmen, um die gewählte Lösung zu verwirklichen.
5. Überprüfung der Lösungsstrategie.

Trainer I fragt die Gruppe nach Verbesserungsvorschlägen zu den einzelnen Schritten.

<u>Szenario 15:</u> Langfristige Stressbewältigung durch Einstellungsänderung

Trainer detailliert das Verfahren der Einstellungsänderung, d.h. der Umformulierung unangemessener in angemessene Selbstgespräche. Als erster Schritt dient die Formulierung von Selbstgesprächen, die von den Teilnehmern in Stress-Situationen geführt wurden, und ohne ihre Angemessenheit diskutiert zu haben. Im zweiten Schritt bestimmen die Teilnehmer in autonomen Kleingruppen, welche dieser Selbstgespräche unangemessen und durch Stress verursacht sind. Im dritten Schritt wird wiederum in Lern-Partnerschaften versucht, die unangemessenen Selbstgespräche ins Positive umzuformulieren, so daß Stressreduktion erfolgen kann. Die Teilnehmer treten von der Bühne ab und es erfolgt ein Schnitt.

Zwei Lernpartner sitzen am Tisch, trinken Kaffee, unterhalten und befragen sich. Ein Teilnehmer beschreibt sich als Versager im Privatbereich, wenn auch beruflich erfolgreich. In der Befragung werden die Umstände analysiert. Nach einem Schnitt kehren alle Teilnehmer ins Plenum zurück.

Trainer: "Nachdem ihr jetzt in Lernpartnerschaften und autonomen Kleingruppen Vorarbeiten zur persönlichen Einstellungsänderung geleistet habt, wollen wir jetzt daran weiterarbeiten."

Ein Teilnehmer schildert: "Ja, also ich bin froh darüber, über diese Situation zu sprechen, die belastet mich in letzter Zeit zunehmend...." usw. (vgl. Filmtext).

<u>Szenario 16:</u> Langfristige Stressbewältigung durch Gespräche (Rollenspiel zur Selbstsicherheit)

Trainer erklärt vor der Gruppe, warum es nötig ist, seine berechtigten Ansprüche durchzusetzen. Er zählt die Kennzeichen selbstsicheren Verhaltens auf, die Trainer 2 an die Tafel schreibt:

- ICH-Gebrauch
- Direkte Aufforderung
- Korrekte Formulierung

Trainer fordert die Kurzteilnehmer auf, die in Lernpartnerschaften erstellen Übungssituationen vorzutragen.

<u>Teilnehmer A meldet sich und liest vor:</u>

"Es war ein hektischer Tag. Im Schutzbereich ereigneten sich mehrere schwere Unfälle, daneben waren noch andere Einsätze nötig. Es war so viel los, daß mehrfach weniger wichtige Einsätze unterbrochen werden mußten, um wichtigere Einsätze wahrzunehmen. Meine Kollegen und ich kamen kaum dazu, die schriftlichen Arbeiten zu erledigen, geschweige denn, eine kurze Pause einzulegen. Erst kurz vor Dienstschluß können wir das Schriftliche erledigen. Da wir sehr abgespannt und müde sind, enthält diese Arbeit einen Flüchtigkeitsfehler.
Am nächsten Tag ist der Dienstgruppenleiter sehr unzufrieden und kritisiert unsere Arbeit im allgemeinen. Ich fühle mich zu Unrecht beschuldigt und bin enttäuscht. Da der Vorgesetzte schon häufiger so reagierte, möchte ich mit ihm darüber sprechen."

Zeit/Ort: Eine halbe Stunde, nachdem uns der Vorgesetzte kritisiert hat. Es gibt gerade wenig zu tun.

Partner: Unser Dienstgruppenleiter, PHK Müller, ein in der Regel umgänglicher Mann, der manchmal leicht reizbar ist.

Handlung: Ich betrete das Zimmer, frage ob Herr Müller ein paar Minuten Zeit hat, und setze mich auf den angebotenen Stuhl.

Ich trage mein Anliegen vor: "Herr Müller, ich möchte mit Ihnen über die Vorwürfe sprechen, die Sie eben meinem Kollegen und mir gemacht haben. Es ist richtig, daß wir fehlerhaft gearbeitet haben. Aber wir waren gestern völlig überlastet. Daher ist ein Flüchtigkeitsfehler aus meiner Sicht entschuldbar. Eine Hektik wie gestern ist für uns alle eine große Belastung. Wenn Sie uns dann noch kritisieren, bin ich erst richtig frustriert, weil auch Sie kein Verständnis für unsere Situation haben. Das schlägt mir auf den Magen, ich bitte Sie, auch im Namen meiner Kollegen, künftig in solchen Fällen Flüchtigkeitsfehler nicht so HOCHZUSPIELEN und SCHLECHT ABZUURTEILEN."

Partner-
verhalten: Herr Müller meint zunächst, daß sorgfältige Arbeit auch unter widrigen Umständen nötig sei. Er lenkt aber ein, als ich nochmals auf unsere objektive Belastung hinweise.

Trainer fragt nach Verbesserungsvorschlägen; keine Meldung aus der Gruppe.

Teilnehmer A sucht sich B als Übungspartner aus der Gruppe. A und B führen das Rollenspiel durch:

- Trainer steht in der Nähe von A, um ihm nötigenfalls Hilfestellung zu geben.
- Zweiter Trainer nimmt Rollenspiel mit Video auf.
- A hat während des Rollenspiels keinen Blickkontakt mit B und sitzt verklemmt auf seinem Stuhl (ganz vorne sitzen und Arme verschränkt).

- Trainer fordert Gruppe zur Rückmeldung auf.

- Teilnehmer C macht Verbesserungsvorschlag.

- Erneutes Rollenspiel durch A und B nach Aufforderung durch Trainer.

- Rollenspiel ohne Fehler.

- Positive Rückmeldung durch Gruppenteilnehmer und Trainer.

3. Filmtexte der Szenarios

ACHTUNG: Der im Training gesprochene Spontantext ist stakkatoartig und entsprechend ungeglättet wiedergegeben.

Szenario 1: Einführung

JCB: Das Ziel dieses Films besteht in der Demonstration des Trainings von Verhaltensweisen, die mit negativen Reaktionen und Belastungen unvereinbar sind. Wer sich die Fertigkeit erwirbt, in Augenblicken der Belastung mit muskulärer Entspannung zu reagieren, positive Gedanken zu fassen, negative Gefühle zurückzuhalten, oder gut überlegtes Verhalten zu praktizieren, wird die Belastung bewältigen. Diese Bewältigung kann durch sorgfältige Übung erlernt werden. Eine solche Übung zur Stessbewältigung wird seit etwa 1970 mit Erfolg auf Stressreaktionen bei psychosomatischen Krankheiten angewandt, etwa bei funktionellen und organischen Herz-Kreislaufstörungen. In den letzten Jahren wurde das Stressbewältigungstraining auch zur Stärkung des Verhaltens gesunder Personen in Belastungssituationen angewandt, besonders bei Managern und Polizeibeamten. In solchen Fällen dient das Training der Förderung positiver Problemlösung und der Verhütung von Stressreaktionen im Sinne von Verspannung, Verängstigung, Verärgerung oder negativer Bewertung seiner Selbst.

Wir danken den Beamten der Bereitschaftspolizei Nordrhein-Westfalen, daß sie sich zur Verfügung gestellt haben, um eine Anzahl von Methoden der Stessbewältigung zu demonstrieren, die prinzipiell auf alle menschliche Belastungssituationen angewandt werden können.

Szenario 2: Kurzfristige und langfristige Stressbewältigung

Trainer I: Stress und Stressbewältigung sind individuell. Trotzdem ist es möglich, die effektive Stressbewältigung zu erlernen und dies ist auch das Ziel dieses Trainings. Als Grundvoraussetzung für eine angemessene Stressbewältigung muß zunächst das nötige Wissen, müssen entsprechende Informationen erarbeitet werden. Jeder Kursteilnehmer überlegt sich daher für sich selbst "Was sind meine Stressoren?" "Wie reagiere ich auf Stress?" und "Wie kann ich Stress bewältigen?"
Im zweiten Teil des Trainings werden dann effektive Möglichkeiten der Streßbewältigung aktiv eingeübt. Wir unterscheiden dabei zwischen zwei grundlegenden Methoden: Techniken der kurzfristigen Erleichterung und zum anderen Techniken der langfristigen Veränderung.
Techniken der kurzfristigen Erleichterung dienen dazu, in der aktuellen Stressreaktion deren negative Auswirkungen zu verringern, ohne das zugrundeliegende Problem selbst zu lösen. Im Gegensatz dazu dienen die Techniken der langfristigen Änderung dazu, die Probleme für eine Stress- oder Belastungssituation langfristig zu bewältigen und zu erwartende Belastungen zu verhindern bzw. in den Auswirkungen so zu verringern, daß sie nicht mehr belasten und damit nicht nur Erleichterung verschaffen sondern das Problem grundsätzlich lösen.

Szenario 3: Stresstheorie

Trainer II: Hier ist der Mensch, das Individuum. Stress ist individuell, und auf dieses Individuum wirken unterschiedlich stressende Einflüsse ein, beispielsweise, Lärm und Zeitdruck. Es können aber auch eher psychische Dinge sein, wie Ängste, Erwartungen, persönlicher Leistungsdruck, den ich mir setze und Ansprüche; das alles und noch viel mehr

wirkt auf mich als Mensch ein, auf mich und auf einen anderen mit wieder anderen Stressoren. Das hier oben, auf der Abbildung können wir als Stressor bezeichnen; der Mensch reagiert in irgendeiner Weise. Und diesen "Output" d.h. die Reaktionen auf verschiedenen Verhaltensebenen, bezeichnen wir als Stressreaktionen. Von der Definition her ist genau das eigentlich der Stress, die Belastung. Hier haben wir hier motorische Reaktionen, muskuläre Reaktionen, also Anspannung oder Verkrampfung wie auf dem Sprungseil, eigentlich ursprünglich um besser angreifen zu können, oder um schneller weglaufen zu können. "Ursprünglich" bedeutet im biologischen Sinn.
Hier finden wir die vegetativen Verhaltensbereiche, z.B. Herzklopfen, Erhöhung des Blutdrucks, Schweißreaktion, wie wir sie am Biofeedbackgerät gesehen haben, und dann haben wir noch Reaktionen im subjektiven, im kognitiven Bereich. Das sind Gedanken, das sind veränderte Wahrnehmungen, wie "O Gott, was soll ich tun", oder "Ich sehe nur noch das, was mich belastet, rechts und links nehme ich gar nichts mehr wahr."

<u>Szenario 4:</u> Brainstorming zur Stressorenbestimmung

Trainer I: Jetzt bitte ich Euch, Möglichkeiten der Stressbewältigung zu nennen, die Ihr bisher praktiziert habt.
"Abreaktion durch Holzhacken"

Trainer I: Mhm, Holzhacken...
Trainer II: Gut, ja...
"Sport, Langlaufen..."
Trainer I: Sport, Langlaufen (auf Tafel schreiben)
"Man könnte auch bestimmte Situationen vermeiden..."
Trainer I: Also ... Stress-Situationen analysieren?
"Ja, Stress-Situationen analysieren"
Trainer I: Aha, ... Training...
Trainer II: Ja, also, ich finde, wir haben schon einen sehr schönen Katalog von Bewältigungsmöglichkeiten gesammelt und werden

jetzt im nächsten Schritt dazu übergehen, die einzelnen Möglichkeiten auf ihre Brauchbarkeit hin abzuklopfen.

Szenario 5: Überblick zur kurzfristigen Stressbewältigung

Es gibt also nun folgende Möglichkeiten der kurzfristigen Erleichterung: Zunächst die Spontanentspannung.
Man entspannt sich oder einzelne Partien des Körpers in der stressenden Situation, indem man zum Beispiel die Nackenmuskulatur entspannt, während man ein anstrengendes Gespräch führt. Dann die innere Ablenkung. Man blockt ganz bewußt belastende Gedanken ab und denkt an etwas anderes, angenehmes, nicht belastendes, indem man zum Beispiel nicht an den Ärger in der Arbeit denkt, sondern ganz bewußt seine Gedanken auf die Urlaubsplanung richtet. Dann die äußere Ablenkung. Sie besteht darin, daß man in der belastenden Situation ganz aktiv etwas anderes tut und sich damit von der belastenden Situation ablenkt, indem man zum Beispiel ein entspannendes Buch liest. Eine weitere Form ist die Abreaktion. Sie besteht darin, daß die psychische Energie, die sich angestaut hat, abreagiert wird (ein klassisches Beispiel dafür ist Holzhacken). Des weiteren kennen wir die Methode der Selbstgespräche durch entsprechende Gedanken oder Gespräche, die man an sich selbst richtet, da kann man sich wieder aufrichten, indem man sich Trost zuspricht, sich auffordert, sich nicht unterkriegen zu lassen oder die Belastung in ihrer Bedeutung relativiert. Und schließlich die Möglichkeit die Stressdosis zu verringern, indem man störende Stressoren ausschaltet, zum Beispiel, indem man das Fenster schließt und damit den Strassenlärm nicht mehr hört.

Szenario 6: Kurzfristige Stressbewältigung durch Spontanentspannung

Trainer I: Ich habe hier ein Gerät mitgebracht, das ist ein sogenanntes PGR. Es mißt die psychogalvanische Hautreaktion, was wiederum bedeutet, daß der Hautwiderstand gemessen wird. Eine Veränderung des Hautwiderstandes ist ein sofortiger

Stressindikator. Das heißt, wenn Ihr gestresst seid, reagiert der Hautwiderstand sofort. Wir werden jetzt so vorgehen, daß Ihr Euch nacheinander an dieses Gerät anschließen laßt und dann werden wir Euch nacheinander in Stress versetzen, das wird der Günther machen. Ihr bekommt dann von mir das Signal STOP und JETZT ENTSPANNEN und dann versucht Ihr Euch zu entspannen. Wir können das alles hier kontrollieren; wir sehen, der Zeiger steigt an bei Stress und wenn es Euch gelingt, Euch zu entspannen, müßte er absinken.

Wer von Euch hat nun den Mut und probiert es als erster? Lothar? Prima. Ja, gut.... Mal hier den Zeigefinger..... (Pfeifgeräusch).... das ist die akustische Rück-Koppelung die wir zusätzlich noch haben...der Ton wird unangenehmer, wenn der Zeiger ansteigt und angenehmer, wenn der Zeiger absinkt.... Wir haben jetzt also ein Niveau so um 40 rum und Du hörst es jetzt, ... bitte, das ist jetzt Stress, weil die Situation gleich kommt ... und Du hörst jetzt auch was Günther Dir erzählt und wenn ich Dir das Kommando gebe, dann entspannst Du Dich bitte......

Trainer II: Du fährst Auto mit der .... Tochter und dann plötzlich in einer unübersichtlichen Kurve kommt Euch ein Fahrzeug entgegen...

Trainer I: STOP - ENTSPANNEN...ENTSPANNEN......
Pfeifgeräusch wechselnd ....tiefer...noch tiefer... .....gleichbleibend.

Trainer I: Aha ... Weitererzählen, Günther

Trainer II: Eine kurze Schrecksekunde, Du mußt ausweichen...Pfeifgeräusch geht runter, gleichbleibend...und Du knallst gegen einen Baum...Pfeifgeräusch steigt stark an...

Trainer I: STOP .... ENTSPANNEN .... Pfeifgeräusch stark oben... Pfeifgeräusch gleichbleibend ...tiefer, runtergehender Ton, gleichbleibend....Ton ganz unten.....

Trainer I: Ja wunderbar, jetzt schalten wir mal ab.
Was hast du denn gemacht, Lothar zu Spontanentspannung, das ist Dir ja wunderbar gelungen....
"ich habe bewußt ausgeatmet und Schwere- und Ruheübungen gemacht"

Trainer I: Sehr schön!

Szenario 7: Kurzfristige Stressbewältigung durch innere Ablenkung und Spontanentspannung

Ja, Ihr habt also jetzt in euren Kleingruppen persönliche Übungsbeispiele zu unserem Thema "Innere Ablenkung kombiniert mit Spontanentspannung" erarbeitet. Unsere Aufgabe wird es nun sein, daß wir die erarbeiteten Übungsbeispiele im Rollenspiel darstellen.
Würdest Du vielleicht beginnen, Olaf, das Problem erst mal zu nennen?
"Ja, ich muß zur Zeit häufig an folgende Situation denken: Während des Nachtdienstes bekam ich den Auftrag, zu einem schweren Verkehrsunfall zu fahren, dort angekommen sah ich mehrere total ineinander verkeilte Fahrzeuge, hörte wimmernde Stimmen und Leute, die vor starken Schmerzen schrien. Ich versuchte, erste Hilfe zu leisten, bis zum Eintreffen des Notarztes und des Notarztwagens starben am Unfallort zwei der Beteiligten. Das ist mein Problem"!

Trainer II: Gut, dann wollen wir das gleich in einem Rollenspiel ausprobieren, wie Du Dich da innerlich abgelenkt hast...
Gut, versuche jetzt, Dich möglichst intensiv in die Situation, daß Du im Auto fährst, zu versetzen....Du fährst mit Deinem Auto auf der Bahnhofstrasse, um es in die Werkstatt zu bringen, die Ampel schaltet auf ROT, Du hältst an, plötzlich denkst Du wieder an das Ereignis der letzten Woche und jetzt blockst Du Deine Gedanken ab......
Ich werde gleich in die Werkstatt fahren und dem Werkstattmeister sagen, daß mit dem Auto etwas nicht in Ordnung ist, jedesmal wenn ich in eine Linkskurve fahre, leuchtet die Bremskontrollampe auf, ich weiß nicht, woran es liegt, die Bremsflüssigkeit habe ich schon kontrolliert .... oder ich denke daran, daß ich heute abend Fußball spiele und das ist eine Sache, die gefällt Dir, da wirst Du alle Sorgen los...."

Szenario 8: Kurzfristige Streßbewältigung durch positive Selbstgespräche und spontane Entspannung

Trainer II: Wir beschäftigen uns jetzt mit der kurzfristigen Stressbewältigungstechnik der Selbstgespräche, das heißt, daß wir zu uns selbst sprechen, unsere Gedanken kontrollieren und versuchen dann durch die Belastung aus der Situation herauszunehmen und entsprechend zu denken. Das heißt, daß wir zum Beispiel uns Mut zusprechen, uns Aufforderungen geben: Auf gehts, los gehts!, daß wir versuchen, die Situation herunterzuspielen, den negativen Aspekt herauszubekommen: "Es könnte viel schlimmer sein" oder "Was ist das im Gegensatz zu anderem" und ähnlichem. zu dem Zweck werden wir uns einen Viedofilm anschauen....

Trainer I: Das heißt, wir werden jetzt alle aufstehen und werden uns diesen Videofilm anschauen und wenn von mir das Kommando kommt: STOP ENTSPANNEN und POSITIVES SELBSTGESPRÄCH, versucht Ihr Euch selbst die Techniken einzusetzen....Noch Fragen?.....Gut ..... dann ....

Polizei-Videofilm: Schlägerei bei einem Fußballspiel

Trainer II: In 90 Minuten ist alles vorbei.........Ruhig ....bleiben....Hans Willi laß Dich nicht provozieren....denk an Deine Magengeschwüre......ist das ein irres Erlebnis .....wir sind stark genug...das schaffen wir schon....

Trainer I: Sehr gut.....

Szenario 9: Kurzfristige Stressbewältigung durch äußere Ablenkung

Wir haben uns also jetzt hier im Freien zusammengefunden um ein Rollenspiel möglichst realitätsnah darzustellen, das heißt, wir werden praktisch in vivo Stressbewältigung üben, dazu hat Erich auch seine Uniform angezogen und fühlt sich vielleicht auch schon als Polizist....und hier haben wir einen Parkwächter, den wird Hubert darstellen......

Trainer II: Ja, ...Erich, kannst Du uns mal kurz das Problem schildern, das Dich belastet, worauf Du dann mit der Technik der äußeren Ablenkung reagieren willst, um die Stress-Situation für Dich zu erleichtern....?

"Ja, also im Schutzpark, in dem ich meinen Dienst versehe, befindet sich also ein Erholungspark, Messe, Ausstellungshallen, Leichtathletikstadion, eine Eishalle und ein Fussballstadion. Es ist ziemlich zentral, es ist alles ein Komplex. Es gibt eine total unzureichende Verkehrseinbindung und unzureichenden Parkraum. Ich werde eingesetzt am Parkplatz I zur Unterstützung des Parkplatzwächters. Es dürfen auf diesen Parkplatz nur Leute mit einem Parkausweis der Messe- und Ausstellungsgesellschaft. Diese Tätigkeit weckt bei mir unangenehme Gefühle, zum Teil auch sogar Ärger. Ich meine nämlich, es wäre nicht Aufgabe der Polizei, diese Tätigkeit auszuführen; manchmal denke ich mir auch, dafür bist Du so lange ausgebildet worden, um so etwas jetzt zu tun. Ich betrachte das auch als eine minderwertige Aufgabe, in der ich absolut keine Bestätigung finden kann."

Trainer II: Gut....und was willst Du jetzt in dieser Situation einsetzen, damit sie für dich nicht mehr so belastend ist, diese unangenehmen Gefühle wegfallen....?

"Ja ich möchte das so machen, daß ich mich erstens mit dem Parkplatzwächter unterhalte, mit ihm über alltägliche Dinge des Lebens spreche. Ist der Parkplatzwächter sehr beschäftigt und braucht mich nicht, weil alle einsichtig sind, dann lenke ich mich ab, indem ich mich einfach abwende vom Geschehen und erst auf seinen Zuruf wieder hinzukomme."

Trainer II: Mhm...gut...die Situation wird also hier ganz konkret beschrieben, so daß wir wissen, worum es geht, dann können wir also dazu übergehen das jetzt mal hier ganz praktisch durchzuführen.

<u>Szenario 10</u> Übersicht über langfristige Methoden der Stressbewältigung

Wir haben nun folgende Möglichkeiten der langfristigen Veränderung. Zunächst die Entspannung. Durch regelmäßige

Entspannungsübungen, wie autogenes Training, muskuläre Entspannung, kann man sich auf belastende Situationen vorbereiten und spannungs- und angsterzeugende Wirkung vermindern.
Dann die Desensibilisierung. Sie besteht darin, daß man sich im entspannten Zustand eine belastende Situation, zum Beispiel ein Streitgespräch mit dem Partner, gedanklich möglichst intensiv vorstellt und die Gedanken durcharbeitet. Eine dritte Form der Stressbewältigung ist die Problemlösung. Probleme werden möglichst konkret und detailliert beschrieben und systematisch aufeinanderfolgende Lösungsschritte erarbeitet. Eine vierte Möglichkeit ist die Einstellungsänderung. Unangemessene Einstellungen, Erwartungen, Gedanken werden als solche herausgearbeitet und durch angemessenere ersetzt. Und schließlich als letzte Form die Gespräche. Häufig besteht Stress in Konflikten, Unstimmigkeiten, mit anderen Personen, die durch ein klärendes Gespräch gelöst und damit beseitigt werden können.

Szenario 11: Entspannung I = Muskuläre Entspannung

Trainer I: Die muskuläre Entspannung, die wir jetzt gemeinsam durchführen werden, ist eine Methode, willentlich die für eine Entspannung wichtigsten Muskeln des Körpers nacheinander anzuspannen und sie dann wieder entspannen. Die Methode ist von einem Herrn Jacobson entwickelt worden und eigentlich ursprünglich, weil ja Entspannung und Anspannung physiologisch unvereinbar sind - und dadurch kann man so eine Methode einsetzen, beispielsweise zur Angstbewältigung oder jetzt in unserem Sinne hier, zur Stressbewältigung. Entspannung ist eine Methode, die sehr sehr viel Training erfordert. Ihr müsst sehr viel üben und wenn Ihr dann diese Methode beherrscht, könnt Ihr später, in aktuellen Stress-Situationen, auf Kommando, von Erregung auf relative Entspannnung, umschalten. Zunächst ist wichtig, daß wir leger gekleidet sind, Hans-Willi, Du solltest auch Deine Schuhe ausziehen, damit die An- und Entspannung der

Fußmuskulatur leichter gelingt, Gürtel lockern, enge Hose öffnen, Uhren ablegen, Brillen ablegen,....ja und dann auf die Unterlage legen, ... die Augen schließen....ganz locker und entspannt liegen...die Fußspitzen kippen gleich nach außen...die Beine sind ganz leicht geöffnet....und die Fingerspitzen liegen auf der Decke.....

Trainer I: Dann ballt jetzt die linke Hand zur Faust...spannt an, fester und fester...bis die Hand zittert...und entspannen. Die linke Hand liegt locker und entspannt und schwer auf der Unterlage....Und nochmal, die linke Hand anspannen...fester und fester anspannen...bis die Hand zittert....aushalten...und entspannen...die Hand liegt jetzt locker und schwer.

<u>Szenario 12:</u> Entspannung II = Autogenes Training

Denkt an Eure Skala von 0 bis 100,......0 ist die völlige Entspannung und 100 die maximale Anspannung...und stuft Euren derzeitigen Entspannungszustand ein....Ich werde jetzt von 5 bis 1 zählen und bei 1 winkelt Ihr die Arme fest an, atmet tief durch....und öffnet die Augen....setzt Euch auf und seid hellwach.... 5 .... 4 .... 3 .... 2 ....Arme fest...tiiieef atmen, ...Augen auf, und aufsetzen....Ihr seid jetzt wieder hellwach...

Ja dann wollen wir wieder mit unserem Erfahrungsbericht beginnen, wie es jedem einzelnen von Euch bei dieser Übung ergangen ist...Jupp, Du...

"Ja, ich habe doch gemerkt, daß Wärme in meine Hände und Arme stiegen...ich hatte das Gefühl, daß meine Arme insbesonders kürzer wurden und ich nachher glaubte, gar keine Arme mehr zu haben...wenn ich mich auf dieser Skala einordnen soll, dann würde ich sagen, es war so bei 25 bis 30".

Trainer I: Ja, das war also schon deutlich besser, als die letzte Entspannungsübung, da warst Du ja ungefähr bei 50. Sehr schön, wunderbar. ...Hubert...

"Ja mir ist es ähnlich ergangen, Wärme im Arm...schwer..."

Szenario 13: Entspannung III = Autogenes Training

Trainer I: Ja, ich werde Euch diese Droschkenkutscherhaltung jetzt mal vorführen, das sieht also so aus, daß man sich auf dem Stuhl erst nach vorne bewegt, also nicht direkt angelehnt sitzt, die Füsse nebeneinander stellt, die Füssen sollten sich aber nicht berühren, sie sollen auch nicht zu weit auseinanderstehen, weil sonst Spannung hier in diese Muskulatur reinkommt, also ungefähr so... und dann lässt man einfach die Knie auseinanderkippen... und jetzt setzt man sich erstmal nochmals kerzengerade auf und achtet darauf, daß der Kopf in etwa über dem Gesäß ist und läßt sich dann zusammenfallen und macht so einen Katzenbuckel... und die Hände liegen auf den Oberschenkeln... versucht es einfach mal und Günther wird dann rumgehen und schauen, ob die Haltung richtig ist......

Trainer I: Der rechte Arm ist ganz schwer.... der rechte Arm ist ganz schwer... ... ja bleibt in dieser Haltung.......

Szenario 14: Langfristige Stressbewältigung durch systematische Problemlösung

Trainer II: Ihr habt jetzt in Euren Lern-Partnerschaften eine Übungssituation zu der langfristigen Stressbewältigung mit systematischer Problemlösung überlegt und wir wollen jetzt so ein Beispiel zunächst einmal exemplarisch rausgreifen und hier im Gesamtplenum genauer besprechen.

Trainer I: Wer möchte denn sein Beispiel nennen?....Wollt ihr beide mal anfangen, Gerd und Manfred? Hm, ja....?

Trainer II: Gut, Gerd,...hm....der erste Schritt war nun, daß Ihr Euch zunächst mal das Problem konkret überlegen solltet, das Ganze also genau konkret beschreiben solltet und dann anschließend eine Lösungsmöglichkeit erarbeitet werden soll.

"Ja, wir haben ein Beispiel gewählt, das eigentlich recht häufig vorkommt, nämlich, ein Jugendlicher in einem Kaufhaus bei einem Diebstahl erwischen....er hat geringwertige

Ware gestohlen und zwar nicht, weil er die Ware an sich erlangen wollte, sondern weil er von seinen Freunden geschickt wurde, quasi eine Mutprobe ablegen sollte."

Trainer II: "Der nächste Schritt war also, daß Ihr Euch überlegen solltet was es so an potentiellen Lösungsmöglichkeiten gibt, Lösungsmöglichkeiten, die vielleicht nicht so ideal sind, was ist Euch da so eingefallen?

"Ja, wir sind da im Brainstorming-Verfahren vorgegangen. Wir haben also erstmal alle Gedanken, die uns zu diesem Thema eingefallen sind, aufgeschrieben und dabei ist folgendes herausgekommen: Als erstes, die Straftat vertuschen, weiter, daß der Polizeibeamte einen Sozialarbeiter vom Jugendamt oder von einem nahegelegenen Freizeitheim einschaltet, damit dieser die erforderlichen Gespräche mit den Eltern und Lehrer führt... und dann haben wir noch einen Punkt, der auch vor diesem Gesamthintergrund zu sehen ist, der Jugendliche wird in einem Zivilwagen der Polizei nach Hause gebracht...."

Trainer II: Das waren also die Lösungen, die Euch so eingefallen sind...

"Ja, ja".

Trainer II: Sicher habt ihr auch als nächsten Schritt eine Bewertung vorgenommen, ob eine der Maßnahmen gleich von vorneherein vielleicht ausgeschieden wird...

"Ja, es muß natürlich selbstverständlich alles ausscheiden, was aus rechtlichen Überlegungen nicht haltbar ist, weil ja damit nur Probleme verlagert werden...und so kommt es absolut nicht in Frage, die Straftat zu vertuschen... also da ist überhaupt undenkbar, man würde also hier seiner Pflicht als Polizeibeamter nicht nachkommen..."

Trainer I: Das heißt also, Straftat vertuschen, hier streikt ihr,...

"Ja"

Trainer I: Das ist also eine Lösungsmöglichkeit, die ihr nicht akzeptiert habt in der Bewertung...ja, gut?

"Sozialarbeiter einschalten...ja also, das würden wir schon stehen lassen wollen, weil wir meinen, wenn ein Gespräch zu führen ist mit den Eltern, und natürlich auch mit dem Jugendlichen dann sollte das jemand machen, der dafür ausgebildet ist, der auch vom Instanzenweg vorgesehen ist, der auch die entsprechende Erfahrung im Hintergrund hat..."

Trainer I: Ja, dann haben wir noch den Jugendlichen, der im Zivilwagen nach Hause gebracht werden soll...

"Ja, nach Möglichkeit ja, weil das unter Umständen schon geeignet ist, die Situation zu entschärfen..."

Trainer II: Nachdem wir uns jetzt hier so verschiedene Maßnahmen überlegt haben, wohin Problemlösungen führen können...ist es im nächsten den vierten Schritt wichtig, daß wir uns jetzt überlegen, wie wir die einzelnen Schritte, Maßnahmen der Reihe nach durchführen und unter Umständen bestimmte Schritte vielleicht auch noch genauer aufschlüsseln.

"Ja, wir gehen ja davon aus, daß der Jugendliche auf der Sache sitzt, so wie das üblich ist, und als allererstes, das haben wir hier in der Ziffer 3, das haben wir vorhin nicht genannt, wir müssen den Jugendlichen erstmal von unserem Vorhaben, von unseren Absichten erstmal informieren, also das wäre der erste Schritte, wenn wir ganz chronologisch vorgehen. Der nächste Punkt Kontaktaufnahme mit dem Sozialarbeiter, mit der eigentlichen zuständigen Instanz, dafür, daß dem Jugendlichen nichts Schädliches passiert....."

Trainer I: Ja?.....

Trainer II: Jetzt frag ich mal, kann was passieren?

"Ja, zur üblichen Bürodienstzeit eigentlich jederzeit, problematisch wird es schon ab 16 Uhr, wie in anderen Städten auch, aber die meisten Städte haben einen Notdienst zur Versorgung, wo Sozialarbeiter angerufen werden können, obwohl das in der Praxis etwas problematisch ist, ja..."

Trainer II: Damit wäre also die Planung in der Durchführung abgeschlossen. Jetzt kommen wir zum ganz wesentlichen Punkt, der meistens bei einer Problemlösung vergessen wird, daß wir unsere Ziele auch erreicht haben...Damit wir dann gegebenenfalls eine Fehleranalyse machen und überlegen, warum haben bestimmte Schritte, bestimmte Maßnahmen ...nicht geklappt, war der Zeitplan überzogen, oder ähnliches...waren es utopische Ziele, die wir uns gesteckt haben und dann...entsprechende Gegenmaßnahmen einleiten können. Was habt Ihr Euch dazu überlegt?....

"Wir haben da ...Punkte gefunden, einmal, wenn ich bedenke, daß mich die Situation an sich, nämlich diesen Jugendlichen, der eine Mutprobe ablegt, jetzt den Verfolgungsinstanzen aussetzen zu müssen, belastet mich, dann werde ich das wohl gut überprüfen können, beim nächsten Mal ist es vorauszusehen, wenn ich wieder in die gleiche Situation komme, kann ich das gut überprüfen, ob mich das immer noch belastet, wenn ich diese Schritte bedacht habe und durchgeführt habe. Das wäre eine Möglichkeit, die zweite Möglichkeit, also da waren wir beide der Meinung, das muß ein Ausnahmefall sein, es müsste schon ganz extrem gelagert sein, daß man sich nach einem gewissen Zeitablauf, zum Beispiel nach einem Vierteljahr, sich nochmal um einen Kontakt um diesen Jugendlichen bemüht, mit den Eltern oder wie auch immer, um herauszufinden, was aus diesem Jugendlichen geworden ist oder auch, was aus diesem Verfahren geworden ist...Aber da waren wir uns einig, das kann nicht die übliche Praxis sein, das kann nur ein ganz....."

<u>Szenario 15:</u> Langfristige Streßbewältigung durch Einstellungsänderung

Trainer I: Wir haben uns jetzt ausführlich mit Einstellungsänderung, also der Umformulierung unangemessener in angemessene Selbstgespräche befasst. Und Eure Aufgabe wird nun sein, zunächst im ersten Schritt in autonomen Lern-Partnerschaften, also den Lern-Partnerschaften, in denen Ihr jetzt immer gearbeitet habt, zunächst die typischen Selbstgespräche zu formulieren, die Ihr in Stress-Situationen mit

Euch selbst führt. Und im zweiten Schritt überlegt Ihr dann in Kleingruppen: Welche dieser Selbstgespräche sind angemessen, das heißt stressreduzierend, und welches ist unangemessen, das heißt stessinduzierend, also nicht unangemessen vom moralischen Aspekt her, sondern nur im Bezug auf Stressinduktion, und danach geht Ihr dann wieder in Eure Lern-Partnerschaften und versucht, diese stressinduzierenden also unangemessenen Selbstgespräche umzuformulieren in stressreduzierende. Gibts zur Vorgehensweise noch Fragen?

Ja, dann können wir ja in die Lern-Partnerschaften gehen.
"Ja, also ich bin froh darüber, über diese Situation zu sprechen, die belastet mich in letzter Zeit zunehmend. Ich habe das Gefühl, daß ich als Vater versage,..."

Trainer II: Kannst Du mal sagen, was so eine ganz typische unangemessene Selbst-Verbalisation, Selbstgespräch, das immer wieder auftaucht und das deswegen für Dich immer wieder belastend, zu Belastungssituationen führt,...
"Ja, immer wieder taucht in diesen Selbstgesprächen auf, also eine Formulierung, die, daß ich mich selber als Versager tituliere und daß ich mich auch so als ein solcher empfinde...."

Trainer I: Und wie habt ihr das umformuliert...in eine angemessene Selbstinstruktion, in ein angemessenes Selbstgespräch....?

"Wir haben das umformuliert ...und haben gesagt, ich bin im Privatbereich ein Versager, bin aber beruflich erfolgreich...."

Trainer I: Mhm... ja...

Trainer II: Das ist also schon eine Modifikation, die ihr da vorgenommen habt, wie sieht das jetzt aus, im Privatbereich, wo hast Du, Hans-Willi, den Eindruck, daß Du im Privatbereich ein Versager bist, kannst Du eine Situation schildern, wo das sehr typisch für Dich herauskommt, daß Du privat ein Versager bist....?

"Tja,....ich habe mir also in letzter Zeit verstärkt vorgenommen, mich um meine beiden Töchter zu kümmern, ...und gerade bei der 12jährigen gelingt mir das in letzter Zeit immer weniger, also ich finde nicht mehr die richtige Antenne zu ihr ... und ... das führt bei mir zu Erregungszuständen, und ich flippe aus, weil ..."

Trainer I: War das schon immer so?....

"Nein, das ist vielleicht seit einem halben Jahr so....ich kennen also meine Tochter in ihrem Verhalten nicht mehr wieder, im Gegensatz zu früher ... und ich kann mir das nicht erklären, und ich weiß auch nicht, wie ich das angehen soll ... die veränderte Situation, wie ich dem gerecht werden soll ..."

Trainer II: Ja, Hans-Willi, wenn ich das so höre, habe ich das Gefühl, Du bist eigentlich privat gar kein so ein totaler Versager, es scheint ja früher schon einmal Situationen gegeben zu haben, wo Du mit Deiner Tochter ganz gut zurecht gekommen bist,...

"Ja,..."

Trainer I: Vielleicht versuchen wir erst mal, die positive Formulierung zu entwickeln, wie müsste das denn dann heißen?

"Ja, vielleicht bin ich gar nicht so ein großer Versager, ... also das ist eine Entwicklungsphase der Tochter ... und das gibt sich später wieder, und mit dieser Hoffnung kann man, find ich, also leben..."

Trainer I: Mhm, ich würde sogar noch etwas weiter gehen, ich weiß nur noch nicht, ob Du das akzeptierst, ich war bisher eigentlich ein guter Vater, und ich glaube, die Schwierigkeiten, die wir momentan miteinander haben, liegen mit derzeit an der Entwicklungsstufe meiner Tochter ... und es wird sich sicher wieder finden ... ist das zu weit gegriffen oder würdest Du das auch akzeptieren?

"Ja, ... ich bin..hm, ich weiß nicht, ob ich ein guter Vater bin, ... ich hoffe, daß ich ein guter Vater bin ..."

Szenario 16: Langfristige Stressbewältigung durch Gespräche (Rollenspiel zur Selbstsicherheit)

Trainer II: Eine ganz wichtige Möglichkeit Stress langfristig bewältigen zu können, ist nun, daß wir in Gesprächen unsere Anliegen, unsere Forderungen, die wir an andere Personen haben, selbstsicher vortragen können.
Wir haben in Übungssituationen jetzt also durchgesprochen, während des Rollenspiels werde ich mich in die Nähe vom Platz vom Ulli stellen, damit ich ihm gegebenenfalls weiterhelfen kann, wenn er stecken bleibt, und Angelika wird die Szene mit Video aufnehmen, damit wir uns sie anschließend ansehen können....

Türe anklopfen -
"Ja bitte", "Nehmen Sie Platz"...
"Ja, Herr Müller, ich möchte Sie gerne sprechen, weil Sie uns da so Vorwürfe gemacht haben, wegen gestern, wegen der Fehler in den Anzeigen und ich meine, das ist alles nicht berechtigt, wir haben zwar Fehler gemacht, das geben wir ja zu, aber das war gestern auch ein hektischer Tag, das waren wohl Flüchtigkeitsfehler, die wir gemacht haben, aus unserer Sicht ist das auch entschuldbar, weil eben so eine Hektik war, weil wir alle überbelastet waren, ich meine diese Vorwürfe frustrieren uns alle, weil Sie für unsere Situation kein Verständnis gezeigt haben..."
"Herr Becker, auch unter widrigen Umständen verlange ich saubere Arbeit..."
"Ja, aber trotzdem, diese Vorwürfe, so wie sie uns gemacht wurden, die schlagen uns auf den Magen und ich möchte sie bitten, auch im Namen der Kollegen, künftig in solchen Fällen doch das Ganze nicht so hoch zu spielen und uns so schlecht abzuurteilen..."
"Ja, wenn ich das Ganze jetzt recht mit Abstand betrachte und was Sie mir da so schildern,... in Ordnung ... das will ich dann künftig berücksichtigen..."
"Danke!"

Trainer II: Gut, wer möchte Ulli Rückmeldung geben über sein Verhalten?
Hans-Willi, Du?

"Ja, also ich fand es nicht gut, wie Ulli seine Aufforderung oder sein Anliegen, mit den Händen unterstreicht hat; die Unsicherheit, die also von den Händen ausging, also wollte er sie am liebsten verstecken; er wußte also nicht, was er damit solle. Das ist also nicht geeignet, sich sicher zu geben.

Trainer II: Mhm, das war also eine sehr gute Beobachtung ... aber kannst Du das jetzt positiv formulieren? Also, dem Ulli sagen, wie er es besser machen kann?

"Ja, also die Aufforderung könnte mit Sicherheit nach aussen hin, besseren Ausdruck verleihen, wenn er vielleicht die Beine kreuzen würde, die Hände so verschränken, oder die Hände verschränkt in den Schoß legen würde, daß also die ruhigen Hände auch Sicherheit ausstrahlen und also von daher auch seine Aufforderung glaubwürdig erscheint..."

Trainer II: Gut, dann werden wir das Rollenspiel nochmal durchführen und Du Ulli achtest jetzt auf Deine verbesserte Körperhaltung, so wie Hans-Willi das vorgeschlagen hat.
"Ja"

Türe anklopfen.
"Ja bitte"
"Guten Tag" ... "Herr Becker, ich möchte Sie sprechen".
"Nehmen Sie bitte Platz"
"Ich möchte mit Ihnen sprechen über die Vorwürfe, die Sie uns gemacht haben, wir sind gestern überlastet gewesen, Sie wissen, daß wir mehrere große Unfälle hatten, wir haben zwischendurch noch Einsätze gehabt, wir meinen, die Fehler, die wir gemacht haben, die wären noch entschuldbar, es waren Flüchtigkeitsfehler, die wir gemacht haben und diese Vorwürfe, nach der Dienstschicht, nach diesen

Anzeigen, haben uns doch sehr belastet. Ich meine, das wäre in dieser Situation doch entschuldbar gewesen ..."
"Herr Müller, auch unter widrigen Umständen muß ich von Ihnen saubere Arbeit verlangen können ..."
"Ja, also ich muß aber wirklich dazu sagen, daß wir da kein Verständnis haben, daß Sie uns das so scharf vorwerfen in dieser Situation, das verursacht bei uns Magengeschwüre, und ich möchte Sie doch, auch im Namen der Kollegen hier, bitten, demnächst solche Vorwürfe nicht so massiv zu machen und so hochzuspielen und uns dadurch so schlecht abzuurteilen ..."
"Nun, wenn ich das so mit Abstand betrachte und wie sie mir das schildern, will ich künftig etwas mehr Rücksicht nehmen."
"Danke!"

<u>Ende des Videofilms</u>

Kapitel X

Ausbildung der Mediatoren durch Lehrtrainer

von

Johannes C. Brengelmann

Franz Peterander

und

Ludwig Schindler

INHALT

1. Planung und Ziele des Mediatorentrainings

Am Ende der Demonstration des Streßbewältigungstrainings im Dezember 1982 in der Höheren Landespolizeischule Münster, an der 24 Polizeibeamte teilnahmen, wurden 8 Beamte für die Ausbildung zum Verhaltenstrainer (Lehrtrainer) zugelassen (Kapitel VI). Die Ausbildung vollzog sich im Laufe des Jahres 1983 (Kapitel VI-IX). Im ersten Halbjahr 1984 führten die frischgebackenen 8 Verhaltenstrainer mit insgesamt 96 Polizeibeamten des mittleren und gehobenen Dienstes ein Streßbewältigungstraining durch, und zwar auf sich allein gestellt, d.h. ohne Unterstützung der psychologischen Fachtrainer, von denen sie ausgebildet wurden. Dieses Training wurde jedoch von unabhängig arbeitenden Fachpsychologen kontrolliert und bewertet. Die 8 neuen Lehrtrainer bildeten zum Zwecke dieser Aufgabe 4 Trainerpaare, zu je 2 Trainern, die in Gruppen von je 8 neuen Trainees die 96 Beamten ausbildeten. Das Training jeder Gruppe dauerte insgesamt 4 Wochen (4 Blocks á 5 Tage), die auf 3 Monate verteilt wurden, um eine Massierung von Effekten zu verhindern (verteiltes Lernen), und zwar nach dem folgenden Schema:

8 Lehrtrainer		je 8 Trainees		32 Trainees
	trainieren		=	
= 4 Trainerpaare		(Mediatoren)		pro Durchgang

Um 96 neue Mediatoren zu gewinnen, waren somit 3 Durchgänge von je 32 Trainees erforderlich.

Die Ziele dieses Trainingsprojekts 1984 sind vielfach und umfassen die folgenden Punkte:

- Beobachtung der Bewährung der Lehrtrainer der ersten Generation. Es wird qualitativ festgestellt, ob sie die Durchführung der ersten großen Ausbildungsaufgabe ohne besondere Probleme meistern
- Ausbildung neuer Mediatoren
- Ausbildung der psychologischen Fachtrainer aus dem Training und Übertragung ihrer Funktion auf die Polizei-Lehrtrainer
- Einübung der Lehrtrainer in Messprozeduren zum Zwecke der Effektivitätsprüfung

- Gewinnung neuer Einsichten zur Gestaltung von Trainingskursen und von
- neuen Gesichtspunkten zur verbesserten Messung der Trainereffektivität mit Extrapolationsmöglichkeiten zur Messung der Führungseffektivität in einer Art kontrolliertem "Assessment Center"-Verfahren.

Speziell genommen befasst sich der vorliegende Bericht mit der Prüfung der Effektivität des Trainings im ersten Halbjahr 1984, d.h. mit kurzfristigen Effekten. Zu diesem Zweck wurden folgende Meßinstrumente eingesetzt:

a. Selbstbeurteilung von Stressreaktionen mit Hilfe von Stress/Coping-Skalen
b. Verhaltensbewertung im Vortrag und Rollenspiel
c. Beurteilung von Trainerfertigkeiten mit Hilfe von Adjektiv-Skalen.

2. Allgemeine Methodik

Es sollte von vorneherein festgehalten werden, daß dieses Unternehmen wesentlich komplizierter war als es sich liest. Wenigstens vier Gruppen von Betroffenen mussten, abgesehen vom Versuchsleiter, aufeinander abgestimmt und kontrolliert werden: Polizeiorganisation, Trainees, Trainer und wissenschaftliche Begleitung. Man mußte mit beträchtlichen geografischen Entfernungen und mangelhaften Mitteln fertig werden.
Nicht alle Messungen konnten eingehalten werden und bestimmte Messungen wurden aus Gründen von Ängstlichkeit bezüglich Anonymität so beeinträchtigt, daß sie verloren gingen. Es ist nur dem Enthusiasmus aller Beteiligten zu danken, daß zum Schluß zwar nicht alle Ziele erreicht wurden, aber ein brauchbares Ergebnis herauskam, das überprüft und ausgebaut werden kann. Detailliertere Berichte werden folgen (Brengelmann und Bruns, 1987), so daß wir uns hier kurz fassen.
Das Format des Trainings ist bereits in den Kapiteln VI bis IX beschrieben worden.
Zwei Baseline-Messungen fanden zu Beginn des Trainings statt (Tag 1 und 3) und dritte Messungen gegen Ende des Trainings, wenn signifikante Effekte zu erwarten sind.

Der Einsatz der drei, unter la, b und c zitierten Messinstrumente, bedarf noch einer Erläuterung hinsichtlich ihrer Möglichkeiten und Beschränkungen.

Die Stress/Copingskalen (Kapitel V) sollten zeigen, ob das Stressbewältigungstraining im gesunden Bereich überhaupt Veränderungen setzt und welche dies sind. Wenn die Selektion der Trainees bewirkt hat, daß alle topfit sind, sind signifikante Veränderungen nicht oder nur bedingt erwartbar. In diesem Falle tritt kein Lerneffekt ein. Wenn man davon ausgeht, daß das Bewältigungs- und Stressverhalten aller nicht speziell geschulter Gesunder verbessert werden kann, dann sind signifikante Verbesserungen besonders im Bereich des Stressverhaltens zu erwarten, weil dies besonderer Gegenstand des Trainings ist, und weniger in anderen Bereichen.

Die Verhaltensbewertung in speziell ausserhalb des Trainings gestellten Situationen (Vortrag, Rollenspiel) sollte um so mehr eine Verbesserung zeigen, je ähnlicher die gestellten Situationen den Trainingssituationen sind.

Die mit Hilfe von Adjektiv-Skalen beurteilten Trainerfertigkeiten sollten sich im Verlauf des Trainings verbessern.

Zusätzlich sollte man auch den allgemeinen Eindruck von Veränderungen nicht ganz vergessen, denn er könnte durchaus Verhaltensaspekte enthalten, welche mit den drei Messmethoden nicht erfasst werden.

3. Ergebnis

3.1. Selbstbeurteilung der Trainees mit Hilfe der Stress/Coping-Skalen

Die während des Trainings erzielten Veränderungen werden getrennt nach den in Kapitel V beschriebenen SCOPE-Faktoren erfasst. Die wichtigsten Ergebnisse werden im Text summarisch dargestellt und detailliertere Angaben können in der Tabelle 1 des Anhangs nachgesehen werden. Die Signifikanzprüfung erfolgt zweiseitig mit Hilfe des Verhältnisses für abhängige Stichproben.

Die Veränderungsrichtung vieler Skalenwerte ist vom Inhalt her erwartbar, nicht aber in allen Fällen, wie wir am Beispiel der Leistungsorientierung sehen werden. Bei Wiederholungsuntersuchungen, d.h. wenn die trainingsbedingte Veränderungrichtung empirisch und sinnvoll feststeht, wird man die Signifikanzprüfung einseitig vornehmen und eine höhere Ausschöpfung der Signifikanzbewertung erreichen.
Der folgende Punkt sollte vor der Besprechung der Ergebnisse noch einmal herausgestellt werden. Die Messungen 1 und 2 liegen am Anfang des Trainings (1. und 3. Tag) sehr nahe zusammen, so daß Messung 2 als zweite Basismessung und nicht als Veränderungsmessung anzusehen ist (Prüfung der Stabilität der Reaktion). Innerhalb von zwei Tagen sollte keine große Veränderung eintreten. Die Ergebnisse bestätigen dies. Nur 3 der 44 Skalenwerte verändern sich in dieser Zeit in bedeutsamer Weise, nämlich Leistungsorientierung, Gewissenhaftigkeit und Verdrängung. Der Ergebnisbericht stützt sich deshalb vorzüglich auf die zwischen Messung 1 und 3 auftretende Veränderung, wie im folgenden zu sehen ist.

I. <u>Erfolgsstreben</u>

	Veränderung von Messung 1-2	1-3
1. Leistungsorientierung	-0.1 %	-1%
2. Besitzstreben	- NS	- NS
3. Entschlußkraft	- NS	+ NS
4. Selbstvertrauen	- NS	+ 1%

Die Skala Erfolgsstreben ist vom Stressbewältigungstraining nur teilweise signifikant betroffen und das sogar in unbeständiger Weise. Wenn Leistungsorientierung im Anfang signifikant abfällt und die anderen drei Primärskalen ebenfalls negative Vorzeichen tragen, dann kann man dies vielleicht als einen Effekt der belastenden Konfrontation mit einer neuartigen Aufgabe (Erlernen der Trainerfertigkeit) plausibel machen, welche dem Trainee die Begrenztheit seiner Fertigkeiten aufweist. Nach Beendigung des Trainings (Veränderung 1-3) ist die Abnahme der Leistungsorientierung immer noch signifikant, wenn auch in einem geringeren Ausmaß. Die Signifikanz der Unterschiede bewegt sich hier nur noch auf dem 1% anstatt 0.1% Niveau. Man tut gut daran, diese negative Beziehung im Auge zu behalten und sie nicht etwa als etwas

Negatives im Sinne von Leistungsabfall zu betrachten. Zum einen ist das Stressbewältigungstraining verhaltens- und nicht leistungsbezogen und wird deshalb auch keinen derartigen Testwert beeinflussen, zum anderen ist überhöhte Leistungsorientierung mit Stressreaktionen assoziiert, besonders bezüglich des Typ A, so daß beide Verhaltensaspekte durch ein Stressbewältigungstraining verringert werden können. Der Anstieg des Selbstvertrauens mit dem Training kann besonders im Vergleich zu Entschlusskraft dadurch erklärt werden, daß sie als Gefühlsvariable den Vorteil geniesst, daß Gefühle schneller oder leichter zu beeinflussen sind als manifestes Verhalten.

II. Besonnenheit

	Veränderung von Messung	
	1-2	1-3
5. Gewissenhaftigkeit	- 5%	NS
6. Aufmerksamkeit	- NS	- NS
7. Gehör finden	+ NS	+ 0.1%

Besonnenheit im Sinne von Gewissenhaftigkeit und Aufmerksamkeit wird durch das Training nicht signifikant verändert, vielleicht weil es nicht besonderer Gegenstand des Trainings ist. Anders verhält sich das Gehör finden, welches sich mit dem Training erheblich verbessert.
Die Teilnehmer erleben nach dem Programm die Personen ihrer Umwelt kooperativer, zugewandter und empathischer. Es läßt sich hier nur schwer beurteilen, ob sich das Verhalten der unmittelbaren Bezugspersonen tatsächlich verändert hat oder ob dieses lediglich von den Trainees positiver wahrgenommen wird. Bezüglich Besonnenheit richtet sich das Training offensichtlich nicht nach dem Sekundärfaktor II, sondern erzeugt auf dem Niveau der Primärskalen 5,6 und 7 spezifische Ergebnisse, die aus dem gegenwärtigen Zusammenhang kaum erklärt werden können.

III. Selbstbestimmung

	Veränderung von Messung	
	1-2	1-3
8. Private Freiheit	- NS	+ NS
9. Selbstbestimmung	- NS	+ NS
10. Offenheit	- NS	+ NS

Selbstbestimmung wurde nicht als solches trainiert und hat sich in ihren drei hier gemessenen Aspekten auch nicht verändert. Gerade deswegen ist dieses Ergebnis von besonderer Bedeutung, weil die zu erwartende Beschränkung der Wirksamkeit des Trainings deutlich demonstriert wird. Die allgemeine Regel scheint bestätigt zu werden, daß ein nicht trainiertes Verhalten sich auch nicht verändert. Auf diesen Punkt werden wir noch zurückkommen müssen, und zwar wegen des verbreiteten Irrglaubens, daß die Beseitigung von Problemen (Stressreaktionen) schon das positive Verhalten fördern.

IV. Soziale Kompetenz

	Veränderung von Messung 1-2	1-3
11. Kontaktfreude	+ NS	+ NS
12. Gesprächigkeit	NS	+ NS
13. Faszinationskraft	+ NS	+ NS
14. Geselligkeit	- NS	NS
15. Gesprächsbereitschaft	+ NS	+ 0.1%
16. Überzeugungskraft	- NS	+ NS
17. Attraktivität	+ NS	+ 1%
18. Organisationsfreude	+ NS	+ 5%
19. Sicheres Auftreten	+ NS	- NS

Auch diese Ergebnisse bezüglich sozialer Kompetenz sind ziemlich eindeutig. Die neun gemessenen Verhaltensweisen verändern sich nicht auf kurzfristiger Basis (1-2) und das längerfristige Training erzielt nur bei drei von ihnen eine bedeutsame Verbesserung. Die Gesprächsbereitschaft nimmt in Form verbaler Kontaktfreude erheblich zu. Die Teilnehmer gehen leichter auf fremde Personen zu und beginnen sofort ein Gespräch, wenn sie jemanden treffen bzw. ergreifen in erhöhtem Maße die Gelegenheit, neue Menschen kennenzulernen. Dieses Verhalten wird im Stressbewältigungstraining ausdrücklich geübt. Eine ziemlich signifikante Verbesserung ergibt sich ebenfalls für Attraktivität. Die Trainees halten sich am Ende des Trainings für anziehender, attraktiver und glauben, daß ihr Auftreten anders als vorher zustimmende oder gar bewundernde Blicke auslöst. Auch die Organisationsfreude nimmt in einem mässigen Umfang zu. Die Kursteilnehmer enthüllen eine größere Bereitschaft bei der Organisation sozialer Aktivitäten kooperativer zu sein bzw. sich für solche geselligen Dinge bereitwilliger zur Verfügung zu stellen. Daß man solches Verhalten auch in einem Stressbewältigungstraining mitlernt, mag an dem Gruppencharakter dieses Trainings liegen. Kooperativität ist nicht das eigentliche Ziel dieses Trainings, sonst müßte die soziale Kompetenz wesentlich intensivere und auf mehr Skalen ausgedehnte Effekte zeigen. Die Optimierung sozialer Fertigkeiten erfordert ein Training der Sozialen Kompetenz per se, möglicherweise ergänzt durch Reduktion spezifischer sozialer Belastungsreaktionen.

V. Emotionale Kontrolle

	Veränderung von Messung	
	1-2	1-3
20. Ärgerkontrolle	+ NS	+ NS
21. Reizbarkeit (-)	- NS	- 1%
22. Konfliktlösungsfertigkeiten	- NS	+ NS

Die Kontrolle von Ärger und die Fertigkeit der Konfliktlösung halten aufbrausendes verärgertes Verhalten in Schach. Für die Bewältigung derartigen Verhaltens ist deshalb ein Problemlösungstraining erforderlich, das speziell auf Konflikte ausgerichtet ist, die in der persönlichen Auseinandersetzung mit anderen Wut, Zorn, Groll oder Ärger erzeugen. Ein solches Training wird vom gegenwärtig benutzten Manual (Kapitel VI) nicht speziell bestritten und unsere Ergebnisse zeigen, daß Ärger und Konflikte nicht durch Stressbewältigung beseitigt werden. Auf der anderen Seite verringert sich Reizbarkeit, die negativ auf emotionale Kontrolle ladet (s. Minuszeichen in Klammern), im ziemlich signifikanter Weise mit dem Training. Ein plausibler Grund hierfür ist, daß Reizbarkeit trotz ihrer faktoriellen Gemeinsamkeit mit Ärger häufig mit Stressreaktionen (Sekundärskalen VI und VII) variiert. Reizbarkeit ist also eine komplexe Reaktion, die im Gegensatz zu Ärger funktionell mit Stress verbunden ist und deswegen deutlich vom Stressbewältigungstraining profitiert.

VI. Stressreaktionen

	Veränderung von Messung 1-2	Messung 1-3
23. Nicht abschalten können	- NS	- 0.1%
24. Muskelverspannung	- NS	- 0.1%
25. Psychisch bedingte Beschwerden	- NS	- 0.1%
26. Erschöpfung	- NS	- 0.1%
27. Leistungseinschränkung	NS	- 0.1%
28. Entspannungsfähigkeit (-)	+ NS	+ 0.1%

Keine der sechs Skalen zeigt aufgrund der kurzzeitigen Beeinflussung von ein paar Tagen eine bemerkenswerte Veränderung. Alle Skalen weisen am Ende des Trainings (Messung 1-3) hochgradig signifikante Veränderungen auf. Die Stressreaktionen bezüglich der Skalen 23 bis 27 nehmen ab, während Entspannungsfähigkeit mit ihrer negativen Ladung auf Stressreaktionen (s. Minuszeichen in Klammern) entsprechend zunimmt. Dieses Ergebnis bestätigt die Möglichkeit der Zuarbeitung besonderer Trainingsverfahren auf besondere Verhaltenskategorien und damit die Berechtigung ein Training mit einem entsprechenden Namen zu versehen wie in diesem Falle eben mit dem des Stressbewältigungstrainings.

Wegen der Wichtigkeit des Ergebnisses sollen die einzelnen Effekte getrennt skizziert werden.

Nicht abschalten können: Das Training hat den Teilnehmern ermöglicht, Arbeit und Entspannung besser trennen zu können, die Gedanken an die Arbeit willkürlich abzutrennen, zu verdrängen und so unwirksam werden zu lassen. Sie haben sich daran gewöhnt ihren Feierabend ohne Arbeit zu nutzen und sich zu entspannen.

Muskelverspannung: Die Teilnehmer fühlen sich körperlich entspannter. Ihre Körperempfindungen verraten ihnen, daß die Muskeln nicht mehr so bretthart sind. Sie fühlen, wie sie ihre Muskeln durch Entspannungsinstruktionen lockern und entkrampfen können. Manche haben es gelernt, innerhalb von Minuten die wichtigsten Muskelgruppen zu entspannen.

Psychisch bedingte Beschwerden: Vor dem Training kommentierten manche Teilnehmer wie sich ihre seelischen Probleme oder Schwierigkeiten auf den Körper übertragen. Sie erlebten, wie sich die Ohnmacht Probleme zu lösen und die damit verbundenen Aufregungen in körperliche Schmerzen verwandeln können. Jetzt sind sie in der Lage ihre Probleme sachlich anzugehen und die unangenehmen Körperempfindungen auszuschalten.

Erschöpfung: Nach dem Training besitzt man das Gefühl größerer Leistungsfrische. Gesteigerte Konzentration und höhere Ausdauer erwecken neues Zuvertrauen in die eigene Leistungsfähigkeit. Das Gefühl, daß man seinen eigenen Mann stehen kann und auch schwierigere Arbeiten bewältigen kann ist zurückgekehrt.

Leistungseinschränkung unter Druck: Das Stressbewältigungstraining hat dazu geführt, daß man in Drucksituationen einen klareren Kopf behält. Man fühlt sich nicht mehr blockiert und nicht länger seinen früher unkontrollierbaren Fehlreaktionen ausgeliefert. Man kann die täglichen Entscheidungen nun sachlicher angehen. Dies ergibt ein Gefühl der Kontrolle über sich selbst und eine neue Bereitwilligkeit, Verantwortung auf sich zu nehmen.

Entspannungsfähigkeit: Das Erlebnis der zunehmenden Verringerung der Stressreaktionen ist wohltuend, aber es beeindruckt den erfolgreichen Kursteilnehmer noch mehr, daß er die körperliche und geistige Entspannung selbst bewirkt hat und daß er diese Entscheidungen mit wachsender Sicherheit selbst bewirken kann. Es gibt einem große Zuversicht zu sehen, daß man mit Hilfe der erlernten Entspannungsstrategien auch vor schwierigen Situationen nicht mehr zu kapitulieren braucht.

Als nächstes ist es besonders interessant zu erfahren, wie sich die unter der Bezeichnung Negative Lebensbewertung versammelten "kognitiven" Stressaspekte verhalten.

VII. Negative Lebensbewertung

	Veränderung von Messung 1-2	1-3
29. Pessimismus	- NS	- 0.1%
30. Kummer und Sorgen	- NS	- 0.1%
31. Schwierigkeiten	- NS	- 0.1%
32. Resignation	+ NS	- 5%
33. Optimismus (-)	+ NS	+ 1%

Auch diese Ergebnisse sind erwartungskonform. Negative Lebensbewertung wird in keinem ihrer Aspekte durch kurzfristige Beeinflussung (Messung 1-2) bedeutsam verändert. Alle Skalen werden durch längerfristiges Training (Messung 1-3) signifikant verbessert. Pessimismus, Kummer/ Sorgen und Schwierigkeiten im Leben werden hochgradig bedeutsam reduziert. Resignation nimmt nur in leicht signifikanter Weise ab, was an ihrem niedrigen Mittelwert mit starker Linksverteilung liegen mag. Optimismus mit seiner negativen Ladung auf negativer Lebensbewertung (s. Minuszeichen in Klammern) nimmt in signifikanter Weise zu.
Negative Lebensbewertung bedeutet eine Art Lagebeurteilung mit Hilfe der gewonnenen und häufig falschen Erkenntnisse über sein Verhalten. Für belastete Menschen kann deshalb der Versuch Klarheit über sein Leben zu gewinnen leicht von Rückschlägen begleitet sein. Eben weil er sich falsch bewertet. Schon der Impuls tiefschürfende Aufklärung über sich und sein Leben zu gewinnen ist ein Stresssymptom. Erfolg im Training ist von folgenden Verbesserungen in der Bewertung des persönlichen Lebens begleitet.

Pessimismus: Der Trainierte erkennt häufiger als früher positive Lichtblicke in seinem Leben. Er merkt, daß nicht alles so schwarz ist wie es mal aussah und die Konturen zwischen den guten und schlechten Aspekten des Lebens beginnen sich zu verschärfen. Er gewinnt die Sicherheit, daß er nicht alles akzeptieren muß, was auf ihn zukommt und daß sich ihm neuere Entscheidungsmöglichkeiten eröffnen.

Kummer und Sorgen: Diese können im weitesten Sinne als Gedankenstörungen oder Störungen der logischen Verknüpfung von Ereignissen mit negativer Auswirkung für sich selbst begriffen werden. Belastete machen sich häufig Sorgen um Dinge, die überflüssig sind und Kummer bereiten. Mit erfolgreichem Training nimmt die Negativität dieser Assoziation ab, bzw. verringert sich der Druck nach Massgabe der realistischeren Selbsteinschätzung.

Schwierigkeiten im Leben: Schwierigkeiten im Leben zu begegnen und sie mit großer Anstrengung überwinden zu müssen ist ein zentraler Punkt in der Selbstbewertung des Belasteten. Im Training lernt man es solche Schwierigkeiten zu bewältigen und die gleichen Probleme mit weit weniger Mühe in den Griff zu bekommen. Die Lebensaufgaben türmen sich nicht mehr wie Berge vor einem auf.

Resignation: In diesem Zusammenhang bedeutet Resignation aufhören zu kämpfen und sein Schicksal zu akzeptieren, d.h. den Verlust an Einfluss und Selbststeuerung hinzunehmen. Nach dem Training haben solche Teilnehmer das Gefühl, daß sie ihr Leben wieder besser gestalten können. Sie berichten zunehmend von der Fähigkeit ihre Tätigkeiten in die gewünschte Bahnen zu lenken und ihren Mann stehen zu können.

Optimismus: Optimismus stellt in diesem Zusammenhang eine positive Voraussage über die zukünftigen Lebensereignisse dar. Er ist nicht ohne weiteres als das Gegenteil von Pessimismus zu verstehen und beide treten in der einen oder anderen Intensität gleichzeitig in derselben Person auf. Aus diesem Grunde werden sie von uns getrennt gehalten. Die Kursteilnehmer haben gelernt positivere Erlebnisse als vorher zu erwarten und mit einem behaglichen Gefühl zuversichtlicher in die Zukunft zu schauen.

VIII. Soziales Desinteresse

	Veränderung von Messung 1-2	1-3
34. Soziales Desinteresse	+ NS	- NS

Desinteresse an Geselligkeiten reflektiert lediglich mangelndes Interesse und nicht etwa tatsächliche Kompetenz oder Inkompetenz in sozialen Situationen. Dies mag der Grund dafür sein, warum sich dieser Skalenwert nicht mit dem Training verändert. Es besteht keine offensichtliche Notwendigkeit der Veränderung.

IX. Soziale Inkompetenz

	Veränderung von Messung 1-2	1-3
35. Mangelnde Überzeugungskraft	+ NS	- NS
36. Redehemmung	- NS	- 0,1%
37. Mangelnde Redegewandtheit	- NS	- NS
38. Unsicherheit im Gespräch	- NS	- 0.1%
39. Schüchternheit	NS	- 1%
40. Schweigsamkeit	- NS	- 1%
41. Ablehnung erfahren	+ NS	- NS

Dies Ergebnisbild bestätigt frühere Befunde insofern als von Messpunkt 1 zu 2 keine bedeutsame Veränderung stattfand. Darüber hinaus ist das Bild uneinheitlich und bedarf einer Interpretation. In vier der sieben Messvergleiche erzielt das Stressbewältigungstraining signifikante Verbesserungen, während in den drei restlichen Vergleichen keine nennenswerte Veränderung auftritt. Dieser Unterschied legt die folgende plausible Erklärung nahe. Das Training wirkt hervorragend, wenn verbale Hemmungen oder Unsicherheit vorliegen (Verbesserung am 0.1% Niveau). In solchen Fällen scheint es sich um eine "emotionale Ursache" zu handeln, die im Stressbewältigungstraining direkt angegangen wird und deshalb effektiv verändert wird. Das Training wirkt auch gut im Falle von Schüchternheit und Schweigsamkeit (1% Niveau), wenn vermutlich sowohl emotionale als auch verhaltensbedingte "Ursachen" (soziale Inkompetenz per se) vorliegen. Die Vermutung sei hier gestattet, daß das Stressbewältigungstraining die emotionalen Ursachen wirksam angeht, nicht aber die Inkompetenz per se, für das ein spezielles Kompetenztraining notwendig ist. Dies erklärt auch die Ineffektivität des Trainings gegenüber den manifesten Inkompetenzen der mangelden Überzeugnungskraft, Redegewandtheit und Bewältigung von Ablehnung. Diese Interpretation würde sehr wohl mit dem im Absatz IV zur sozialen Kompetenz Gesagten übereinstimmen, wo keine Änderung der Kompetenz per se stattfand.

X. Emotionale Zurückhaltung

	Veränderung von Messung 1-2	1-3
42. Wahrung der Privatsphäre	+ NS	-(5.9%)
43. Emotionale Zurückhaltung	-(7%)	-(2.1%)
44. Verdrängung	-(2%)	- 0.1%

In diesem Falle wurden die Signifikanzgrade der Veränderung präziser angegeben, weil das ihre Interpretation wesentlich erleichtert. Alle drei Skalen betreffen in der einen oder anderen Form das Sichabschliessen vor oder das Zuvorkommen von Problemen, bzw. die Abneigung vor der Auseinandersetzung mit Problemen. Zwei Skalen weisen bereits in der Veränderung von Messpunkt 1 zu 2 eine signifikante oder nahezu signifikante Verbesserung im Sinne einer grösseren Selbstöffnung auf. Dies ist ein seltenes Ereignis, das bisher nur in zwei Fällen aufgetreten ist, nämlich im Falle von Leistungsorientierung im Sinne einer Abnahme und im Falle von Gewissenhaftigkeit im Sinne einer Zunahme. Warum gerade diese beiden Veränderungen schon nach kurzfristiger Beeinflussung auftreten, ist ohne weitere Erkenntnisse schwer zu erklären. Im vorliegenden Falle bietet sich jedoch eine prima facie Erklärung an, die den Praktikern der Verhaltensmodifikation sehr wohl bekannt ist. Die Öffnung einer Person allein im Sinne der Provokation von positiven oder negativen Gefühlen oder von positiven oder negativen Bekenntnissen ("Flagge zeigen") bezüglich des eigenen Standpunktes stellt die Eingangstechnik am Anfang neuer Kontakte dar. Dieses Aufgeben der Reserve verpflichtet zu nichts und kann deswegen schnell bewerkstelligt werden. Verhaltenstherapeuten benutzen diese Technik der gefühlsmässigen Öffnung des Klienten gezielt um Kooperation für die darauf folgende eigentliche Modifikation des Verhaltens zu gewinnen. Auch das Stressbewältigungstraining bedient sich dieses Verfahrens.

3.2 Bewertung des Traineeverhaltens beim Vortrag und Rollenspiel

3.2.1. Voraussetzungen

Es dürfte von wenigen bezweifelt werden, daß sich der "Stil" des Trainerverhaltens mit der Übung im Trainieren oder mit dem Trainiertwerden verändert, und zwar "zum Positiven". Wie sehr wir uns noch in Bezug auf den Inhalt dieses Satzes im Dunkel befinden, sagt die Tatsache, daß wir nicht wissen

- voraus dieser "Stil" besteht bzw. welcher
- Aspekt des Stils veränderbar ist und
- was "Positivität" der Veränderung bedeutet.

Wir müssen aber irgendwo einen Anfang mit der Untersuchung dieses Verhaltens machen, wenn wir in der Effektivitätsmessung vorankommen wollen und das soll in diesem Abschnitt geschehen.

Unser erster Schritt sieht eine getrennte Bewertung der formalen ausdrucks- und sprachbezogenen Aspekte des Verhaltens im Vortrag vor, und zwar im Gegensatz zu den dirigistischen, auf Veränderung abzielenden und im Rollenspiel beobachteten Verhaltensweisen (Fertigkeit oder Geschicklichkeit). Es ist richtig, daß die dirigistische Einflussnahme die Verhaltensänderung vorsätzlich betreibt, doch kann man auch den auf Ausdruck und Gewandtheit bedachten Rhetorikern kaum den Wunsch absprechen neben der Selbstdarstellung auch überzeugen und ändern zu wollen. Unser Vergleich zwischen der Vortrags- und Rollenspielsituation soll diesen Punkt klären. Wenn Ausdruck und formale Gewandtheit wichtig erscheinen, wird man dies später bei der Ausbildung berücksichtigen müssen. Aber auch bei den dirigistischen Fertigkeiten wird noch Bestätigung für ihre Nützlichkeit im Training gebraucht, weil die bisherigen Ergebnisse nicht überzeugend genug sind (Schindler, Revenstorf, Hahlweg und Brengelmann, 1983).

3.2.2 Beobachtungsübereinstimmung

Eine wesentliche Voraussetzung für die Nutzung der Verhaltensbeobachtung zum Zwecke der Trainerbewertung ist die Übereinstimmung zwischen den Beobachtern, die unter den vorliegenden Umständen stark variieren

kann. Insgesamt standen 24 Trainer zur Verfügung, die in 12 Paaren trainierten und ihre Bewertung der ihnen zugeteilten Trainees getrennt abgaben. Jedes Trainerpaar betreute maximal 8 Trainees, insgesamt also 96, von denen zu unterschiedlichen Zeiten der eine oder andere ausfiel. Die Korrelation zwischen den zwei Trainern wurde mit Hilfe der Spearman Rangkorrelation berechnet. Sie fusst auf unzureichende Voraussetzungen, weil nicht alle Trainer alle Trainees bewerten konnten. Die so erzielten Koeffizienten können nur einen hinweisenden Charakter haben.
Wie aus den Tabellen 2 und 3 (s. Anhang) hervorgeht liegt die Übereinstimmung der Beobachter zwischen 0.69 und 0.91. Die durchschnittliche Übereinstimmung beträgt 0.83, was als ungewöhnlich hoch angesehen werden kann. Zwischen der Auswertung des Vortrags und des Rollenspiels konnten hinsichtlich der Übereinstimmung der Beobachter keine Unterschiede festgestellt werden.

3.2.3 Vortragsbeurteilung

In den Vortragssituationen mußten die Teilnehmer eine kurze Einführung in das Stresstraining geben, wofür fünf Minuten Vortragszeit vorgesehen waren. Das Vortragsverhalten wurde nach den folgenden Ausdruckskriterien bewertet:

1. Körperhaltung	a. Blickkontakt
	b. körperlich zugewandt zum Publikum
	c. gezielte Gestik
	g. Gesamturteil
2. Sprachliche Gewandtheit	a. Wortwahl/Ausdrucksfähigkeit
	b. deutliches Sprechen
	c. flüssiges Vortragen
	g. Gesamturteil
3. Wiedergabefähigkeit	a. Ist persönlich beteiligt
	b. Darstellung der wesentlichen Punkte
	c. deutliche Struktur,logische Abfolge
	g. Gesamturteil

4. Engagement
   a. Persönlich beteiligt
   b. geht auf Fragen ein
   c. Antwort zeigt Fachwissen
   g. Gesamturteil

Diese Verhaltensweisen wurden mit Hilfe der bekannten Schulnoten 1 (sehr gut) bis 6 (ungenügend) bewertet. Die mittleren Noten der Gesamturteile verteilten sich wie folgt:

Verhaltenskritierien	Messung 1	Messung 3
1. Körperhaltung	3.9	3.7
2. Sprachliche Gewandtheit	3.5	3.6
3. Wiedergabefähigkeit	3.7	3.6
4. Engagement	4.3	4.2
5. Eingehen auf Teilnehmerfragen	3.6	3.7

Man erkennt sofort die Geringfügigkeit der Unterschiede zwischen der Messung 1 (Kursanfang) und 3 (Kursende). Die Tabelle 2 im Abhang bestätigt, daß keiner dieser mit Hilfe des t-Tests bestimmten Unterschiede im Gesamturteil bedeutsam ist. Die Inspektion aller 20 Vergleiche (5 Verhaltenskategorien zu je 4 Arbeiten) in Tabelle 2 zeigt, daß lediglich ein Vergleich am 5% Niveau bedeutsam ist (1b: körperlich zugewandt zum Publikum). Dies kann als Zufallsergebnis interpretiert werden. Die Folgerung ist gerechtfertigt, daß die Beurteilung des Ausdrucks im Vortrag unter den vorliegenden Bedingungen sich während der Ausbildung zum Trainer nicht ändert.

Dieser Befund bedarf einer Erklärung, weil es keineswegs von vorneherein plausibel ist, daß es unter den zahlreichen Ausdruckskriterien angesichts eines intensiven Trainings keine bedeutsame Veränderung geben sollte. Dinge wie Flüssigkeit im Vortragen, Darstellung der wesentlichen Punkte oder ruhig und sachlich bleiben, sollten, so würde man meinen, doch einem Übungseffekt unterworfen sein.
An der Beobachterübereinstimmung kann es nicht liegen, denn diese ist hoch. Sie variiert am Messpunkt 1 (vorher) von 0.74 bis 0.91 (Mittelwert 0.83) und am Messpunkt 3 (nachher) von 0.69 bis 0.92 (Mittelwert 0.82). Dies zeugt nicht nur von einer ansehnlichen Zuverlässigkeit der

Beurteilung, sondern auch von einer hohen Stabilität über einen gewissen Zeitraum.

Es ist unwahrscheinlich, daß die Ausdruckskriterien im Vortrag sich nicht ändern, weil die Trainees als erfahrene Beamte schon genügend Vorübung gehabt haben und sich deshalb nicht verbessern können, denn dafür liegen die Noten zu niedrig.

Die plausibelste Erklärung ist, daß das Vortragsverhalten nicht Gegenstand des Trainings gewesen ist und deshalb auch keinen Übungseffekt aufweist oder daß Ausdruck und/oder Rhetorik dekorativen Charakter haben und nicht verhaltenswirksam sind.

3.2.4. Beurteilung des Rollenspielverhaltens

In der Rollenspielsituation mußten die Teilnehmer gemäß Instruktion ein Rollenspiel zu einem vorgegebenen Thema durchführen. Dabei wurden die folgenden Verhaltensweisen im Sinne von Schulnoten (1 = sehr gut bis 6 = ungenügend) wie bereits beschrieben beurteilt:

1. Direktivität im Vorgehen	a. gibt anschauliche Erklärungen b. arbeitet Übungsziele heraus c. gibt klare Anweisungen g. Gesamturteil
2. Sicherheit in der Durchführung	a. Körperhaltung/Gestik ruhig und gelassen b. spricht sicher und betont c. versteht Spieler zu aktivieren und zu motivieren g. Gesamturteil

3. Flexibilität in der Durchführung	a. kleidet Instruktionen in eigene Worte b. bringt sich aktiv ein (Ideen, Dynamik, Motorik) c. verfolgt Durchführung aufmerksam g. Gesamturteil
4. Einfühlung in die Situationen	a. beobachtet gut b. gibt positive, konstruktive Rückmeldung c. spricht Empfindungen, Erlebnisse an g. Gesamturteil

Die Ergebnisse sind in Tabelle 3 (Anhang) wiedergegeben. Man sieht, daß die Mittelwerte aller Verhaltenskategorien sich von der ersten zur dritten Anwendung verbessern, meistens sogar in sehr signifikanter Weise. Nur in vier der 16 Kategorien (1a, 3c, 4a und 4b) wird Signifikanz am 5% Niveau knapp verfehlt. Soweit die vier Hauptkategorien betroffen sind, können alle Verbesserungen als bedeutsam angesehen werden, wie folgt:

Verhaltenskriterien (Gesamturteile)	Signifikanz der Verbesserung
1. Direktivität im Vorgehen	0.2 %
2. Sicherheit in der Durchführung	0.0 %
3. Flexibilität in der Durchführung	0.5 %
4. Einfühlung in die Situation	1.9 %

Dies dürfte genügen um glaubhaft zu machen, daß das Trainee-Verhalten im Verlauf der Ausbildung zum Verhaltenstrainer wesentlich effektiver wird. Da in der Rollenspielsituation Verhaltensweisen demonstriert werden müssen, die für ein erfolgreiches Trainerverhalten typisch sind, bietet sich hier eine Selektionsmöglichkeit für Trainer-in-spe an. Man sollte hierfür erstens überprüfen, ob das im Rollenspiel gemessene Verhalten tatsächlich die später demonstrierte Trainereffektivität vorhersagt. Zweitens sollte in einem aufwendigeren Versuch festgestellt werden, welche Verhaltensweisen für die Prädiktion

besonders charakteristisch sind. Beides sind Forschungsziele, die mit dem vorliegenden Versuchsplan nicht bewältigt werden können. Wohl aber scheint eine wichtige Voraussetzung hierfür gegeben zu sein, nämlich die der Beurteilerübereinstimmung. Die Trainees wurden durch jeweils zwei Trainer beurteilt, deren Übereinstimmung durch den in Tabelle 3 angegebenen Korrelationskoeffizienten beschrieben ist. Die Beobachterübereinstimmung variiert am Messpunkt 1 (vorher) zwischen 0.74 und 0.93 (im Mittel 0.84) und am Messpunkt 3 (nachher) zwischen 0.72 und 0.91 (im Mittel 0.85). Dies sind unter den gegebenen Bedingungen derart hervorragende Werte, daß man sich eigentlich wundern muß, wie sie zustandekommen.
Der Unterschied zwischen der Vortragsbeurteilung im letzten Abschnitt und der Rollenspielbeurteilung dieses Abschnitts ist beträchtlich. Der Vortrag lieferte keine bedeutsame Veränderung mit dem Training im Gegensatz zu dem im Rollenspiel gemessenen Verhalten. Man kann hierfür eine Erklärung darin suchen, daß das Rollenspielverhalten im Training möglicherweise intensiver geübt wurde. Dies könnte einen gewissen Plausiblitätswert haben, wenn nicht das Ausdrucksverhalten stets untrennbarer Teil des gesamten Verhaltens wäre. Beeindruckender für uns ist die Argumentation, daß nicht alle Verhaltensaspekte, sondern nur besondere unter den beschriebenen Bedingungen übungsfähig und trainingsrelevant sind, was natürlich zu beweisen wäre. Dies sind die in Tabelle 3 analysierten Kategorien der direkten Verhaltensbeeinflussung, während Ausdruck und bestimmte Aspekte der Rhetorik momentan beeindrucken mögen und wenig zur systematischen Verhaltensänderung beitragen. Dieses implizierte Problem der Abhängigkeit bzw. Unabhängigkeit von Ausdruck und Effektivität des Verhaltens dürfte sowohl die Strukturforscher als auch die Veränderungsforscher interessieren.

3.2.5. Beurteilung von Trainerfertigkeiten mit Hilfe von Adjektiv-Skalen

Als drittes Bewertungsinstrument wurde ein Beurteilungsbogen mit 20 Items eingesetzt, der anhand von Adjektivpaaren eine Einschätzung der potentiellen Trainerfertigkeiten der Teilnehmer erlaubt. Die Analyse des Bogens ergab drei Faktoren (Kapitel VI):

1. Faktor: Sympathisches Auftreten
2. Faktor: Aktivität
3. Faktor: Souveränität

Mit Hilfe dieses Instruments sollte der Aufbau der Trainingsfertigkeiten beginnend mit der Baseline im Verlauf des Kurses überprüft werden. Leider wurde der Beurteilungsbogen aus Gründen der beschriebenen Befürchtungen bezüglich Anonymität nur nach der 3. Trainingswoche sowie nach Beendigung des Gesamtkurses vorgegeben, so daß ein Vorher-nachher-Vergleich nicht möglich ist. Die Tatsache, daß die Bewertung in der 3. und 4. (letzten) Trainingswoche ziemlich vollständig durchgeführt werden konnte, erlaubt jedoch die Berechnung einiger Zuverlässigkeitsaspekte des Verfahrens über die wir in groben Zügen berichten.
Jeweils zwei Lehrtrainer, die in Paaren trainierten, beurteilten ihre Trainees (insgesamt 88-91) und erzielten die folgende korrelative Übereinstimmung:

Faktor	3. Woche	4. Woche
1. Sympatisches Auftreten	0.66	0.68
2. Aktivität	0.45	0.53
3. Souveränität	0.65	0.58

Alle Koeffizienten sind am 0.1% Niveau signifikant. Die Höhe der Übereinstimmung ist angesichts der Bedingung, daß die Trainer jeweils nur ihre eigenen Trainees und nicht alle beurteilen konnten, akzeptabel und sicher verbesserbar. Dies spricht für die weitere Verwendung der Methode, die nun allerdings einer strikteren technologischen Konstruktion unterworfen werden muß.

Es ist bekannt, daß Lehrer und Schüler sowie Therapeut und Patient nicht sehr hoch in der Verhaltensbeurteilung übereinstimmen. So wird es auch sein, wenn Trainer und Trainees das Verhalten der Trainees bewerten. Diese Übereinstimmung zwischen dem Fremdrating durch die Trainer und dem Selbstrating der Trainees wurde für die Messpunkte 3. und 4. Trainingswoche berechnet und ist in Tabelle 4 wiedergegeben.

Tabelle 4. Trainerfertigkeiten: Übereinstimmung zwischen Selbstbeurteilung (Trainee) und Fremdbeurteilung (Trainer)

a) im Mittel mit einem Lehrtrainer	3. Woche	4. Woche
1. Sympathisches Auftreten	0.17	0.13
2. Aktivität	0.39**	0.31**
3. Souveränität	-0.22	0.17

b) mit zwei Lehrtrainern gemeinsam		
1. Sympatisches Auftreten	-0.03	-0.22*
2. Aktivität	0.18	0.46***
3. Souveränität	-0.18	0.35***

Die Resultate sind in mehrfacher Hinsicht aufschlussreich. Zunächst fällt die hochgradige Nichtübereinstimmung zwischen Trainer und Trainee auf. Dieses Dauerproblem sollte bearbeitet werden, weil die Nichtübereinstimmung zwischen Lehrer und Schüler häufig ist und manche Fragen offen läßt, die gelöst werden müssen. Man fragt sich zum Beispiel, wessen Urteil gültig ist und welche Effekte sich für das Training aus solcher Meinungsdiskrepanz ergeben, bzw. wie man solche Diskrepanz beseitigt. Offenheit und Transparenz sind Parameter, die verhaltenstheoretisch als konstitutiv für die Effektivität von Manualen angesehen aber nicht genügend untersucht werden. Tabelle 4 läßt auch vermuten, daß das Zusammenlegen von Urteilen, hier jener von zwei Lehrtrainern in Kombination mit der Übung (Messpunkt 4. Woche), zu einer erheblichen Verbesserung der Urteilsübereinstimmung führen kann. Diese Feststellung wird jedoch durch die negative Korrelation für sympathisches Auftreten getrübt, wenigstens scheinbar. Solchen Problemen kann man vermutlich generell durch erweiterte Itemanalye der Skalen und Untersuchungen von Kombinations- und Übungseffekten in der

Bewertung beikommen. Dabei sollten auch spezielle Effekte wie das abweichende Ergebnis für Sympathie beachtet werden. Sie tragen zur Kenntnis der für die Effektivität des Trainings wirksamen Verhaltensweisen bei. Niemand wird zum Beispiel sagen, daß sympathisches Verhalten abträglich sei, aber dies bedeutet noch nicht, daß solche Sympathie für die Effektivität des Trainings notwendig ist. Zum Schluß möchten wir noch wissen, ob und welche Beziehungen die Vortragsbeurteilung (Abschnitt 3.2.3) und Rollenspielbeurteilung (Abschnitt 3.2.4) zur hier behandelten Beurteilung von Trainerfertigkeiten aufweisen. Zunächst werden in Tabelle 5 die Korrelationen zwischen der Vortragsbeziehung (Tabelle 2) und den Trainerfertigkeiten (Tabelle 4) dargestellt.

Tabelle 5. Korrelationen zwischen Vortragsbewertung und Bewertung der Trainerfertigkeiten (kombinierte Urteile von jeweils 2 Ratern)

Ausdruckskriterien	1. Sympathisches Auftreten	2. Aktivität	3. Souveränität
1a Blickkontakt			
1b körperlich zugewandt	0.23*		
1c gezielte Gestik			
1g Gesamturteil			
2a Wortwahl	0.27**		
2b deutliches Sprechen			
2c flüssiges Vortragen	0.26**		
2g Gesamturteil	0.30**		0.21*
3a persönlich beteiligt			0.22*
3b wesentliche Punkte	0.24*		0.26**
3c logische Abfolge	0.23*		
3g Gesamturteil	0.26**		0.26**

4a persönlich beteiligt		
4b für Inhalte einsetzen		
4c Interesse wecken		
4g Gesamturteil		
5a ruhig, sachlich		
5b auf Fragen eingehen		0.22*
5c zeigt Fachwissen		
5g Gesamturteil	0.23*	0.22*

1. Körperhaltung; 2. Sprachliche Gewandtheit; 3. Wiedergabefähigkeit; 4. Engagement; 5. Eingehen auf Teilnehmerfragen.

Wir erinnern uns, daß die Beurteilung des Vortragsverhaltens nicht bedeutsam mit dem Training variierte und mutmaßten, daß der körperlich/sprachliche Ausdruck möglicherweise nicht oder nur geringfügig mit den Trainerfertigkeiten korreliert. Dies wird in einem gewissen Maße bestätigt. Nur 14 der 60 in Tabelle 5 registrierten Koeffizienten sind signifikant, doch ist dies andererseits mehr als man durch Zufall erwarten kann. Eine genauere Inspektion der Tabelle 5 zeigt, daß die Signifikanz der Beziehungen zwischen den Ausdruckskriterien und den Trainerfertigkeiten offensichtlich spezieller Natur ist und sich auf Sympathie und Souveränität beschränkt. Aktivität, die für das Trainerverhalten besonders wichtig ist (Tabelle 6) korreliert nicht bedeutsam. Von den Ausdruckskriterien her gesehen spielen das Engagement (4) und die Körperhaltung (1) keine nennenswerte Rolle, wohl aber die Wiedergabefähigkeit (3), gefolgt von sprachlicher Gewandtheit (2) und das Eingehen auf Teilnehmerfragen (5). Diese Verhaltensweisen bedeuten auch gewisse Fertigkeiten des Vortragens und nicht nur Ausdruck per se. Dies erklärt die Beziehung zu den Trainerfertigkeiten.

Tabelle 6. Korrelation zwischen Rollenspielbewertung und Bewertung der Trainerfertigkeiten (kombinierte Urteile von jeweils 2 Ratern)

Verhaltenskategorien	1. Sympathisches Auftreten	2. Aktivität	3. Souveränität
1a anschauliche Erklärungen		0.37**	0.31***
1b arbeitet Übungsziele heraus	0.20*	0.30**	0.31***
1c klare Anweisungen		0.31	0.31***
1g Gesamturteil		0.31**	0.27**
2a wirkt ruhig und gelassen		0.27**	0.21*
2b spricht sicher, betont		0.33***	0.28**
2c aktiviert, motiviert		0.27**	0.24*
2g Gesamturteil		0.30**	0.25**
3a benutzt eigene Worte		0.26**	0.21*
3b bringt sich aktiv ein		0.29**	
3c verfolgt aufmerksam		0.32***	0.23*
3g Gesamturteil		0.33***	0.25**
4a beobachtet gut		0.26**	0.21*
4b konstruktive Rückmeldung		0.26**	
4c spricht Erlebnisse an			
4g Gesamturteil		0.26**	

1. Direktivität; 2. Sicherheit; 3. Flexibilität; 4. Einfühlung.

Wesentlich anders gestaltet sich die Verbindung zwischen dem Rollenspielverhalten und den Trainerfertigkeiten. Hier besteht eine vergleichsweise hohe Korrelation im Falle der Aktivität und der Souveränität, während das sympathische Auftreten keine besondere Rolle spielt. Von den Verhaltenskategorien her gesehen korreliert Direktivität am stärksten, gefolgt von Sicherheit und Flexibilität, während Einfühlung in der Signifikanz der Ergebnisse deutlich abfällt. Klare Anweisungen zu geben ist augenscheinlich die wichtigste Eigenschaft

des Trainers, während das Ansprechen von Empfindungen und Erlebnissen unwichtig erscheint.
Mit diesem Abschnitt wurde noch kein fertiges Instrument zur Bewertung der Trainereffektivität geschaffen, aber einige gangbare Wege zu einer solchen Entwicklung wurden aufgewiesen.

4. Folgerungen

Es sind einige Ziele erreicht worden, die nur qualitativ eingeschätzt werden können. Wir haben beobachten können, daß die 8 Lehrtrainer der ersten Generation ohne unmittelbare Fachaufsicht mehr als 90 Mediatorentrainer zur vollen Zufriedenheit geschult haben. Damit ist das Kernproblem gelöst, das Voraussetzung für alle weiteren Entwicklungen ist: Geeignete Laien können in einem vorbestimmten Verhaltensbereich Fertigkeiten der Verhaltensänderung erwerben und an andere entsprechend ausgewählte Laien weitergeben. Die so ausgebildeten Mediatorentrainer können nun zwecks Vermittlung von Stressbewältigung auf eine große Anzahl weiterer Personen angesetzt werden.

Einige der von Großexperimenten zu erwartenden Probleme sind in durchaus tolerierbarer Form aufgetreten. Es gab Befürchtungen hinsichtlich der Zukunft als Polizeibeamter, denn vom Status des Verhaltenstrainers wurden irgendwelche, noch undefinierte Konsequenzen erwartet. Karrierebefürchtungen resultierten aus der Angst, daß persönliche Test- oder Leistungsdaten an unerwünschter Stelle bekannt werden und sich negativ auswirken könnten. Rangeleien bezüglich Profilierung und Wunsch nach Anerkennung wurden den Experimentatoren nur verdeckt bekannt. Etwas schwieriger war es gelegentlich den benötigten Sinn und Durchblick für objektive Testung und psychologische Methodik allgemein zu vermitteln. Rein organisatorische Probleme wurden selten beobachtet und schnell korrigiert. Die beobachteten Probleme sind aus der Situation heraus leicht verständlich und das neuartige Organisationsgebilde hat eine ausgezeichnete Lernfähigkeit demonstriert. Es funktioniert auf sich selbst gestellt, doch weiß man aus Erfahrung, daß längerfristige Fachberatung erforderlich ist.

Bei der Gestaltung des organisatorischen Ablaufes und des Ablaufs der Kurse selbst mußten gelegentlich ungeplante ad hoc Entscheidungen getroffen werden, auf die im einzelnen nicht eingegangen wird. Man kann ein Feldexperiment dieser Art nicht mit einer gut kontrollierten und im Umfang beschränkten Laboruntersuchung vergleichen. Dies wirft aber nicht notwenigerweise ein negatives Licht auf die Qualität der erhobenen Daten, noch auf die gezogenen Folgerungen bzw. angestellten Vermutungen, die überprüfbar sind.

Die Untersuchung der Trainees mit Hilfe des Stress/Coping-Fragebogens ergab ein eindruckvolles Ergebnis der Verhaltensänderung während des Trainings, sowie Signifikanz und Struktur der Veränderung betroffen sind. Über die Hälfte der 44 Primäskalen wiesen eine signifikante Veränderung auf. Die verschiedenen Aspekte des Fragebogens sind hiervon unterschiedlich betroffen, so daß sich eine Hierarchie der Veränderungsintensität ergibt, wie folgt:

Stressreaktionen (VI):	hochgradig signifikante Abnahme
Negative Lebensbewertung (VII):	sehr signifikante Abnahme
Emotionale Zurückhaltung (X):	signifikante Abnahme
Soziale Inkompetenz (IX):	vorwiegend signifikante Abnahme
Soziale Kompetenz (IV):	spezielle, signifikante Zunahme
Skalen I, II, V:	vorwiegend keine signifikante Veränderung
Selbstbestimmung (III) und soziales Desinteresse (VIII):	keine signifikante Veränderung

Diese Hierarchie kann wie folgt interpretiert werden.
Das Streßbewältigungstraining wirkt hochgradig signifikant, positiv und spezifisch auf Stressreaktionen. Im Bereich der sozialen Kompetenz/Inkompetenz werden Verbesserungen dann beobachtet, wenn emotionale Ursachen von Inkompetenz beseitigt werden oder spezielles Sozialverhalten durch das Training indirekt gefördert wird, besonders die Bereitschaft aktive Gruppenarbeit zu leisten (Gesprächsbereitschaft, Organisationsfreude) oder effektives Verhalten vor anderen zu demonstrieren (Attraktivität). Ähnliche Gründe mögen für einige andere

punktuelle Verbesserungen verantwortlich sein. Es ist jedoch offensichtlich, daß der gesamte Bereich der Selbstkompetenz vom Stressbewältigungstraining nicht oder nur unwesentlich berührt wird.

Die Komposition dieser Veränderungshierarchie demonstriert sehr schön, daß Verhaltenstrainings spezielle Veränderungen hervorrufen und daß man durch Spezifikation des Trainings positive Effekte in vorgewählten Verhaltensbereichen setzen kann. Eine Konsequenz für zukünftige Trainings mit anderer Zielsetzung, etwa sowohl Streß zu reduzieren als auch die soziale Kompetenz zu heben, wäre eine Kombination von Stressbewältigung und Kommunikationsfertigkeiten zu spezifizieren. Eigentlich sollte jede erwünschte Kombination von Trainings herstellbar sein und signifikante Effekte setzen.

Eine vorrangige, aber nur teilweise gelöste Aufgabe dieses Experiments war die Messung besonderer Trainerfertigkeiten. Das gesamte Trainerverhalten kann als kleines Universum von Verhaltensweisen unterschiedlicher Art verstanden werden, von denen nur einige für die Effektivität des Trainings relevant sind. Diese gilt es zu identifizieren und zu üben. Soweit die gegenwärtigen Daten reichen, kann man für die Zukunft die folgenden Erwartungen hegen. Der körperliche und sprachliche Ausdruck des auszubildenden Mediators verändern sich nicht oder nur bedingt signifikant mit dem Training und spielen für die Trainerfertigkeiten keine große Rolle. Sympathisches Auftreten und Einfühlung in Probleme oder Erlebnisse machen allein keinen erfolgreichen Trainer und sollten distanziert betrachtet werden. Vielleicht kommt ihnen eine gewisse Rolle als Adjuvans zu. Effektives Trainerverhalten ist vorzüglich gekennzeichnet durch kompetent direktives Vorgehen, flexible Anpassung an situative Änderung, Ausstrahlung von Sicherheit und Souveränität, aktives Vorgehen und situative Sensitivität (anstatt nicht-direktiver Einfühlung und Wärme).

Diese Analysen ergeben definitive Vorschläge für ein weiteres Vorgehen in Sachen Trainerselektion mit Ausweitungsmöglichkeiten auf die Führungsselektion.

Bei Überlegungen hinsichtlich Veränderungseffekten muß im Auge behalten werden, daß dieses Experiment nur den Trainingszeitraum deckt und keine Folgerungen hinsichtlich langfristiger Effekte zuläßt. Hierüber wird getrennt berichtet (Brengelmann und Bruns, 1987).

ANHANG

Tabelle 1

Veränderung der Streß/Coping-Skalenwerte zwischen dem 1. und 2. Baseline-Punkt, sowie 1.und 3. Meßpunkt. N = 55-58 für 1 zu 2 und 82-84 für 1 zu 3.

	Veränderung von Messung 1 - 2			Veränderung von Messung 1 - 3		
VARIABLE	$\bar{X}$	SD	p	$\bar{X}$	SD	p
I. Erfolgsstreben						
1. Leistungsorientierung	14.7	3.9	0.000	14.2	2.3	0.000
	13.2	4.1		13.5	4.2	
2. Besitzstreben	11.2	4.5	0.7	11.1	4.6	0.3
	11.0	4.6		11.0	5.0	
3. Entschlußkraft	17.2	3.0	0.3	17.0	3.0	0.6
	16.8	3.1		17.2	2.7	
4. Selbstvertrauen	17.8	2.8	0.9	17.6	2.8	0.006
	17.7	3.2		18.3	2.9	
II. Besonnenheit						
5. Gewissenhaftigkeit	19.8	2.6	0.045	20.0	2.6	0.6
	19.0	3.2		20.0	2.6	
6. Aufmerksamkeit	19.2	2.8	0.081	19.1	2.9	0.7
	18.6	3.3		19.0	2.5	
7. Gehör finden	15.6	3.6	0.4	15.1	3.6	0.000
	16.0	3.2		16.5	3.4	

III. Selbstbestimmung

8. Private Freiheit	16.2	4.0	0.6	16.1	3.9	0.081
	16.0	4.4		16.6		
9. Selbstbestimmung	16.4	3.9	0.6	16.0	3.8	0.4
	16.1	4.6		16.3	4.5	
10. Offenheit	18.3	3.1	0.094	18.1	3.1	0.4
	17.6	3.5		18.3	3.1	

IV. Soziale Kompetenz

11. Kontaktfreude	16.1	4.6	0.5	16.0	4.7	0.131
	16.5	4.2		16.7	4.0	
12. Gesprächigkeit	16.5	3.7	0.9	16.3	3.9	0.4
	16.5	4.2		16.6	3.8	
13. Verbale Faszinations-	14.4	3.7	0.5	14.3	3.6	0.102
kraft	14.7	3.6		14.8	3.4	
14. Geselligkeit	17.1	3.8	0.6	16.8	4.1	0.9
	16.8	4.0		16.8	3.9	
15. Verbale Kontaktfreude						
	14.5	4.3	0.6	14.1	4.4	0.000
	14.7	4.8		15.5	4.5	
16. Verbale Beeinflussung	15.6	3.6	0.5	15.3	3.3	0.3
	15.3	3.7		15.6	3.1	
17. Attraktivität	12.4	3.6	0.3	11.8	3.4	0.002
	12.8	3.8		13.0	4.0	
18. Freude am Organisieren	13.4	4.8	0.6	13.2	4.7	0.018
	13.7	5.0		14.2	4.8	
19. Sicheres Auftreten	17.3	3.3	0.7	17.1	3.3	0.4
	17.4	3.3		16.8	3.1	

V. Emotionale Kontrolle

20. Ärgerkontrolle	13.9	4.1	0.9	14.0	3.8	0.122
	14.0	3.8		14.5	3.5	
21. Reizbarkeit	13.4	4.3	0.2	13.4	4.3	0.003
	12.8	4.6		12.3	4.1	
22. Konfliktlösungs-	17.3	2.5	0.117	17.1	2.5	0.2
fertigkeiten	16.8	2.8		17.4	2.3	

VI. Stressreaktionen

23. Nicht abschalten	9.5	3.9	0.6	10.2	4.4	0.000
können	9.3	4.1		8.4	3.4	
24. Muskelverspannung	9.4	4.1	0.2	9.8	4.3	0.000
	8.9	4.0		8.4	3.5	
25. Psychisch bedingte	9.2	3.2	0.8	9.7	3.7	0.000
Beschwerden	9.0	3.7		8.3	2.9	
26. Erschöpfung	7.4	2.1	0.7	7.8	2.6	0.000
	7.2	2.7		6.9	1.8	
27. Leistungseinschrän-	7.9	2.1	1.000	8.3	2.3	0.000
kung unter Druck	7.9	3.0		7.5	2.1	
28. Entspannungsfähig-	15.6	3.9	0.8	15.0	3.8	0.000
keit	15.7	4.3		16.4	3.6	

VII. Negative Lebensbewertung

29. Pessimismus	7.8	2.7	0.2	8.1	3.0	0.000
	7.3	3.2		7.2	2.3	
30. Kummer und Sorgen	8.4	3.2	0.2	8.7	3.3	0.000
	7.9	3.5		7.6	2.6	
31. Schwierigkeiten im	9.7	3.6	0.3	9.6	3.3	0.000
Leben	9.2	3.7		9.5	2.9	
32. Resignation	7.0	1.9	0.8	7.0	1.7	0.033
	7.1	2.8		6.7	1.6	
33. Optimismus	17.5	4.2	0.6	17.0	4.2	0.003
	17.7	4.0		18.1	3.8	

VIII. Soziale Desinteresse

34. Desinteresse an	8.5	2.9	0.5	8.7	3.2	0.3
Geselligkeiten	8.9	3.3		8.5	2.8	

IX. Soziale Inkompetenz

35. Mangelnde Überzeu-	7.8	2.1	0.3	8.5	2.9	0.091
gung	8.2	3.4		8.1	2.3	
36. Redehemmung	7.4	1.9	0.6	7.8	2.2	0.000
	7.2	2.8		7.1	1.9	
37. Mangelnde Redege-	9.3	3.9	0.6	9.9	4.3	0.080
wandtheit	9.1	3.9		9.4	3.8	
38. Unsicherheit im	9.6	2.7	0.7	10.0	3.2	0.000
Gespräch	9.4	3.5		9.1	3.2	
39. Schüchternheit	8.1	2.4	0.8	8.5	3.2	0.004
	8.1	3.4		7.8	2.6	
40. Schweigsamkeit	9.5	3.2	0.6	9.9	3.7	0.007
	9.3	3.2		9.1	3.4	
41. Ablehnung erfahren	7.1	2.0	0.6	7.5	2.3	0.3
	7.6	2.8		7.3	2.2	

X. Emotionale Zurückhaltung

42. Wahrung der Privat-	11.1	3.8	0.7	10.9	3.9	0.059
sphäre	11.3	4.4		10.4	3.5	
43. Emotionale Zurück-	12.7	3.4	0.070	12.5	3.5	0.021
haltung	11.9	3.8		11.7	3.3	
44. Verdrängung	11.3	3.0	0.020	11.8	3.2	0.000
	10.4	3.0		10.1	2.7	

Tabelle 2

Ergebnisse der Vortragsbeurteilung.
Vorher = Meßpunkt 1, Nachher = Meßpunkt 3.
Die Differenzen zwischen "Vorher" und "Nachher" sind nicht bedeutsam.
r = gute Beobachterübereinstimmung

Ausdruckskriterien	Übereinstimmung	N	X̄	SD	p	r
1. Körperhaltung						
a. Blickkontakt	vorher:	91	3.8	1.2	0.076	0.85
	nachher:		3.5	1.1		0.81
b. körperlich zugewandt zum Publikum		91	4.0	1.2	0.002	0.75
			3.5	1.1		0.85
c. gezielte Gestik		91	4.2	1.2	0.6	0.84
			4.1	1.1		0.70
g. Gesamturteil		91	3.9	1.1	0.102	0.85
			3.7	1.0		0.82
2. Sprachliche Gewandtheit						
a. Wortwahl/Ausdrucksfähigkeit		91	3.4	1.1	0.6	0.78
			3.5	0.9		0.88
b. Deutliches Sprechen		91	3.5	1.0	0.3	0.80
			3.4	1.0		0.79
c. flüssiges Vortragen		91	3.6	1.0	1.0	0.74
			3.6	0.8		0.69
g. Gesamturteil		88	3.5	1.0	0.5	0.83
			3.6	0.8		0.82

3. Wiedergabefähigkeit

a. ist persönlich beteiligt	91	3.3	0.9	0.5	0.82
		3.4	0.9		0.84
b. Darstellung der wesentlichen Punkte	91	3.9	1.2	0.3	0.83
		3.7	1.3		0.91
c. deutliche Struktur/logische Abfolge	91	3.9	1.1	0.111	0.83
		3.7	1.0		0.78
g. Gesamturteil	90	3.7	1.0	0.5	0.82
		3.6	1.0		0.92

---

4. Engagement

a. persönlich beteiligt	91	4.2	1.2	0.7	0.86
		4.2	1.1		0.90
b. setzt sich für Inhalte ein	91	4.3	1.0	0.8	0.82
		4.3	1.1		0.81
c. bemüht sich Interesse zu wecken	91	4.3	1.3	0.7	0.79
		4.2	1.3		0.82
g. Gesamturteil	89	4.3	1.1	0.4	0.87
		4.2	1.1		0.90

---

5. Eingehen auf Teilnehmerfragen

a. bleibt ruhig, sachlich	58	3.9	1.0	0.6	0.87
		3.8	0.8		0.81
b. geht auf Fragen ein	58	3.4	1.0	0.9	0.78
		3.3	0.8		0.81
c. Antwort zeigt Fachwissen	58	3.7	1.2	0.3	0.84
		3.9	1.0		0.79
g. Gesamturteil	58	3.6	0.9	0.6	0.91
		3.7	0.8		0.76

Tabelle 3

Ergebnisse der Rollenspielbeurteilung.
Vorher = Meßpunkt 1.
Nachher = Meßpunkt 3.
Die Verbesserung zwischen "vorher" und nachher" ist sehr signifikant.
r = Beobachterübereinstimmung.

Verhaltenskategorien		N	$\bar{X}$	SD	p	r
1. **Direktivität im Vorgehen**						
a. gibt anschauliche	vorher:	90	3.9	1.2	0.072	0.85
Erklärungen	nachher:		3.6	1.0		0.91
b. arbeitet Übungsziele						
heraus		90	4.8	1.2	0.001	0.78
			4.1	1.4		0.91
c. gibt klare Anweisungen		90	4.1	1.2	0.013	0.86
			3.7	1.1		0.85
g. Gesamtbeurteilung		89	4.3	1.1	0.002	0.91
			3.7	1.1		0.89
2. Sicherheit in der Durchführung						
a. Körperhaltung/Gestik						
ruhig u. gelassen		90	4.4	1.2	0.000	0.86
			3.6	0.9		0.84
b. spricht sicher u. betont		90	4.2	1.1	0.002	0.88
			3.7	1.1		0.80
c. versteht Spieler zu akti-						
vieren u. motivieren		89	4.4	1.3	0.000	0.90
			3.7	1.0		0.85
g. Gesamturteil		87	4.4	1.1	0.000	0.93
			3.7	1.0		0.88

3. Flexibilität bei der Durchführung

a. kleidet Instruktionen in eigene Worte	90	4.1	1.4	0.019	0.90
		3.6	1.4		0.90
b. bringt sich aktiv ein	90	4.5	1.1	0.004	0.82
		4.0	1.2		0.84
c. verfolgt Durchführung aufmerksam	90	4.6	1.3	0.071	0.79
		4.3	1.2		0.88
g. Gesamturteil	90	4.5	1.2	0.005	0.86
		4.0	1.2		0.90

---

4. Einführung in die Situation

a. beobachtet gut	55	4.6	1.2	0.073	0.74
		4.3	0.9		0.73
b. gibt positive, konstruktive Rückmeldung	77	4.4	1.0	0.071	0.82
		4.1	0.9		0.72
c. spricht Empfindungen, Erlebnisse an	86	4.8	1.1	0.010	0.79
		4.4	0.9		0.83
g. Gesamturteil	84	4.6	1.1	0.019	0.81
		4.3	0.9		0.82

Literatur:

BRENGELMANN, J. C. & BRUNS, G.
Stressbewältigung 2: Überprüfung. Peter-Lang, Frankfurt, 1987

SCHINDLER, L., REVENSTORF, D., HAHLWEG, K. & BRENGELMANN, J.C.
Therapeutenverhalten in der Verhaltenstherapie: Entwicklung eines Instruments zur Beurteilung durch den Klienten. Partnerberatung, 20, 149-157, 1983.

VERHALTENSEFFEKTIVITÄT UND STRESS

Herausgeber: Prof. Dr. Johannes C. Brengelmann (München)

Band 1 Johannes C. Brengelmann: Vorträge zur Analyse und Modifikation des Verhaltens. In Vorbereitung.

Band 2 Renate de Jong: Neurotische Depression und psychologische Therapie. 1987.

Band 3 Carol Marie McMahon: Geschlecht, Maskulinität, Femininität und Stress. 1987.

Band 4 Johannes C. Brengelmann und Christoph von Quast: Spielen, Risikolust und Kontrolle. 1987.

Band 5 Johannes C. Brengelmann, Lutz von Rosenstiel und Gerhard Bruns: Verhaltensmanagement in Organisationen. 1987.

Band 6 Johannes C. Brengelmann: Determinanten des Rauchverhaltens. 1987.

Band 7 Andreas Ullrich: Krebsstation: Belastungen der Helfer. 1987.

Band 8 Rupert Hölzl: Psychophysiologische Untersuchungen im Gastrointestinalsystem. (2 Teilbände). 1988.

Band 9 Kurt Löffler: Signalanalytische und biometrische Untersuchungen psycho-physiologischer Magen-, Darmreaktionen bei Gesunden und Patienten mit funktionellen Darmstörungen. In Vorbereitung.

Band 10 Johannes C. Brengelmann: Stressbewältigungstraining 1: Entwicklung. 1988.

Band 11 Johannes C. Brengelmann und Gerhard Bruns: Stressbewältigungstraining 2: Überprüfung. In Vorbereitung.

Band 12 Johannes C. Brengelmann und Peter Herschbach: Wege der Krebsbewältigung. In Vorbereitung.

Band 13 Sabine Waadt: Spielverhalten und Spielstruktur. Ein Vergleich von Unterhaltungsautomaten mit Geldgewinnmöglichkeit mit Videospielautomaten. 1988.